德润课堂——上海市艺术学科德育优秀课例丛书

育美明德

上海市艺术学科德育协同研究中心　编著

上海教育出版社
SHANGHAI EDUCATIONAL
PUBLISHING HOUSE

丛书编委会

丛 书 主 编　吕　波

丛书副主编　方一燕

丛 书 编 委　郭春飞　唐忠燕

本 册 主 编　宋玉燕

序　言

　　《德润课堂——上海市艺术学科德育优秀课例丛书》的出版,是上海艺术教育课程改革中的一件大事。这套丛书展现了崇明"上海市艺术学科德育协同研究中心"项目组成员孜孜以求的探索精神,也为全面推进崇明艺术学科课程改革提供了可供借鉴学习的方式方法。

　　近代学者王国维曾指出:"教育之宗旨何在,在使人为完全人物而已。""教育之事亦分为三部:智育、德育、美育是也。"近现代哲学家张世英指出,人的生命发展为四种境界:欲求境界—求知境界—道德境界—审美境界。可见,我们应重视德育,审美教育须德育化;重视美育,道德教育须审美化。因此,探索与推进中小学艺术学科德育,是促进学生生命成长发展的需要,也是帮助学生追求真善美的过程,更是提高学生精神生活质量的必然。

　　立德树人,五育并举,艺术教育对于立德树人具有独特而重要的作用。艺术教育是学校实施美育最主要的途径,有助于培养学生感受美、表现美、鉴赏美、创造美的能力,引领学生树立正确的审美观念,陶冶高尚的道德情操,培养深厚的民族情感,激发想象力与创新意识,促进学生的全面发展和健康成长。艺术教育在提高学生审美和人文素养方面具有独特的价值功能,我们要充分发挥艺术学科应有的育人使命与责任。

　　当前,课程改革追求回归人的生活世界,尊重人全方面的主体地位,重视课程与教学的育人价值,艺术学科也是如此,其教学必须成为一种德育实践,实现师生生命的共同成长。艺术学科德育是依据艺术学科课程标准和《中小学德育工作指南》的育人要求与规律,根据艺术学科教学自身的特点,充分挖掘艺术学科教学中的德育因素,以知识、技能为载体,采用恰当的策略与方法,在艺术学科教学中落实德育目标,即情感、态度与价值观目标,达到以艺载德、以德润艺的目的。艺术学科育德体现了育人的价值导向,是艺术学科育人的核心;艺术学科德育的真实发生,离不开良好的育人理念,也离不开恰当的方式方法。每门艺术学

科都具有各自的属性与特点,其学科德育也需要与之相应的方式方法。

这套丛书按照小学音乐、小学美术、中学音乐、中学美术、中学艺术编排,总共 5 册。丛书以课例为呈现方式,共计 101 个学科德育课例,每个课例由基本信息、德育价值描述、教学环节与设计说明、专家点评等构成。这些课例立足德润生命,源于课堂实践,具有教学情境的真实性、润德目标的正确性、德润方法的适切性、可供借鉴的启发性等特征,为艺术教师落实学科德育提供了可供借鉴学习的经验。无痕、适切、融合,让德育在艺术课堂润物无声中真实地展开,促进了艺术学科"主动·有效"课堂的达成。

本丛书课例向我们展示了一些共性的做法,即在落实艺术学科德育过程中,教师可捕捉教材以及生活中的德育素材,将课程内容置于学生生活情境中,产生濡染之效应;也可架构课程内容和德育之桥梁,在审美教育中启蒙德性、培养美善,产生润德之效应;还可采用小组合作、自主探究等学习方式,在多感官并用的过程中体悟践行,产生内化之效应,从而将德育融合于艺术教学的整体,贯穿于课堂教学的全过程,在发展艺术教师育德意识与育德能力中,不断提升艺术学科课程育人的高品质,开创课程德育的新格局!

上海市教委教研室　王月芬
2020 年 9 月 1 日

目　　录

融入校园生活　丰富德育途径
——在《漂亮的纸筒》中体会用作品美化生活

▮▮◖ 基本信息 ◗▮▮▮

本课例教学内容出自上海教育出版社《美术》一年级第一学期第四单元《有趣的形体》。该单元由《漂亮的纸筒》《小小快餐店》和《喜庆蛋糕》三课组成,主要学习内容是用纸和彩泥进行立体造型。

通过本单元的学习,了解民间传统食品的寓意,在制作过程中体验立体造型的乐趣,表达对他人的心意,激发用作品美化生活的意识。

本课例由上海市崇明区教育学院宋玉燕提供。

▮▮▮◖ 德育价值描述 ◗▮▮▮▮

本课例侧重落实"能对自然与生活中美好的事物和现象进行感知与回应""能用美术作品美化生活与社区环境,敢于表达自己的想法"的学科德育核心要求。

1. 体会用纸筒装饰美化教室的乐趣,营造温馨的学习环境,感受对称图形与随意图形的美。

2. 能说出民间面馍的造型和寓意,感受泥工制作的乐趣,发现食品造型的美。

3. 能结合生活经验,说出蛋糕的寓意,感受所制作的"蛋糕"造型变化美,会用蛋糕表达对他人的心意。

▮▮▮◖ 正文 ◗▮▮▮

教学环节一:欣赏与比较

1. 教师呈现一行白色纸筒与一行有彩色纹样的纸筒挂在黑板前,学生在观察、欣赏和比较的过程中认识到彩纸装饰的作用。

2. 学生在教师的引导下发现装饰美化纸筒的方法(在彩纸上撕出图形对纸筒进行装饰)。

3. 学生了解本课将学做纸筒装饰自己的教室,知晓本课的学习内容:《漂亮的纸筒》。

【设计说明】

本环节教师充分挖掘和利用学生生活中的美术材料和熟悉的环境,导入有彩色纹样装饰的纸筒,让学生对自然和生活中美好的事物和现象进行积极地感知与回应。

教学环节二:探究与发现

1. 游戏"找一找":学生观察装扮教室的纸筒上的图形,发现形状的特征(对称图形与随意图形)。

2. 学生小组讨论对称图形的制作方法。(左右对折、上下对折、对角对折)

3. 学生观看教师示范对称图形与随意图形的撕纸方法并了解撕纸要领(将彩纸对折后撕纸,注意双手捏住彩纸慢慢撕)。

4. 学生在老师的引导下进行游戏互动:欣赏同一素材的图形,辨别是否为对称图形(由易到难,左右对称、上下对称、对角对称)。

5. 游戏"摆一摆":学生欣赏教室里的纸筒样例,思考纸筒上的图形怎样组合才漂亮?(小组探究撕贴图形的组合方法:大小、深浅、排列、重叠)。

【设计说明】

针对本课对称图形与随意图形的撕贴的学习重点和撕贴组合的学习难点,本环节设计具有针对性的探究活动和问题,引导学生在探究如何美化教室里的纸筒这一活动中提高能力,培养学生勤于思考、乐于探索的良好品质。在"找一找"游戏中,教师呈现上下、左右、对角对称图形,让学生初步感受图形的多种对称方法,进一步丰富学生的审美体验。在"摆一摆"游戏中,教师引导学生思考"纸筒上的图形怎样组合才漂亮?"这一问题,以小组合作的方式探究解决问题的方法,围绕"纸筒上的图形如何组合更漂亮?怎样组合?有多少种组合方法?"展开讨论与组合尝试,通过小组的拼摆实物展示,让学生在短时间内直观地体验用不同形状装饰纸筒美化教室的方法,为培养学生的创意思维提供可实现的操作路径。

教学环节三：制作与辅导

1. 学生观看教师示范纸筒制作方法并用于装饰教室。

(1) 撕出对称图或随意图形,先贴大的后贴小的,涂胶水时要注意将图形的边与角涂到位,还可以有意识地进行图形组合。

(2) 粘贴纸筒,粘贴边时胶水涂抹要均匀,双手按住粘贴边一段时间,使圆筒粘贴牢固。

2. 学生了解本课练习内容与要求。

(1) 练习内容：用纸卷曲制作圆柱纸筒,并用对称和随意图形的撕贴装饰纸筒。

(2) 练习要求：粘贴要平整牢固；色块有大小、深浅变化；色彩要搭配美观。

3. 学生尝试练习并在过程中及时寻求教师的帮助。

【设计说明】

本环节教师引导学生仔细观察教师的示范步骤与要点,感受图形的装饰美,体验用对称、随意图形组合的撕贴乐趣,能对如何让教室里的纸筒更美做积极思考与大胆实践,同时对用美术作品美化生活有了积极的感知与回应。

教学环节四：展示与评述

1. 学生在老师准备的展示区域展示自己小组做的纸筒,大家共同欣赏作品。

2. 学生了解评价要求：

(1) 粘贴是否平整牢固；

(2) 色块是否有大小、深浅变化；

(3) 色彩是否搭配美观；

(4) 工具是否及时整理。

3. 学生结合评价要求展开自评、互评。

4. 学生聆听老师对自己和同伴纸筒作品的评价及练习小结,了解优点与改进之处。

【设计说明】

在练习展示环节,教师事先在教室里布置六个展示空间(讲台、图书角、植物角、窗台、橱柜及展示墙),把学生用彩纸制作的纸筒作品展示在上面,装饰自己班级的学习环境。学生在用自己的作品装饰一新的班级环境里,相互欣赏,交流各自创作心得,并通过教师精心布置的展示空间,感受到美术作品可以来装扮教室的各个区角,激发用作品美化生活的意识。

教学环节五:拓展与延伸

1. 学生在老师的引导下思考:在我们的生活中,漂亮的纸筒还能用来美化哪些地方? 自己的卧室、家里的书房、喜庆节日里的校园、社区文化长廊……

2. 学生欣赏、了解艺术大师制作纸筒的艺术创意。

3. 学生聆听老师对自己用作品美化环境的评价,树立创作的信心。

【设计说明】

本环节教师借助教学的拓展与延伸,一方面让学生了解、知晓纸筒造型在生活中的应用,另一方面使学生通过对艺术大师纸筒作品的欣赏,感悟用艺术作品美化生活的无限创意、力量与美感。

▶▶▶◀专家点评▶◀◀◀

本课例取材于一年级《有趣的形体》单元教学内容。教师立足单元教学,规划了帮助学生建立美术与生活的联系,从教学内容中提取审美内涵,引导学生发现并表现物品的造型美与装饰美的单元德育内涵。在《漂亮的纸筒》一课中,教师首先通过欣赏比较,引导学生对生活中的美术作品进行感知和回应;然后通过观察、分析、示范与练习,促使学生发现纸筒装饰图形有对称与随意的特点,了解撕纸拼贴的方法,体验动手实践的乐趣;接着通过用纸筒来装饰教室的活动,以及讨论纸筒还可以装饰生活中的其他场所,来使学生知道能用美术作品美化生活与社区环境,建立美术与生活的关联。通过学习,学生不仅能体验与表现造型之美,体会自己动手美化生活的乐趣,还能感受自己和同伴合作完成任务的成就感,有利于学会尊重他人、友好相处,形成热爱劳动、勇于尝试的良好品质。本课活动形式贴合学生身心特点,将德育与美术教学有机融合。

(上海市教育委员会教学研究室   徐   敏)

运用激趣启情　优化德育途径

——在《小小建筑师》中体会现代城市建筑的美感

▌▌▌◆ 基本信息 ◆▌▌▌

本课例教学内容出自上海教育出版社《美术》一年级第二学期第四单元《让城市更漂亮》。该单元由《美化人行道》《小小建筑师》两课组成,主要学习内容是拼贴人行道图案、剪贴组合建筑造型。

通过本单元的学习,初步学会用图形组合的方法美化城市道路与建筑,初步形成用美术手段美化生活环境及热爱劳动的意识。

本课例由上海市崇明区堡镇第二小学沈艳提供。

▌▌▌◆ 德育价值描述 ◆▌▌▌

本课例侧重落实"能用美术作品美化生活与社区环节,敢于表达自己的想法"这一小学阶段学科德育核心要求。

1. 引导学生体会现代城市建筑的美感,能用不同的形状、不同色彩的彩纸来拼贴高低错落、造型各异的建筑,表现现代城市之美。

2. 通过观察交流、学习运用纸工拼贴建筑造型的组合方法,小组合作完成家乡建筑造型剪贴。

3. 具有劳动意识,能主动清理桌面、地面上的剪纸碎屑,分组打扫美术室卫生,培养热爱劳动的习惯。

▌▌▌◆ 正文 ◆▌▌▌

教学环节一：导入与感受

1. **导入新课,激发学习兴趣：**引导学生听儿歌,学一学,唱一唱。

师：小朋友们,你们喜欢唱歌吗？在上课之前,老师请小朋友们学一学、唱一唱儿歌《小小粉刷匠》。

2. 学生观看教师播放媒体《小小粉刷匠》短片。

3. 学生思考教师的提问：小朋友们，你们从刚刚的儿歌视频中看到了什么？

4. 教师进一步引导：今天我们也来做做小小建筑师，设计自己喜欢的房子，好不好？

5. 教师揭示课题：《小小建筑师》。

【设计说明】

教师在教学中以优美抒情的儿童音乐、有趣生动的视频和精彩的讲述等手段，激发学生表现现代城市之美的兴趣，为学生发展性学习、抓住今天课题的主旨、融入课程中做了很好的铺垫。

教学环节二：欣赏与交流

1. 教师语言、图片启发：小朋友们，房子是由哪几部分组成的？（屋顶、墙、门、窗）

2. 教师再次出示此图片，语言启发：小朋友们，请再找一找这里有哪些形状？

3. 教师精彩的语言讲述并启发：我们现代建筑设计越来越新颖，造型也越来越奇特，在我们上海啊，也有很多设计新颖的建筑，小朋友们，在你们印象中，记忆最深刻的上海建筑有些什么呢？小组交流一下！

4. 学生在教师引导下欣赏并观察分析。

教师语言激发：刚刚我们交流了印象深刻的上海建筑，那我们也来找一找这里有哪些图形？

（1）东方明珠：圆形，长方形，三角形。

（2）中华艺术宫：长方形。

（3）金茂大厦：长方形，三角形。

5. 学生聆听教师总结：美丽的图形是由各种基本形组成的，有圆形、三角形、正方形、长方形、爱心形，等等。那他们剪起来也非常简单哦！

【设计说明】

本环节教师首先让学生从图片欣赏中了解日常生活中建筑的结构以及组成的形状，再引申出建筑不单单只是屋顶、墙、门的组合，还有很多设计新颖的建筑。教师通过展示上海具体的城市著名建筑——东方明珠等的图片，让学生在体会现代城市建筑的美感的同时找一找具体的组成形状,从而了解所有美丽的建筑都是由基本形组成的。

教学环节三:观察与尝试

1. 教师出示形状并提问:基本形怎么剪最方便? 请小朋友们动手尝试剪剪看(要求小组内的小朋友要剪不同的基本形)。

2. 请小朋友说一说你是怎么剪的? 怎么剪最方便?

(1) 教师引导学生得出结论:基本形用对折剪的方法最简便、快捷。

(2) 同时教师当场示范剪一些基本形:三角形,爱心形等,并示范做拼贴组合房屋。

3. 教师出示范作品:

教师:老师也带来了一些自己设计的美丽的建筑,请小朋友们欣赏。请想一想:进行粘贴画面时先贴近还是先贴远?(先贴远后贴近),先贴大还是先贴小?(先贴大后贴小)

4. 教师演示制作房屋步骤,并提出注意点。

【设计说明】

教师引导学生在观察与尝试环节中,先观察教师在课堂上运用直观教材和直观手段的教学,让学生自己体验感受,对于激发学生的学习兴趣,帮助学生获得充分的感性认识,加深对教学内容的理解,提高教学效果都具有很大意义。

教学环节四:创意与绘制

1. 教师出示生动的多媒体小视频,激发学生的剪贴创意。

教师:今天老师还带来了世界上各种著名的建筑,在我们小朋友创作之前欣赏小视频,也许对你们的创作灵感有启发。

2. 学生多媒体视频欣赏完毕后,进入教师创设的"我做小小建筑师"练习情境。

教师:刚刚隔壁班的小朋友已经帮我们把城市中美丽的人行道铺设好了,今天我们来做做小小建筑师,在人行道旁边也增添一些美丽的建筑好不好? 比一比哪个小组的建筑最有特色。

3. 教师说明练习要求:

(1) 以小组为单位,剪出多种形状,并组合成各种造型建筑;

(2) 建筑的拼贴要有前后、大小以及高低变化;

（3）颜色的搭配要有深浅变化。

4. 学生制作,教师巡回指导,同时多媒体滚动播放其他班级小朋友的建筑作品。

【设计说明】

在创意与绘制学习活动环节,教师引导学生明确作业要求进行创作。在欣赏著名建筑的视频中寻找创作灵感,在教师直观地演示创作步骤中掌握创作方法和要点,领会设计要领。通过观察交流、学习运用纸工拼贴建筑造型的组合方法,小组合作完成家乡建筑造型剪贴。培养观察生活环境习惯,激发学生爱家乡的感情。

教学环节五：展示与评价

1. 全班展开展示及桌面、地面的纸屑的整理及收纳,做好展示评价准备。

2. 教师呈现评价要求：

（1）建筑造型是否有前后、高低及大小变化；

（2）造型剪贴是否简洁美观；

（3）颜色搭配是否丰富；

（4）整理收纳是否及时、整洁。

2. 学生在教师设计的"我做小小建筑师"展示情境中展示作品。

3. 学生围绕设计的建筑形象与小组合作的效果展开讨论,评一评哪组小小建筑师的作品最有特色。小组交流,并派代表上前评价,贴上赞美的小花。

4. 引导学生介绍自己的作品。

5. 教师评价与小结。

【设计说明】

在展示与评价的学习活动环节,教师一方面培养学生劳动意识,主动清理桌面、地面上的剪纸碎屑,培养热爱劳动的习惯,为有效地展示评价做好准备。另外,教师引导学生在"我做小小建筑师"展示情境中展示作品并让学生进行欣赏,通过观赏过程中的自评、互评培养学生从小学会珍惜和珍重自己和他人作品,学会简单评论他人作品,体会创作作品的成就感。

教学环节六：拓展与延伸

1. 学生观看教师展示的精彩、雄伟的长城的图片,引导学生感受中华民族的智慧。

2. 教师本课学习活动小结,用精彩的语言讲述《长城》:两千多前我们中华儿女靠自己的智慧就开始修葺长城,它是世界十大奇迹之一,相信在不久的将来我们有的孩子也会成为一名优秀的城市建筑设计师,为建设祖国、建设家乡贡献力量。

【设计说明】

在最后的拓展与延伸学习活动环节,教师通过引导学生欣赏祖国《长城》图片,让学生感受中华民族几千年文化中的建筑之美,感受中华民族的智慧,鼓励学生要为祖国以及家乡的建设尽一分自己的力量。

▄▌▌▌◉ 专家点评 ◉▌▌▌▄

本课例非常突出的特点是在各类学习活动中运用生动有趣的情境设计,创设丰富的德育途径,引导学生在美术学习中获得美好的情感体验。从学科德育的角度,可以做以下的归纳:

本课例教学中教师一方面要引导学生初步学会用图形组合的方法美化城市道路与建筑,另一方面要引导学生初步形成用美术手段美化生活环境及热爱劳动的意识。教师首先在教学中使用优美抒情的儿童音乐、有趣生动的视频和精彩的讲述手段,激发学生表现现代城市之美的兴趣;其次,教师通过上海具体的著名城市建筑引导学生体会现代城市建筑美感的同时,用游戏的方式激励学生找一找建筑中具体的组成形状,从而让学生了解建筑的基本形状,寻找创作灵感,在教师直观的演示创作步骤中掌握创作方法和要点。再次,教师设计"我做小小建筑师"趣味情境,通过自评、互评培养学生学会欣赏自己和他人作品,体会创作作品的成就感的同时,注重培养学生劳动意识和热爱劳动的习惯;最后,教师通过优美的语言激励学生对《长城》展开赏析,让学生进一步感受中华民族几千年文化中的建筑之美和劳动人民的智慧。

本课例通过趣味的体验类、探究类、欣赏类和表现类学习活动,在创设丰富育人途径方面做了很好的实践探索。

(上海市崇明区教育学院　宋玉燕)

重视过程性评价　促进德育的认知

——在《美丽的小路》活动中树立校园"主人翁意识"

▰▰◀ 基本信息 ▶▰▰

本课例内容出自上教版小学《美术》一年级第二学期第四单元《让城市更漂亮》。该单元由《美化人行道》和《小小建筑师》组成。主要学习内容是拼贴人行道图案,剪贴组合建筑造型。

通过本单元的学习,初步学会用图形组合的方法美化城市道路与建筑,初步形成用美术手段美化生活环境的能力,激发发现生活之美的兴趣以及对家乡的热爱。

本课例由上海市崇明区裕安小学沈绒提供。

▰▰◀ 德育价值描述 ▶▰▰

本课例侧重落实"能用美术作品美化生活与社区环节,敢于表达自己的想法"这一小学阶段学科德育核心要求。

1. 能说出人行道地砖对城市环境的美化作用,激发学生美化校园、建设家乡的情感。

2. 能用不同的形状拼贴建筑,体会现代城市建筑的美感。

3. 能主动清理剪纸碎屑,具有劳动意识。

▰▰◀ 正文 ▶▰▰

教学环节一:形状来聚会

1. 学生在教师的引导下复习剪过的基本图形。

2. 学生叙述,教师配合演示新图形菱形◆和爱心型♥的剪法。

3. 学生在教师的引导下说说自己这样剪的想法。

4. 学生在老师的引导下尝试剪出 4 个相同的基本形,并在学习单上进行自我评价(贴上一颗星)。

【设计说明】

本环节有三个递进的小活动,教师先让学生回忆各种形状以及各种形状的剪法,再通过学生叙述教师配合演示的方法学习新形状的剪法,鼓励孩子积极动脑剪出新图形,最后通过动手剪引导学生总结出图形是"对称"的,用重叠剪的方式剪出四个相同的图形备用。同时,教师运用在学习单上"贴上一颗星"的简洁过程性评价激励学生,为后面的地砖设计打下基础。

教学环节二:路面小秘密

1. 对比激趣(出示照片)。

学生仔细观察学校的两条小路,说说自己喜欢哪一条小路,并且说出原因。

得出结论:其中一条小路颜色不鲜艳、图案单调。

2. 教师启发。

我们要不要为学校的小路设计一个漂亮的图案?出示课题《美丽的小路》。

3. 观察发现。

(1)放大漂亮小路的路面。让学生仔细观察,然后交流各自的发现。

(2)学生交流得出结论:路面由一块块地砖铺成的。

(3)教师启发:一块地砖的图案由什么组成?是怎么组成的?学生探究出:地砖的图案由基本形组成,是对称的,并在学习单上进行自我评价(贴上一颗星)。

(4)教师小结:我们设计地砖的时候也要用基本形,也要对称。

【设计说明】

经过一个学期学习的一年级孩子刚刚对"学校"这个集体有感知,要通过一些活动帮助孩子们树立"主人翁意识"。基于这个观点,本环节在不改变教学内容的基础上,对主题稍加调整。把课题《美化人行道》改为《美丽的小路》。通过"观察校园里的小路""为校园设计小路"等活动加强孩子与校园的亲近度,并产生一种"以我之能为校园出一分力"的责任感。通过对比发现学校的小路需要改进的地方,通过激励性过程评价,引发学生想为学校设计小路的兴趣,并在对比、观察中找出地砖图案的组成规律。

教学环节三:创意大比拼

1. 教师引导学生用一个大正方形▊和 4 个小三角形◥尝试拼贴一块"地砖"。

(1) 两个同学演示,其他同学用自己的图形进行拼贴。

(2) 学生自评互评。根据教师的评价标准——拼贴是否对称,学生通过学习单进行自评互评(为自己和同伴贴上一颗星)。

(3) 出示范作,小组讨论范作的组合方法。

2. 教师引导学生展开小组讨论,发现组合的要点。教师小结:虚实组合、大小组合、两个图形组合。

3. 学生创意表现:我来试一试——用你喜欢的形状拼贴一块地砖,拼贴时注意图案的对称。

4. 教师播放各种漂亮的人行道图片供学生欣赏。

5. 学生开始设计校园小路地砖。

【设计说明】

本环节在过程性拼贴、自评互评中让学生明白,地砖图案的组成及组成法则——对称。通过观察,发现图形组合的方法,为创意提供思路。在欣赏中知道有些城市的人行道有漂亮的图案,拓宽学生视野,也让孩子们体会为学校设计小路是一件快乐且有意义的事。

教学环节四:展示评价

1. 教师引导学生在教师创设的展示情境进行展示——用自己设计的地砖"铺设小路"。

2. 按组别在展示台上铺设小路。(提示:小路的造型)

3. 欣赏自己的作品,思考面对这样美丽的小路和周围的环境,我们应该做什么。

4. 根据评价要求进行集体评价:评选最佳创意奖、最佳制作奖、最佳合作奖。

评价要求:

(1) 积极参与地砖拼贴(学习兴趣);

(2) 仔细观察设计方法,及时整理桌面(学习习惯);

(3) 地砖图案有对称,排列组合有创意,图形剪贴很平整(学业成果)。

5. 全班展示作品,对桌面、地面的纸屑进行整理及收纳。

【设计说明】

本环节教师创设作业展示情境,优化评价方式,鼓励学生勇于展示自己的作品,体验创作带来的乐趣,发挥育人的最大实效。同时,引导孩子不乱丢纸屑,保护我们居住的环境,培养学生的劳动意识。

教学环节五:拓展延伸

1. 教师引导学生欣赏有设计感的园林小路。

2. 教师引导学生欣赏国内外现代设计师设计的现代城市地砖道路。

【设计说明】

本环节教师进一步拓展相关知识,鼓励学生细心观察生活,借鉴优秀艺术大师的作品和灵感,大胆表现自己无限的创意。同时,引导孩子不乱丢纸屑,保护我们居住的环境,培养学生的劳动意识。

▌▌▌◆ 专家点评 ◆▌▌▌

本课例内容出自上教版小学《美术》一年级第二学期第四单元课第 14 课《美

化人行道》。教师在本课例中的评价以能说出人行道地砖对城市环境的美化作用,激发学生美化校园、树立校园"主人翁意识",能主动清理剪纸碎屑,具有劳动意识这一德育目标为标准,重视设计美术学习评价单展开过程性评价,体现评价的激励性和导向性。从学科德育的角度,可以做以下几方面的归纳:

第一,重视对学习兴趣、学习习惯和学业成果的过程评价。在课例中教师既关注学生学科知识技能的掌握,又关注学生积极参与地砖拼贴的学习兴趣、仔细观察设计方法、及时整理桌面的学习习惯、培养校园"主人翁意识"等领域。除德育认知水平外,尤其重视评价学生表现性目标的达成度,在形的拼贴与组合活动中的参与度、态度和行为表现等。

第二,重视学习过程中学生对自我发展的评价。教师在课例中倡导多元评价理念,运用语言评价、学习评价表将学生的自我评价、同伴评价和教师评价相结合,尤其重视学生对自我发展的评价。在各学习活动环节采用学习评价单、谈话交流、课堂提问等多种方式,全面、真实地反映学生剪相同的基本形、探究地砖的图案、用自己的图形进行地砖拼贴等学业状况,真实地反映学生德育认知和践行的进步状况。当堂反馈评价信息,引导学生及时调整自己的学习状态。课例以过程性评价的方式,促进了学生学科素养、德育认知和践行水平的同步提升。

(上海市崇明区教育学院　宋玉燕)

发现自然的形象美 提取学科育德内容

——在《装饰的骏马》中感悟自然中马的造型美

▌▌◀ 基本信息 ▶▌▌

本课例教学内容《装饰的骏马》是上海教育出版社《美术》教材二年级第一学期第四单元第三课的内容。该单元由《昆虫乐园》《茂盛的植物》和《装饰的骏马》三课组成,主要学习内容是用变化的线条、图形来表现动物和植物。

通过本单元的学习,了解、发现动植物中美的形象,激发亲近自然的情感,体验用线条表现大自然中动植物的乐趣,养成乐于观察的习惯。

本课例由上海市第一师范附属学校崇明区江帆小学叶牡丹提供。

▌▌◀ 德育价值描述 ▶▌▌

本课例侧重落实"能对自然与生活中美好的事物和现象进行感知与回应"这一小学阶段学科德育核心要求。

1. 说出昆虫、植物和骏马对人类生活的作用,表达对动植物生命的爱护。

2. 仔细观察,描绘动植物的形态和细节,体会观察的重要性。

▌▌◀ 正文 ▶▌▌

教学环节一:欣赏与感受

1. 学生思考教师的导入问题:你知道马具有哪些特性? 你了解它在人类生活中的作用吗?

2. 学生聆听教师小结:马最早是人类猎取的食物,由于其机警、敏锐、速度和忠诚,后来被驯养用于农耕、交通和军事,它有着辉煌的历史和精彩的故事。

3. 学生欣赏教师呈现的艺术大师韩美琳的《马》主题的国画作品,感受艺术作品中马的造型美。

4. 学生了解本课学习主题:《装饰的骏马》。

5. 学生在教师的引导下完成《快乐学习单》第1项。

【设计说明】

绘画通常源于喜爱。本环节教师引导学生先通过说一说马的特性和对人类的作用,知道马吃苦耐劳、马不停蹄、一往直前的精神,再通过欣赏艺术大师经典的国画作品,感受骏马健壮的体态和优美的外形,由此进一步激发学生对自然中马的了解与喜爱之情。

教学环节二:观察与分析

1. 学生欣赏教师呈现的古代青铜马名作,并思考造型美表现在哪些地方?

2. 学生小组讨论马造型中的夸张部位,了解运用基本形夸张表现马的造型方法。

3. 学生在老师的引导下小组讨论、探究马的多种动态表现。

4. 聆听教师对动态变化要点的归纳:画马儿向前飞奔的动态时,可利用四肢动态和飞扬的鬃毛、马尾来表现。

5. 学生在老师的引导下完成《快乐学习单》第2项。

【设计说明】

本环节教师引导学生在欣赏生活中以"马"为主题的艺术作品后,自主分析马的基本造型结构,探究马夸张的动态要点:夸张四肢、鬃毛、马尾。这样学生知道用基本形概括、夸张形象的表现方法。在这一过程中学生养成自主学习的精神和细致观察的良好学习习惯。

教学环节三:讨论和归纳

1. 学生欣赏教师提供的点线变化的范作,并小组探究点线的变化,尝试与实践。

2. 学生欣赏教师提供的装饰好的骏马范作,进一步感受画面中运用变化的点线装饰生活中的马的造型美。

3. 学生在教师的引导下小组讨论、交流马的装饰方法。

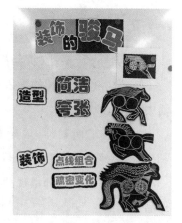

4. 学生聆听教师小结：结合马的结构,运用变化的线条对马的造型和细节进行装饰。

5. 学生根据教师提供的练习要求,完成快乐学习单第3项。

【设计说明】

本环节各小组学生通过观察老师的两类示范作品,在教师的引导和组长的带领下,针对范作中对自然生活中的马的鬃毛、马尾、身体的装饰方法展开探究,并尝试用疏密的线条装饰马的三个部位,如:加双线、点线组合、粗细组合等。教师在这一环节激励学生探究,培养小组合作、探究的团队精神。

教学环节四：展示与评价

1. 学生根据教师的展示与评价要求,展示自己的作品并介绍练习中自己最满意的部分。

2. 学生交流画马的感受,尝试从以下三个方面评价同学的作品：

(1) 马的造型是否形象生动；

(2) 马的动态是否与众不同；

(3) 点线装饰是否富有变化。

3. 聆听教师小结：大家积极参与美术学习活动,肯定学生对自然生活中马的细致观察和为大胆创意装饰所付出的积极努力,愿每一位学生能够发现大自然中的美,用自己的双手创造出更多的美术作品来美化我们的生活。

4. 完成快乐学习单第5项。

【设计说明】

本环节教师引导学生积极介绍自己装饰的骏马作品,鼓励学生大胆发言,互相评价,使学生既能看到优秀作品的亮点又能知晓自己作品的不足之处。通过练习展示与评价提升美术学科德育实效,让学生在这一过程中互相学习,取长补短,养成自信和谦逊的风格。让学生在领略骏马豪迈奔放的造型美感的同时,激发学生对大自然中动物的热爱之情。

▶▶▶●**专家点评**●◀◀◀

本课例取材于小学美术二年级《线条的变化》单元。通过单元教学,教师应把握本单元的德育内涵：发现自然中的造型之美,体会用线条表现造型的乐趣,促进学生养成乐于观察的习惯,形成爱护动物的意识。在《装饰的骏马》一课中,教师首先通过问题引导、作品欣赏,使学生感受到马在人类生活中的作用,激发学生关注并爱护动物的意识,进一步体会自然与艺术表现中马的造型之美,养成学生感知自然与生活中美好事物的习惯;其次,通过分析、交流与归纳,使学生了解夸张表现马的造型以及点线装饰马的方法,有利于学生了解自然艺术中的美术知识与美术表现方法;最后,在作品展示环节,引导学生用所学习的美术语言表达自己的看法。从中可以看出,教师将德育内涵融入教学内容与环节,呼应单元德育价值。

(上海市教育委员会教学研究室　徐　敏)

丰富体验方式 优化德育手段

——在《夸张的面具》中获得美好的情感体验

▸▸▸●【基本信息】●◂◂◂

本课例教学内容出自上海教育出版社《美术》二年级第一学期第五单元《彩泥变变变》。该单元由《夸张的面具》《巧饰小瓶子》和《学摩尔来玩泥》三课组成，主要学习内容是运用泥工基本技法制作面具、装饰瓶子、捏塑人物造型。通过本单元的学习，学生将知道中外面具和摩尔雕塑作品的表现特点，对多样的美术表现形式感兴趣，乐于用泥塑手段装饰、美化生活。

本课例由上海市崇明区堡镇小学北堡校区徐瑗聪提供。

▸▸▸●【德育价值描述】●◂◂◂

本课例侧重落实"喜爱民间艺术，对中国的传统艺术产生兴趣"和"能用美术作品美化生活与社区环境，敢于表达自己的想法"的小学阶段德育核心要求。

1. 能交流不同地域的面具特点和作用，体会我国传统艺术的多样表现形式，增强爱国主义情感、陶冶高尚情操。

2. 在参与面具制作的过程中，体会用泥塑作品来装饰生活的乐趣。

3. 在制作过程中，养成一丝不苟、精益求精的良好学习习惯。

▸▸▸●【正文】●◂◂◂

教学环节一：了解与欣赏

1. 学生观看教师出示材料——彩泥，聆听教师简述本单元学习主题和内容。

2. 学生欣赏视频，教师导入学习内容。

教师提问：在视频里你看到人们戴着什么在跳舞？（面具）（集体回答）

3. 教师揭示部分课题——面具。

【设计说明】

本环节教师首先引导学生进行实物体验,出示本课的学习材料——彩泥,让学生明白接下来学习的单元主题和内容。接着引导学生通过观看视频,欣赏面具在舞蹈艺术中的应用,让学生们体会传统面具艺术的美感与艺术应用,学生获得很好的视听体验,增强欣赏能力。通过针对性的体验方式,既让学生明确了本课学习的主题,又激发了学生对本课的学习兴趣。

教学环节二:探讨与发现

1. 学生在老师的引导下欣赏不同时期、不同国家的面具,了解面具的作用。

教师提问:你觉得面具有哪些作用?(祭祀、辟邪、表演……)(个体回答)

2. 学生在教师的引导下进行小组探讨、对比面具与真人头像。

(1)小组长上台试戴面具。

(2)出示真人头像局部与实物面具局部对比图片。

(3)其他组员探讨面具与真人头像的不同。

教师提问:面具与真人头像有什么不同?(小组代表回答)

(4)小组交流已探讨出的不同之处。

(5)教师小结面具的造型特点:造型夸张、色彩鲜艳、装饰巧妙。

3. 教师完善课题——夸张的(面具)。

【设计说明】

本环节教师运用生动的图片、有趣的面具实物和精彩的讲述等手段,激发学生对育德内容的学习兴趣。通过不同时期、不同国家的面具赏析,发现面具的造型特点、取材用料、功能作用等,体会传统面具艺术的多样表现形式,锻炼学生的观察、思考能力;并让学生带上面具、感受面具,并且探讨面具与真人头像的不同之处,使学生在探究中既抓住了本课的学习重点,又激发了学生的创作欲望。

教学环节三:示范与创作

1. 学生在教师的引导下进行作品欣赏,探讨面具的制作步骤。

(1)个别学生交流制作步骤。

(2)教师根据学生说的步骤边示范:

① 做脸型(教师提供);② 贴五官;③ 巧装饰。

(3)示范时边渗透色彩方面的知识边讲解泥工技能。

2. 学生在教师的引导下进行作品的装饰细节欣赏,美化面具。

(1) 作品欣赏,观察泥点(点)、泥条(线)、泥片(面)等细节,拓宽美化面具的思路。

(2) 了解练习要求。

练习内容:独立完成一张夸张的面具。

练习要求:① 面具造型要夸张;② 色彩对比要强烈;③ 面具完整巧装饰。

3. 学生创作,教师巡视。

【设计说明】

本环节学生通过教师创设的"面具墙"欣赏情境进行体验,欣赏同龄人的作品,探讨、掌握面具的制作步骤,同时在探究中解决本课的学习难点——如何利用各种泥工技法制作面具(团、搓、捏等)。在此过程中激发学生创意思维,培养他们耐心、细致、整洁、有计划的学习习惯。通过多件学生作品欣赏,观察其变形夸张的特点和装饰的方法,拓展学生创意表现的思路,引导学生养成仔细观察、精益求精、团队合作的学习品质。

教学环节四:展示与评价

1. 学生在教师设计的情境——《创意面具秀》中,自己展示自己的作品。

评一评:你最欣赏哪幅作品?为什么?(个体回答)

评价要求:

(1) 面具的造型是否夸张?

(2) 色彩是否鲜艳、对比强烈?

(3) 面具装饰有什么特别的地方?

2. 学生聆听教师示范评议作品。

3. 学生互评。

4. 学生聆听教师小结。

【设计说明】

本环节教师创设"创意面具秀"的展示情境,让学生在"创意面具秀"体验中丰富审美体验。通过教师的示范点评和学生的自评与互评,发现自己的进步和提高,体验成功的乐趣与美好,发现自己可以进一步做调整的地方。学生在体验中分享美术创意成果的乐趣,逐步养成良好的表达习惯和鉴赏行为。

教学环节五：拓展与实践

1. 学生聆听教师展开的知识拓展，了解崇明乡土美术资源。

（1）出示崇明"扁担戏"图片。

（2）感受"扁担戏"人偶制作中面具的应用。

2. 学生"化装舞会"实践体验。

（1）学生戴上自制面具。

（2）伴着音乐，随意舞动，结束本课。

【设计说明】

本环节教师通过"走进非遗"欣赏情境体验的设计，拓展与本课关联知识，引导学生了解家乡的非物质文化"扁担戏"人偶造型艺术的同时，让学生知道家乡民间艺术的由来和发展，激发学生对家乡的热爱之情和自豪感。最后教师引导学生创设"化装舞会"的情境体验，用带上自己做的面具在音乐中舞蹈的形式结束本课，让学生感受美术作品给生活带来的快乐与美好。

◆专家点评◆

本课例取材于小学美术二年级《彩泥变变变》单元。教师结合教学内容，在《夸张的面具》一课中规划了解民间传统艺术，用美术作品装饰生活以及养成精益求精制作习惯的德育价值，比较注重学生自主学习方式的运用。教学中，教师尽可能创设促使学生主动学习的情境。教学伊始，教师首先介绍了本课的主要美术材料以及学习内容，其目的在于促使学生任务驱动下的主动学习。关于面具的学习，教师主要运用了欣赏、交流、比较、分析以及示范演绎的方法，引导学生在多样化的学习方式中感知与回应生活中的美术作品，感受并激发学生对传统民间艺术的兴趣，建立美术与生活的关联意识，并鼓励学生在想象与尝试中完成学习任务，促进学生形成耐心、细致的学习习惯。在拓展环节，提供了崇明"扁担戏"资源，意在引导学生迁移面具知识，进一步激发学生关注本土传统艺术的意识。

（上海市教育委员会教学研究室　徐　敏）

设计趣味折剪　落实学科育人

—— 在《连续的图形》中体会折剪连续纹样的乐趣

▌▌▌◀ **基本信息** ▶▌▌▌

本课例教学内容出自上海教育出版社《美术》二年级第一学期第七单元《感受民间艺术》。该单元由《连续的图形》《剪剪小窗花》和《我们做花灯》三课组成，主要学习内容是折剪连续纹样和窗花，用插接的方法制作花灯。

通过本单元的学习，知道中国特有的民间习俗，乐于用折剪连续纹样、剪窗花、做花灯等中国传统方式庆祝节日，感受用剪纸作品和花灯美化生活的乐趣。

本课例由上海市崇明区西门小学周子言提供。

▌▌▌◀ **德育价值描述** ▶▌▌▌

本课例侧重落实"喜爱民间美术，对中国的传统艺术产生兴趣"的学科德育核心要求。

1. 初步了解连续图形的特点，学会用折、剪的方法制作连续的图形装饰美化教室。

2. 在欣赏和创作的过程中，发现连续图形独特的装饰效果，学习用连续图形的折剪方法美化生活。

3. 感受中国传统剪纸等工艺品中连续纹样图形整齐、有序的排列美，体验传统剪纸艺术制作的乐趣，乐于参加民间传统工艺剪纸活动。

▌▌▌◀ **正文** ▶▌▌▌

教学环节一：欣赏与导入

1. 教师运用剪纸实物趣味导入：

"猜一猜"老师手中的物品有什么神奇之处，你知道它是怎么制作出来的吗？

("美妙的花边"教具——连续、剪纸)

2. 简要介绍本单元《感受民间艺术》的主要内容(34 页开始到 39 页)。

3. 播放介绍剪纸的视频。

4. 出示代表新石器时代马家窑文化的陶罐图片,请学生欣赏交流。

(1)问题:陶罐图片中的花纹有什么特点?

(2)教师小结:陶盆内绘有集体舞蹈形象,生动反映了那个时期载歌载舞的场景,人物手拉手组成连续图形,形象简练生动。

5. 揭示课题:《连续的图形》。

【设计说明】

在欣赏与导入环节中,教师首先通过自制的超长二方连续纹样剪纸趣味导入,激发学生对本堂课学习内容的好奇与兴趣。其次,教师引导学生欣赏民间剪纸艺术视频和少数民族的日常用品,让学生了解传统剪纸,认识我们是拥有 56个民族的大家庭,各民族都有自己传统的民间工艺,其造型和图案特点独特、装饰美观,激发学生热爱传统民间艺术之美和乐于参与创作体验的兴趣。

教学环节二:观察与尝试

1. 教师出示图片,引导学生欣赏后介绍连续图形在生活中的广泛应用。

2. 教师出示 PPT 提出思考问题:考一考大家,这两个简单的连续图形是怎么做的?

(1)请小组讨论连续图形是怎么做的;

(2)请学生尝试连续图形的制作;

(3)请学生思考和分析连续图形的制作方法。

3. 学生聆听教师小结折剪连续图形的注意点:

(1)图形与纸边两边要相连;

(2)图形与纸边两边相连要宽一些。

【设计说明】

在观察与尝试环节中,教师引导学生欣赏用来装饰日常生活用品的连续图形照片,感受连续图形具有的旋律感和节奏美感,发现生活中的连续图形的装饰美随处可见。教师还设计趣味"考一考"学习活动,引导学生展开自主学习和小组合作探究如何折剪连续图形,让学生进一步认识民间传统艺术的装饰智慧,激发热爱民间艺术的情感。

教学环节三：示范与练习

1. 教师演示连续图形的折剪（PPT 出示创作过程）：

（1）裁剪彩纸；

（2）设计图案（注意：图案需与纸条两边相连）；

（3）剪出图形；

（4）打开成形。

2. 创设"我们的'小花瓶'展览会"练习情景。

设计一个小花瓶展览会，教师第一个来参加，步骤演示：

（1）放好平面花瓶底板；

（2）剪贴连续图形；

（3）对贴好连续图形的花瓶进行修剪。

3. 请同学们根据要求也制作一个花瓶来参加"小花瓶"展览会，要求：

（1）折剪连续图形，二人合作粘贴在小花瓶上；

（2）图形美观，色彩协调；

（3）图案设计新颖，有创意。

4. 呈现各类图案的简笔画，给学生设计图案时参考。

5. 学生创作，教师巡视指导。

【设计说明】

在示范与练习环节中，教师通过直观演示连续图形的创作过程，让学生能知道传统民间艺人折剪图案的方法。通过把折剪好的作品装饰在趣味的陶器造型的彩纸上，让学生体验古青铜器皿的装饰特点，感受中国传统工艺中连续纹样图形整齐、有序的排列美。教师创设《我们的"小花瓶"展览会》的趣味练习情景，进一步让学生体验传统剪纸艺术制作的乐趣，激发其乐于参加民间传统工艺剪纸活动。

教学环节四：展示与评述

1. 学生把作品呈现在"我们的'小花瓶'展览会"展示区域中进行展示。

2. 学生了解教师呈现的评价要求：

（1）完整度：作品连续成形、不断裂、粘贴牢固；

（2）美感：图形美观、色彩协调；

（3）创意：图形新颖、有创意。

3. 练习评价：第一等第是☆☆☆、第二等第是☆☆、第三等第是☆。

（1）学生自评：根据评价内容，给自己评价；

（2）学生互评：根据评价内容，相互评价；

（3）教师点评：最佳创作奖、最佳创意奖。

3. 教师对学习活动进行小结。

【设计说明】

创意设计连续图形是一种学习的行为过程，涉及学生的情感、态度、意志等方面和观察、思维、想象、创造等能力。因此，教师尊重每位学生的学习体验，在展示与评述环节中引导学生把作品呈现在"我们的'小花瓶'展览会"展示区域中进行展示和自评互评，让学生在欣赏性活动中有效地感受用剪纸作品美化生活的乐趣。

▸▸▸◉ 专家点评 ◉◂◂◂

本课例主要学习中国传统的民间艺术——剪纸，并利用艺术作品来装饰美化教室。从学科育德的角度，可以从以下几个方面归纳：

第一，借助趣味的情境创设落实学科育人。借助有趣的"我们的'小花瓶'展览会"主题情境创设来引导学生关注中国传统剪纸等工艺品中连续纹样图形整齐、有序的排列美，是非常值得借鉴的。在情境中教师聚焦中国传统艺术品中的连续纹样，趣味引导学生欣赏、设计、制作、展示剪纸作品，培养学生美术核心素养，自觉传承中华优秀传统文化，很好地落实了学科育人。

第二，借助趣味的教具学具落实学科育人。在教学过程中，教师通过对"美妙的花边"教具的利用，不仅趣味地使学生感受到连续纹样的特点，而且找到了连续纹样变化的规律，能举一反三地去制作，学习到用连续图形的折剪去美化生活的方法。同时，学生在进行中国传统艺术中连续纹样的应用和规律探究时，无形地感受到了中国人民的智慧，学生怀着这样的心情进行连续纹样剪纸作品的制作，更加乐于参加民间传统工艺剪纸的学习活动。

（上海市崇明区教育学院　宋玉燕）

注重激励探究　丰富美育方式
——在《我们做花灯》中体会用传统美术形式来表达美好心愿

◀◀◀●**基本信息**●▶▶▶

本课例教学内容出自上海教育出版社《美术》二年级第一学期第七单元《感受民间艺术》。该单元由《连续的图形》《剪剪小窗花》和《我们做花灯》三课组成，主要学习内容是折剪连续纹样和窗花，用插接的方法制作花灯。

通过本单元的学习，知道中国特有的民间习俗，乐于用剪窗花、做花灯等中国传统方式庆祝节日，感受用剪纸作品和花灯美化生活的乐趣。

本课例由上海市崇明区东门小学陈裕华提供。

◀◀◀●**德育价值描述**●▶▶▶

本课例侧重落实"喜爱民间美术，对中国的传统艺术产生兴趣"的学科德育核心要求。

1. 知道剪窗花、做花灯是中国传统的民间习俗，乐于参加民间传统工艺的学习活动。

2. 能用自己剪的窗花和做的花灯来装饰美化生活环境，用传统美术形式来表达美好心愿。

◀◀◀●**正文**●▶▶▶

教学环节一：欣赏与比较

1. 学生欣赏教师播放的"豫园元宵灯会"短片视频，感受花灯造型美。

老师：同学们，你曾看见过花灯吗？你知道它是用什么材料制作的吗？

2. 学生小组交流自己看到过的花灯及其制作材料并由小组长介绍小组的交流结果。

3. 教师语言激励学生的积极参与交流后,引导学生进一步观察讨论花灯的色彩和图案。

老师:你们见到的花灯都是些什么颜色的?有图案吗?(喜庆的色彩,美好寓意的图案)

4. 教师根据学生的表达交流,出示对应的中国传统花灯图片供学生欣赏。

5. 教师揭示课题:我们做花灯。

【设计说明】

本环节教师引导学生欣赏喜庆的"豫园元宵灯会"视频与图片,在欣赏、感受、回忆、交流中了解节日里用花灯装饰环境、表达美好心愿的传统习俗,体会传统民间工艺对节日喜庆热闹氛围的烘托作用,激发学生对民间传统活动产生兴趣。

教学环节二:欣赏与交流

1. 学生回忆并回答教师提问:你们见过花灯的形状是怎样的?

2. 学生与老师一起归纳花灯的基本形状。

教师根据学生的个体回答对应地用实物(圆形、三角形、菱形、动物形纸片)激励学生。

3. 学生在教师的引导下整体、局部欣赏中国传统的民间花灯的各种形状,体会民间花灯在形状上蕴含的吉祥寓意。

4. 学生仔细欣赏、观察教师出示在各小组的蝴蝶花灯造型,分析制作方法。

5. 教师激励学生探究学习,尝试自主探究怎样才能让两张"蝴蝶"形纸片变成花灯的模样,思考如何插接会更好。

6. 学生展示交流自己的探究成果,教师归纳插接方法与要点。

7. 学生观察教师出示的两盏蝴蝶花灯,比较哪盏花灯的花纹剪贴更美观。

老师:请同学们仔细观察花灯的花纹,说说看哪一盏花灯花纹更好看(花纹剪贴的形状、大小、位置与花灯是否协调)。

【设计说明】

教师通过"回忆——归纳——欣赏——比较——尝试"这一探究过程的设计,鼓励学生将生活与工艺联系起来,获得成功体验,在此基础上探究花灯插接组合的原理与花纹剪贴方法。教师用问题引导,给学生提供了多样的体验与发现的机会,让学生在探究学习中自行得出花灯的图形插接和花纹剪制方法,激励学生善于发现、乐于思考、勇于实践。

教学环节三：观察与尝试

1. 学生观看民间艺人制作中国传统花灯,感受原生态工艺。

2. 学生观看教师示范花灯的制作方法,体验民间传统工艺制作过程的乐趣。

（1）剪外形与花纹；

（2）穿插立体花灯；

（3）花灯纹样装饰；

（4）折剪花灯灯穗；

（5）粘接花灯挂环。

3. 教师更换其他插接纸片的形状提供给学生欣赏,激励学生大胆进行创意制作。

4. 学生明确练习要求,进行花灯创作。

（1）基本要求：自己设计制作一盏花灯,制作细致,剪贴整齐。

（2）提高要求：花灯主题形象突出,造型匀称有创意,纹样协调。

5. 学生在教师的辅导下展开练习。

【设计说明】

本环节教师针对每种传统花灯工艺都有其原生态的制作工艺流程,组织学生观看民间艺人制作中国传统花灯,感受原生态工艺,激励学生深入地研究传统花灯工艺作品,从感悟中借鉴。另外,教师直观演示花灯制作步骤能让学生很好地在传统工艺与现实体验之间建立起因果关系的认识,在最短的课堂学习时间内有效地掌握用传统花灯形式来表达美好心愿的基本方法。

教学环节五：欣赏与评述

1. 学生在教师创设"班级灯会"展示情境下展示自己的作品。

2. 学生根据教师呈现的评价要求欣赏"班级灯会"作品,展开自评、互评。

评价要求：

（1）主题是否很突出；

（2）造型是否有创意；

（3）纹样是否很喜庆；

（4）制作是否很细致。

3. 学生阐述自己的制作灵感和表达的美好心愿。

【设计说明】

本环节教师在教室中创设、搭建情景展示空间，把学生用彩纸插接制作的不同风格的花灯作品展示出来，建立起了一个"班级灯会"。学生在逛"班级灯会"的过程中相互欣赏，交流制作心得和表达的美好心愿，感受用花灯装饰生活环境的美。

教学环节六：拓展与延伸

1. 学生欣赏教师提供的民间艺人用其他方法和材料制作的现代花灯，了解传统工艺在现代的传承与发展。

2. 学生欣赏教师提供的现代艺术装置大师们对花灯的创意设计，激发学生大胆尝试、勇于创新。

【设计说明】

本环节教师借助民间艺人用其他方法和材料制作的现代花灯和现代艺术装置大师们对花灯的创意设计知识的拓展，既开阔了学生的审美视野，又让学生了解了民族传统工艺随着时代的发展和现代生活表达方式的变化在不断地创新，在无形中感受到中国民间艺人的伟大与智慧。

▶▶▶◆ 专家点评 ◆◀◀◀

美术学科的德育教学其关键点应该指向具体作品的内涵，特别是美术作品的创作意图，如何运用美术的手法表达当时的种种内心情感，体现结构、造型、色彩、图案等隐含的德育价值等。因此教师在实施美术德育教学前应深入理解作品，挖掘作品的内涵意义，将其与学段德育核心要求精准匹配的基础上，归纳并描述学习内容的教育价值。

本案例教师精准设定了"知道剪窗花、看花灯是中国传统的民间习俗，乐于参加民间传统工艺的学习活动"和"能用自己剪的窗花和做的花灯来装饰美化生活环境，用传统美术形式来表达美好心愿"这两个德育教育目标，主要聚焦花灯作品的内涵从而引导学生对民俗文化的理解与传承之意。通过"欣赏与比较"引领学生走进"豫园元宵灯会";"欣赏与交流"鼓励学生将生活与工艺联系起来;"观察与尝试"激励学生深入研究传统花灯工艺作品,从感悟中借鉴;"欣赏与评述"帮助学生在逛"班级灯会"的过程中相互欣赏,交流制作心得和表达的美好心愿,感受到用花灯装饰生活环境的美;最后"拓展与延伸"开阔学生的审美视野。学生能充分在各种活动中聚焦"花灯"作品的内涵,开展动手、动脑、动情的学习,将德育教育的内涵有效融合在本单元的教学全过程。

(上海市静安区蕃瓜弄小学　曹晏平)

关注现实生活，提取德育内容

——在《多彩的窗帘》中体会用美术材料美化家居生活的乐趣

▸◀●基本信息●▶◂

本课例教学内容出自上海教育出版社《美术》三年级第一学期第二单元《我爱我家》第二课时的内容。本单元由《我的小相框》和《多彩的窗帘》两课组成，主要学习内容是初步学会运用纸工技能制作相框、窗帘等立体物体。

通过本单元的学习，感悟用美术材料和手段美化生活环境的乐趣，体会集体的温暖和家的温馨。

本课例由上海市崇明区竖新小学袁俊提供。

▸◀●德育价值描述●▶◂

本课例侧重落实"乐于用美术手段抒发情感、表达自我，形成美化生活、服务社区的意识"这一小学阶段学科德育核心要求。

1. 通过照片回忆温暖的家庭生活。

2. 综合运用绘画、折叠、剪贴及穿、挂等方法，创意制作相框与窗帘，对美化生活产生兴趣。

3. 感受美化家居生活的乐趣，发现相框造型及窗帘造型的美，养成善于搜集材料的习惯，培养动手能力和提升美化生活的能力。

▸◀●正文●▶◂

教学环节一：欣赏与讨论

1. 学生欣赏图片，自主学习并交流、概括窗帘的功能。

思考问题：图片中的物品是什么？它有什么作用？（遮阳、保护室内的私密性和装饰、美化室内环境）

2. 学生欣赏图片,交流窗帘的种类(有百叶窗、垂直帘、卷帘等)。

思考问题:你知道这是什么窗帘吗?

3. 揭示课题《多彩的窗帘》。

【设计说明】

教师充分挖掘和利用学生生活中熟悉的环境,从美术室的窗帘到自己房间的窗帘以及卫生间等学生熟悉的地方讨论、交流窗帘的功能,通过学生熟悉的百叶帘、卷帘从而交流窗帘的种类,让学生对美化居家生活产生兴趣。

教学环节二:观察与讨论

1. 学生分小组讨论:除了绘画方法以外,还可用什么材料及方法进行制作与装饰?

思考问题:请你说一说,除了用绘画的方式设计窗帘还可以用什么方式?

2. 学生观看教师示范,运用纸工剪、贴、折、叠等技法制作分拉式、卷帘式窗帘。

3. 学生欣赏优秀作品。

【设计说明】

教师通过引导学生探究学习,讨论制作方法、观看教师示范、欣赏优秀作品激发学生创作灵感并体验材料、方法创新的设计乐趣,感受美化家居生活的无限创意,培养学生主动装饰生活的主动性。

教学环节三:制作与辅导

1. 学生倾听教师布置练习。

(1)练习内容:综合运用画、折叠、穿、挂等方法设计制作一幅窗帘作品。

(2)练习要求:窗帘式样要新颖,纹样装饰要简洁、整体。

2. 学生了解创意制作要点。

(1)根据功能设计出新颖的窗帘款式和纹样。纹样可具象可抽象,注意排列的生动性。

(2)综合运用画、折叠、穿、挂等方法进行制作。注意色彩搭配及实用效果。

(3)添加窗户内简单背景。

3. 学生根据自己的构思,选择材料,设计绘制方案。

【设计说明】

在本环节中,学生通过窗帘制作的体验,了解美化家居生活的方法和注意事项,发现窗帘造型的美,培养学生耐心细致的动手能力和提升美化生活的审美能力。

教学环节四:欣赏与评述

1. 教师说明评价要求:

(1) 窗帘的式样是否新颖、有创意;

(2) 色彩搭配是否和谐;

(3) 收纳整理是否及时。

2. 学生在教师布置的"我家的窗帘"展示情境中展示、介绍自己的作品。

3. 学生根据教师提供的评价要求展开互评,介绍自己最喜欢的窗帘。

4. 教师围绕学习兴趣、学习习惯和学业成果展开评议与小结,鼓励有创意的练习。

【设计说明】

教师引导学生通过作品展示,互相欣赏交流构思,发现他人的闪光点以及设计、制作中的有待改进之处,丰富审美体验。

教学环节五:拓展与延伸

1. 学生聆听教师介绍并欣赏彩纸以外的其他废旧材料制作各种式样的窗帘及装饰纹样。

2. 聆听教师课堂小结。

【设计说明】

教师引导学生在欣赏中拓展多种材料运用及表现的知识,感受用美术材料和手段美化生活环境的乐趣,养成善于搜集材料的习惯,培养动手制作能力,拓宽学生美化生活的审美视野。

▶▶▶▶ **专家点评** ◀◀◀◀

学科育德体现在教育教学的多个内容维度,其中热爱生活、关爱生命的情感,感悟美术教材中所展现的亲情、友情及生活与生命的意义就是非常重要的内容之一。美术学科德育教育的主要学习过程应该凸显美术学习的特征,美术学科育德可以在美术学习的氛围与过程中实施与达成。在此过程中还应持续关注良好美术学习习惯与学习态度的培养。因此教师在实施学科德育教学的过程中应根据作品特点确定与学科德育有明显关联的美术实践与体验的方式。

本课例充分通过欣赏与讨论、观察与讨论、制作与辅导、欣赏与评述、拓展与延伸五个核心活动,从回忆温暖的家庭生活切入,引导学生有层次地感受美化家居生活的乐趣,发现相框造型及窗帘造型的美,养成善于搜集材料的习惯,培养动手能力和提升美化生活的能力。课例选取与日常生活息息相关的相框、窗帘等家居物品,从审美视角潜移默化地在动手创作的过程中渗透学科德育,过程自然,思路清晰,效果良好。

(上海市静安区蕃瓜弄小学　曹晏平)

设计项目化学习 提升育德的实效

——在《城市雕塑》中感受现代城市发展给人们带来的美好生活

◆ 基本信息 ◆

本课例教学内容出自上海教育出版社《美术》三年级第一学期第四单元《都市印象》。该单元中由《步行街》《美丽的路灯》和《城市雕塑》三课组成,主要学习内容是用纸质材料制作建筑和城市雕塑模型,用综合材料仿制路灯。

通过本单元的学习,了解城市建筑、路灯及雕塑能美化环境、提升生活品质,感受现代城市发展给人民带来的美好生活。本课通过欣赏雕塑作品,让学生了解城市雕塑的基本要素和造型特点,学会利用各种立体形状的彩色纸,组合再创造,拼接完成有意思的抽象雕塑造型。

本课例由上海市实验学校附属东滩学校陈玉洁提供。

◆ 德育价值描述 ◆

本课例侧重落实"能欣赏与关注自然和生活中美好的事物和现象"的学科德育核心要求。

1. 了解城市雕塑的基本要素与非具象城雕的造型特点,学会选择合适的立方体,运用粘贴、插等组合的方法制作有创意的非具象城市雕塑。

2. 用雕塑模型装饰"步行街"模型,感受雕塑装饰美化的作用。

3. 感受现代城市雕塑的视觉美感,体会创意制作带来的快乐;培养耐心、细致和良好的制作习惯。

◆ 正文 ◆

教学环节一:欣赏与交流(欣赏性活动)

1. 学习项目导入,了解项目活动的内容。

（1）教师：在同学们的努力下，"东滩幸福步行街"已经点亮了路灯，步行街即将开业。在开业来临之际，我们将进行一次"幸福·快乐"城市雕塑设计大赛，为我们的步行街添彩。

（2）学生：了解项目活动的内容。

2.学生进行外国城市雕塑作品欣赏。

（1）学生结合生活经验回答什么是城市雕塑。

（2）教师通过介绍城市雕塑的摆放位置总结提炼其定义。

（3）学生通过欣赏分析"自由女神像"与"打结的枪"两个作品的寓意，知道城市雕塑的"彰显城市精神和思想"的功能。

3.学生进行中国城市雕塑作品欣赏。

（1）教师引导学生思考生活中的雕塑材质。

（2）学生通过欣赏、比较 PPT 素材中的雕塑作品，逐步了解雕塑的基本要素。

（3）教师总结城市雕塑的三大基本要素：颜色、材料、造型。

（4）通过对比的方法，引导学生区分"具象雕塑"与"非具象雕塑"。

（5）学生通过观察 PPT 图片素材，了解非具象雕塑的造型特点：线条、几何形体的组合。

【设计说明】

本环节教师设计项目化学习活动，导入本课课题，激发学生的学习兴趣，并了解什么是城市雕塑以及它的功能、基本要素和表现形式，了解城市雕塑能美化环境、提升生活品质，感受现代城市发展给人们带来的美好生活。

教学环节二：尝试与体验（体验探究性活动）

1.学生欣赏教师制作的纸艺非具象"立体构成城市雕塑"作品。

2.学生小组探究体验，发现本组的雕塑组合的特点。

3.教师通过学生探究后的回答，总结非具象雕塑的形式原理（对比、重复、渐变）。

【设计说明】

本项目化学习活动是"落实重点"的活动，引导学生了解非具象城市雕塑与具象城市雕塑的区别以及非具象雕塑的形式原理，体会创意美化的乐趣。

教学环节三：选材与表现（表现性活动）

1. 观看教师制作步骤。

2. 教师归纳并示范组合方法。

3. 欣赏同龄学生作品，了解本课练习内容与要求。

4. 教师呈现立方体的变化表现作品。

5. 练习布置。

（1）练习内容：运用对比、重复、渐变等形式原理，组合完成纸艺"立体构成城市雕塑"立体造型。

（2）练习要求：

① 运用重复、对比或渐变的组合形式；

② 创作出一个非具象城市雕塑；

③ 雕塑粘贴牢固。

6. 学生创作，教师巡回指导。

【设计说明】

本环节是"解决难点"的项目化学习活动，引导学生明确运用对比、重复、渐变等形式原理共同完成纸艺"立体构成城市雕塑"立体造型的基本方法。

教学环节四：展示与评价（欣赏性活动）

1. 教师提问：

你最喜欢哪件"城市雕塑"作品，为什么？你能简单地从作品内容、表现形式和制作手法的角度描述你的城雕作品吗？

2. 教师说明评价要求，并示范演示评价方法。

评价要求：

（1）作品完整；

（2）粘贴牢固，能够站立；

（3）运用重复、对比或渐变的组合形式；

（4）造型独特。

3. 学生展示和评价自己的作品，完成场景布置。

4. 学生互评。

学生小组为单位交换位置，将手中的"小观众"放在喜欢的作品面前，获得

"小观众"最多的作品可以布置在"东滩步行街"的雕塑展示区。没有进入展示区的作品也将在"步行街"旁进行整体展示。

5. 教师对学生的练习进行小结。

【设计说明】

本环节为项目学习活动的评价环节,使学生在交流作品的过程中,了解并运用所学的描述方法去欣赏、评述自己和他人的作品,在单元活动整体评价过程中感受成功的快乐。

教学环节五:拓展与延伸(欣赏性活动)

1. 教师引导学生回答下面两个问题:

(1)你在这些城市雕塑作品中观察到哪些对比、重复、渐变等形式原理的运用?

(2)你能运用今天所学的欣赏方法向你的父母、伙伴介绍你身边的城市雕塑作品吗?

2. 学生认真欣赏有对比、重复、渐变等原理运用的其他雕塑作品,细心观察身边的城市雕塑作品。

3. 运用今天所学的欣赏方法向父母描述身边的城市雕塑(课后)。

【设计说明】

本环节为项目学习活动的拓展环节,引导学生在细心观察生活中的城市雕塑的过程中,初步养成善于发现、善于思考、大胆想象和追求创意的习惯。

专家点评

随着教育改革和研究的深入,我们知道微项目化学习可以帮助学生掌握解决问题所需的技能与方法,强化学生在美术学习和美术实践方面的能力。本课教学内容是学生围绕"都市印象——你对都市街道、建筑、城市雕塑有哪些印象?"这个本质问题,探索都市街道、建筑、城市雕塑之美。学生在完成"步行街、美丽的路灯、城市雕塑"主题项目化学习过程中,一步步完成"都市印象"项目,形成深度理解。

在《城市雕塑》课例中,教师遵循学生身心发展规律,充分挖掘地域"东滩幸福步行街"景观文化中潜在的、合适的、独具特色的因素,将其融入微项目化学习,使地方文化精髓成为学生个人成长的重要内驱力。通过"'东滩幸福步行街'点亮了路灯,步行街即将开业,在开业来临之际,将进行一次'幸福·快乐'城市雕塑设计大赛"这一项目化学习情境的引导,学生展开项目活动探究,了解什么是城市雕塑以及它的功能、基本要素和表现形式,了解城市雕塑能美化环境、提升生活品质,学生进一步感受现代城市发展给人们带来的美好生活,获得独特的文化力量,提升育德的实效。

本课例在设计美术学科微项目化学习活动提升育德的实效方面做了一次很好的尝试。

(上海市崇明区教育学院　宋玉燕)

创设教学情境 提升育人实效
——在写生教学中引导学生感受身边景物的美

■■■●基本信息●■■■

本课例教学内容出自上海教育出版社《美术》四年级第一学期第二单元《描绘身边的景色》。该单元由《我们来画树》和《写生身边的风景》两课组成,主要学习内容是欣赏并描绘身边的风景。

通过本单元的学习,感受美好的生活环境,体会借助美术手段表现美好生活的乐趣。

本课例由上海市崇明区竞存小学陈怡提供。

■■■●德育价值描述●■■■

本课例侧重落实"能欣赏与关注自然和生活中美好的事物和现象"这一小学阶段德育核心要求。

1. 通过本课的学习,让学生感受树木造型的自然美,提升观察和比较的能力,增强爱护树木、保护自然的意识。

2. 让学生直观体会景物远近现象,感受身边景物的美,增进对校园的情感,并乐于关注和喜爱生活中的优美风景。

■■■●正文●■■■

教学环节一：情境导入与欣赏探究

1. 创设情境,导入新课。

（1）教师创设室外写生教学环境,问：同学们知道为什么今天我们的美术课从教室来到了校园内？

（2）学生交流,答：因为今天是写生课。

（3）教师展示校园景观照片及写生作品，问：大家能找到这些景观的位置吗？大家都喜欢校园的风景吗？想不想用画笔来描绘校园的风景？

（4）学生交流，答：这是学校雕塑、存真楼、校园大道……

（5）教师揭示课题——《写生身边的风景》，说：那今天我们就一起来画一画我们的校园美景。

2. 教师引导学生探究"取景与构图"。

（1）教师：大家来看看，老师在拍摄和写生的时候是怎样选择角度和选取表现对象的。

（2）学生：① 照片有从正面拍摄的，有从侧面拍摄的……

② 老师画的学校风景中和我们看到的实景好像舍去了一些景物。

（3）教师：同学们观察得很仔细！在写生之前我们要先学会取景与构图，把自己看到最喜欢的风景合适得安排到画面之中，大家跟着老师用自己的两个拇指和食指来做个"取景框"吧（教师示范）。

（4）教师：大家自由移动"取景框"，看看能不能找到自己最喜欢的风景？

（5）学生根据教师提示，运用"取景框"尝试取景与构图。

3. 教师引导学生探究"近景和远景"。

（1）教师：同学们，我们一起来看看学校操场这边的景观，近处的建筑、树木和远处的建筑、树木有什么不同？

（2）学生：近处的建筑、树木很清晰,远处的比较模糊,而且远处的一些建筑和树木被近处的遮挡了。

（3）教师：非常好! 同学们通过语言表述了近景和远景的前后关系,同时还总结出了"近实远虚"的现象,这些都要运用到我们的风景写生之中。

4. 教师引导学生探究"细节刻画"。

（1）教师：那同学们再来看看老师画的校园风景中"近实远虚"是如何表现的。

（2）学生：老师在画近景的时候画得比较仔细,有细节的表现,线条运用也不一样。

（3）教师：建筑和树木都有自身的特征,我们要学会运用线条疏密、色彩浓淡把握树木、建筑的主要特征,一些近景上要进行细节刻画,使画面产生对比。

【设计说明】

本环节创设融于自然的学习情境。教师引导学生走向自然,把校园作为学习美术的大课堂,让学生对本课中"取景与构图""近景和远景""细节刻画"三个主要知识点有直观的认识和感受。学生在大自然中学美术,感受生活中的美。教师引导学生用基础的艺术形式来表现他们内心的情感,陶冶情操,提高审美能力,达到认识、操作、情感、创造的整合。

教学环节二：观察体验与课堂辅导

1. 教师引导学生风景写生示范。

（1）教师：刚才,同学们和老师一起探究了"取景与构图""近景和远景""细节刻画"三个问题。那么,我们该如何进行写生呢? 下面老师给同学们快速示范一遍,同学们可以跟着老师一起来试一试。

（2）教师围绕教学重难点进行风景写生示范、讲解,学生一边观察一边试笔。

2. 学生写生,教师巡回指导。

（1）教师：同学们刚才都非常认真地观察了老师的示范过程。今天,同学们就要用画笔来表现一下我们喜欢的校园风景,大家都准备好了吗? 接下来,请同学们自由选择角度进行写生。

（2）学生写生，教师围绕学习技巧、学习态度、学习习惯等方面对学生进行巡回指导，及时给予修正、鼓励。

【设计说明】

本环节创设共同学习的空间情境。通过教师示范，增强课堂教学的直观性，能使学生更好地把握学习方法和技巧。在巡回指导时，引导学生树立正确的学习态度，养成良好的学习习惯，发现学生优秀的行为表现，并及时给予鼓励和表扬。

教学环节三：展示评述与延伸拓展

1. 教师引导学生进行展示评述。

（1）教师提前制作"校园一角"展示板，学生完成写生后，各小组先进行组内交流，再将推荐作品张贴在展示板上进行展示评价。

（2）教师：同学们刚才都认真地进行了写生练习，也产生了不少优秀的作品，现在先请各小组长从"学习态度""技法掌握""创新能力"三个方面组织组内交流，并推荐优秀作品张贴在展示板上，也可以邀请老师加入你们的讨论。

（3）学生进行小组自评、互评，推荐优秀作品。

（4）教师：现在各小组都推荐了几幅优秀作品，我们一起来欣赏一番，先请各小组长来介绍一下他们的推荐理由。

（5）小组长分别介绍推荐理由，教师对作品进行逐一点评。

2. 教师结合本课风景写生技巧作知识拓展。

（1）教师：同学们，今天大家通过画笔描绘了我们美丽的校园。其实，在我们生活的地方处处都有美景，我们居住在祖国的第三大岛，这里的生态环境让我们感受到满眼的美景，只要大家学会观察、乐于表现，我们就一定能用画笔描绘出一幅幅优美的风景。希望经过今天的学习，大家能更加热爱美术学习，热爱我们的校园、我们的家乡。

（2）师生整理写生用具，结束本课教学。

【设计说明】

本环节创设综合展示的评价情境。在知识的理解与表现中，学生表现参差不齐，为了挖掘每一个学生潜在的能力，根据学生个性及作品造型特点的不同因材施教，分别进行鼓励和引导。注重对学生的综合评价，评价以肯定为主，老师评价和学生互评、自评有机结合，保护学生的学习积极性，使每一个学生都得到个性的张扬，让学生在学习中有收获感和成就感。通过拓展，开拓学生的思路，鼓励学生在生活中学会观察，感受身边景物的美，增进对校园的情感。

▪▪▪◆ 专家点评 ◆▪▪▪

本课例取材于小学美术教材四年级《描绘身边的景色》单元。根据单元德育价值的定位，教师在教学课例中，充分利用学校资源，带领学生到校园里开展写生活动，激发学生喜欢学校、积极参与校园活动的意识；结合教学内容，教师运用"取景与构图""近景和远景""细节刻画"等递进性问题的引导，使学生通过美术学习，能欣赏并关注自然与生活中美好的事物，运用取景与透视知识，以及线描写生的形式，用美术的方法发现并表现生活中的景物之美，乐于用美术手段表达自己的理解，感受美术表现的乐趣。这样的教学有利于促进学生养成善于观察、勤于思考、敢于表现的习惯。

（上海市教育委员会教学研究室　徐　敏）

感悟传统的书画韵味 发掘现代的育人内涵
——在《汉字变成画》感受汉字的形意之美

■■■◆ **基本信息** ◆■■■

本课例教学内容出自上海教育出版社《美术》四年级第一学期第三单元《有韵味的水墨画》。本单元由《用水墨来画竹》和《汉字变成画》两课组成,《用水墨来画竹》这节课是国家课程校本化设计。单元主要学习内容是用浓、淡、干、湿的笔墨来表现竹和字画组合。通过本单元的学习,了解中国山水画中画竹的表现方法,感悟中国传统书画的笔墨韵味和人文内涵,在探究字画组合的创意表现的过程中逐步养成敢于想象、乐于创意表现的习惯。

本课例由上海市崇明区明珠小学张慧竹提供。

■■■◆ **德育价值描述** ◆■■■

本课例侧重落实"在对中华传统文化的学习中感受人民的智慧与祖国文化的博大精深"这一小学阶段学科德育核心要求。

1. 能说出山水画中的笔墨的变化之美,感受中国画表现形式的独特魅力。

2. 说说汉字的悠久历史和形意之美,能有创意地表现字画组合,体会大胆想象、主动创意的乐趣。

■■■◆ **正文** ◆■■■

教学环节一:激趣与赏析

1. 问题导入:汉字是在什么课上学习的? 今天美术课上也使用汉字,请你想一想它在美术作品中有什么作用呢?

2. 出示视频欣赏:请同学们带着这个问题观看《象形字》演变视频,说说是什么字,什么字体。(视频片断停顿)

（1）学生欣赏视频、思考问题。

（2）交流讨论古人造字的方法。

3. 教师小结：我们中国的汉字就像画一样神奇而美丽，今天我们就来学习把汉字变成画。

4. 揭示课题《汉字变成画》（教师的书法题写）。

【设计说明】

教师引导学生在轻松的氛围中进入学习，并通过对视频的观察，说说汉字的悠久历史和形意之美，得出"通过我们的创意，有趣的汉字可以变成美丽的画"的结论，培养学生善于发现、善于观察的能力，通过优秀艺术作品所承载的高尚价值观念和道德情操，对学生产生潜移默化的影响。

教学环节二：交流与发现

1. 学生分小组讨论，认一认不同的字体。

（1）同学们拿出老师为各小组准备的字，小组讨论一下它是什么字体，是怎么认出来的？（竹：甲骨文、篆书、隶书、楷书）

（2）小组长依次介绍自己组的文字，老师补充。

（3）小组长按字体的演变历史把小组的文字贴在黑板上。

2. 教师用图片和视频介绍典型汉字的字体演变。

【设计说明】

在本学习活动中，教师组织学生欣赏汉字的演变视频，并且通过学生自告奋勇上台来摆一摆演变过程中汉字的探究类学习活动，使学生加深对汉字的各种字体的了解，并发现演变过程中汉字的美。只有认真进行审美体验的人，才能真正感悟到艺术作品的意味、神韵和情感。

教学环节三：讨论与尝试

1. "造字"游戏：鼓励学生学古人造字，帮老师出出主意，想想怎么写明珠小学的"明"字，学生小组交流讨论并书写在教师准备的画纸上并贴在黑板上。

2. "变画"示范：

教师示范作画过程：皴——"明"字背景（可以是横着皴，可以竖着皴，可以打圈圈的皴）；染——适当的染色；点——用蘸色、蘸墨的毛笔点（在画面上甩出点,使画面有层次感)。

3. 作品欣赏:学生欣赏教师呈现自己准备好的示范作品、大师作品欣赏(古干)和同龄人作品欣赏。

4. 学生活动:玩一玩,大家一起来造字,说说自己的想法,尝试实践练习。

【设计说明】

审美活动是一种层层推进、环环相扣、渐渐深化,即从"虚静"到"感悟",再到"会心"和"畅神"的过程。本环节教师先让学生观察,看一看教师玩图形造字游戏,请同学们猜一猜是什么,充分调动起学习的积极性和主动性,引发学生思考,促进思维的互动交流,增强学生的参与意识。然后通过用笔来尝试练一练,画一画,能使学生更好地把握学习水墨画的方法和技巧,为有创意地表现字画组合做好铺垫。

教学环节四:探究与实践

1. 教师活动出示单色布包,提出练习内容及要求。

(1)练习内容:将汉字变成画。

(2)练习要求:

① 注意笔墨变化;

② 大胆构思、联想丰富;

③ 创意添加、构图饱满。

2. 学生小组交流自己的创意并同学提出更好的意见和建议。

3. 学生进行创作,教师巡回指导。

【设计说明】

本环节教师首先明确练习内容与要求,在知道基本方法后有创意地表现字画组合,体会大胆想象、主动创意的乐趣。另外,通过引导学生之间的相互交流,使学生得到更多更好的创作灵感,同时又能增进同学间的友情。

教学环节五:展示与评价

1. 学生作品在教师布置的"包包秀"展示区域内进行展示与交流。

2. 了解评价要求,同学间互相评价。

3. 学生进行包包秀表演,体验创意的乐趣。

【设计说明】

教师根据学生喜欢表现自己、得到老师和同学的肯定就会变得更有自信的学习心理,首先肯定并鼓励学生们勇敢地带着自己的作品在"包包秀"舞台上大胆地迈开步伐,展现自己的风采和才华,秀一秀自己的艺术创想。学生们在自我展示中变得更自信,学得更快乐。通过自己丰富的想象、精彩的表现和生动的评述,使学生在有创意地表现字画组合活动中,情感得到陶冶,思想得到净化,品格得到完善,体会到大胆想象、主动创意的乐趣。

教学环节六:学习与拓展

1. 欣赏汉字变成画的作品。
2. 欣赏少数民族文字——东巴文的作品。
3. 了解汉字在现代生活中的艺术应用现象。
4. 教师小结。

【设计说明】

通过教师的关联知识的拓展,开拓了学生的创意思路,知道汉字不仅"形美以感目",而且"意美以感心",启发学生在今后的创作中大胆想象和尝试用不同方法创意表现,创造性地将汉字结构和中国画的意境结合,运用浓淡变化的墨色进行表现。

▶▶▶▶ 专家点评 ◀◀◀◀

本案例中,教师将中国古代的汉字带入美术课堂,向学生呈现我国古代汉字的艺术魅力,从而加深学生对汉字的认识,有创意地表现字画组合,体验汉字的悠久历史和形意之美。从学科德育的角度,可以做以下几方面的归纳。

第一,利用现代的媒体资源,趣味引导学生感受汉字形意之美。教师利用现代的媒体技术,通过趣味的汉字动画紧紧抓住汉字的本质特征,激发学生学习和感受的兴趣。学生通过观看自己感兴趣的动画片,轻松认识了象形字的有趣造型,了解了汉字的演变过程,从而对汉字变成画的探究产生了喜爱之情。

第二,利用巧妙的情境对话,互动交流促进学生文化传承情感生成。美术老师引导学生与所呈现作品展开情境对话交流,强化对学生的审美引导,使学生与中国传统文化产生碰撞,学会将文化内化于生活,使教学的育人内涵不断深化。教师精心设计各环节的教学主问题,通过视频导入、创设情景、包包秀舞台展示等,引导学生在对汉字进行的欣赏类、探究类、表现类活动过程中进行师生、生生之间有质量的对话,促进学生与作品所蕴含的文化意义对话,更深刻地理解汉字与自然生活息息相关,将学生对汉字书画之美的感悟提升到了一个新的高度。

（上海市崇明区教育学院　　宋玉燕）

赏笔墨之大美　悟人文之内涵

——在《用水墨来画竹》中赏析笔墨的变化之美

●░░░●**基本信息**●░░░●

本课例教学内容出自上海教育出版社《美术》四年级第一学期第三单元《有韵味的水墨画》。本单元由《用水墨来画竹》和《汉字变成画》两课组成，《用水墨来画竹》这节课是国家课程校本化设计。单元主要学习内容是用浓、淡、干、湿的笔墨来表现竹和字画组合。

通过本单元的学习，了解中国山水画中画竹的表现方法，感悟中国传统书画的笔墨韵味和人文内涵，在探究字画组合的创意表现的过程中逐步养成敢于想象、乐于创意表现的习惯。

本课例由上海市崇明区明珠小学余梅芳提供。

●░░░●**德育价值描述**●░░░●

本课例侧重落实"在对中华传统文化的学习中感受人民的智慧与祖国文化的博大精深"这一小学阶段学科德育核心要求。

1. 能说出山水画中竹的笔墨变化之美，感受中国画表现形式的独特魅力。

2. 通过观察、临摹、创作，品悟竹所蕴含的精神。

3. 感受水墨画竹的笔墨情趣，激发对学习中国画的兴趣，增强民族自豪感。

●░░░●**正文**●░░░●

教学环节一：书写导入

1. 书写导入：教师分两次用自下而上的"书写"方式画两竖。

教师提问：老师运笔方法有什么不一样？

教师示范 1：画两节竹竿。

2. 请学生上来试一试"写"两竖。

3. 教师在学生完成后，把几个"竖"组合在一起。

教师提问：笔迹像哪一种植物？（竹子）

4. 揭示课题：《用水墨来画竹》。

【设计说明】

本环节教师和学生通过自下而上的书写方式，最终形成竹竿的外形图，强调用"写"的方法来画竹，增强了学生学习画竹的信心的同时，感悟中国传统书画的用笔韵味。

教学环节二：赏析探究

1. 学生了解竹子由哪几部分组成。（竹竿、竹枝、竹叶）

2. 竹竿的赏析与画法探究。

（1）观察生活中的竹和名家作品中竹竿的生长特征：笔直、一节一节的、下短上长、有竹节。

（2）教师示范 2：画竹节。可以把竹节看成一对单引号去画，用中锋、浓墨去画。

（3）图片提示弯节不弯竿。

（4）了解竹竿的排列方式。

① 教师出示三根画好的竹竿，并提问：这三根竹竿有什么不同？浓淡、粗细都是不一样的，这就有了层次的变化，画面显得更加丰富。

② 教师用图片展示竹竿的不同排列方式。

（5）教师呈现画家作品，学生欣赏竹竿，观察构图形式。

（6）学生练习 1。

练习要求：我们来试一试在宣纸上画竹竿，可以画两根，也可以画三根，要有浓淡、粗细、分合的变化。

3. 竹枝的赏析与画法探究。

（1）教师呈现实物（真实的竹子），学生欣赏，着重看竹枝。

（2）教师提问，学生抢答。

① 竹子是从哪里长出去的？（竹节处）

② 一个节会长几支?(一支,两支……)

③ 竹枝的特征是什么?它与竹竿有什么相似的地方吗?(竹枝细长;相同点都是笔直的,一节一节的,运笔方法与画竹竿是一样的;需中锋用笔。)

(3)教师示范3:画竹枝,学生观察画法。

右长左短,竹枝像右边延伸,显得飘逸,传达作画的构图取舍。

4. 竹叶的赏析与画法探究。

(1)观察竹叶的外形特征:上宽、下窄、尖细。

(2)请小组讨论图片中的问题。

① 水墨竹叶像哪些汉字?(一、人、八、个、介)

② 观察所画竹叶,形态上有什么变化?(有粗细、长短的不同。)

③ 画面上的竹叶是怎样安排的?(有浓淡、疏密的变化。)

(3)组织摆放活动:摆放磁性竹枝、竹叶。

请一个同学上来摆放一下,注意刚才讲到的浓淡、疏密的对比。

5. 教师示范4:画竹叶,运用重叠的方法,使竹叶之间起到遮挡的作用。

【设计说明】

教师引导学生探究竹子的生长特征,通过名家经典作品赏析及构图示范,细化引导学生怎样用笔用墨去表现墨竹。观察竹的结构和形态:尝试用概括取舍的方法表现竹的造型,培养学生观察和比较的能力,体会艺术是来源于生活,又是高于生活的。中锋和侧峰画出竹、竹竿的排列构图、画面位置的经营和处理、远近虚实的表现情况,这些知识的引导能让学生感受水墨画的笔墨情趣,提升学生对中国画的艺术鉴赏力,激发民族自豪感。教师分步示范和学生分步创作,为学生搭建学习支架,化繁为简,逐步解决各环节的重难点,让学生明白墨竹"弯节不弯竿"象征刚直挺拔、坚韧不屈的优秀品质,引导学生感悟传统墨竹的人文内涵。

教学环节三:体验实践

1. 学生练习2

练习要求:

① 竹枝细长挺拔;

② 竹叶有浓淡、疏密的变化。

2. 教师引导学生在刚才的宣纸上运用所学的方法,添加竹枝、竹叶,完成一幅完整的墨竹图。

3. 学生在教师巡回辅导中展开练习(学生在古琴的音乐声中练习)。

【设计说明】

本环节教师明确提出二次练习内容和要求,让学生根据目标完成作品。以古琴音乐为背景,营造良好的教学环境,让学生的身心浸润在传统文化氛围中,认真体验墨竹的优秀品格,在艺术的感染和熏陶中渗透德育。

教学环节四:展示评价

1. 教师引导学生进行练习展示。

教师引导学生借鉴中国画长卷的形式,让学生练习将全班作品以拼贴连接的形式进行展览和呈现。

2. 学生互评:学生用简洁的语言评价,并为作品贴上"小竹娃"积分币。

评价要求:

(1) 竹竿是否挺直且有浓淡、粗细、分合的变化;

(2) 竹枝细长挺拔;

(3) 竹叶有浓淡、疏密的变化。

【设计说明】

教师一方面将美育无痕地融合在美术作品的展示中,当学生作品用长卷的形式呈现,一张张拼贴连接展示出来的时候,他们会获得很大学习成就感和美的视觉享受,也提升了学生的艺术素养。另一方面,教师引导学生自评互评,欣赏自己和他人作品,在喜欢的作品贴上"明珠小竹娃"积分币,这一校本评价工具和方式,发挥了评价在学科德育中的实效,激发学生学习中国画的积极性和主动性。

教学环节五:知识拓展

1. 教师引出"花中四君子"。

花鸟画中,"梅、兰、竹、菊"代表着"花中四君子",他们都具有刚正不阿的高贵品质和谦虚正直的君子风度。

2. 教师归纳学生对墨竹的人文品质的概括,师生一起为长卷取名,教师现场落款并结束教学。

【设计说明】

本环节在美育中渗透德育内容,通过引入"花中四君子",引导学生品悟中国水墨画竹所蕴含的人文精神,学习竹子坚忍不拔、虚心正直、蓬勃向上的品质,教育学生在学习和生活中要刚正不阿、谦虚正直。

专家点评

在本案例中,教师将中国书法的用笔与水墨画的学习相结合,使学生在体验、欣赏、交流、讨论与实践中感悟中国传统书画笔墨的变化之美。从学科育德的角度,可以做以下两方面的归纳。

第一,注重在体验类活动中感受笔墨的变化之美。本课是让孩子们在用水墨来画竹的过程中去发现问题,探究用水墨表现的方法。学生在探究的学习过程中,既有对传统水墨文化背景、艺术特点等知识的运用,又有水墨表现能力的培养,还有在小组合作学习活动中产生的情感共鸣,以及学生们产生的对地方、校园文化资源的兴趣等。余老师的教学既落实了知识与技能的目标,又关注了学生的体验类学习,整个教学过程既培养了学生们对传统水墨的兴趣,又提高了学生用浓、淡、干、湿的笔墨来表现竹的能力。

第二,注重在探究类活动中赏析笔墨的变化之美。在本案例中,教师强调美术课堂中学生的探究类学习活动,让学生在探究类的学习中完成知识与技能过程与方法的学习。余老师这一课的教学过程本身对学生的德育目标的落实就具有很大的意义,学生探究用水墨表现方式如何表现竹的过程是在关键问题引导下的师生共同探究的过程。在有限的课堂教学时间里,学生探究了竹的结构、到底是用什么样的笔法,什么样的墨色来表现竹最有意思,艺术大师是怎么表现墨竹的,等等,学生们经历了真实的研究的过程,尝到了探究的甘苦,感悟了中国传统书画的笔墨韵味和人文内涵。

(上海市崇明区教育学院　宋玉燕)

感受民间艺术　发掘育人内涵

——在《套色剪纸》中感受不同地域的传统民俗文化

▰▰▰◀ **基本信息** ▶◆▰▰▰

　　本课例教学内容出自上海教育出版社《美术》四年级第一学期第六单元《感受民间艺术》。该单元由《我们的吉祥物》《套色剪纸》和《威武的门神》三课组成，主要学习内容是欣赏全国美术作品，尝试制作民间吉祥物、剪纸和门神。

　　通过本单元的学习，欣赏不同地域、不同形式的民间美术作品，感受我国各地不同的民间风俗与传统文化。

　　本课例由上海市崇明区庙镇学校张莉莉提供。

▰▰▰◀ **德育价值描述** ▶◆▰▰▰

　　本课例侧重落实"在对中华传统文化的学习中感受人民的智慧与祖国文化的博大精深"这一小学阶段学科德育核心要求。

　　1. 引导学生欣赏陕西凤翔彩塑、山东潍坊布老虎、河南淮阳泥泥狗等民间传统手工艺品，了解中国民间吉祥动物分布地域广阔、花色品种繁多，寄托了人民的生活富裕、吉祥如意等美好愿望，体现出劳动人民的智慧。

　　2. 感受民间美术作品中蕴含的浓郁生活气息，体会民间艺术家的勤劳朴实和智慧。

　　3. 了解门神的美好寓意，体会劳动人民朴实善良的优良品质。

▰▰▰◀ **正文** ▶◆▰▰▰

教学环节一：欣赏与比较

1. 学生观看教师出示的一幅裙子简笔画（见图1）。

学生自主学习，思考教师提问①：怎么样美化它，让它变得更漂亮？（涂色、

花纹)

2. 学生观看教师出示的两幅裙子图(剪纸和涂色)(见图2),思考教师提问②:
怎么把它们结合起来变成彩色?

3. 教师揭示课题:《套色剪纸》。

图1

图2

【设计说明】

教师出示裙子图让学生们思考比较装饰的方法,通过比较让学生们感受花
纹色彩的魅力,从而引出课题,激发学生对套色剪纸学习的兴趣。

教学环节二:讨论与尝试

1. 学生思考、比较。

学生自主学习,思考教师提问③:一般剪纸与套色剪纸的区别在哪?

2. 学生欣赏一组彩色剪纸并进行图像识读(分色剪纸、套色剪纸、染色剪
纸、填色剪纸)。

学生探究学习,思考教师提问④:哪种是套色剪纸?

教师总结套色剪纸的基本知识。

3. 学生在教师的引导下进行作品比较判断:全面套色剪纸与局部套色
剪纸。

学生探究学习,思考教师提问⑤:你发现它们的区别了吗?

4. 学生欣赏民间套色剪纸作品,思考教师提问⑥:哪一幅不是民间剪纸
作品?

5. 比较民间套色剪纸与其他的套色剪纸。

(1) 学生合作学习,思考教师提问⑦:它们的区别是什么?

(2) 教师总结民间剪纸的特点(见图3)。

图3

6. 学生比较两幅民间套色剪纸,回答教师提问⑧:你更喜欢哪一幅? 为什么?

教师总结:造型夸张;色彩丰富,有层次;图案简洁。

7. 学生欣赏库淑兰套色剪纸作品。

【设计说明】

教师通过有梯度的针对性问题引导学生展开欣赏、比较的教学方式,让学生逐步了解不同地域的传统套色剪纸的特点及制作的基本方法,感受传统民俗文化中剪纸作品独特的形式美,使学生对民间美术作品中蕴含的浓郁生活气息有更为深刻的感受。

教学环节三:制作与辅导

1. 学生对教师演示的制作步骤展开讨论并展开合作学习,归纳民俗文化中剪纸作品的制作基本步骤。

(1)选:剪纸材料。

(2)画:设计主稿。

(3)刻:镂空纹样。

(4)剪:剪下外形。

(5)套色:分析装饰效果。

2. 学生聆听教师总结制作套色剪纸的步骤、注意点并根据练习要求展开制作。

【设计说明】

在本学习活动中,教师引导学生自主学习,通过仔细观察教师演示的制作过程,让学生自主探究制作民俗文化中套色剪纸的基本步骤,学会自主思考、自动探究,从而在民俗文化中套色剪纸的基本步骤探究与体验中体会民间艺术家的勤劳朴实和智慧。

教学环节四:欣赏与评述

1. 学生在教师创设的"套色剪纸展"情境中进行作品展示。

2. 学生根据评价要求展开自评、互评,交流自己制作过程中的感受和体会。

3. 评价内容:

(1) 剪出的形象是否夸张;

(2) 套色的色彩搭配是否恰当;

(3) 在用色方面有哪些特点;

(4) 作品构思是否有创意。

4. 教师点评:围绕设计、剪刻、套色、评价等方面对学生展开激励评价,评出"金剪刀""银剪刀",并对有待改进的地方提出改进意见。

【设计说明】

教师发挥情境展示与评价的作用,通过对剪纸作品的评价能让学生更好地表述自己的观点和创作意图,让学生了解剪纸的美好寓意,体会像民间剪纸艺人一样用剪纸来装扮生活的乐趣。同时,让学生发现自己和同伴的闪光点,从而进一步提高对美术学习的兴趣。

▶▶▶●◀ **专家点评** ▶●◀◀◀

"民族的就是世界的!"这句话本身就蕴含了德育的真谛。中国民族、民间存在大量的优秀传统艺术,如何引导学生去感受我国不同地域、不同形式的民族、民间美术作品以及各地不同的民间风俗与传统文化是美术学科中育德的一个非常重要的着力点。

聚焦美术本体特征是学科育德的重要策略之一。美术学习的内容载体往往也会借助一个个具体、鲜活的作品,而每个作品由于其地域、创作年代、创作手法等方面的异同,呈现出所蕴含的教育价值与育德指向也各不相同。因此教师在实施美术德育教学前,首先应该仔细分析每件作品的本体内容特点,把握基本的作品本体特征。

　　本课例主要学习内容是欣赏全国各地的民间美术作品，尝试制作民间吉祥物、剪纸和门神。通过"欣赏与比较"让学生们感受花纹色彩的魅力，激发学生对套色剪纸学习的兴趣。在"讨论与尝试"中感受传统民俗文化中剪纸作品独特的形式美，使学生对民间美术作品中蕴含的浓郁生活气息有更为深刻的感受。在"制作与辅导"环节中让学生自主探究制作民俗文化中套色剪纸的基本步骤，从中感受劳动人民的勤劳智慧和祖国文化的博大精深，培养学生敢于思考、勤于动手、乐于探究的精神。最后通过"欣赏与评述"让学生更好地表述自己的观点和创作意图，让学生了解剪纸的美好寓意。围绕民族民间艺术形式，将剪纸作品的本体特征充分凸显，环环相扣，步步推进，将学科德育与美术本体教育进行了有效融合。

（上海市静安区蕃瓜弄小学　曹晏平）

精心设计活动 有效落实美育

——在《我们的吉祥物》中体会作品中所蕴含的民俗内涵

▶▶▶●基本信息●◀◀◀

本课例教学内容出自上海教育出版社《美术》四年级第一学期第六单元《感受民间艺术》。该单元由《我们的吉祥物》《套色剪纸》和《威武的门神》三课组成，主要学习内容是欣赏全国美术作品，尝试制作民间吉祥物、剪纸和门神。

通过本单元的学习，欣赏不同地域、不同形式的民间美术作品，感受我国各地不同的民间风俗与传统文化。

本课例由上海市崇明区新民小学韩丽娟提供。

▶▶▶●德育价值描述●◀◀◀

本课例侧重落实"在对中华传统文化的学习中感受人民的智慧与祖国文化的博大精深"这一小学阶段学科德育核心要求。

1. 知道民间艺术的常见类型，制作材料与基本工艺，认识其形态夸张、色彩鲜艳的艺术特点及其象征寓意，初步学会泥塑、剪纸和绘画等民间艺术的基本表现方法。

2. 通过欣赏与体验，区别民间艺术的常见类型、材料与工艺流程。通过观察、比较与交流，发现民间艺术作品造型夸张、色彩强烈的艺术特点及其民俗内涵。在交流与实践的过程中，体验民间艺术的构思与制作。

3. 感受民间艺术的多样性与形式美，能说出典型民间美术作品的形式特点，激发对民间艺术的学习兴趣，体会作品中所蕴含的民俗内涵，逐步养成耐心细致的习惯。

■■■◆ 正文 ◆■■■

教学环节一：欣赏与导入

1. 教师创设教学情境，激发学生学习兴趣。

（1）看一看：引导各小组学生欣赏、观察民间彩塑实物，产生初步感受。

（2）猜一猜：用 PPT 呈现民间吉祥动物玩具，学生欣赏图片，了解吉祥物的寓意。请同学回忆一下：有没有玩过这种玩具？这些吉祥物有什么寓意？

2. 教师小结：民间吉祥动物玩具具有丰富的内涵，吉祥物寓意着吉祥如意以及善良、美好，如吉庆有余、三阳开泰、虎头虎脑等，这些丰富的内涵正是我们民族文化的象征。

3. 教师出示课题：《我们的吉祥物》。

【设计说明】

教师通过在每一小组摆放民间彩塑吉祥物实物，引导学生初步感受和了解典型民间吉祥物的有关知识，激发学生的学习兴趣。了解吉祥物寓意美好的内涵，感受民间吉祥物的可爱和美丽。加强与语文学科的协同，通过看民间吉祥物说对应的成语的活动方式，使所学知识融会贯通，拓宽学生的知识面。

教学环节二：观察与感悟

1. 比一比：造型、花纹、色彩上有什么异同点。

教师引导学生观察对比动物"马"和吉祥物"马"，发现两者在造型、花纹、色彩方面的异同点。

2. 说一说：观察分析造型特点，说出吉祥物造型特点。

造型 ⎫
花纹 ⎬ 表达吉祥寓意。
色彩 ⎭

（1）教师引导学生欣赏、观察吉祥物花纹"鸡、羊、猴"，请学生仔细观察图片，说一说吉祥物的整体造型特征。（引导说出吉祥物的整体特征夸张。）

（2）这些民间彩塑运用了哪些花纹？（结合板书进行师生互动，有牡丹、莲花、桃花等）

（3）吉祥物运用了哪几种颜色？（生生互动：红、黄、绿、黑、白）

3．教师小结。

（1）造型：简洁、形体夸张。

（2）色彩：鲜艳，多运用对比色。

（3）花纹：点、线、面等基本元素及植物和花卉纹样是剪纸纹样的演变。

4．找一找：吉祥物的整体特征和装饰特点。

（1）教师引导学生观察吉祥物的整体特征和装饰有什么特点？有什么好的方法制作吉祥物？

（2）学生在教师的引导下从吉祥物实物中找一找，并展开小组探究学习（观察吉祥物，看一看、摸一摸，找一找吉祥物的什么部位有装饰）。

（3）学生聆听教师小结：生动可爱；神态夸张；团块状。

【设计说明】

教师通过引导学生展开递进性的作品观察比较，发现吉祥物"马"与真实的马的区别，培养学生的观察能力。通过观察不同地域、不同形式的民间吉祥物，交流说一说吉祥物的特征、花纹、色彩，进一步从不同方面对吉祥物分布地域广、花色品种繁多、寄托美好愿望等方面有一个整体上的认识。同时，教师又通过摸一摸、找一找等学习活动，引导学生对吉祥物的造型特征和色彩做近距离的观察，为进一步创作做好了铺垫。

　　教学环节三：体验创作

1．议一议：小组讨论探究制作方法。

师：选择一种吉祥动物造型，分析其最突出的造型特征加以夸张表现。你如何运用捏塑的方法塑造吉祥物？

2．教师讲解示范，学生观察示范步骤，掌握制作方法。

（1）捏塑头和颈部。

（2）捏塑身体和四肢。

（3）调整夸张的动态特征。

（4）添加其他部位，注意刻画细节和装饰。

3．练习布置。

练习内容：制作一个夸张的吉祥物。

练习要求：

（1）运用民间捏塑方法，制作传统吉祥动物造型，色彩鲜艳，造型夸张；

（2）联系生活中的花卉素材，创作一个造型生动的吉祥动物，注意花纹独特美观、色彩鲜艳、注重细节和装饰。

4. 塑一塑：学生制作，教师巡回指导。

【设计说明】

教师引导学生展开制作方法与步骤的分析探究，引发学生对民间艺人制作民间吉祥物的方法和工艺的思考，激发学生的创新思维和想象力。教师还引导学生"学以致用"，加强生活与所学知识的联系，将自己生活环境中的自然纹样运用到民间彩塑花纹中进行"塑一塑"的表现类活动，让学生从实践体验中体会民间艺人创作艺术品的智慧和工艺，逐步养成耐心细致的习惯，做到捏塑时心中有数。

教学环节五：展示与评论

1. 评一评：教师设计一个作品"拍卖会"展台，展开展示与评价。

（1）说一说自己的吉祥物以及装饰的寓意。

（2）找一找最有特色的作品。

（3）评一评最喜欢的作品，并说出喜欢的理由。

2. 引导学生评价。自评：谈一下制作感受；互评：学习他人长处。

3. 教师总结，肯定作品中的闪光点。

【设计说明】

教师通过"拍卖会"展示情境的设置进行学生作品展示，让学生在欣赏的过程中展开作品的自评、互评，学生学会根据评价要求评论他人作品，体会创作作品的成就感，培养学生的语言表达能力和自信心，帮助他们认识自己的独特性和价值，使学生的个性得到张扬。通过评价小伙伴的作品，同学之间互相学习、互相促进。

教学环节六：拓展与延伸

1. 学一学：欣赏民间艺人绘制画面，感受劳动创造了美。

2. 想一想：还可以用什么方法来制作吉祥物？

3. 找一找：生活中还有哪些材料可以创作吉祥动物。

4. 理一理：及时整理、收纳好制作工具。

【设计说明】

在拓展与延伸学习活动中,教师通过学一学、想一想、找一找学习活动的设计,从民间艺人绘制吉祥物的过程中,感受劳动人民的智慧,开拓学生的审美视野和创作思路。

▰▰▰▱ **专家点评** ▰▱▰▰

本课例灵活运用各种教学形式引导学生领悟吉祥物的内在寓意,体会其民俗内涵,并引导学生进行艺术创作。在教学过程中,韩老师还注重美术学科的德育功能,引导学生体会传统民间艺术,感受传统文化的博大精深。从学科德育的角度,其学习活动的设计可以做以下归纳。

第一,基于学科性的原则精心设计活动。本案例中教师设计的学习活动体现了美术学科的视觉性、实践性、人文性和愉悦性等特性。活动设计体现在学生进行雕塑主题学习时,能设计"看一看,猜一猜,比一比,说一说,摸一摸,找一找,塑一塑"等活动促进学生的构思创意和美术表现等能力的发展;设计的"看一看、想一想、议一议、学一学、评一评"欣赏类学习活动,能促进学生的描述、分析、解释和判断等能力的发展。

第二,基于能力导向原则精心设计活动。教师在本案例的学习活动,除了关注教学内容本身蕴含的认识吉祥物形态夸张、色彩鲜艳的艺术特点及其象征寓意,学生初步学会泥塑的基本表现方法的能力之外,教师还关注学生在体验类、欣赏类、探究类、表现类学习活动过程中得到发展的能力。活动设计既注重尝试制作民间吉祥物知识与技能的学习,又重视学生兴趣及态度的养成,还通过体验、合作和探究等活动发展学生的美术学习能力,引导他们在活动当中养成耐心、细致的习惯,逐步激发对民间艺术的学习兴趣,体会作品中所蕴含的民俗内涵,形成美术核心素养,落实学科育人。

（上海市崇明区教育学院　宋玉燕）

设置主题情境 落实学科育人

——在《青铜古鼎》的学习中感受祖国文化的博大精深

◀◀◀◆ 基本信息 ◆▶▶▶

本课例教学内容出自上教版小学《美术》四年级第二学期第七单元《古代瑰宝》，本单元共有《古代的编钟》《青铜古鼎》和《学塑兵马俑》三课内容，主要学习利用陶泥仿制编钟、青铜古鼎和兵马俑。本课例教学内容为《青铜古鼎》。

本课例由上海市崇明区长兴小学胡静提供。

◀◀◀◆ 德育价值描述 ◆▶▶▶

感受中国古代瑰宝的艺术价值和劳动人民的智慧，形成民族自豪感，是小学阶段学科德育核心要求之一。学生通过本课的学习，可以了解古代青铜器的相关知识和艺术特点，感悟青铜器的历史人文内涵。

1. 知道古代青铜鼎的相关知识，初步了解方鼎与圆鼎不同造型及装饰纹样的特点，并能用窝、贴、刻、压印等泥工技法仿制青铜鼎。

2. 在观察、讨论的过程中交流、了解编钟、青铜古鼎和兵马俑的造型、纹饰特点及功能，在尝试仿制的过程中学会使用窝、贴、刻、压印等泥工技法。

3. 感受中国古代青铜器的造型和纹样的奇特与精美，感悟青铜器和兵马俑的艺术价值，为中华民族感到自豪，形成对祖国悠久历史文化的热爱意识。

◀◀◀◆ 正文 ◆▶▶▶

教学环节一：探宝——制作国宝档案

1. 学生在教师引导下欣赏视频，教师导出课题："青铜古鼎"。

2. 学生在教师引导下交流学习单"国宝档案"（见图1）。

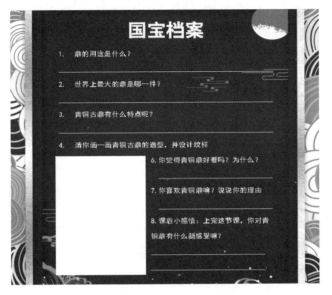

图1　课前学习单：国宝档案

教师课前分发学习单"国宝档案"，引导学生自主学习，查阅相关资料来了解青铜鼎的历史、造型纹样特点，初步感受中国青铜古鼎的魅力与价值。

（1）学生自主学习，思考教师提问：鼎的用途是什么？教师PPT课件出示作为炊具使用的鼎和用鼎祭祀场景图片（见图2）。

图2　作为炊具使用的鼎和用鼎祭祀场景图片

"鼎"是中华民族独有的器皿，最早作为炊具出现于中原地区。后来多用于奴隶主祭祀、宴饮等重大礼仪活动。鼎代表着权威和地位，被视为国家和权力的象征，青铜鼎盛行于中国商周时期，已有约4000年的历史。青铜指的是在纯铜中加入锡、铅等冶炼出来的一种合金。

(2) 学生自主学习,思考教师提问:目前出土的最大、最重的青铜鼎叫什么名字?

"司母戊"大方鼎,110 厘米长,70 多厘米宽,高 133 厘米,重达 832.84 公斤,是我国出土最大的鼎。商王为了纪念母亲"戊"特意浇铸了这个鼎,在每年的祭祀活动中使用这个鼎,所以称为"司母戊"。

(3) 学生自主学习,思考教师提问:海内三宝指的是哪三个青铜鼎? 教师PPT 课件出示大克鼎、大盂鼎、毛公鼎图片(见图 3)。

图 3　大克鼎、大盂鼎、毛公鼎图片

海内三宝指清朝末年所发掘的三尊青铜器,分别为大克鼎、大盂鼎和毛公鼎。它们均出土自陕西省宝鸡市周原遗址附近,目前三尊青铜器分别馆藏于上海博物馆、中国国家博物馆、台北故宫博物院。其中大克鼎是上海博物馆的镇馆之宝。

(4) 学生自主学习,思考教师提问:这些青铜鼎给你什么感觉? PPT 课件出示多个青铜鼎图片(见图 4)。

图 4　多个青铜鼎图片

青铜鼎造型威严,凝重稳定,纹饰神秘,刻镂深重突出,是我国最具审美价值的青铜艺术品。它们充分体现着中华民族悠久的历史与灿烂的文明,是举世无双的瑰宝,更是全世界全人类都为之赞叹的世界顶尖艺术品之一。

【设计说明】

本环节教师创设"国宝档案"学习情境,通过课前布置的"国宝档案"的学习单,引导学生展开"探宝"自主学习,查阅相关资料,激发学生学习兴趣,引导学生了解青铜鼎的历史、造型纹样特点,为泥塑仿制青铜古鼎打下基础,初步感受中国"青铜古鼎"魅力与价值。

教学环节二:铸宝——泥塑仿制青铜古鼎

1. 教师提问:方鼎和圆鼎在整体造型上的异同?

学生分小组讨论并总结:

(1) 圆鼎:腹(圆)、足(三个)、两耳;

(2) 方鼎:腹(方)、足(四个)、两耳。

2. 重铸国宝古鼎,尝试以泥塑仿制青铜古鼎。

(1) 观察课件上的步骤图,了解基本制作方法。教师 PPT 课件出示泥塑青铜古鼎步骤图片(见图5),PPT 播放视频:"窝"出圆鼎腹的技法教学视频。

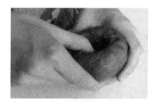  

团窝泥块　　　　　　捏出造型　　　　　　制作双耳

添加脚部　　　　　　装饰纹样

图5　泥塑青铜古鼎步骤图片

(2) 学生展开探究学习,思考教师提问:如何制作方鼎的腹?

① 用切割泥板的方法制作长方形的鼎。

② 用刮刀把薄泥刮平。

(3) 学生展开模仿学习,尝试制作鼎的基本造型,要求造型优美有特点。

(教师进行小提示:可以借助牙签等帮助固定双耳和足)

3. 观察和讨论鼎的装饰特点,尝试装饰自己制作的鼎。

(1) 学生展开探究学习,思考教师提问:青铜鼎上哪些位置可以装饰纹样呢? 教师 PPT 课件出示青铜古鼎纹饰图片(见图6)。

图6 青铜古鼎纹饰图片

装饰位置:鼎身,器物的足、耳等部位。

(2) 学生展开合作、探究学习,思考教师提问:找一找鼎上都有哪些的装饰纹样? 这些纹样有什么特点? 教师 PPT 课件出示从青铜古鼎局部纹饰放大图片(见图7)。

图7 青铜古鼎局部纹饰放大图片

学生小组讨论总结古鼎装饰纹样主要有:动物纹样、环形纹、几何纹样(排列有规律、有疏密)。

(3) 学生展开合作、探究学习,思考教师提问:可以使用哪些泥工技法来装饰古鼎呢? 教师 PPT 课件出示学生装饰完成的泥塑古鼎的图片(见图8)。

图8 学生装饰完成的泥塑古鼎图片

学生小组讨论总结纹样的装饰方法：贴、刻、压印等泥工技法。

（4）学生对自己制作的鼎进行装饰，要求纹样清晰、有疏密。

【设计说明】

本环节教师接着创设"国宝档案——铸宝"主题学习情境，通过重铸国宝青铜古鼎的学习任务，引导学生在观察与讨论中了解青铜古鼎的基本式样与结构，知晓青铜古鼎常见纹样的样式与特点，在赏析与观察中进一步感受青铜古鼎的威严凝重、神秘美感。并在使用陶泥仿制青铜古鼎的过程中进一步感受中国的悠久历史与灿烂的文明。

教学环节三：鉴宝——评价学生作品

1. 学生在教师创设的"青铜古鼎博物馆"展示区域自荐和推荐同伴作品参与鉴赏。

2. 作者介绍，同伴评价（根据青铜古鼎特点及制作细节，说说理由）。

3. 学生了解相关拓展知识：青铜古鼎在现代生活中的应用。

城市雕塑和建筑设计（上海博物馆）的运用，绵延两千年历史的中国青铜艺术与我们的现代生活依然紧密相关，中国的传统文化艺术源远流长，老师希望大家能运用今天的这些学习方法，去寻找、去发现、去感受、去重温中华民族的艺术辉煌。

4. 学生课后继续完成学习单。

【设计说明】

在本环节中,教师继续创设"国宝档案——鉴宝"主题学习情境展示学生作品,采用再现青铜古鼎的形式,设计一个青铜古鼎博物馆展示区域,形成视觉上的形式感,运用鉴赏会的方法,让学生发现作品之美,进一步感受中国"青铜古鼎"的魅力与价值,拓展青铜文化在现代生活中的存在形式,鼓励学生继承和发扬中华优良传统文化。

▶▶▶◆ 专家点评 ◆◀◀◀

美术学科作为德育教育的显性课程之一,是立德树人根本任务中不可或缺的重要组成部分。每位教师应该在美术教育中充分发挥学科育人功能,引导学生形成爱国爱党的国家意识,多元健康的审美素养,自信合作的公民人格以及正确的世界观、人生观和价值观。

本课例的教学内容首先彰显了学科育德的价值,编钟、青铜古鼎和兵马俑这些都是我国历史文物,记载传承着中国优秀文化的精髓。教师巧妙地运用"探宝——制作国宝档案"引导学生自主学习,查阅相关资料来了解青铜鼎的历史、造型纹样特点,初步感受中国青铜古鼎的魅力与价值。"铸宝——泥塑仿制青铜古鼎"让学生在使用陶泥仿制青铜古鼎的过程中进一步感受中国的悠久历史与灿烂的文明。"鉴宝——评价学生作品"运用鉴赏会的方法,让学生发现作品之美,进一步感受中国"青铜古鼎"的魅力与价值。这样的教学三步曲,通过三个层次鲜明、目的明确、过程清晰的核心活动,引导学生走进中国优秀历史文化遗产,提升审美能力与素养,巧妙地将学科德育与美术教育有效融合。

(上海市静安区蕃瓜弄小学　曹晏平)

仿制民间彩塑，增强传承意识

——在《民间彩塑》中了解美术与地域文化之间的联系

▌▌▌◆基本信息◆▌▌▌

本课例教学内容《民间彩塑》是上海教育出版社《美术》教材五年级第一学期第二单元第四课的内容。该单元由《捏塑人物》《民间彩塑》和《玩偶巧制作》三课组成，主要学习内容是欣赏与制作民间泥塑和玩偶。

通过本单元学习，感受民间传统工艺的丰富多样、质朴生动，了解我国民间艺术文化的丰富特点，增强传承民间传统工艺的意识。

本课例由上海市崇明区西门小学周庆提供。

▌▌▌◆德育价值描述◆▌▌▌

本课例侧重落实"在对中华传统文化的学习中感受人民的智慧与祖国文化的博大精深"这一小学阶段学科德育核心要求。

1. 欣赏了解不同地域民间泥塑的形式、色彩特点和内涵寓意，学会运用整体捏塑法制作动物造型。

2. 了解民间彩塑创作技法的丰富性，养成细致表现的学习态度。

3. 引导学生感受我国泥塑作品造型的多样性及内涵的丰富性，发现民间彩塑质朴、豪放的美，增强对我国民间传统泥塑的认同感。

▌▌▌◆正文◆▌▌▌

教学环节一：欣赏与导入

1. 学生欣赏教师呈现的民间泥塑"泥泥狗"的介绍视频。

教师提问（1）：请问视频中运用了哪些泥工技法？

2. 学生欣赏教师呈现的欣赏教具"民间泥塑动物"。

教师提问（2）：这件教具塑造的是什么动物？

教师问题（3）：你从哪些特征发现它是一只猫的？

3. 学生聆听教师小结：这只猫是运用了我们国家民间彩塑的制作手法，我们看到的泥塑动物具有动态逼真、特征明显、寓意美好的特点。

4. 揭示课题：《民间彩塑——泥塑动物》。

【设计说明】

在本环节中，由于中国传统民间彩塑种类繁多，教师在这节课中主要以民间彩塑动物为主，通过民间艺人彩塑动物的视频介绍，让学生对泥塑造型、材质、工艺等有一个直观的了解，进一步了解其背后深厚的历史文化背景和人文内涵。

教学环节二：讨论与分析

1. 学生观看教师出示的教具泥泥狗，并在教师的引导下阅读教材第9页右上角"淮阳泥泥狗"的资料，思考教师提问（4）并回答：从这段文字你得到了哪些信息？

2. 学生聆听教师介绍"淮阳泥泥狗"泥塑的基本知识与发展历程。

3. 学生展开合作、探究学习，在教师的引导下分析所呈现的民间泥塑动物作品和真实动物照片的区别（泥塑采用夸张和概括的表现手法）。

4. 学生个体学习，完成教师设计的泥胚动物连连看游戏。

教师小结：一个泥胚动物造型捏的像与不像，关键要抓住动物的主要特征。

5. 每个小组的学生近距离欣赏桌上摆放的一个泥塑动物和彩泥动物，感受泥塑动物造型，小组讨论、探究其异同点。

教师提问（5）：请同学们观察两件作品，说一说捏塑方法有什么不同。

6. 教师从材料、色彩、纹样、塑形方法来小结泥塑动物与彩泥动物的异同点。

【设计说明】

本环节教师通过引导学生自主学习，从教材中了解"淮阳泥泥狗"以及泥塑的艺术知识，知道我国各个地域都有代表性的民间艺术，可以从当地的地域特征、文化特点、风土人情、历史变革等方面入手去了解地方特色的民间艺术（彩塑）。同时，教师运用游戏探究、实物欣赏与观察等方法让学生对所仿制的彩塑作品的造型特征、成型方法有进一步的鉴赏与了解,发现民间彩塑质朴、豪放的美,并知晓之所以运用夸张的动物造型和整体捏塑的方法进行造型是与淮阳的地域文化相关联的,增强对我国民间传统泥塑的认同感。

教学环节三:观察与捏塑

1. 学生观看教师呈现的原生态民间泥塑——动物泥胚制作过程视频。

教师提问(6):通过制作视频的观看,如果你现在像民间艺人那样来制作一件民间泥塑动物,在哪几个地方你操作起来有难度,应当注意?(引导学生归纳视频中民间艺人制作的技巧要点。)

2. 教师总结、归纳民间泥塑动物制作步骤:

(1) 确定制作动物;

(2) 泥塑大致外形;

(3) 捏出主要特征(不宜过于细小,以免断裂);

(4) 光滑表面(美观、方便涂色);

(5) 阴干一周后涂上厚薄均匀的底色(调色时注意不起泡)。

3. 教师创设情境:人人争当"泥塑小达人"进行练习布置。

(1) 练习内容:综合多种泥工技法,制作一个造型简练夸张,特征明显的泥塑动物造型(上一层白色底色为宜)。

(2) 练习要求:

① 整体捏塑造型;

② 动物特征明显;

③ 造型表现夸张;

④ 底色涂色均匀;

⑤ 小组合作完成。

4. 学生欣赏教师呈现的优秀的泥塑动物造型作品。

5. 学生练习教师巡视指导,及时提供帮助。

【设计说明】

本环节教师通过民间艺人原生态民间泥塑的制作视频欣赏,进一步让学生感受民间传统工艺的丰富多样、质朴生动,也明确了自己在仿制彩塑的过程中的注意点,勇于大胆尝试制作。另外,教师明确提出两人小组合作仿制一件"泥泥狗"动物造型这一表现性学习任务,需要学生在真实的具有挑战性的问题情境中小组商议、分工、合作,调动各类资源完成练习,在仿制民间彩塑的过程中感受彩塑质朴的造型美感,增强对中国民间工艺的传承意识。

教学环节四:展示与评述

1. 学生在教师的引导下以小组形式展示、评价作品,推荐出小组"巧手达人"。

(1)教师呈现评价要求。

(2)学生展开小组评价。

(3)"巧手达人"作品介绍。

2. 教师对整体作品的可取之处和存在问题作小结。

【设计说明】

在本学习活动中,教师通过小组展示形式引导学生从造型,颜色等方面分享、交流自己仿制泥塑造型的感受,鼓励学生进行造型表现,积极表达自己的观点。并在小结中进一步激发学生感受民间彩塑的造型之美,产生民族自豪感,在民间彩塑仿制体验中增强传承民族工艺的意识。

教学环节五:拓展与学习

1. 学生观看教师呈现的民间特色泥塑动物图片,感受我国泥塑作品色彩的多样性及内涵的丰富性。

(1)河南—泥泥狗。

(2)无锡—惠山泥人。

(3)河北—大公鸡。

2. 学生聆听教师课堂小结:民间泥塑动物不仅造型夸张、表现生动而且蕴含劳动人民驱灾辟邪、吉祥如意的美好愿望,具有独特的艺术魅力。

【设计说明】

在本学习活动中,教师由民间彩塑"淮阳泥泥狗"拓展到其他地域的民间彩塑,让学生进一步感受我国泥塑作品造型的多样性及内涵的丰富性。通过不同地域民间彩塑的色彩欣赏与观察,深切感受彩塑的色彩与纹样之美,为单元中下一课时的学习作好铺垫。

专家点评

　　价值判断是学科德育教育非常重要且关键的一点,是学生形成正确情感态度价值观的过程性途径。在实际教学中教师可以引导学生对作品中审美要素及其表现的形象意义、情境与情感内涵进行讨论、评议和价值判断;也可对作品中审美表现特点与相关的民族文化特征或内涵进行讨论、评议和价值判断;还可对作品中审美表现特点与其所应用的社会背景意义、生活场景作用等功能进行讨论、评议和价值判断。学生能对每一个具体的作品形成正确的价值评判,经过一定量的积累,学科德育的核心要求以及具体德育目的内涵要义将水到渠成地得到落实。

　　本课例通过欣赏了解不同地域民间泥塑的形式、色彩特点和内涵寓意,学会运用整体捏塑法制作动物造型。引导学生感受我国泥塑作品造型的多样性及内涵的丰富性,发现民间彩塑质朴、豪放的美,增强对我国民间传统民间彩塑的认同感,在整个学习过程中充满了价值判断。"欣赏与导入"活动体现了对民间彩塑的感悟判断,"讨论与分析"活动体现了认知判断的过程,"观察与捏塑"活动体现了对之前彩塑要领理解后的实践,"展示与评述"活动则对相互的作品进行价值评判。本案例最大的特点就在于将民族民间艺术的感知与认同结合在价值判断的全过程之中,使德育教育的内涵有效融入整个教学全过程。

（上海市静安区蕃瓜弄小学　曹晏平）

学传统经典技艺　奠民族文化之魂

——在《秦兵马俑》塑造教学中优化德育手段

◀◀◀●基本信息●▶▶▶

　　本课例教学内容出自上海教育出版社《美术》五年级第一学期第二单元《感受民间艺术》的拓展部分。该单元由《捏塑人物》《民间彩塑》和《玩偶巧制作》三课组成,主要学习内容是欣赏与制作民间泥塑和玩偶。通过本单元学习,感受民间传统工艺的丰富多样、质朴生动,了解我国民间艺术文化的丰富特点,增强传承民间传统工艺的意识。本课例将创作主体拓展到举世瞩目的秦兵马俑的学习中来,引导孩子们进一步了解秦俑与古代人物雕塑的特点、手法和时代特征。在活动中认识古人雕塑的杰出水平,培养爱护祖国文物瑰宝,传承祖国文化艺术的思想感情。

　　本课例由上海市崇明区实验小学王鑫提供。

◀◀◀●德育价值描述●▶▶▶

　　本案例侧重落实"在对中华传统文化的学习中感受人民的智慧与祖国文化的博大精深"这一小学阶段学科德育核心要求。

　　1. 欣赏了解不同地域民间泥塑的形式、色彩特点和内涵寓意。

　　2. 学习民间艺术玩偶的创作技法丰富性,养成认真细致表现的学习态度。

　　3. 在学习中唤起对我国古代工匠雕塑水平的钦佩之情,增强民族自豪感。

◀◀◀●正文●▶▶▶

教学环节一:观察与欣赏

　　1. 学生在教师创设的"猜一猜、摸一摸"情境中了解本课的学习内容,激发探究秦兵马俑的兴趣。

2. 学生仔细观看教师出示的陶俑模型,并欣赏举世无双的秦兵马俑视频短片,感受秦俑的艺术魅力。

3. 学生了解本课的课题:《走进艺术博物馆——秦兵马俑》。

【设计说明】

在本环节,教师通过生动有趣的"猜一猜、摸一摸"情境设计,引导学生观看教师出示的秦兵马俑的仿制品,激起学生对中华历史文化的学习兴趣和对珍贵文物的好奇之心。并借助视频拉近了时空的距离,更直观地了解秦俑的艺术背景。

教学环节二:游戏与比较

1. 学生进行"连连看"小游戏:区分将军俑、官吏俑、武士俑、跪射俑,并交流是根据秦俑的哪些特征分辨出来的。

2. 学生欣赏教师课件中呈现的班级同学与将军俑对比的图片,并比较、分析图片中不同的细节特征,交流观察到的秦兵马俑的特点及自我感受。

3. 学生聆听教师小结:

(1) 兵马俑有规模宏大的特点;

(2) 兵马俑有数量众多的特点。

【设计说明】

教师通过欣赏类活动的设计,通过图片中同龄人与秦俑的身高比较,使学生直观认识秦俑的高大,切身感受到秦朝工匠的高超技艺,引导学生在游戏中赏析、交流、认识、接纳和感悟秦兵马俑的内涵及外延所蕴含的德育内容,提高学生观察能力和学习自信心,拓宽学生视野,唤起对我国古代工匠雕塑水平的钦佩之情,增强民族自豪感。

教学环节三:交流与发现

1. 教师提问问题,让学生思考。

(1) 各种秦俑服装的雕刻上有什么特点?

(2) 有什么好方法来表现?

2. 学生在教师的引导下从模型中找一找答案,可以用手摸、用眼看,找找秦俑服装的细节特征,互相交流讨论。

3. 教师小结,讲解制作铠甲、甲钉和战袍下摆的技巧,学生学习制作小技巧。

【设计说明】

教师引导学生探索秦俑服饰细节,探究美术原理,了解写实、对比的艺术表现手法,通过教师对秦俑捏塑细节的演示,掌握战袍的制作技巧,为捏秦俑时的细节刻画作铺垫。在此过程中建立解决秦俑服装雕刻这一问题所必备的信心,培养学生勤于思考、乐于探索的良好品质。

教学环节四:体验与创作

1. 学生在教师的引导下分析陶俑形体结构,知道陶俑主要由头、颈、躯干、四肢几个部分组成。

2. 学生观看教师示范,观察老师的制作过程,熟悉制作步骤。

(1)团泥。

(2)捏塑头与脖子。

(3)捏塑躯干和四肢。(可以把躯干和四肢作为一个整体来捏。)

(4)调整陶俑的姿势。

(5)添加、刻画、装饰各部位。

3. 了解练习内容和要求。

(1)练习内容:仿照陶俑的大体形状,尝试做一个陶俑。

(2)练习要求:造型生动、结构合理、细节精致。

4. 学生创作活动,教师巡视指导。

【设计说明】

教师引导学生复习已知泥塑知识,了解传统陶俑和泥人制作技艺。采用欣赏分析作品主要组成部分和细节的方法,降低创作难度,鼓励学生用美术手段表现自己的创意和观点,从而掌握兵马俑形态结构。在泥塑练习中,探索陶泥材料特性、工艺流程及制作方法,养成耐心细致的习惯。

教学环节五:展示与评价

1. 各小组学生根据教师的评价要求一起展开欣赏评述,说说自己最欣赏哪一件兵马俑及其理由。

2. 学生各组讨论交流喜欢的兵马俑作品,并把不同奖项的小旗奖励给优秀的作品。

3. 学生聆听教师课堂总结,了解练习中作品的亮点及有待进一步调整、改进的方法。

【设计说明】

教师引导学生学会欣赏同龄人的作品,组织美术语言多角度表达对传统经典技艺、民族文化瑰宝的感受。通过自评、互评的方式从学习兴趣、学习习惯、学业成果展开多元评价,鼓励优秀作品的同时,引导学生认识到自己作品的不足之处及时调整自己的学习状态,提升德育实效。

教学环节六:拓展与练习

1. 学生了解媒体搜索的路径:欣赏有色彩的秦俑照片,了解兵马俑出土前的本来面目。

2. 学生利用课余继续细节加工、美化作品。

【设计说明】

教师将网络博物馆资源转化为德育资源,拓展介绍出土前的兵马俑色彩丰富,形神兼备的造型,以鼓励学生养成课余探索求知的习惯,从中感受祖国文化历史的悠久与繁荣。

▶▶● 专家点评 ●◀◀

本课例是小学美术五年级《感受民间艺术》单元的拓展内容。课例主要通过秦俑主题下泥塑技能的学习,立足对民间传统文化的了解。在教学伊始环节,教师设计了触摸、欣赏等活动,引导学生从数量、种类等方面了解秦兵马俑的主要特点与相关知识,激发对祖国传统艺术的学习兴趣。接着,教师主要运用了观察、分析、示范、交流等方法,引导学生从整体到局部地了解秦俑的具体特点,以及相关知识与泥塑技能,在此过程中,不仅促使学生养成耐心观察、细心制作的习惯,更进一步促进学生在聚焦中国传统艺术与文化的学习中感受劳动人民的智慧。最终,教师设计了还原秦俑本来色彩的环节,若教师能从秦俑前后色彩的变化,引发学生主动思考、积极探索其中的科学道理,更能为学生建立起主题性跨学科学习的空间,进一步形成美术与自然、科学之间的联系。

(上海市教育委员会教学研究室　徐　敏)

丰富学习活动方式　优化美术育人手段

——在《入场券设计》中增强用美术服务生活的意识

■■■◆ 基本信息 ◆■■■

本课例教学内容出自上海教育出版社《美术》五年级第一学期第四单元《尝试平面设计》。该单元由《入场券设计》和《校园海报》两课组成,主要学习内容是设计绘制入场券和海报。

通过本单元的学习,让学生在设计表现的过程中,有创意地表现主题,增强用美术服务生活的意识。

本课例由上海市崇明区长兴小学沈帅提供。

■■■◆ 德育价值描述 ◆■■■

本课例侧重落实"乐于用美术手段抒发情感、表达自我,形成美化生活、服务社区的意识"这一小学阶段学科德育核心要求。

1. 交流海报、入场券和生活的关系,体会美术在生活中的作用。

2. 设计不同活动的校园入场券服务和谐校园,营造充满活力的校园氛围。

3. 能说出入场券对于建立公共秩序、遵守规范的作用,海报对于宣传公益活动的作用,用海报增强公益意识。

■■■◆ 正文 ◆■■■

教学环节一:导入与了解

1. 教师情境导入。

教师提问1:要参加学校文化艺术节的活动,但缺少了一样物品无法进入活动场地,大家知道是什么吗?(入场券/参观券……)

2. 教师出示入场券照片。

教师提问2:谁能说说入场券的演变历史与作用?

师生总结：入场券是我们参观时出入的凭证，是景点的名片，知识的卡片，历史的照片。更因设计者的巧妙设计而成为具有收藏价值的艺术品。

今天，我们就一起来为学校的艺术节设计入场券。

3. 揭示课题——《入场券设计》。

4. 教师引导，讨论设计一张入场券上，包含哪些组成基本元素？哪一组同学说说看？

5. 教师小结：

入场券的内容主要包括：活动名称　主题图案　副券　相关信息

（板书出示入场券的组成部分名称）

【设计说明】

教师通过学校艺术节活动情境导入，设计欣赏类学习活动，让学生自主学习，了解入场券对于建立公共秩序、遵守规范的作用以及入场券的组成要素，明确本课学习的主题，激发学生对本课的学习兴趣。

教学环节二：探究与尝试

1. 学生尝试摆一摆入场券基本要素的排版。

2. 看小组讨论汇报研究成果，观察不同的入场券排版设计，并交流排版设计感受。

3. 师生交流，教师总结常用的入场券"分割"排版设计。

（1）左右式；（2）上下式；（3）对角式；（4）边框式。

4. 教师小结：

（1）主题图文大且醒目；

(2) 图案美观与主题内容相符;

(3) 主题副券比例恰当(可设计成横版或者竖版)。

【设计说明】

教师通过体验类、探究类学习活动的设计,使学生在小组合作、探究学习的过程中看一看、摆一摆等体验活动逐步了解、归纳入场券的"分割""围绕"等排版设计及其特点,为设计入场券提供排版知识的支撑。

教学环节三:设计与指导

1. 学生根据校园艺术节活动内容,挑选主题并构思入场券主题设计。

2. 教师示范具体设计过程:

(1) 构思,确定主题图案(在纹样纸上选取底纹/自行绘画);

(2) 设计排版版式;

(3) 完成色彩稿;

(4) 整体调整。

3. 学生自主学习,欣赏教师呈现的入场券设计的优秀作品。

4. 学生练习。

练习内容:运用绘画方式设计创作一张以校园文化活动为内容,主题文字醒目的入场券。

练习要求:

(1) 入场券主题名称与图案鲜明;

(2) 入场券组成要素完整;

(3) 入场券图文构图协调;

(4) 入场券色彩搭配协调。

5. 学生创作,教师巡回指导。(以绘画沙龙、科技天地、书法沙龙、声乐沙龙、舞蹈沙龙为主题设计入场券)

【设计说明】

教师引导全班学生分小组展开表现类学习活动,各小组学生根据校园艺术节活动内容挑选主题,设计主题图案。这样的表现类学习有利于发现各自的设计亮点,避免学生思维的局限性,培养学生创新意识。同时运用两种制作顺序进行设计,是为了使学生表现类活动的操作有选择性,作品更多样化。教师为学生表现类学习活动中提供了真实的入场券用于观察,让学生对入场券有直观的接触与观察,体现设计以人为本的理念,使学生了解到好的设计应服务于生活。

教学环节四：展示与评价

1. 教师设计《入场券展览会》情境,展示全班学生的作品。

评价要求：

(1) 结合校园文化宣传,主题是否突出；

(2) 入场券设计要素是否齐全；

(3) 图文安排是否协调；

(4) 色彩搭配是否鲜明。

2. 教师演示评价方法。

3. 学生互评。

4. 教师小结。

【设计说明】

教师安排了欣赏类活动中展台的情景设计,使学生根据评价要求进行自主欣赏的同时,在教师的示范点评引导下,学会评述设计类美术作品,理解不同活动的校园入场券设计都是为了建设和谐的校园生活、营造充满活力的校园氛围服务,进一步体验分享美术创意成果的乐趣。

教学环节五：欣赏与拓展

1. 知识拓展,感受不同形式的入场券版式设计。

(1) 出示入场券的各类外形作品。

(2) 感受《城市楼房》中方形物体的表现手法。

2. 欣赏《老人集旅游门票三万余种 见证时代变迁》视频。

3. 学生观看视频并自评互评完成评价表。

【设计说明】

教师设计了拓展性欣赏类学习活动,通过欣赏生活中入场券的不同样式,引导学生知道入场券主题设计中素材元素需要依据活动主题进行合理地布局和色彩的搭配产生,冲击人的第一视觉印象。通过欣赏《老人集旅游门票三万余种见证时代变迁》视频,引导学生在生活中要做个有心人,增强用美术服务生活的意识,只有这样才能更深刻地体会美术在生活中的作用。

专家点评

学科育德除了内容是显性的要素之外,学习过程同样是十分重要的德育教育的重要途径,如何设计有利于德育教育有效融合且与本学科特征有效结合的学习过程值得每一位教师思考、探索与实践。丰富的活动方式有利于提升学科育德的能效,同样有利于学生理解德育教育的内涵。

本课例围绕"设计入场券",旨在培养学生建立公共秩序、遵守规范的意识,理解海报对于宣传公益活动的作用,用海报增强公益意识。"导入与了解"让学生自主学习,了解入场券对于建立公共秩序、遵守规范的作用。"探究与尝试"使学生在小组合作、探究学习的过程中逐步了解、归纳入场券的排版设计及其特点。"设计与指导"引导全班学生分小组展开表现类学习活动,各小组学生根据校园艺术节活动内容挑选主题,设计主题图案。"展示与评价"让学生理解设计校园入场券的作用是营造和谐的校园生活和充满活力的校园氛围,也能体验分享美术创意成果的乐趣。"欣赏与拓展"引导学生注意观察生活中不同形式的入场券版式设计,增强用美术服务生活的意识,提高学生的艺术感知力和鉴赏力。五个活动形式丰富,目的明确,层次分明,将德育的教育内容与内涵隐含在这些丰富的活动中,使学生在潜移默化地过程中形成正确的学习习惯、学习态度、合作意识等方面的教育价值。

（上海市静安区蕃瓜弄小学　曹晏平）

问题导引探究，提升美育实效

——在《校园海报》中增强公益意识

||||◆ 基本信息 ◆||||

本课例教学内容出自上海教育出版社《美术》五年级第一学期第第四单元《尝试平面设计》。该单元由《入场券设计》和《校园海报》两课组成，主要学习的内容是设计绘制入场券和海报。

通过本单元的学习，在设计表现的过程中，有创意地表现主题，增强用美术服务生活的意识。

本课例由上海市崇明区合兴小学沈帅提供。

||||◆ 德育价值描述 ◆||||

本课例侧重落实"乐于用美术手段抒发情感、表达自我，形成美化生活、服务社区的意识"这一小学阶段学科德育核心要求。

1. 了解海报、入场券和生活的关系，体会美术在生活中的作用。

2. 设计不同活动的校园海报服务和谐校园，营造充满活力的校园氛围。

3. 能说出入场券对于建立公共秩序、遵守规范的作用，海报对于宣传公益活动的作用，用海报增强公益意识。

||||◆ 正文 ◆||||

教学环节一：了解与欣赏

1. 介绍桌面上提供的材料——记号笔、彩色纸、铅画纸、双面胶、水彩笔、剪刀等，简述本节课学习主题和内容。

2. 视频欣赏，导入学习内容。

教师提问 1：在视频中，你看到了什么？（最早的电影）

3. 揭示部分课题——电影海报的起源。

4. 观察中国最早的海报以及最早的电影海报。

教师提问2：生活中，你常在哪些地方见到海报？（学生想一想并回答）

5. 简单归纳海报的大类。

教师提问3：你见到的海报都有关于哪些内容？（学生想一想并回答）校园主题的海报可以分为哪些类别？（学生想一想并回答）

6. 学生进行观察体验，感受生活中随处可见的海报并归纳类别。

7. 学生了解校园中的海报围绕的主题：

(1) 竞赛类（如：体育、美术、作文、朗诵等）；

(2) 活动类（如：文艺汇演、活动等）；

(3) 公益类海报（如：呼吁爱护公物、呼吁环境保护等）。

8. 完善课题——《校园海报》。

【设计说明】

教师通过出示材料——记号笔、彩色纸、铅画纸、双面胶、水彩笔、剪刀等，让学生明白接下来学习的主题和内容。学生观看电影海报起源的视频后，以问题导入海报的归类，激发学生对本课内容的学习兴趣。通过递进性的关键问题引导学生结合生活经验，回忆生活中常见到海报的地点及常见海报的内容，锻炼学生的观察和回顾能力，激发学生的创作欲望。

教学环节二：探究与体验

1. 通过讨论、交流分析海报的作用以及基本组成元素。

教师提问4：在我们的生活中海报起到怎样的作用？（宣传）

教师提问5：一张海报通常需要具备哪些元素的组合？（文字、图形、色彩）

2. 探究运用"围绕"方法设计海报。

教师提问6：观察以下两张围绕式海报的元素编排和分割式的有什么不同？

3. 海报设计构成元素中的色彩的探究，对对比色、类似色知识进行回忆，通过事物及情绪切入色彩的联想了解色彩与五个主题的对应。

教师提问7：我们熟知的三组对比色分别是怎样对应的？

教师提问8：事物可以用色彩来概括，情绪也可以吗？我们五个主题根据含义，是否能找到一部分符合主题含义的色彩呢？

【设计说明】

本环节教师引导学生欣赏各类海报后,通过对海报作用、组合元素、编排方式以及色彩的对应主题进行针对性问题的探究引导后,进行归纳总结,使学生明确校园海报的作用、知道海报的基本构成元素、了解分割式和围绕式海报的区别、回顾色彩的搭配运用。学生在问题引导下进行探究活动,能高效地让学生能够对已有知识进行关联,体会美术在生活中的公益作用。

教学环节三:体验与创作

1. 学生观看教师示范视频,了解海报构成元素添加的先后次序。

教师提问9:为什么我们要先画图案,再将标题及内容字放上去?

2. 教师说明《校园艺术节》校园海报的练习要求。

练习内容:开展校园海报主题设计(以主体图案的图形为主的围绕)

练习要求:

(1)海报的图案主题围绕"校园艺术节"展开。

(2)选择一种"围绕式"的编排方式进行排版,构图饱满,形象突出,画面精致。

(3)组成要素完整,文字书写正确,图形和色彩的运用合理。

3. 学生创作,教师巡回指导。

【设计说明】

本环节教师通过引导学生观看教师示范视频,欣赏同龄学生作品,探讨并掌握校园海报的设计步骤,同时在探究中解决本课的学习难点,打开学生创意表现的思路,使学生能围绕教师设计的校园公益海报活动主题,大胆想象,创意设计,表达想法,增强公益意识。

教学环节四:展示与评价

1. 教师设计情境"校园海报作品展",展示各组学生的作品。

2. 教师演示评价方法,说明评价要求。

评价要求:

(1)海报的文字、图案、色彩是否围绕展览的主题?

(2)海报的配色是否色彩对比强烈?

(3)海报主题字体是否醒目、突出?

（4）海报设计是否创意独特？

3. 学生互评。

4. 教师小结。

【设计说明】

本课是《尝试平面设计》单元教学第 2 课时，教学设计更侧重本单元排版知识的练习。因此本环节教师引导学生通过校园海报设计展主题情景的绘制练习，学会"围绕"版式设计的基本方法，以及文字、图形、色彩的构思与表现，初步感受版式设计的魅力，增强用美术服务生活的意识。

教学环节五：学习与拓展

1. 学生欣赏教师呈现的不同材料制作、不同主题、不同排版、欣赏综合手法创作的海报。

2. 针对海报的延伸应用，教师提问 10：海报设计能还能用到哪些与活动相关的周边产品上？（帆布包、礼品袋……）

【设计说明】

教师通过问题引导、启发学生通过海报设计的魅力感受，拓展设计视野的同时，知道版式设计在生活中的延伸应用，提高学生生活中的图像识读、文化理解素养，增强公益意识。

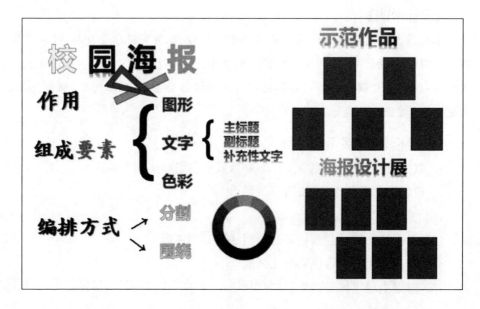

■■■◆ 专家点评 ◆■■■

本课例中教师设计具有针对性的问题导引学生展开体验、探究活动,是一个提升美育实效的实践案例。教师基于问题引导学生探索海报设计原理、理解运用美术知识分析海报设计要素和美感的过程中,明确校园海报的作用、知道海报的基本构成元素、了解分割式和围绕式海报的区别、体会海报在生活中的公益作用。从学科德育的角度,可以做以下几方面的归纳:

第一,用问题引导学生发现问题,在有效体验中提升美育实效。从教师的课例文本来看,教师对学生学习活动进行了精心设计,在教学活动的五个环节设计了 10 个问题,为具体的海报设计学习做了比较周密的预设。学生在体验类学习中,在教师不断提出针对性问题的引导下发现解决问题的办法是学生有效进行海报设计体验的基础。俞老师的课堂教学以有效的海报设计体验为目标,从一系列的问题展开体验,推进小学生不断在课堂上发现新问题,激励学生在体验类学习中发展海报设计能力,锻炼观察能力,体会美术在生活中的公益作用。

第二,用问题引导学生解决问题,在有效探究中提升美育实效。教师引导学生针对美术学习活动中的关键问题展开探究和思考,鼓励学生以个体和合作方式寻求解决问题的方法,在此过程中建立解决问题所必备的信心、恒心和毅力,培养和锻炼学生不怕困难、勤于思考、乐于探索的良好品质,为学科德育目标外化为行动创造条件。在本学习活动中,教师引导学生欣赏各类海报,通过对海报作用、组合元素、编排方式以及色彩的对应主题进行针对性问题的探究引导后,进行归纳总结。使学生明确校园海报的作用、知道海报的基本构成元素、了解分割式和围绕式海报的区别、回顾色彩的搭配运用。问题引导下的学生探究类学习活动能够高效地让学生对已有知识进行关联,增强用美术服务生活的意识。

（上海市崇明区教育学院　宋玉燕）

精选经典作品 落实育人目标
——在《日出的感受》中感受自然界的色彩美

▌▌▌◆ 基本信息 ◆▌▌▌

本课例教育内容出自上海教育出版社《美术》五年级第二学期第二单元《走进名作》。该单元由《日出的感受》、《丰富的色彩》两课组成,主要学习内容是用类似色的颜色表现自然风景。

通过本单元的学习,欣赏不同光源下的自然景色,感受祖国的山水和自然界的色彩美,通过对国外美术作品的欣赏,体验色彩表现的多样性,乐于接受不同的美术表现形式。

本课例由上海市崇明区平安小学程露露提供。

▌▌▌◆ 德育价值描述 ◆▌▌▌

本课例侧重落实"能欣赏和关注自然和生活中美好的事物和现象""了解并尊重世界美术文化的多样性,形成国际视野"的小学阶段学科德育核心要求。

1. 交流祖国山风景的优美和不同光源下自然风景的色彩之美。

2. 体会印象派大师莫奈用类似色表现画面的特点,体会色彩表现的多样性。

▌▌▌◆ 正文 ◆▌▌▌

教学环节一:创设情境,回忆色彩

1. 学生欣赏大自然日出景象:老师分享早起所见到的景象——日出,让学生感受日出时生机勃勃的美感。

2. 学生在教师的引导下进行"色彩游戏1":老师给每位同学带来了彩色的建筑,学生选择自己喜欢的颜色,引导学生认识不同的色彩带给人不同的感受,激发学生学习水粉画的兴趣。

3. 揭示课题:《日出感受》。

【设计说明】

教师充分挖掘和利用学生生活中熟悉的景象,通过引导学生观看精选的校园、田园日出景色图片,让学生直接进入到太阳微微升起时的情景氛围中,引导学生用一双会发现美的眼睛去感受生活中自然风景的美,激发学生对色彩知识的学习兴趣,为本课色彩知识教学做好铺垫。

教学环节二:色彩感受,发现规律

1. 教师引导学生仔细观看《日出·上海》大型航拍记录视频,进行日出光源下景象的初步感受并交流。

2. 教师呈现定格冷、暖色光源的图片,引导学生感受冷暖色光源下日出景象。

3. 学生在教师的引导下进行"色彩游戏2":找一找,冷暖色光源下的色彩。

4. 学生在教师的引导下进行"色彩游戏3":拼一拼,感知不同光源对色调的影响。

5. 学生聆听教师在游戏后的归纳总结,引导学生发现物体的色彩是由于"光"而呈现的,不同光源下的物体会给人带来不同的视觉感受。

【设计说明】

教师精选《日出·上海》大型航拍记录片视频,通过引导学生欣赏片段中两幅对比强烈的冷、暖光源下的日出景色照片,让学生一目了然地感受到我们生活的城市上海在日出时带给我们不同的色彩感受,丰富学生的审美体验。教师引导在小组合作探究、完成活动任务的过程中,学习与人沟通、同伴互助和分工负责。同时,在两个递进游戏中教师精选针对性强、典型性的图片引导学生观察、思考色彩的冷暖色变化,并在游戏中感知了色调带来的神奇魅力和美感,落实感受祖国山风景的优美和不同光源下自然风景的色彩之美的育人目标。

教学环节三:互动示范,激发兴趣

1. 学生欣赏教师出示的莫奈《日出印象》。通过《日出的感受》学习单,初步认识画家莫奈,带着问题分小组合作探究。

（1）第 1 组探究画家表现的作品内容：画面表现的是什么主题。

（2）第 2 组探究画家的色彩表现形式：画面运用了哪些颜色和笔触。

（3）第 3 组探究画家作品的艺术特点：类似色表现瞬间光感，呈现和谐丰富之美。

2. 师生绘画互动。

教师油画棒速写起稿，师生运用水粉，共同完成冷色调《日出·上海》主题作品，激发学生大胆作画的勇气。

3. 学生根据教师呈现的练习内容进行创作。

（1）练习内容：根据教师提供的日出上海城市风景照片，创作一幅"日出"上海景象。

（2）练习要求：

① 选择合适的色调，画面有光感；

② 用笔、用色大胆；

③ 综合运用水粉的厚薄画法。

【设计说明】

教师精选艺术大师莫奈《日出印象》的作品，通过美术学习单，引导学生进行自主学习了解艺术大师的基本信息，各小组带着问题进行作品内容、表现形式、艺术特点的探究，培养孩子的图像识读能力，落实"体会印象派大师莫奈用类似色表现画面的特点"这一育人目标。运用互动示范降低学习难度，增强学生绘画的信心，感受大胆作画带来的愉悦感。在练习环节，教师精选经典的日出上海风景照片提供给学生选择，简化此课造型上的要求，尝试画一幅上海"日出"景象的水粉画，突出了基于生活实际观察的情景下的色彩感受与练习。

教学环节四：作业展评，拓展欣赏

1. 学生在教师引导下展示自己的作品。

2. 学生了解评价内容并展开自评、互评。评价要求如下：

（1）是否理解了光源与色彩的关系，整幅画面是否有光感？

（2）面对丰富的色彩，用笔、用色是否能够大胆？

（3）能否综合运用厚画、薄画等水粉画技法表现画面？

3. 教师针对性讲评（学习兴趣、学习习惯、学业成果）。

4. 学生在教师引导下欣赏冷暖色调的名家经典绘画作品,并交流感受。

(1) 学生感受东山魁夷《静静的早晨》冷色调画面中宁静的氛围。

(2) 学生感受印象派代表画家莫奈的《草垛》暖色光源下的色彩世界。

【设计说明】

教师引导学生通过展示、欣赏与评述,引导学生大胆分享自己的色彩感受与应用经验,并在讲评中肯定学生对景物中色彩的观察与表现,进一步激发学生感受大自然色彩之美,产生热爱我们这座城市的情感,通过评价落实育人目标。同时,教师还引导学生欣赏世界各地代表性绘画大师的风景作品,让学生进一步理解冷色光源和暖色光源在作品中的呈现意境,感受经典作品的色彩表现方法与魅力,用心感悟画家的情感表达及自然界美好的表现,体会色彩表现的多样性。

专家点评

本课例取材于小学美术五年级《走进名作》单元。结合色彩的教学内容,教师首先通过自然中的照片、视频欣赏以及游戏活动,使学生在教师引导的过程中学会欣赏、关注自然与生活中具有色彩美的现象;接着,教师运用精心设计的多个游戏活动,引导学生在观察、分析、娱乐、练习中了解光源对色彩的影响,接触、理解本课主要学习内容,进而运用所习得的色彩知识进行美术表现,表达自己的想法。本课教学有利于促进学生逐渐养成善于观察、用于思考、乐于创造的习惯。另外,拓展欣赏环节能使学生接触多样性的美术表现形式,有利于学生了解并尊重世界美术文化的多样性,形成国际视野。

(上海市教育委员会教学研究室 徐 敏)

后　记

　　2014年,崇明列为教育部哲学社会科学研究重大课题攻关项目"大中小德育课程一体化研究"上海市试点区。2016年,崇明结合德育综合改革的推进,承担了上海市教育委员会德育处关于"上海市艺术学科德育协同研究中心"项目建设任务,2017年确立项目正式启动实施。在实践探索的3年多时间里,项目组成员经过理论学习、专题培训、项目申报、课堂实践、课例研究等,形成并正式出版了《德润课堂——上海市艺术学科德育优秀课例丛书》。

　　学科中本来就蕴含着德育元素,学科教学中本来就包含着德育,学科德育是关于学校课程与德育关系的整个研究命题中的一个基本命题,其提出或强调是育人本原的根本要求,是遵循德育内涵的具体体现,学科教学与德育的协同,有助提升课程育人的品质。本丛书《育美明德》《尚美致行》《和乐明心》《载乐载道》《艺德探真》中的课例,是对《上海市中小学美术学科德育教学指导意见》《上海市中小学音乐学科指导意见》《上海市中学艺术学科德育教学指导意见》的贯彻与落实,课例不仅具有实践性,更是具有启发性与借鉴性,为广大中小学校和艺术教师优化课程德育提供方向引导、思想指导与操作支持。

　　《德润课堂——上海市艺术学科德育优秀课例丛书》的顺利出版,离不开各级领导与专家的关心,在此一并表示衷心的感谢!感谢上海市教育委员会德育处给予项目的支持,感谢徐敏、张家素、钱熹瑗、徐韧刚、瞿剑宛、曹晏平、朱健朴等专家的悉心指导和精彩点评,感谢崇明区教育局、区教育学院领导的关心,感谢上海市艺术学科德育协同研究中心项目基地学校,感谢为本书提供优秀课例的教师。

　　由于我们的学识、经验和水平有限,恳请有关专家和广大读者批评指正。

"上海市艺术学科德育协同研究中心"项目组

2020年7月

图书在版编目(CIP)数据

育美明德 / 上海市艺术学科德育协同研究中心编著.
—上海：上海教育出版社，2021.1
（德润课堂：上海市艺术学科德育优秀课例丛书）
ISBN 978 - 7 - 5720 - 0458 - 2

Ⅰ.①育… Ⅱ.①上… Ⅲ.①美术课−教学研究−
小学 Ⅳ.①G623.752

中国版本图书馆 CIP 数据核字(2021)第 014092 号

责任编辑　庄晓明
封面设计　周　亚

德润课堂——上海市艺术学科德育优秀课例丛书(育美明德)
上海市艺术学科德育协同研究中心　编著

出版发行　上海教育出版社有限公司
官　　网　www.seph.com.cn
地　　址　上海市永福路 123 号
邮　　编　200031
印　　刷　上海商务联西印刷有限公司
开　　本　710×1000　1/16　印张　6.75
字　　数　105 千字
版　　次　2021 年 2 月第 1 版
印　　次　2021 年 2 月第 1 次印刷
书　　号　ISBN 978 - 7 - 5720 - 0458 - 2/G・0334
定　　价　168.00 元(全套 5 分册)

如发现质量问题，读者可向本社调换　电话：021 - 64377165

尚美致行

上海市艺术学科德育协同研究中心　编著

上海教育出版社
SHANGHAI EDUCATIONAL
PUBLISHING HOUSE

丛书编委会

丛 书 主 编　吕　波
丛书副主编　方一燕
丛 书 编 委　郭春飞　唐忠燕
本 册 主 编　陈洪超

序　言

　　《德润课堂——上海市艺术学科德育优秀课例丛书》的出版,是上海艺术教育课程改革中的一件大事。这套丛书展现了崇明"上海市艺术学科德育协同研究中心"项目组成员孜孜以求的探索精神,也为全面推进崇明艺术学科课程改革提供了可供借鉴学习的方式方法。

　　近代学者王国维曾指出:"教育之宗旨何在,在使人为完全人物而已。""教育之事亦分为三部:智育、德育、美育是也。"近现代哲学家张世英指出,人的生命发展为四种境界:欲求境界—求知境界—道德境界—审美境界。可见,我们应重视德育,审美教育须德育化;重视美育,道德教育须审美化。因此,探索与推进中小学艺术学科德育,是促进学生生命成长发展的需要,也是帮助学生追求真善美的过程,更是提高学生精神生活质量的必然。

　　立德树人,五育并举,艺术教育对于立德树人具有独特而重要的作用。艺术教育是学校实施美育最主要的途径,有助于培养学生感受美、表现美、鉴赏美、创造美的能力,引领学生树立正确的审美观念,陶冶高尚的道德情操,培养深厚的民族情感,激发想象力与创新意识,促进学生的全面发展和健康成长。艺术教育在提高学生审美和人文素养方面具有独特的价值功能,我们要充分发挥艺术学科应有的育人使命与责任。

　　当前,课程改革追求回归人的生活世界,尊重人全方面的主体地位,重视课程与教学的育人价值,艺术学科也是如此,其教学必须成为一种德育实践,实现师生生命的共同成长。艺术学科德育是依据艺术学科课程标准和《中小学德育工作指南》的育人要求与规律,根据艺术学科教学自身的特点,充分挖掘艺术学科教学中的德育因素,以知识、技能为载体,采用恰当的策略与方法,在艺术学科教学中落实德育目标,即情感、态度与价值观目标,达到以艺载德、以德润艺的目的。艺术学科育德体现了育人的价值导向,是艺术学科育人的核心;艺术学科德育的真实发生,离不开良好的育人理念,也离不开恰当的方式方法。每门艺术学

科都具有各自的属性与特点,其学科德育也需要与之相应的方式方法。

这套丛书按照小学音乐、小学美术、中学音乐、中学美术、中学艺术编排,总共 5 册。丛书以课例为呈现方式,共计 101 个学科德育课例,每个课例由基本信息、德育价值描述、教学环节与设计说明、专家点评等构成。这些课例立足德润生命,源于课堂实践,具有教学情境的真实性、润德目标的正确性、德润方法的适切性、可供借鉴的启发性等特征,为艺术教师落实学科德育提供了可供借鉴学习的经验。无痕、适切、融合,让德育在艺术课堂润物无声中真实地展开,促进了艺术学科"主动·有效"课堂的达成。

本丛书课例向我们展示了一些共性的做法,即在落实艺术学科德育过程中,教师可捕捉教材以及生活中的德育素材,将课程内容置于学生生活情境中,产生濡染之效应;也可架构课程内容和德育之桥梁,在审美教育中启蒙德性、培养美善,产生润德之效应;还可采用小组合作、自主探究等学习方式,在多感官并用的过程中体悟践行,产生内化之效应,从而将德育融合于艺术教学的整体,贯穿于课堂教学的全过程,在发展艺术教师育德意识与育德能力中,不断提升艺术学科课程育人的高品质,开创课程德育的新格局!

上海市教委教研室　王月芬

2020 年 9 月 1 日

目　　录

融通乡土生活 育人生态素养

——以《叶片上的脉纹》一课为例

▮▮▮◆ 基本信息 ◆▮▮▮

本课例教学内容为上海书画出版社《美术》六年级第一学期第一单元《点和线》的第四课。本单元和下一单元主要从点、线、面三个维度，帮助学生提高审美的意识情趣。

本课例提供者为上海市实验学校附属东滩学校田凤晴。

▮▮▮◆ 德育价值描述 ◆▮▮▮

党的十八大指出，只有把生态文明教育融入育人全过程中，才能为未来培养具有生态文明价值观和实践能力的社会主义建设者和接班人。崇明区要建设成世界一流的生态岛，需要把生态文明教育融入育人全过程，学校教育是主渠道，教师是关键。

本课例设计立足课堂教学、校园活动、社会实践等环节，以学生生活为中心开展美术教学，培育学生"知行合一"的精神，落实"能探索自然、生活、文化和科技中蕴含的美术现象，理解它们之间相互促进和影响的关系"这一项德育核心要求，发展学生未来参与生态文明建设的观察力、思辨力、行动力和创新力。

教师在实施国家课程校本化时，借用乡土资源能够提升课堂教学有效性。本文以《叶片上的脉纹》为例，设计了课前选好生活资源、课中组织好室内外配对学习和课后整合校内外社会实践活动等三种教学组织策略，帮助学生在实际自然生活中领悟美术育人的独特价值。

▮▮▮◆ 正文 ◆▮▮▮

教学环节一：课前选好生活资源

夸美纽斯在《大教学论》中提出：第一，"要做的事必须通过实践学习，工匠师傅并不用理论为难学徒,而是一开始就让他们做实际工作。"首先,在上课前一天,教师设计了"叶脉记录任务单",组织学生以小组形式,在校园内搜集不同叶片并进行自主实践活动,为课堂学习打下基础。

当天上课前,教师板书课题《叶片上的脉纹》,并创设"向美而生　智绘成长"校园自然笔记比赛情境,重点展示课前完成的3张优秀"叶脉记录任务单",之后再展示各类叶片自然笔记,供学生欣赏、观察。

【设计说明】

本环节激趣启情,注重情境体验,培育"艺术源于生活"理念。学生在课前自主学习中,积累视觉、触觉和其他感官经验,发展感知能力,引导学生关注现实生活,针对美术学习活动中的关键问题展开探究和思考,为课堂学习打下基础。课堂上通过对自然笔记佳作、自然和生活事物的欣赏和交流,实现"情知交融""情理交融"和"情景交融"的育人目标。

教学环节二:课中组织好室内外配对学习

1. 室内教学。

(1) 师生通过课前搜集的叶片,结合生物学科知识,共同欣赏叶片的结构美,了解叶片的特点、形态、组成和叶脉的排列之美;探究叶片的肌理美,感悟叶片的自然、艺术之美;表现叶片的绘画美,一是材料之美,以不同的工具材料,体现不同的美感,二是构图之美,学习井字构图,理解、实践构图原则(对称与均衡、对比和视点)。

(2) 学生的学习活动以配对学习、小组合作为主。学生四人为一组配对就座,其中A为组长进行总体观察陈述,B、C、D三人帮助A进行优化补充。发言的顺序是从A至D,每人30秒。

2. 室外教学。

(1) 经过之前对叶片的美感分析后,教师提出户外实践作业要求:以自然笔记形式,在尊重自然叶脉生长规律的基础上,以主次分明、排列有序的黑白线条描绘叶脉。

(2) 学生户外利用10—15分钟完成作业。

(3) 作业完成回到班级后,每个小组推选本组最满意的1幅作品展示于黑板。组长仔细观察展示作品,协助组员进行作业自评与互评。

3. 拓展延伸。

下课前 2 分钟,教师展示以自然笔记形式记录的上海历史建筑、民间艺术等作品,引导学生在实际生活学习中,以自然笔记记录上海城市生活中各种各样的美。

【设计说明】

本环节激励学生探究,注重学习感悟,培育"求真务实"的思想作风。在课堂教学组织中,以多学科视角,鼓励学生以个体或合作方式,寻求解决问题的方法。学生在真实的自然生活世界里发展感知能力、形象思维能力、表达和交流能力。融合生物知识,厘清叶脉、叶形特点后,引导学生用审美的眼光,对自然与生活中美的形式与内涵进行赏析。

教学环节三:课后整合校内外社会实践活动

1. 整合学校特色活动。

课堂教学完成后,教师结合学校开展的"星星节",组织学生进行"校园自然笔记大赛"活动,鼓励学生记录校园鸟类、昆虫等其他生物。

2. 成立自然笔记生态美术兴趣小组。

学生在自然笔记小组这个"组织"中,针对某一自然物进行长期的观察记录,形成图文并茂的原生态自然绘本故事,进一步提升学生生活能力和行动能力,提高学生生态文明素养。

3. 研学旅行活动。

学生在校外的研学旅行中,以自然笔记为学习手段,以美术绘画与文字描述为记录方式,记录上海本土动植物、历史建筑、民间艺术、传统节日等,感受、记录人民当下的美好生活,实现美术课堂与真实生活世界的真正融通。

【设计说明】

本环节鼓励创造,注重创意表现,培育乐于探索的"大课堂"学习情操。将40 分钟的美术课堂内涵,延伸到理想信念、社会主义核心价值观、中华优秀传统文化、生态文明等诸多方面。鼓励学生结合校内外各类学习活动,以美术手段自由地抒发情感,表现美好生活,建立解决问题所必备的信心、恒心和毅力。培养学生不怕困难、勤于思考、乐于探索的良好品质。感受、认同国家发展与文化繁荣,增进学生的历史观、时代感。增强民族自豪感与文化自信心,培育家国情怀。

■■■●专家点评●■■■

　　本节课以学生生活为中心,立足乡土资源展开课堂教学、校园活动、社会实践等综合活动,遵循美育特点,让学生在艺术、自然、生活中,身心得到健康成长,培育学生生态文明素养。

　　一、艺术与自然结合,注重情境体验。

　　田老师在课前、课中、课后都鼓励学生大胆去自然中学习与感悟美,通过理性的观察、具体的分析,在充分了解自然叶片的基础上,以自然笔记形式创作优秀的美术作品,发展学生运用多学科知识解决问题的能力。

　　二、艺术与生活结合,注重学思践悟。

　　本课例构建校园书本与真实生活的桥梁,课堂以自然笔记活动的形式展开,拓展学生美术学习活动的空间,寓教于乐、回归生活。课外组织学生自发成立自然笔记兴趣小组,以更多样的美术学习活动,发展艺术兴趣,塑造健康人格。

　　三、艺术与情感结合,注重认知感悟。

　　田老师挖掘综合学习题材,组织综合学习活动,不拘泥于美术教材。学生以亲身体验,在思想品德、行为习惯上获得成长,提高学生的生态文明素养,树立美好生活愿景,增强乡爱乡情,培养家国情怀。

（上海市浦东新区教育发展学院　瞿剑宛）

方寸之美

——以《邮票的设计》一课为例

▚▚▚●**基本信息**●▚▚▚

本课例选自上海书画出版社《美术》七年级第二学期第二单元《设计应用》之《方寸之美》。

本课例提供者为上海市崇明区裕安中学姚丹丹。

▚▚▚●**德育价值描述**●▚▚▚

本节课以邮票作为教学内容,通过设计制作一枚邮票,了解美术平面设计中有关美化图案的知识与技能。通过了解邮票历史与特点等相关知识的同时,感受邮票的包罗万象以及装饰美感,体验图案的设计美与形式美,知道图案的变化法则并进行尝试创作。

随着信息时代高速发展、电子通信的广泛应用,七年级的学生离邮票有了一定的距离。虽然大部分同学知道邮票,但对邮票的相关知识了解较少,对于设计美化邮票更是缺少实际的亲身体验,尤其对于乡村学校的学生,他们的美术经验并不丰富,美术资源相对缺乏,但他们具备一定的审美能力与动手实践操作能力,有较快接受新知识的能力,喜欢尝试新鲜事物,也具备一定创造生活美的能力。通过本节课的学习,学生将了解邮票的相关知识、知道图案的变化方式、感受邮票是如何将历史人文、风土人情、科技发展等尽数囊括在方寸之间并表现得淋漓尽致。除了增长知识、陶冶情操外,更能通过运用图案的变化法则设计一枚心仪的邮票,从中培养美的创新设计能力,并获得快乐的学习体验。通过实践活动,培养学生对图案变化的认知,对审美的认知,提高他们的知识性和艺术性,让他们拥有一双发现美的眼睛,学会让艺术丰富我们的生活,感受到生活中的美无处不在,对学习、对生活充满无限热情。

●●●●●● **正文** ●●●●●●

教学环节一：导入

1. 欣赏实物邮票,感受邮票的收藏价值与审美价值,感受图形与图案的变化之美。

2. 揭示课题《方寸之美》——邮票的设计。

【设计说明】

引导学生通过实物图片的欣赏,感受方寸之美,激起学生学习邮票设计的浓厚兴趣。

教学环节二：新课授受

1. 提问：大家知道什么是邮票吗? 邮票的概念以及起源是什么呢? 学生回答。揭示邮票概念与起源。

2. 欣赏图片：请同学说说认识的邮票主题与种类有哪些,感受图案带来的艺术美。

【设计说明】

通过图片的欣赏,学生了解了邮票的概念、起源、主题、种类与组成要素,了解了众多主题种类的邮票之后,对邮票的图案之美的学习兴趣更加浓厚。

教学环节三：交流与讨论

1. 请同学们欣赏邮票,思考邮票上有哪些关键构成要素,整张邮票中最吸引你的是哪一部分。

2. 欣赏图片,请同学们试着说出这些图案的变化规律以及图案的变化方法,由此引出图案变化的形式美法则,感受艺术带来生活美。

【设计说明】

了解了邮票的构成要素和图案变化规律,同学们大体对邮票有了更深一步认识,对构图之美与图案的变化有了初步的定义,为接下来的创作学习做了良好的铺垫。

教学环节四：随堂作业

通过以上学习,我们了解了邮票构成的几个关键要素,图案的变化与构图之美的形式美法则等内容,请同学们根据我们这节课所学内容,以十二生肖为主题,最好以自己出生的生肖为命题,运用图案的设计方法(图案之美)和形式美法则(构图之美)来完成一枚邮票的设计。

要求:

(1) 构图合理美观;

(2) 至少添加两个纹样和一种图案的变化方法;

(3) 必须具有邮票画面的必备要素;

(4) 符合形式美的变化法则。

【设计说明】

通过对邮票内容的学习,学生可以消化内容,自己可以独自完成一幅邮票的设计。著名教育家陶行知曾说过"在学中做,在做中学",达到知行合一。

教学环节五:分享与评价

结合自己的生肖特点,畅谈创作构思。

【设计说明】

自评、互评、教师评,吸取他人的建议,不断改进、逐步完善设计稿。分享创作意图的同时,从设计到完成作品的过程中感受图案变化与构图带来的丰富的艺术美。艺术来源于生活并高于生活,从中感受生活美。

教学环节六:课后拓展

图案与构图有许多变化美,结合崇明风土人情、特色活动、历史人文、科技发展等设计一枚具有当地特色的邮票,感受设计与图案带来的地域美。

【设计说明】

通过本节课的学习,培养自己构图、图形与图案的变化之美,从而融会贯通,把书本上的知识与身边的实际生活相结合,创作出更多具有美感的作品,感受艺术来源于生活并高于生活。

◢◣◤◥ **专家点评** ◢◣◤◥

通过本课的学习,让学生了解邮票的起源、构成要素、图形与图案之间的变化规则,感受方寸之美,提高自己动手实践的创造能力。在电子通信如此发达的今天,让学生感受还没完全进入信息化的昨天我们的常用通信方式,感受生活中带来的不同美,培养自己拥有一双发现生活美的眼睛,提升对生活的热情。

一、创设情境,激趣启情。

在本课例中,姚老师向学生展示大量图片,引导学生思考和发现邮票的构图原则和图案变化,激发学生的学习兴趣和好奇心。

二、学生为中心,老师为主导,培养动手能力。

本课例通过绘画实践和教师引导,让学生感受艺术美来自生活,并高于生活,提升学生发现美的能力与审美价值素养。

三、增加课外拓展,发挥想象力和创造力。

在艺术与生活中,学生可以在不脱离生活实际的基础上大胆发挥自己的想象,进行艺术创作。在实践探究中培养学生不怕困难、勤于思考、乐于探索的良好品质。

(上海市奉贤区教育学院　徐韧刚)

传承优秀民间艺术　感受美好生活情怀

——以《威武的门神》一课为例

▓▓◀ 基本信息 ▶▓▓

本课例教学内容为上海书画出版社《美术》七年级第一学期第一单元第四课《威武的门神》。

本课例提供者为上海市崇明区三烈中学陈金晶。

▓▓◀ 德育价值描述 ▶▓▓

本课侧重落实"认同并自觉传承、弘扬中华优秀传统文化"和"有创新意识和创意表现能力,养成大胆创意、敢于实践、勇于探究的良好品质"这两项六七年级德育核心要求。

门神画作为我国民间美术中古老的文化遗产之一,以它独特的人物造型传存于世,其历史悠久,种类繁多,流传广泛,不仅表达了人们对美好生活的向往,又散发着浓郁的乡土气息。学习门神的人物造型特点,运用石膏板材进行雕刻创作门神的威武形象是本课重点,学生从欣赏感悟再到体验创作的过程中,感受中国古老民间艺术的独特魅力,以及传达人们对美好生活和未来的憧憬。学生从艺术作品中读懂耐人寻味的思想内涵,体会艺术家的真切情感,与作品达到情感共鸣。

七年级的学生对于中国民间美术有了一定程度的认知水平,但对门神在造型、色彩等方面认知程度还较为浅显。上海市郊的孩子在日常生活中对年画的认识还较为陌生,特别是应用石膏板材的雕刻方法去表现门神画还是第一次尝试。本课的学习能激起学生学习的兴趣和体验独特的艺术创作乐趣,同时对于传承中国优秀的民间美术有重要的作用,激发热爱本民族传统文化艺术的浓厚情感。

▪▪▪◀ **正文** ▶▪▪▪

教学环节一：教学导入

1. 请同学们交流搜集到的有关门神的小故事。

2. 教师揭示课题《守门护卫的神灵》。

3. 教师展示门神的图片,让学生欣赏并感受门神表现形式的多样性。

4. 教师引导学生归纳门神画多样的表现形式:剪纸、木刻版画、木雕等。

【设计说明】

本课例导入部分,通过小故事和真实的图片资料让学生对门神的形象有一个清晰的认识,旨在检验学生课前资料搜集的预习准备是否充分。学生日常生活中很少见到门神,教师组织学生搜集门神故事就是为了激励他们积极探索、勇于发现的精神。

经过岁月的洗礼,门神画的存在不仅仅是传说中的人物,还可以从中知道更多的历史人物和世代传颂的丰功伟绩,如隋唐名将秦琼与尉迟恭,宋代岳飞,包拯等重要历史人物。抗战时期还有表现军民一家亲的题材。河北武强年画、苏州桃花坞、天津杨柳青、山东潍坊杨家埠、四川绵竹的木版年画在历史上久负盛名,被誉为中国"年画五大家"。通过欣赏大量图片,让学生感受门神的表现形式是多种多样的,而且都含有一定的寓意,传达着人们对生活的美好心愿和憧憬。

教学环节二：欣赏与感悟

1. 展示中国各地的门神画代表作品,讨论归纳门神形象的艺术特点。

特点:构图饱满、造型夸张、色彩强烈、视觉冲击力强,具有浓郁的乡土气息。

2. 小组交流:门神画是采用什么方式表现门神夸张的形象造型的?

(1) 五官变化:文武有别、眼睛炯炯有神、头顶官帽、面有须髯。

(2) 服饰特征:文武有别、蟒袍加身、具有戏曲风格。

(3) 动作造型:人物灵动、手持兵器等。

3. 请学生上台表演门神的表情和动作。

4. 小组讨论:门神画在色彩应用上如何体现乡土特色?

民间的用色习惯:红、黄、蓝、绿、墨色最为常用。色彩以艳丽为主,彰显喜庆。

【设计说明】

本环节是新授的重点环节,通过欣赏、交流概括出门神的艺术特点,即具有夸张的造型、强烈的色彩、浓郁的乡土气息。门神年画植根于民间,集中了劳动人民的艺术才能和勤劳智慧,凝结了广大劳动人民淳朴的思想感情和对美好生活的向往,彰显了民间艺术特色。门神画在人物造型上应用了夸张、变形的手法,通过教师举例示范,揭示了五官神情的细微变化、人物动作的摆放、服饰的添加,让学生直观地理解门神画的人物造型方法。教师请乐于表演的学生上台表演门神威武的动态,增强学生的学习热情,加强师生、生生互动,调动课堂气氛,提高教学效果。

教学环节三:创作体验

1. 教师播放视频:石膏板材雕刻的门神肖像。

2. 教师示范制作过程。

(1) 构思起稿。

(2) 刻板。

(3) 上色。

(4) 拓印。

3. 布置课堂作业,要求如下:

(1) 门神肖像构图饱满、造型夸张、线条流畅;

(2) 线条镂刻精准、体现刀味;

(3) 上色均匀、拓印清晰。

4. 学生分组练习、教师个别指导。

【设计说明】

本环节是根据教师提出的练习要求,独立完成一幅石膏线刻版画——威武的门神肖像画。制作要求涉及画、刻、印三部分,工序较多,需要学生仔细、严谨地创作。因学生初次尝试版画制作,教师应多给予肯定和鼓励。在练习中,培养学生养成良好的创作习惯,不随地乱倒刻下来的石膏屑,养成保护好教室环境的良好习惯。

教学环节四:交流展评

1. 学生展示自己的作品,与大家交流创作心得。

2. 学生自评、互评,教师点评。

【设计说明】

本环节在展示交流的过程中,学生自我剖析创作的得失,发现自己的优缺点,从而对创作加以提升。在教师总体的评价中,加深学生对石膏版画创作的认识和理解。在拓印过程中,可能会存在失败的现象,如颜料过厚或者过薄,都会影响画面效果,这一过程培养学生的抗挫能力和不畏艰难的决心。在评价的过程中,教师要注意引导学生学习优秀的创作技巧,关注遇挫同学的创作热情,有困难尽力克服和纠正。让学生在评价过程中改正错误、努力向上、积极进取。

教学环节五:小结与拓展

1. **教师小结:**门神画作为我国优秀的非物质文化遗产之一,我们有必要去了解和传承,可能这样的艺术形式离我们现在的生活实际比较远,但画面中散发出浓郁的民族、民间特色让我们赞叹,作为中学生我们一定要了解和传承它们,让民间艺术瑰宝永放光彩。因此,希望同学们尝试用更多的艺术形式表现民间艺术。

2. **课外拓展:**让学生尝试整个门神人物的绘画创作。

▶▶▶▶专家点评◀◀◀◀

本课首先通过五大年画之乡的门神作品赏析,特别在课前布置学生自己找寻关于门神的小故事来讲述交流,理解门神作为我国优秀的非物质文化遗产,其传说的神奇、造型的威武、色彩的艳丽,我们有必要去了解和传承,以激发学生探寻的好奇心。通过教学,知道有关门神的题材意义、造型特点、表现形式等,感受中国民间美术特有的乡土气息,为传承美好的传统技艺和情感的传递而努力;通过亲自动手制作版画门神肖像来感受其中的乐趣,表达对美好生活的向往。

建议引导学生充分发掘门神的造型与表现方法的内在统一,色彩的民族化特点及审美价值;关注版画制作过程中的注意事项,更好地体现门神的艺术形象特征。

(原上海市闵行区教育学院　张家素)

飘香的雕刻艺术

——以《糕模图案设计》一课为例

▸▸▸◀ 基本信息 ▶◀◀◀

本课例选自上海书画出版社《美术》七年级第一学期第一单元《民间美术》，教学内容为《糕模图案设计》。

本课例提供者为上海市东门中学王春丽老师。

▸▸▸◀ 德育价值描述 ▶◀◀◀

本课例侧重落实"认同并自觉传承、弘扬中华优秀传统文化""能自信地表达艺术见解，悦纳、包容他人观点，形成热爱劳动、尊重他人、乐于助人、善于合作、勇于承担的良好品质"这两项六七年级德育核心要求。

《上海市中小学美术新课程标准》指出："要充分重视展现优秀中华民族精神的内容，以及上海地域文化的人文特色内容""体现人文特色，培育城市精神"。糕模，是一种民间雕刻艺术，是民间制作糕饼的工具。民间匠人在糕模中雕刻各种图案，有的大气朴拙、粗犷有力，有的雕刻精细、线条流畅，给人丰富的审美感受。而这些图案都蕴含了百姓们的千年习俗和美好祈愿，给原本单调的糕饼增添了一抹靓丽的色彩和人们精神上的美好愿景。但是随着时代的进步和机械化的生产，糕模已经渐渐淡出了人们的视线，成为一种即将消逝的民间美术。通过本节课的学习，让更多的孩子走进民间糕模，感受其独特的艺术魅力，从而热爱这一民间习俗，留住这一民间雕刻文化，培养学生家乡情怀，深层挖掘本课的育人价值，培养学生传承民间美术的使命感和责任感。教学中结合崇明本土文化——板糕进行讲解，让学生体会糕模图案的美感，提高学生的审美能力，体现人文特色，培育城市精神。

▐▐▐▐◆ 正文 ◆▐▐▐▐

教学环节一：视频导入——寻找美

1. 课前学生搜集糕模相关资料，课上互相分享糕模知识。

2. 欣赏关于糕模介绍的视频，教师提问并引导学生回答问题：

(1) 视频中介绍的是什么工具？有什么作用？

(2) 糕模图案是用什么艺术形式创作的？

(3) 在我们身边，有哪些糕饼是用糕模制作出来的？

(4) 崇明特产板糕通常用于哪些场合？

(5) 糕模图案按花式分类分为哪几种？

3. 导入课题：飘香的雕刻艺术——糕模图案设计。

【设计说明】

通过小组课前收集糕模相关资料的活动设计，了解糕模的基础知识，培养学生自主学习的能力，展现学生的自主性。运用视频导入，吸引学生的眼球，提升课堂气氛的同时，激发学生的学习兴趣。从介绍糕模的视频中，学生感受其艺术魅力，也了解到这是一种即将消逝的民间美术。整个导入环节问题设计层层递进，逐步引入课题。

教学环节二：讲授新课——感受美

1. 欣赏糕模图案作品，了解糕模图案的样式和构图特点。

(1) 教师提问：你见过的崇明板糕的样式有哪几种？糕模图案有哪些构图特点？
学生交流探讨糕模图案的构图特点。

(2) 引导学生对不符合构图特点的糕模图案进行完善。

2. 欣赏糕模图案作品，分析归纳糕模图案的构成形式。

(1) 学生欣赏不同的糕模图案作品，总结常见糕模图案的种类。

① 文字。

② 图形：传统图形、非传统图形。

③ 图文结合。

(2) 教师提出问题：

① 糕模中的文字有什么特点？

② 糕模中常见的文字都有哪些?

③ 糕模中常见的传统图形都有哪些? 有什么寓意?

（3）学生分小组讨论：可以用哪些具有崇明特色的非传统图案来设计板糕糕模图案? 代表怎样的含义?

3. 欣赏糕模图案作品,学习糕模图案的表现方法。

（1）欣赏糕模图案作品,总结糕模图案的表现方法。

（2）欣赏教师范例作品,教师提问并引导学生讨论以下问题：

① 两幅糕模图案的表现方法有什么不同?

② 相同的糕模图案,表现方法不同,给你的感受有什么不同?

（3）学生在黑板上根据不同的外形,尝试设计"鱼"的糕模图案。

（4）根据学生作品,教师引导学生回答以下问题：

① 这些作品有哪些优点,又有什么不足?

② 怎样进一步完善?

4. 教师以石膏板为载体,示范创作糕模图案的步骤：

构思——铅笔构图——雕刻——着色——调整。

【设计说明】

本环节通过欣赏糕模图案作品,以及教师的引导和小组讨论,让学生了解糕模图案的构图特点、构成形式及表现方法,体会糕模图案的艺术魅力,感受老百姓对美好生活的美好祈愿,充分体现《中小学美术新课程标准》中提出的育人价值——要充分重视展现优秀中华民族精神的内容,以及上海地域文化的人文特色内容,体现人文特色,培育城市精神。欣赏教师的范例实物,使学生直观地体会糕模图案不同的雕刻方法带给人的不同的心理感受。通过教师示范创作步骤,回顾学习内容,使学生直观地了解糕饼图案设计构思与创作步骤。

教学环节三：实践创作——创造美

1. 教师提供两个选题,学生选择任一选题并按要求完成。

选题1：以石膏板为载体,以崇明特色、特产、风景、文化等为题材,设计崇明板糕的糕模图案。

选题2：设计喜庆节日或活动的糕模图案。

2. 作业要求：

（1）根据外形设计,构图饱满,图案构思巧妙,有创意;

（2）作品主体图案要表达一定的含义；

（3）线条粗细深浅适度,画面有美感；

（4）色彩鲜艳并能够突出图案。

【设计说明】

本环节让学生尝试创作糕模图案,检查学生对知识点的掌握情况,让学生体验创意表现的快乐。利用石膏板进行糕饼图案设计创作有一定的可操作性,材料简单,极易雕刻,利于表现。作业设置了两个主题,学生可以根据自己的实际情况和创作水平有选择地进行创作,体现分层教学。以崇明特色、特产、风景、文化等为题材设计崇明板糕的糕模图案的作业设置,体现人文特色,培育城市精神。而设计喜庆节日或活动的糕模图案,表现中国传统艺术审美观,增强民族自豪感。

教学环节四：展示评价——展示美

1. 学生作品展示并评价,评价要求如下：

（1）创作的作品是否有一定的积极向上的寓意；

（2）构思新颖,创意独特；

（3）图案设计有美感,符合普通大众审美。

2. 学生自评与互评：结合评价要求说说自己的和同学的作品。

3. 教师点评,加以鼓励。

【设计说明】

作业展示是学生之间创意的分享与交流活动,让学生进行自评、互评活动,给学生表达的空间,提高学生的表达能力,同时使学生有成就感,感受成功的喜悦。教师点评以鼓励为主,给学生更多的信心。

教学环节五：拓展与延伸——传承美

1. 教师引导学生思考以下问题：

（1）崇明还有哪些民间美术？

（2）怎样去传承与发展民间美术？

2. 教师总结：

今天我们学习了糕模图案设计,欣赏了大量的糕模图案作品,感受到了糕模图案的艺术魅力。通过前面的视频欣赏,我们知道,随着机械化的生产,糕模成为一种即将消失的民间美术,希望通过这节课的学习,同学们能够更加喜爱这种艺术形式,并能够传承和发扬我国传统的民间美术。

【设计说明】

让学生寻找家乡其他的民间美术类的作品,体会其他民间美术的魅力,了解民间美术存在于身边的各个领域,激发学生热爱家乡的情感。教师引导学生思考怎样传承与发展民间美术,激发学生挖掘自身学习能力的潜能,发扬民间美术,提升爱国情怀。

最后教师总结并提出糕模是一种即将消逝的民间美术,和前面的导入视频相呼应,使学生有一种传承和发扬民间美术的使命感和责任感,学生的情感得到升华,充分体现本课的德育育人价值。

▶◀◀◀ 专家点评 ▶▶▶◀

王老师执教的飘香的雕刻艺术《糕模图案设计》一课让更多的孩子了解民间糕模这一民间雕刻艺术。在本节课教学过程中,王老师充分发挥示范作用,使学生更加直观地了解所学内容,吸引学生的眼球,提升课堂气氛的同时,激发学生的学习兴趣。本课例中设计的自主学习环节,学生利用网络资源、书籍、文化馆等途径,课前搜集相关资料,进行自主学习,培养学生获取新知识的能力和自主学习精神。

本课引入崇明本土的民间文化"板糕",让学生了解民间美术存在于生活的各个领域。同时,通过学习,对"板糕"有了进一步的了解与认识,并亲手设计模板图案,感受其艺术魅力,并能够使自己的作品应用于生活、装饰、美化生活,提升学生的成就感和自豪感。另外,使乡土文化走进课堂,传承乡土民间美术并发扬光大,是当代中学生义不容辞的责任,作为美术学科教师,更有责任和义务去引导学生发现并发扬民间美术。

(上海市奉贤区教育学院　徐韧刚)

我为屈原添雄黄

——以《剪纸能手》一课为例

基本信息

本课例选自上海书画出版社《美术》七年级第一学期第一单元《民间美术》之《剪纸能手》。

本课例提供者为上海市崇明区实验中学吴颖川。

德育价值描述

本课例侧重落实"感受中华优秀传统文化艺术,增强文化认同,增进文化自信"这一项初中阶段学科德育核心要求。

本课例以传统节日"端午"作为表现题材,借由端午习俗的喝雄黄酒作为创作元素,以常见的瓶罐器皿作为剪纸基本型。教学中深入浅出地将中国传统的剪纸纹样和学生单纯自由的创作手法相结合,探索现代剪纸的新样式,培养学生传承优秀传统文化的意识,树立弘扬和发展经典艺术的精神。

崇明实验中学注重弘扬中华传统文化,加强对学生进行民族精神教育,让学生在活动中感受民族精神和丰厚民族文化底蕴。结合学校"实中儒雅少年,走进传统节日"的理念,本课例利用剪纸材料,结合纸艺特性,剪贴创作设计传统节日的剪纸作品。剪纸艺术在中国家喻户晓,但学生掌握传统剪纸还有较大的困难,所以教师在教学设计中必须把握学生的审美心理特征和表现能力,并与传统剪纸形式接轨,使学生学会剪纸的技法,体验剪纸的创作乐趣,让传统的剪纸风格现代化、童趣化、生活化,让剪纸闪烁出新的艺术光芒,成为培养学生审美创意与人文素养的学习载体。

||●**正文**●||

教学环节一：剪纸的含义

1. 教师提问，用 PPT 图片呈现星巴克标志。

同学们，你们喝过星巴克咖啡吗？星巴克的代表图案，是否还记得？

2. 教师出示实物——印有"星巴克"图案的瓦楞纸杯套、纸袋。

3. 教师引导学生观察和思考星巴克标志的设计元素：

（1）绿色为主，背景衬色；

（2）双色拼接，剪纸创意。

4. 教师板书本课主题：拼色剪纸。

5. 了解剪纸的含义。

剪纸，又叫刻纸、窗花或剪画。在创作时，有的用剪刀，有的用刻刀。虽然工具有别，但创作出来的艺术作品基本相同，人们统称为剪纸。

剪纸是一种镂空艺术，在视觉上给人以透空的感觉和艺术享受。其载体可以是纸张、金银箔、树皮、树叶、布、皮、革等片状材料。

【设计说明】

以学生熟悉的星巴克造型进行引入，让学生知晓星巴克标志（人鱼木雕图案）的创意来自于版画艺术，而其宣纸画的灵感来自于剪纸艺术。本环节创设教学情境，启发学生观察和思考，激发学生对剪纸艺术的兴趣。

教学环节二：剪纸的表现方法

阴刻

阳刻

阴刻：图案上的装饰纹样被剪去,形成镂空效果。一般要求线线相断。

阳刻：将图中的装饰纹样留下,花纹以外的部分剪刻。一般要求线线相连。

南方剪纸：以"刻"为主,风格婉约。

北方剪纸：以"剪"为主,风格豪放。

（教师出示多幅图片,学生思考辨别）

【设计说明】

本环节学生通过观察图片,辨别阴刻和阳刻。剪刻工具的不同,剪纸的作品效果也各不相同。通过对比,让学生知晓南北剪纸的差异,各有千秋,巩固所学知识。

教学环节三：剪纸在生活中的运用

1. 2010 年上海世博会波兰馆建筑。

剪纸艺术源于中国,设计师将剪纸的形式图案渗透在自己的设计理念之中,运用于生活的方方面面。

外型以民间剪纸艺术为主题外观,展馆通透、连贯的线条设计可谓融汇了传统与现代;镂空花纹的剪纸图案也为展馆内部营造出明暗对照的独特透光效果,使展馆呈现出不同的色彩。

2. 苏州园林漏窗。

外观为不封闭的空窗,窗洞内装饰着各种漏空图案,透过漏窗可隐约看到窗外景物。漏窗不仅可以使墙面上产生虚实的变化,而且由于它隔了一层窗花,可

使两侧相邻空间似隔非隔,景物若隐若现,富有层次美感。

衍生产品:漏窗的窗花之美,被运用于 U 盘、书签、餐具,使之更具古典风韵。

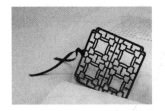 

【设计说明】

本环节通过欣赏剪纸在生活中的运用的图片,学生进行观察对比,从而培养学生的观察能力,感受剪纸特色与文化魅力。

教学环节四:剪纸的常用纹样

1. 线条纹,运用于虎纹、斑马纹、水流等。

2. 柳叶纹,运用于禽类羽毛、叶片、眼睛等。

3. 牙牙纹,运用于动物的毛发、锯齿、小草、刘海等。

4. 月牙纹,运用于鳞片、眉毛、嘴角、指甲瓣等。

5. 花瓣纹,运用于动物身体、翅膀、贝壳蚌类装饰等。

6. 折剪纹,运用于狮子毛发、鱼骨、稻麦等。

7. 旋转纹,运用于风车、动物的腹部、臀部等圆润的身体部位等。

【设计说明】

本环节通过图文并茂的形式,辨别剪纸的常用纹样,能帮助学生加深记忆,巩固所学知识。

教学环节五:端午节剪纸

1. 视频欣赏(端午节剪纸)。

(1)欣赏传统节日的剪纸视频:《我们的精神家园》。

（2）教师提问以下问题：

① 视频中用哪种方式表现传统节日？（剪纸的形式）

② 端午节的习俗有哪些？（赛龙舟、吃粽子、祭屈原、挂艾草、驱五毒）

（3）认识"五毒"：蛇、蜈蚣、蝎子、壁虎、蟾蜍。

2. 教师剪纸范作赏析（端午五毒）。

教师出示"端午五毒"剪纸范作，在PPT上呈现步骤图。

（1）草图起稿，纹样勾勒。起稿主体物的外形，根据基本型，合理添加剪纸纹样。

（2）纹样剪刻，调整画面。

第一步：先刻内部细节，再剪外部边框。剪刻时，只能做减法，要求胆大心细。由内向外剪掉多余的部分，这样可以减少纸张的破损。

第二步：调整作品的剪纸语言，形成明确突出的作品特点。剪刻的方法要在统一中求变化，形成完整有特点的剪纸作品。

第三步：反向粘贴，完善作品。

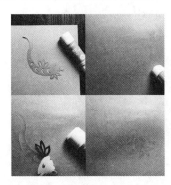

为使画面美观，将剪好的作品粘贴在背景卡纸上，剪刻破损的或要添加的地方可以在这个步骤中完成。

【设计说明】

本环节欣赏传统节日的剪纸视频，结合学校"实中儒雅少年，走进传统节日"的理念，让学生按照设计步骤，在探索学习中尝试剪纸，剪贴、创作、设计传统节日的剪纸作品，享受剪纸创作带来的乐趣，体会作品背后的文化内涵。

教学环节六：端午剪纸"我为屈原添雄黄"

1. 欣赏教师范作《悟空瓶的联想》，引导学生观察纹样装饰的特点。

（1）纹样装饰的位置分别在瓶口、瓶身、瓶底。

（2）装饰不用面面俱到，恰当的点缀即可。

（3）瓶底的气泡，渐变成瓶身的浮云。

（4）瓶口的紧箍是悟空的标志。

2. 学生作业：端午剪纸"我为屈原添雄黄"。

以"端午剪纸"为主题，在瓶罐器皿基本型上，合理添加剪纸纹样，进行剪刻创作。

【设计说明】

本环节首先用教师的范作，引导学生观察纹样装饰的特点，激发学生剪刻的兴趣与创作的灵感。然后安排学生自主完成作业，鼓励学生大胆创作，培养动手实践能力和艺术创新能力。

教学环节七：交流与评价

1. 教师向全班展示学生的优秀剪纸作品，进行全班交流与欣赏。

2. 以各个小组为单位，同学们将自己的剪纸作品进行交流讨论，教师适当地进行点评。

评价1：合理选择剪纸纸材的颜色，结合传统节日的元素，突出节日主题。

评价2：根据瓶罐器皿的基本型，能合理运用基本纹样，进行装饰剪刻。

3. 教师总结：雄黄待细品，剪刻有阴阳！

【设计说明】

学生通过欣赏作品和交流心得，是对剪纸艺术实践后更深一层的分析和探究，旨在提高学生对剪纸艺术从形式语言到思想感情的深入认识，激发学生喜爱祖国民间剪纸艺术，继承与发扬优秀文化传统的情感，同时充分体现自己的审美感受和时代特点。

教学环节八：拓展延伸

学生课后设计作业：在已有的传统节日"端午"拼色剪纸主题基础上，尝试呈现其他传统节日的创作。

【设计说明】

本环节拓展课堂外延，让学生在课外对已学过的知识进行巩固复习，并举一反三，发挥创意，培养创新精神和动手实践能力，感受祖国民间剪纸艺术，继承与发扬优秀文化传统。

■■■●专家点评●■■■

　　本堂课吴老师以学生熟悉的星巴克造型进行引入,让学生知晓星巴克宣传画的创意灵感来自剪纸艺术,并举例说明剪纸在生活中的广泛运用,如2010年上海世博会波兰馆建筑、苏州园林漏窗、相关衍生产品等。剪纸艺术是一种创造性的艺术,是创作者根据生活中不同的感悟和不同的体验,来表现中华民族传统艺术丰富的内涵和对美好生活的表达,激发学生传承传统文化的热情。

　　学生以体验式的学习方式为主,在剪纸的学习过程中学生体验以剪刀、刻刀为主要工具的一种美术活动。学生拿惯了笔的手,拿起刻刀来,是一种很新鲜的感觉,上课的兴趣很高,原创灵感的自然流露有利于增强学生的艺术实践兴趣与创作能力。

　　用刻刀刻,可以将笔描画的线条变成直接明了的拼色剪纸条块,不易陷入对自然的抄袭,能将复杂的思维概括化、明确化、单纯化。在活动过程中,学生会自动发挥想象、提炼画面,研究合理的剪刻技法。在剪刻中让学生认识到"最合适的技法,才是最好的技法。"

（上海市浦东新区教育发展学院　瞿剑宛）

我喜欢卡通

——以《我的怪兽朋友》一课为例

基本信息

本课例选自上海书画出版社《美术》七年级第一学期第二单元《我喜欢卡通》。

本课例提供者为上海市崇明区庙镇学校吴丹。

德育价值描述

本课例主要落实"有创新意识和创意表现能力,养成大胆创意、敢于实践、勇于探究的良好品质"这一项六七年级阶段德育核心要求。

卡通是学生最喜爱的艺术形式之一,一个成功的卡通形象通常包含了本民族的文化元素、艺术趣味和欣赏习惯,因此它也是民族风格与时代特征相结合的产物。然而,我们的学生普遍对国产动画不屑一谈,而说起国外的动画则津津乐道。本课首先迎合学生的喜好,选择美国动画片《怪兽大学》进行艺术赏析。再介绍早年的中国动画其实也曾有过一段黄金时期,涌现了大批优秀的动画片。近年来,我国为了拯救中国动画也做了很多努力,一些动画制作人也开始致力于振兴中国动画。最后引导学生课后自主探究中国动画。通过教学,使学生认识到不同的文化背景造就了不同的卡通形象,从而让学生意识到创造自己的卡通是对本土文化的传承与发扬。本课目的主要就是让学生通过对国外优秀动画电影的欣赏,激发想象力,学习动画形象设计的方法,创作出别具一格的动画形象,重拾对中国动画的信心,继而能主动去探究中国动画,培养他们的民族自豪感。

正文

教学环节一:导入

1. 课间播放《怪兽大学》原声音乐,利用情境导入。

2. 通过 PPT 展示动画电影《怪兽大学》中各具特色的怪兽,提出问题导入:

(1) 这些千奇百怪的怪兽造型有没有现实依据?

(2) 你能从中找出卡通怪兽造型设计的某些方法规律吗?

【设计说明】

本环节以学生熟悉的动画电影音乐情境导入本课学习内容,创设轻松愉悦的学习气氛,激发学习兴趣。教师以问题引出本课重点,引导学生对影片中怪兽的造型及个性特点进行分析,打破以往对怪兽的思维定式,探究卡通怪兽造型的设计依据和方法规律。

教学环节二:卡通怪兽造型设计的一般方法

PPT 示例,引导学生探讨和分析动画电影《怪兽大学》中角色的造型设计方法及特点。

1. 夸张变形:"阿特"——字母 A 变形、夸张。

2. 添加、简化:"史乖宝"——飞屋环游中的罗素添加多个眼睛;"大眼仔"——豌豆拟人化,简化成一只眼。

3. 拼装组合。

(1)"校长"——蜈蚣、蝙蝠、蜥蜴拼装组合。(动物＋动物)

(2) 引导学生说出拼装组合的其他方法。

① 动物＋植物

② 物＋非生物

③ 植物＋非生物

(3) 中国的怪兽(龙)。

引导学生分析中国龙的造型,了解中国龙的象征和造型特点。"龙"是中国历史上的一个图腾形象,由虎眼、鹿角、鳄鱼嘴、牛耳、马鬃、蛇身、鹰爪、鱼尾等组合而成。在古代传说中,它是一种能呼风唤雨的神异动物,中国人常以"龙的传人"自居。早在几千年前,我们的祖先就用拼装组合的方法想象出了这个象征着我们中华民族的神圣的怪兽——"龙"。

(4) 西方的龙。

引导学生比较东西方龙的不同。西方传说中的龙是地狱的一种怪兽,通常是邪恶的化身。但到如今,西方人对龙的看法也已改变,甚至在动画电影《驯龙高手》中还成了人类的朋友。

【设计说明】

本环节首先通过对学生感兴趣的角色形象的造型分析，让学生自主发现那些千奇百怪的卡通怪兽通常也是有现实依据的，并通过实例，归纳卡通怪兽造型设计的一般方法，落实本课重点。接着引导学生从"校长"的造型设计方法中拓宽思路，激发他们的想象力，找出多种拼装组合的方法。然后通过对中国龙的分析，让学生领略中华民族祖先的智慧，培养他们的民族自豪感。再通过比较东西方的龙，让学生知道怪兽并不是一味地恶，它也可以成为人类的朋友，为之后的怪兽朋友设计做铺垫。

教学环节三：卡通怪兽的个性特征和色彩特征设计

1. 以"蓝道"为例，分析卡通怪兽的个性特征设计。

角色性格：好胜、不择手段。

绝招：变色、隐身。

2. 分析卡通怪兽的色彩特征。

"大眼仔"（绿）、"苏利文"（蓝）、"蓝道"（紫）。

【设计说明】

本环节通过分析和引导，让学生知道在完成卡通怪兽的造型设计之后，还能通过个性特征设计、色彩特征设计来完善形象。

教学环节四：实践体验

1. 教师示范作品分析。

2. 设计"我的怪兽朋友"。

设计要求：充分发挥想象力，在砂纸上为自己设计一个造型、个性、色彩等特征鲜明的卡通怪兽朋友，要求富有美感和创造性，并给它贴上名片。

【设计说明】

通过对教师作品的分析，强调本课重点知识，消化难点。通过卡通怪兽造型、个性、色彩等设计和名片填写，充分激发学生的想象力。

教学环节五：评价总结

1. 学生作品展示评价（自评、互评、师评）。

2. 教师归纳：卡通怪兽虽然千奇百怪，他们的造型却通常都是有现实依据的，通过夸张变形、添加简化、拼装组合等一些基本的设计方法，加上人们丰富的想象力，再赋予他们鲜明的个性和色彩特征，便能创造出各具特色的卡通怪兽形象来。

【设计说明】

展示学生作品，并以多元评价的方式，在交流总结中巩固本课重点知识，培养学生参与美术活动的合作意识、谦虚态度和尊重他人劳动成果的观念。

教学环节六：课后拓展

1. 引导学生比较 64 年版、99 年版、15 年版《西游记》动画。

2. 介绍动画导演田晓鹏。

3. 说明拓展要求：课后自主探究中国动画的历史和现状，了解中国动画的特色与不足。

4. 彩泥制作怪兽。

【设计说明】

本环节首先通过介绍中国最经典的"怪兽"动画——《西游记》，激发学生的民族自豪感，培养他们对中国动画的兴趣；再通过介绍我国动画导演的执着精神，树立学生对中国动画的信心。然后引导学生自主探究中国动画的历史和现状，了解中国动画的特色与不足，促使学生能更加理性地欣赏中国的动画艺术。最后鼓励学生用彩泥制作立体的怪兽，培养学生勇于探索、乐于实践的创作态度，提高学生的创新能力。

▶▶▶◀ 专家点评 ▶◀◀◀◀

吴丹老师为了激起学生对国产动画的兴趣和对卡通形象的创作欲望，先从学生喜爱的美国动画《怪兽大学》着手赏析，引导学生发现卡通怪兽的造型设计依据，归纳卡通怪兽造型设计的一般方法，充分调动起学生的学习兴趣与创作积极性。

同时，吴老师通过对中国龙的造型分析，让学生知道早在几千年前，我们的祖先就用拼装组合的方法想象出了象征着中华民族的神圣的怪兽——龙，从而领略中华民族祖先的智慧，培养他们的民族自豪感。

　　课堂在分析中西文化中的各种怪兽形象和学生自己设计怪兽之后,顺势过渡到中国最经典的"怪兽"动画——《西游记》,进一步激发学生的民族自豪感,再通过介绍我国动画导演的执着精神,树立学生对中国动画的信心。引导学生自主探究中国动画的历史和现状,了解中国动画的特色与不足,促使学生能更加理性地欣赏中国的动画艺术,鼓励学生勇于探索和创新。

（上海市奉贤区教育学院　徐韧刚）

领略千年风采 根植文化传承

——以《走近敦煌彩塑》一课为例

◀▶基本信息◀▶

本课例选自上海书画出版社《美术》七年级第一学期第五单元《欣赏》第十三课《走近敦煌》。

本课例提供者为上海市正大中学张婕妤。

◀▶德育价值描述◀▶

本课例侧重落实"认同并自觉传承、弘扬中华优秀传统文化"这一项初中阶段学科德育核心要求。

甘肃敦煌的石窟艺术历史悠久，经过历代画师长期的实践，逐渐形成了符合当时特征的独特造型与色彩观念，具有辉煌的艺术成就，是我国艺术的宝库。然而敦煌艺术美距离学生的实际生活比较遥远，本课教学目的就是为了拉近传统艺术与现代学生之间的距离，让学生了解经典、爱上经典，从心中根植中国传统文化的传承，形成关心、爱护文物的观念，提高审美能力，传播中华优秀传统文化。

◀▶正文◀▶

教学环节一：历史篇——敦煌历史故事

1. 聆听故事《宝物流失》，通过这个故事使学生了解敦煌石窟的来历，明白中国敦煌的艺术品在国际上的地位。

2. 根据故事内容，教师提问并引导学生思考和讨论以下问题：

（1）你了解敦煌艺术吗？

（2）它是怎么来的？

（3）敦煌艺术到底美在哪里？

3. 教师分析敦煌的地形地貌,说明敦煌在古代地理位置的重要性,敦煌的来源和丝绸之路是分不开的,佛教也是通过此路传播到中国。

【设计说明】

甘肃的敦煌艺术距离学生实际生活十分遥远,因此让学生对敦煌产生真情实感,达到热爱祖国艺术文化、保护国家财产等德育目标,首要任务就是尽快拉近敦煌与学生的物理距离和心理距离。本环节通过《宝物流失》故事的倾听分享、相互讨论,让学生对敦煌的历史及情况有大概的了解,从而明白敦煌的文物价值极高,了解遗失后难以收回祖国的现实情况,初步体验敦煌的建筑、壁画、彩塑等艺术之美,激发爱护文物的意识。

教学环节二:美学篇——感受敦煌艺术之美

1. 探究敦煌的艺术形式。

学生观看视频,以小组形式讨论敦煌艺术形式,感受敦煌整体艺术之美。

2. 教师根据学生讨论内容小结:建筑艺术,形式之美;彩塑艺术,神韵之美;壁画艺术,装饰之美、想象之美。

3. 学生做课堂小练习。

【设计说明】

本环节以视频为切入点,给学生带来直观的感受。然后学生讨论分享观看视频后的想法和敦煌艺术形式。敦煌艺术表现形式较为复杂,最后由教师整理并粗略归纳为三类。教师使用归纳法帮助学生理清思路,用简短的语言进行针对性的概述,帮助学生提高对敦煌艺术的审美能力和语言表达能力。

教学环节三:探究篇——敦煌历代彩塑造型与色彩之美

1. 探究各大朝代彩塑特征变化。

(1)填写学习单。

教师出示几幅各大朝代代表作,请学生说说发现了什么,然后填写学习单。

(2)引导学生对比南北朝、隋朝、唐朝的彩塑特点及风格特点。

(3)教师小结。

2. 探究敦煌彩塑色彩。

(1)教师带领学生集中探究莫高窟第45窟彩塑。

(2)学生分小组介绍彩塑人物,了解菩萨、阿南、天王等人物身份。

（3）学生继续欣赏人物彩塑,仔细观察图像,说说自己看到哪些颜色。

（4）教师小结中国彩塑配色的常用方法。

3. 探究敦煌彩塑形体塑造方法。

（1）教师介绍古法塑的方法。

（2）PPT 出示彩塑人物,教师介绍人物的组合形式。

【设计说明】

分析各个朝代彩塑手法特征,需要考察当时社会历史背景。本环节让学生尝试把不同艺术特征与相关朝代历史相关联,以美育促进德育,培养学生对祖国传统文化艺术和历史的兴趣。在初步了解艺术特点的基础上,尝试分析和组合彩塑作品的动势及色彩布局,感受敦煌彩塑美学原理。古法的塑形,讲究形体塑造是否生动、活泛,有神韵,突出感情,用情感塑造物体,是情感的流露。彩塑组合是中国美学传统构图方法,运用了起承转合的美学原理,为的是整体造势,营造动势。整个教学过程不断用美学的原理,用美净化学生心灵,深入浅出地感染每一位学生,让学生感知美、发现美。

教学环节四：模仿篇——经典手势品一品、学一学、做一做

1. 敦煌手姿的品鉴。

敦煌彩塑艺术的手姿,是我国独有的一大经典,手部不同的姿态可以传达出特殊的感情。

2. 学生练习。

让学生做一做,尝试用雕的方法做一只手部的泥塑。

【设计说明】

中国古时就有"画人难画手"的说法。通过手的姿态,可以充分表达人物或细腻或奔放或活泼或典雅的姿态,从而起到传情达意、画龙点睛的感染力。本环节通过关注彩塑局部的手部姿势,解读、模仿、制作手部的泥塑造型,能让学生体会到历代艺术家对敦煌彩塑造型艺术中倾入的情感与智慧,使学生理解好的艺术品具有情感传达的作用。

教学环节五：保护篇——敦煌是宝库,需要大家的保护

1. 引导学生讨论并思考敦煌保护更先进的方法。

敦煌是一部中国美术史的发达史,是丰富的美术馆。但是近年来由于游客多、湿度大、地质疏松等原因,敦煌石窟损坏严重,我们应该怎么办?

2. 教师小结。

(1) 传统保护措施,如限制每日游客数量、控制湿度、加固石窟、投入更多资金修缮等。

(2) 近年来流行以数码的方式进行科学保护,如建立电子博物馆、使用更先进的技术修复文物等措施。

【设计说明】

本环节的讨论活动可以让学生发散思维,能让学生加强文物的保护意识,树立实现目标的决心和信心,通过努力学习,掌握更先进的科学文化知识,为祖国做贡献。

▶◆专家点评◆◀

匈牙利著名教育学家柯达依说,"真正的艺术是人类进步的最强大动力之一。能够使尽可能多的人接近真正艺术的人,是造福于人类的人。"本课例尝试带领学生走近敦煌,感受、体验敦煌艺术之美,了解艺术瑰宝敦煌石窟的悠久历史与艺术成就,激发学生文物保护的意识、热爱学习的情感,选题立意较高。

课例以"走近"一词,拉近遥远的"敦煌艺术"与学生之间物理的、心理的距离,为初步了解各朝代造型手法、色彩特点与历史时代的密切关联性的课程内容的深入学习奠定基础。课例设计还将重点聚焦到彩塑的"彩"与"塑"的方法上,引导学生体会:优秀的艺术是艺术家情感的结晶,经典艺术之魅力在于"情感"的表达。以艺术结合情感,或歌颂或褒扬或敬仰或淡泊……让学生感同身受,主动理解,乐于接受,并亲自动手操作体验,加深对敦煌石窟艺术的兴趣与喜爱,达到以美感人的目的。课例的巧妙之处还在于呼吁学生以主人翁的态度关心、爱护敦煌艺术,学好本领,立志传承,弘扬中华优秀传统文化,实现"立德树人"的目标。

(上海市教育委员会教学研究室　钱熹瑗)

传承和发扬中华经典文化

——以《有趣的汉字》一课为例

基本信息

本课例选自上海书画出版社《美术》六年级第一学期第二单元中《有趣的影像》一课的延伸拓展——《有趣的汉字》。

本课例提供者为上海市崇明区向化中学罗平芳。

德育价值描述

本课例侧重落实"认同并自觉传承、弘扬中华优秀传统文化""有创新意识和创意表现能力,养成大胆创意、敢于实践、勇于探究的良好品质"这两项初中阶段学科德育核心要求。

《有趣的汉字》与纯美术字教学有很大的区别,它注重学习的趣味性,淡化学科知识专业化。教材旨在使学生了解汉字的起源、演变过程以及艺术特点,加深学生对古代汉字的认识,培养学生热爱汉字的情感。本课例教学设计借助形象化、趣味化的教学手段,调动学生的学习积极性和主动性,启发学生联想和想象,培养学生的设计意识,掌握文字联想的设计方法,设计创作"字义"与"形象"和谐统一的装饰文字。使学生通过观察、联想、比较、思考,进而大胆地将自己对汉字的认识和感受表现出来,引导学生在情感体验中提高想象力和创造力,感受中华文化艺术的博大精深。

正文

教学环节一:导入

游戏激趣(游戏一)。

1. 教师引导学生做游戏——看图写字:山、水、火、鱼、日、月。

2. 学生猜字。

【设计说明】

在导入环节中设计游戏和猜字,能迅速吸引学生的注意力,引起好奇心,激发学生学习兴趣。由于都是比较简单的字,学生很容易就猜对,有利于树立学生的学习自信心。

教学环节二:讲授新课

1. 中国古代象形文字。

(1)欣赏。

① 教师介绍"岩画":4500年前人们没有创造出文字的时候,就根据动作在岩石上刻画一些人、羊的图案,称之为岩画。

② 多媒体课件展示图片,让学生猜猜图片表达的是什么意思,说说理由。

(2)分析。

① 学生观察图片上的符号,猜猜符号都是什么字。

② 猜到的学生大声地说出来,说说自己是怎样猜出来的。

(3)教师介绍和讲解象形文字的概念。

2. 做游戏:慧眼识字。

(1)教师介绍游戏规则:快速地认出象形文字,举手抢答,并说说你是怎样想到的。

(2)课件展示游戏图片。

3. 感受。

(1)教师用多媒体呈现不同文字图片,让学生观察和比较。

(2)教师提问并引导学生讨论以下问题:

① 象形文字、实物和现代简化字分别有什么特别之处?

② 象形文字、实物和现代简化字之间存在着怎样的联系?

(3)教师总结。

【设计说明】

教师利用多媒体清晰地呈现,图片比文字更直观,能更生动、有趣地引起学生的好奇心,诱发学生的学习动机,便于学生记录。本环节从举例、游戏、讨论到总结,逐步引导学生了解象形文字的起源和概念,帮助学生迅速了解象形文字的特点,最后把象形文字、实物和现代简化字进行分析和比较,加深学生的印象。

教学环节三：课堂练习

1. 请同学们展开丰富想象，将象形文字组合成一幅画。要求画面饱满、线条流畅、富有创意。作业提示如下：

（1）绿颜色，画竹子；

（2）蓝颜色，画河川；

（3）青颜色，画石头；

（4）黑颜色，画小燕。

2. 以小组为单位展示作品（结合音乐渲染氛围）。

【设计说明】

在课堂练习中，请学生利用不同颜色来表达不同的象形文字或者图画文字，有利于培养学生的艺术鉴赏力和感知力，激发创作热情，培养创新意识。

教学环节四：课堂小结

1. 教师引导学生拓展讨论：我们今天学习的象形文字在实际生活中可以怎么运用到艺术创作中？

2. 师生相互交流。

【设计说明】

本环节以讨论和交流为主，启发学生运用所学知识渗入到艺术中，发挥古老文字的艺术性和实用性，激发学生的创作热情，培养创新意识。

专家点评

良好的开端是成功的一半，罗老师以短片导入新课，引导学生带着问题进行欣赏，进而引出学习内容。这样的环节设计有利于促使学生养成善于观察、勤于思考的习惯。教学中的游戏活动设计促使学生在玩一玩的过程中进一步体会古文字象形的特点，有利于激发学生对传统文字的兴趣，感受人民的智慧与祖国文化的博大精深。教学过程中，罗老师设计了比较"象形文字——实物——简化字"的环节，有助于学生理解文字的发展，探索文字与自然、生活的关系，进而逐渐理解它们之间相互促进与影响的关系。运用象形文字来组合画面的作业设计，能激发学生对古文字字形、字义的想象，也为作品的内涵表现留出了空间，有助于学生形成大胆想象、敢于表现的意识。

（上海市教育委员会教学研究室　徐　敏）

方寸火花迎花博

——以《方寸之美》一课为例

ⅢⅢ◆ 基本信息 ◆ⅢⅢ

本课例选自上海书画出版社《美术》七年级第二学期第二单元《设计应用》之《方寸之美》。

本课例提供者为上海市崇明区实验中学吴颖川。

ⅢⅢ◆ 德育价值描述 ◆ⅢⅢ

"火花"最初是舶来品,引进中国后逐渐有了中国特色,后来更是与中国社会的发展、中国民间民俗、中国文化的特征紧密相连。本课通过欣赏火花、了解火花的历史、创作火花,能够有效落实德育目标。

1. 火花原是生活中常见的物品,了解火花的发展史,能够近距离地感受艺术美,具备在生活中发现美的能力,向往美好事物,追求真善美。

2. 在中国,火花原是舶来品,初期主要源自欧洲,后经日本仿造,具有典型的欧洲文化和日本文化的艺术特色。在课堂中,应注重感受火花这一世界性艺术,认识世界文化的多样性。

3. 了解火花的历史,感受火花在中国的本土化发展,感悟火花与中国社会、中国的民间民俗发展的内在联系,感受中华优秀传统文化对舶来品的文化改造,增进文化自信。

4. 艺术创作是一种有效地引导学生参加社会艺术活动的教学形式,能够促进学生的团队意识,增强合作与社会责任意识。

ⅢⅢ◆ 正文 ◆ⅢⅢ

教学环节一:识火花

1. 谜语导入:同学们,我们一起来猜一个谜语。

谜面展示：小小一方城，内驻百僧兵，用头去抵抗，引火烧敌阵。

谜底揭晓：火柴（出示实物）。

2. 引入主题——火花。

（1）认识火花。

为了装饰和推销火柴，人们在火柴盒上贴上色彩鲜艳的各种图案，这种火柴商标及火柴装饰画就是"火花"。

火花也是集花爱好者对所收藏的火柴盒贴画的美称，正如集邮爱好者称呼邮票一样。

（2）展示最早的火花。

世界上第一枚火花：1827 年，诞生于英国的"约翰·沃克"牌火花。

中国第一枚火花：1879 年，"舞龙牌"火花。

【设计说明】

本课导入环节以猜谜的形式，引入本课主题，更能激发学生的兴趣。教师以邮票为参照物，对比认识火花，更能加深学生的印象。然后展示图片，了解火花的历史，并让学生直观地体会火花的艺术美。

教学环节二：聊民艺

1. 火花守艺人——蔡仕伟。

（1）教师介绍蔡仕伟生平及艺术贡献。

蔡仕伟，独立出版人，台湾知名设计师。由于对民间美术、民间文化与手工艺的热爱与感怀，面对即将急速消逝的珍贵民艺，蔡仕伟深入传统民艺领域，以出版人身份，独立出资创办发行《集物志》（老火花），这是关注、记录、推广濒临消亡的、珍贵的民间手工艺、民间美术的独立刊物。

（2）教师展示蔡仕伟出版的独立刊物《集物志》(老火花)的照片。

2. 火柴大王——刘鸿生。

（1）介绍历史人物刘鸿生。

刘鸿生是我们中国的火柴大王,他创立了自己的火柴公司。斗转星移,随着科学技术的发展,火柴厂逐步退出了市场。

（2）介绍上海商标火花收藏馆。

为了让更多的人能欣赏到这即将遗失的非物质文化遗产,上海普陀区将其改造演变成现今的"上海商标火花收藏馆"。

【设计说明】

本环节介绍火花守艺人蔡仕伟的艺术贡献,让学生意识到火花作为即将濒临消亡的珍贵民间美术和非物质文化遗产,应当去关注、保护和传承。介绍火柴厂的演变历史,忆古思今,让学生更加直观地感受保护民间艺术的重要性。

教学环节三:晓组成

1. 教师展示图片,引导学生观察上海商标火花收藏馆的建筑。

教师问:同学们,我们一起找找看上海商标火花收藏馆的建筑,像什么?

学生答:上海商标火花收藏馆的建筑外形是一个火柴盒。

2. 教师出示"龙游"火花图片,引导学生分析和讨论火花组成部分。

教师问:上海商标火花收藏馆的建筑外形是一个火柴盒,我们仔细观察一下火柴盒上的火花,大家找寻一下火花的组成部分有哪些?

学生答:火花用黑、红双色套印,主体图案为巨龙遨游云海,商标名称"龙游"两字居中,四角印制"请用国货"四字。整枚商标设计极富民族特色,再现当时民族企业家的实业救国、挽回利权的那段可歌可泣的历史。

3. 学生讨论,教师板书。

火花的组成部分:主题图案、火柴商标、发行单位。

【设计说明】

由上海商标火花收藏馆建筑外形上的"龙游"火花,来引导学生寻找火花的组成部分,让学生直观地感受火花的民族特色和艺术美。

教学环节四:辨类别

1. 单枚套:刚才我们欣赏的"龙游"牌火花,以单枚的形式出现,我们就称其为"单枚套"。一枚即为一套,雅称"一枝花"。

2. 母子套:两张相同的火花,以一大一小的形式,组合成套。如同一对母子,故称母子套,又名母子标。

3. 联张套：将多枚火花拼连成一幅完整画面，多用于表现名画。

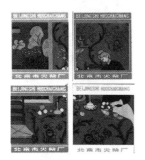

4. 连环套：像连环画一样，用每一枚火花表现一个情节画面，并连贯成一完整故事。

5. 套中套：用多个主题套花共同表现一个大主题。

【设计说明】

教师展示不同种类的火花图片,让学生进行观察对比,学习认识火花的不同种类,培养学生的观察能力,激发学习火花艺术的热情。

教学环节五:巧设计

1. 图案变化(简化、添加、变形)。

2. 构图变化(对称、均衡、对比)。

3. 教师呈现范画"水仙",让学生辨别区分范作中的图案变化,构图变化。

范画1:运用图案变化(简化)　　　范画2:运用构图变化(对称)

【设计说明】

本环节以图文并茂的形式,更直观地向学生呈现了火花设计中图案与构图的变化。在新知的基础上,辨别区分老师的范作,巩固所学。

教学环节六:绘火花

1. 教师说明作业要求。

(1) 为迎接在崇明举办的第十届中国花博会,设计一张以"花卉"为主题的火花。

(2) 作业中要体现火花的组成要素:主题图案、火柴商标、发行单位。

2. 播放背景音乐《火柴天堂》,学生分层练习,教师辅导。

(1) 临摹。

(2) 个人创作。

(3) 小组合作。

【设计说明】

学生根据所学知识和已有的火花模板,进行临摹或创作设计火花模板的横竖构图,培养想象力、创新意识和动手实践能力。背景音乐《火柴天堂》的播放,更能营造绘画的氛围,激发学生作画的兴趣与创作的灵感。

教学环节七:百家言

1. 交流与评价。

(1) 教师向全班展示学生的优秀画作。

(2) 作者介绍自己的设计思路,教师适当地进行点评。

(3) 教师总结。

百花齐放绽瀛洲,方寸火花迎花博! 我们尝试了在火柴盒上绘制单色的花卉火花,下次让我们集思广益,就在这小小的火柴盒上,绘制更多的崇明风貌。

2. 拓展。

艺术源于生活,但又高于生活。让学生在已有的单枚套基础上,尝试以多枚套或连环套的形式,呈现不同的火花,感受艺术带给我们的别样氛围!

【设计说明】

通过展示、交流和评价,让学生在互动中巩固知识,提高艺术鉴赏力,树立大胆想象、敢于创新的信心,培养尊重合作的精神态度。课堂延伸有助于培养学生乐于探索的精神和传承火花艺术的意识。

■■■●**专家点评**●■■■

　　本课例吴老师围绕教学目标进行教材的拓展和深度发掘,把逐渐淡出人们视线的非物质文化遗产——火花艺术搬进了课堂。课前吴老师做了大量的工作,她亲临上海商标火花收藏馆查询相关艺术资料,拍摄相关视频,并收集和购买了许多火花艺术珍品在课堂中展示给学生,增强了本课时的说服力,为宣传非物质文化遗产出了自己的一份微薄之力。

　　吴老师把本课时的教学重点定位在学习火花的类别和图案构图变化,独立完成设计一枚"花卉"火花,课堂中她把火花的各种类别用多种形式给学生做了展示,整个创作设计的图案变化与构图变化作为本课时的教学重点。引导学生在了解火花艺术丰富性同时,在广泛的文化情境中重新认识了火花艺术的特征、火花艺术表现的多样性以及火花艺术对社会生活的独特贡献,引导学生逐步形成热爱优秀文化传统和尊重世界文化多样性的价值观。

　　　　　　　　　　　　　　　　　(上海市奉贤区教育学院　徐韧刚)

探寻孩子身边的艺术素材

——以《"牛"坯彩绘》一课为例

基本信息

本课例选自上海书画出版社《美术》七年级第二学期第三单元中的《陶艺：彩绘泥坯》。

本课例提供者为上海市崇明区教育学院高华。

德育价值描述

本课例侧重落实"能用审美的眼光对自然与生活中美的形式与内涵进行赏析，逐步形成健康的审美趣味"这一项六七年级德育核心要求。

本课要求学生在了解泥坯上色的各种方法的基础上，尝试在晾干的泥坯体上绘制水粉色，以达到装饰的效果。学生在上海奶牛科普馆开展活动时，对馆外广场上的彩绘牛雕塑表现出极大兴趣，于是在本课把传统牛文化和彩绘泥坯结合，以牛为载体，依托学校特色"牛精神"开展美术教学，让学生感受多彩的陶艺魅力，从而在艺术学科教学中落实育德树人的目标。长江地区的学生自小在奶牛场附近长大，许多学生家长本身就是奶牛场的职工，学生对"牛"有着特殊的感情——这是伴随他们成长、提供营养的牛，是乡土情的重要组成部分。长江中学有着完整的"牛"课程架构，提炼出"诚实、友善、自信、强健、勇敢、坚韧、勤学、好思、求真"的育人价值。在长期的浸润与熏陶下，让学生对"牛"这一既具象又抽象的概念，有了更多的认识，具备了学习的知识基础。本课例注重动手动脑，寓教于乐，创造一种轻松活泼、主动探索的课堂氛围，激发学生的创造能力和求知欲，激励学生在创作过程中提高发现问题、解决问题的能力。从而让美术学科成为培养学生发散性思维、非智力因素、创新能力和动手能力的有效载体。

▮▮▮● 正文 ●▮▮▮

教学环节一：课题导入

1. 情境导入《小牛奔奔的烦恼》。

（1）两名学生扮演的牛的对话，其他学生观看表演。

（2）教师播放奶牛馆彩绘奶牛图片，引出本课教学目的。

2. 欣赏现代雕塑艺术中的彩绘艺术图片，教师引导学生思考并讨论以下问题：

这么漂亮的艺术作品是如何制作出来的呢？

【设计说明】

本环节以学生角色扮演，导入本课学习内容，创设轻松愉悦的学习气氛，激发学习兴趣。教师展示图片，给学生直观感受，初步体验彩绘艺术的魅力。

教学环节二：知识新授

1. 了解传统民间泥塑彩绘法。

（1）学生观看视频，教师引导学生思考并讨论以下问题：

① 民间艺术家是如何通过作品表现寓意的？

② 民间彩塑有哪些特点？

（2）教师播放视频，简单介绍彩绘步骤：

① 上浆，拓白底；

② 用黑色勾勒线条；

③ 按照顺序绘制彩色；

④ 上清漆。

2. 了解陶瓷釉色装饰方法。

教师出示图例，简单介绍五种方法：喷釉法、蘸釉法、淋釉法、绘釉法、刷釉法。

3. 其他表现方法。

（1）认识滴画法。

① 教师简介波洛克的抽象表现主义。

② 教师说明滴画法的注意要点。

（2）回顾点彩法。

① 引导学生回顾六年级第一学期《点的集合》中点彩画知识点。

② 利用毛笔尖、棉签等工具，运用点彩画的方法绘制装饰图案。

③ 教师出示图例，简单回顾点彩派技法。

4. 回顾颜色的搭配知识点。

（1）回顾民间艺术配色。

① 简单回顾《寻找民间艺术》单元中民间艺术的配色知识点。

② 总结：民间艺术配色主要选用红、黄、蓝、绿四色，以纯度较高的三原色为主，对比强烈。

（2）回顾颜色配合。

① 回顾六年级《五彩的色环》一课中颜色配合知识点。

② 总结：单色、同种色配合、类似色配合、对比色配合、调和色配合。

【设计说明】

观看民间艺术家的彩绘技术和思想表现方式，让学生了解和认识各种彩绘方法。通过旧知回顾，学生可以快速利用好色彩配合知识，明白色彩搭配可以表达作者的情绪、观点，表达自己的创作意图。这一环节让学生领略坯体彩绘中釉彩的魅力，加深对色彩搭配的理解，了解坯体彩绘的形式多样性、彩绘的基本技法。

教学环节三：绘制泥坯

1. 播放滴流法装饰牛坯的示范视频。

2. 讲解操作要点，说明步骤如下：

（1）考虑运用哪一种配色方案；

（2）考虑布局，预设滴画形状；

（3）确定主色。

3. 学生分组运用滴流法装饰牛坯，教师指导。

【设计说明】

在了解各种上色方法的基础上，尝试用滴流法在晾干的牛形泥坯上设计、绘制彩绘作品，表达自身的审美感受。泥坯的彩绘强调装饰意味，要求精美，设计制作比较耗时，这里选用滴画法可以让学生在短时间内完成自己的作品。学生在实践中感知彩绘泥塑的艺术美和实用美,体会彩绘泥塑的价值,唤起对坯体彩绘艺术的热爱,加深对"牛"概念的理解,培养乡土情怀。

教学环节四:评价总结

1. 学生作品展示评价。

学生把作品布置在展示台上,请同学介绍自己的作品,构思及配色。

2. 教师归纳。

泥坯彩绘方法是一个立体的绘画表现平台,其表现形式多种多样,可以借鉴中国传统图案、民间艺术,也可以很好地融入西方抽象艺术、印象派艺术等各种形式。只要我们富于想象力,运用好艺术的语言,便能创作出各具特色的艺术作品。

【设计说明】

学生通过介绍自己的作品构思过程,培养学生勇于表达表现、乐于探索、相互尊重和分享的意识,同时也能激发学生的创新意识,提高学生的艺术鉴赏力。教师点出泥坯彩绘的本质,旨在强调艺术的表达不拘泥于任何形式,进一步鼓励学生敢于创新、大胆实践,帮助学生形成健康的人格和良好的品质。

教学环节五:拓展交流

1. 安排学生课下自主探究中国民间泥塑艺术的现状。

2. 鼓励学生尝试各种民间彩绘工艺。

【设计说明】

通过课外拓展,鼓励学生知晓现状,引发思考,让学生回归泥塑和彩绘的本源,从乡土情愫的表达,表现自己的中国心、民族情。

▶▶▶◀**专家点评**▶◀◀◀

高华老师以"情境导入——知识新授——绘制泥坯——评价总结——拓展交流"五步法展开本课时的课堂教学活动,在了解各种上色方法的基础上,尝试用滴流法在晾干的牛形泥坯上设计、绘制彩绘作品,并与现代抽象艺术联系起来,拓展了学生的审美视野。

在情感目标的贯穿中,加深了学生对"牛"概念的理解,唤起学生对民间彩绘艺术的热爱,展现了教育元素。学生通过观看民间艺术家对泥坯彩绘艺术的技艺和文化内涵的表现,懂得如何通过彩绘手段去表现作品的寓意。在讲述"釉彩"知识时,还以日常饮食所用的"碗"为例,并有生活知识的延伸,体现了学科知识在生活中的应用。

　　教师从课前的任务安排到课后给学生尝试各种民间彩绘的技艺,体现了乡土课堂的"大课堂"理念。使学生感知彩绘泥塑的艺术美和实用美,体会彩绘泥塑的价值,唤起对坯体彩绘艺术的热爱,培育乡土情怀。

　　建议对滴画表现方法的审美效果和色彩配置方法有比较详细的学习和介绍,以完善本课的学习重点。

(原上海市闵行区教育学院　张家素)

魅力纸浆画

——以《象形文字与色彩构成》一课为例

■■■◆ 基本信息 ◆■■■

本课例选自上海教育出版社《艺术（美术）》八年级第一学期第一单元《感受古老文明》第一课《走进象形文字》。

本课例提供者为上海市崇明区合兴中学曹二兵。

■■■◆ 德育价值描述 ◆■■■

本课侧重落实"感受中华优秀传统文化艺术，增强文化认同，增进文化自信""具有美化生活的意识，积累艺术经验，自尊自信、自强自立""参与社会艺术活动，形成合作和社会责任意识，培育公德心与劳动意识"这三项初中阶段学科德育核心要求。

1. 象形文字、纸浆艺术具有造型美感，其特有的布局美，再结合色彩知识，利用生活中的废旧物品就可以制作色彩构成作品，用以装饰和美化生活环节，增强学生在生活中发现美、运用美的意识，提升生活审美能力。

2. 象形文字是图画文字，是中国古代先贤智慧的结晶。用纸浆艺术造型表现象形文字的古朴之美，使学生在实践中体会汉字悠久的发展历史和独特的造字方法，完成跨越历史的艺术作品，激发学生的文化认同、爱国情怀，增强文化自信。

■■■◆ 正文 ◆■■■

教学环节一：赏析导入

1. 2008 年北京奥运会会徽"京"，一个舞动的古篆体字作为经典的中国符号，将最古老的中国文化呈现给全世界。

2. 蒙德里安的《树》,对比甲骨文的"木"与"未"等字,感觉甲骨文用简单的几笔把一棵树抽象成树枝、树干、树根,却仍能给人"树"的印象。

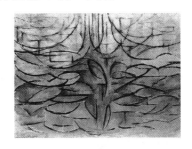

3. 教师小结:象形文字的构图取自于人体、动物、天地、植物、物体等。以象形文字的布局和图形构成为灵感创作的艺术品可用于家具、标志、包装设计等。如下图:

4. 教师引导学生思考并讨论:象形文字在现代生活中的应用美在何处?(形象美、形式美、图案美、内涵美)

【设计说明】

本环节通过图片欣赏拓宽了学生眼界,让他们了解古代象形文字美的规律及在现代生活中的运用,让学生意识到象形字离我们并不遥远,而是就在我们的身边,就在我们的生活里。通过教师小结、学生思考并讨论,可以帮助学生加深对象形文字中美的法则的理解,让他们更加热爱祖国文化。

教学环节二：感知发现

1. 课本第 4、5 页象形文字与色彩构成作品欣赏：马、牛、女、子、好等。

2. 吴冠中作品《画里阴晴》欣赏：

3. 教师介绍"色彩构成"的定义。

色彩构成的定义：色彩的相互作用，是从人对色彩的知觉和心理效果出发，把复杂的色彩现象还原为基本要素，利用色彩在空间、量与质上的可变幻性，按照一定的规律去组合各构成之间的相互关系，再创造出新的色彩效果的过程。（色相、纯度、明度）

4. 赏析课本上象形文字"马"的笔画图案及色彩变化，引导学生发现画面布局和色相渐变的特点。

画面布局：笔画拉长、缩短、弯曲，使画面撑满，不能改变字的结构，否则就失去了古汉字意义。

图案色彩：冷色调、色相蓝和绿的渐变。

【设计说明】

本环节教师安排学生欣赏象形文字图案作品，是为了让学生发现欣赏不论是象形文字的图案，还是现代汉字，都是以线条进行块面分割，感悟中国的象形文字在空间的安排和画面平衡方面已经达到了极高的境界。象形文字图案作品运用了文字的线条构成和布局，然后再用色彩构成规律去表现艺术品的美感。这一学习过程让学生了解艺术创作过程，感悟艺术创新的魅力。欣赏吴冠中先生作品《画里阴晴》，希望学生学习吴先生致力于油画民族化及中国画现代化的探索，感受吴先生执着地守望着"在祖国、在故乡、在家园、在自己心底"的真切情感。

教学环节三：实践练习

1. 教师用 PPT 图片展示象形文字与色彩构成图案的纸浆画制作步骤。

（1）起草稿：用记号笔在纸盘上按照画面布局，加粗书写"鱼"的象形文字，要求构图要饱满。

(2) 制作主体图案：用白色纸浆粘贴出"鱼"字的基本轮廓，自由搭配颜色。

(3) 制作辅助图案：用不同颜色贴出"鱼"字里边的四个框。

(4) 制作背景：字体图案完成后自由发挥，铺设背景。

(5) 完成作品。

2. 教师小结，提示注意事项：

(1) 粘贴纸浆过程中运用点扎、压线两种技法，不要将纸浆表面压平，从而失去纸浆表面肌理效果；

(2) 粘贴过程中各色纸浆间衔接要严实，否则干后色块之间的缝隙会很明显；

(3) 粘贴过程中镊子和牙签要勤擦干净，不然各色纸浆会混色。

3. 学生实践体验：以"崇""明""海""岛""生""态"等古代象形文字为创作元素，用彩色纸浆制作象形文字与色彩构成装饰画。

【设计说明】

纸浆材料来源于校园废旧纸张，在上海垃圾分类实施的大背景下有很强的推广价值。运用纸浆填充完成象形文字的色彩构成也是校本作业主要学习内容。本环节通过完整的步骤示范，让学生了解纸浆画制作过程，增强动手能力和自由创作自信心。制作好的肌理表现和丰富的色彩搭配让画面充满美感，进一步激发学生创作的热情。使用纸浆材料创新尝试，启迪学生发现美和创造美的意识。

教学环节四：展示评价

1. 展示学生作品。

2. 学生多角度自评、互评（象形字笔画扩展，色彩搭配，纸浆肌理，画面效果）。

3. 教师总结评价。

【设计说明】

本教学环节让学生进一步认识象形文字与色彩构成之美。教师和学生用美术语言分析作品，培养学生对美术作品的审美评价能力，同时引起学生关注、欣赏、评价自己和他人的作品，整个评价过程中能增强学生的自信心，也能增进同学之间的交流。

教学环节五：课外拓展

让学生在课外时间运用废旧纸张进行纸浆创意雕塑，并把作品带到下次课的课堂上。

【设计说明】

纸张来之不易，浪费可惜，而在我们的生活中有很多废旧纸张，如何巧用心思，让废旧纸张焕发新生命，是保护资源的一项很好的措施。教师布置纸浆创意雕塑的课外作业，既培养学生的环保意识，又能将艺术创作从课堂延伸至课外，激发学生的创作热情，培养学生从生活中发现美、创造美、感知美的艺术素养和创新意识。

▶▶▶◀◀◀ 专家点评 ▶▶▶◀◀◀

本节课教学设计层次分明，教学内容丰富，环节递进合理，引导学生主动学习，深入浅出地将纸浆校本特色与象形文字、色彩构成巧妙结合，让学生感受古代文明与现代生活运用的设计魅力，体验根植文化、传承文化与创新发展文化的价值和文化认同，是本课的一大亮点。课堂教学氛围热烈，教学效果良好。

本课教学内容分为象形文字和色彩构成两大部分，"古代文字、现代生活"如何结合是本课的难点部分。教师通过多个例子帮助学生了解古代汉字在现代生活中的运用，压缩了学生对色彩构成与象形文字学习的时间，重难点突出，目标明确。象形文字和色彩构成如何结合，是本课的又一难点，执教者以吴冠中先生的作品欣赏作为过渡，巧妙而自然地将象形文字与色彩构成两者自然有机联系，体现了执教者的教学智慧。

建议本课多发掘纸浆画的审美价值，激发学习兴趣，以作业的效果体现教学目标。

（原上海市闵行区教育学院　张家素）

感受古老文明 融合现代艺术

——《走进象形文字》教学设计

基本信息

本课例选自上海教育出版社《艺术（美术）》八年级第一学期第一单元《感受古老文明》第一课《走进象形文字》。

本课例提供者为上海市长兴中学龚清雄。

德育价值描述

《感受古老文明》是对古代东方人类古文字：印度印章文字、埃及象形文字、苏美尔楔形文字、中国甲骨文等文字历史的初步认识和了解。通过学生动手摹写祖国的古代象形文字，从中体会象形文字的产生、发展历史和独特的造字方法；能够欣赏古代象形文字优美的造型美和丰富的内涵美，并从美术的角度进行分析；将象形文字特有的布局美、意趣美、创意美融入现代元素，结合色彩知识，制作成色彩构成作品、书法作品、中国画等艺术品来装饰美化自己的生活。

象形文字是现代文字的起源，经过"甲骨文→金文→小篆→隶书→楷书→行书"的不断演化，最终形成今天的文字。本课例引导让学生了解汉字的产生和发展历史，感受中华民族优秀传统文化艺术，热爱祖国语言文字。

正文

教学环节一：认一认

1. 学生观看图片文字。

2. 学生用语言描述文字的特点。

【设计说明】

本环节旨在引导学生自主学习,理性分析象形文字的能力。引导学生从图片中认识和分析象形文字的特点,象形文字是对复杂图形的高度简化和提炼,抓住事物的特征,以最简单的笔画表达出来,具有典型的代表性,学生很容易从图片中识别相关文字的意义。

教学环节二:感受与欣赏

1. 观察与思考:在文字出现之前,人们如何表达、交流思想?

结绳记事　　　　　　　　　　木刻条痕记事

2. 古代东方最早的四种文字类型,都是独立地从原始社会最简单的图画和花纹产生出来的。

古埃及的象形文字:公元前3000年,古埃及人发明了象形文字。这种字写起来既慢又很难看懂。随着时光的流逝,最终连埃及人自己也忘记了如何释译。后来经过法国人的译解,才辨认出这种文字,将古埃及的象形文字称为"埃及圣书字"。

苏美尔的楔形文字:公元前3100年,西亚两河流域的苏美尔人,用削成三角形尖头的芦苇秆、骨棒、木棒当笔,在潮湿的黏土制作的泥版上刻写字,笔画字形自然形成楔形,所以这种文字被称为楔形文字。为了长久地保存泥版,需要把它晾干后再进行烧制。

古印度的印章文字:公元前2600年,古印度的印度河流域哈拉帕文化遗址发现了1755枚石头印章和陶土制成的印章,可谓迄今为止世界上发现最早的印章。

中国的甲骨文:甲骨文主要指殷墟甲骨文,甲骨文继承了陶文的造字方法,是中国商代后期(公元前1400年—公元前1100年)王室用于占卜记事而刻(或写)在龟甲和兽骨上的文字。中国现存的象形文字是纳西族的东巴文。

3. 中国的象形文字。

（1）象形文字的特点：象形文字介于图案与文字之间，是古人从原始的描摹事物的记事方式中诞生的。它把事物的形象简化为用点和线勾画的图形，从而快速并通俗易懂地记录事物，图画性质减弱，象征性质增强，是一种最原始的造字方法。

（2）图片展示"好""鹿"两个字的变化过程。

 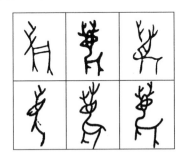

（3）学生根据书上的象形文字尝试摹写。

【设计说明】

课前布置预习作业，学生收集象形文字的资料，让学生带着问题和自己的理解去展开本课的学习。学生预习时可以通过网络去了解什么是象形文字，象形文字有什么特点等关于象形文字的知识。课堂上教师简要讲解四种古老文明的特点、出处，并以图片展示。以中国的象形文字为重点，最后以小练习的形式摹写象形文字来巩固象形文字知识的掌握。

教学环节三：体验与创作

1. 观察下图，分析象形文字与色彩构成是如何有机结合并运用到艺术创作中的。

2. 练习要求：象形文字即画，摹写过程应将字看作画进行构图，将笔画延伸到纸的边缘，完成色彩构成的构图，注意整体结构美。

3. 注意要点：

（1）画面与色纸固定整齐牢固，剪纸细心到位；

（2）制作过程注意有序，可以剪好一块拼贴一块，避免全部剪完之后，桌面碎纸一片，难于寻找，浪费时间；

（3）拼贴注意色彩搭配的组合选择，可运用学过的色彩相关知识，例如对比色、同类色等原理。

【设计说明】

把象形文字根据纸张大小写到画面中间，将笔画延伸到纸的边缘进行色彩构成构图，学生可以熟练掌握象形文字的特点，感受象形文字的形体结构美。在利用象形文字笔画的变化完成构图基础上，再利用色彩构成知识，进行色彩选择搭配，最后完成一幅完美的色彩构成作品。通过创作练习，学生充分感受象形文字的象形之美，尝试运用色纸或其他各种不同材料创作象形文字色彩构成作品，装饰后美化生活环境，激发对象形文字的学习兴趣。

教学环节四：分享与评价

学生分小组完成作业，每组选派一位学生代表展示作品，也可自荐。展示的同学要说明自己创作的象形文字是什么，也可先请同学们猜猜看，并说说自己的设计理念。

【设计说明】

本环节以自评、小组评价和教师点评等方式分享创作构思，相互比较，取长补短。分享交流作品肯定了学生的创作成果，同学之间又可相互交流、学习经验，进一步完善学生的创作稿，提高学生的创作能力。

教学环节五：研究与拓展

用色彩构成、书法、篆刻、国画等不同形式创作作品来装饰自己的小空间，美化生活。

【设计说明】

象形文字具有高度概括事物特征的图形美,又有笔画、章法、结构的文字美,不仅可以利用象形文字进行色彩创作,还可以尝试书法、篆刻、国画等不同形式创作作品,体验象形文字创作的乐趣,培养热爱中国文字的情感。

■■■● 专家点评 ●■■■

教学设计从东方古老文明入手,讲解了古代东方最早的四种文字类型,这些古老的文明都是独立从原始社会最简单的图画和花纹中产生出来的,是人类发展历史长河中进入文明时代的标志,对学生了解人类文字的起源有非常重要的作用。本课时龚清雄老师重点讲解了中国的象形文字,把中国象形文字高度概括的图形美以及笔画、章法、结构的文字美与现代艺术(色彩构成、国画、书法、印章)结合,创作具有装饰性的色彩构成作品,具有中华传统特色的中国画和书法作品,体现了将传统艺术与现代创意表现相结合的教学思路,融入了创新意识和创意表现能力的培养,有利于学生养成大胆创意、敢于实践的品质,激发学生传承传统文化的热情,使传统文化焕发出新的魅力。综观整课设计,龚清雄老师将传统文字、学科知识与现代生活相结合,层层递进,有机融入德育。学生不仅学习了人类古老文字产生演变的过程,还利用古老文字的结构特点进行创作,激发学生对象形文字的学习兴趣,课堂气氛融洽,教学效果好。

(上海市教育委员会教学研究室　徐　敏)

象形文字与色彩构成
——布艺贴画和象形文字的结合尝试

▌▌▌◆ 基本信息 ◆▌▌▌

本课例选自上海教育出版社《艺术（美术）》八年级第一学期第一单元《感受古老文明》第一课《走进象形文字》。通过学习本课，学生可以基本了解古代汉字的起源、发展和中国汉字的构成特点，同时能够利用象形文字的特点，结合色彩构成的方式，拓展、创意、制作出装饰画。

本课例提供者为上海市崇明区正大中学刘健。

▌▌▌◆ 德育价值描述 ◆▌▌▌

本课为象形文字的历史起源和创意设计第二课时。在第一课时中重点阐述象形文字的起源、发展历史，以及中国古代汉字的构成特点。通过对古汉字的解读，让学生感悟汉字的古老文明历史，对继承和发扬中华文化有一定的实际价值。在第二课时设计中，选用了具有浓郁乡土特色的崇明老土布，以贴画的形式来表现象形文字，目的是让学生能很好地了解和传承乡土文化中的精髓。这样把具有农村特色的乡土韵味和美术学科特点有机结合，提升了学科的核心素养，培养学生的家乡情怀。

▌▌▌◆ 正文 ◆▌▌▌

教学环节一：了解古汉字的起源发展史以及组字特点

1. 分析学习了解中国古代文字的起源发展，了解最初文字的构成形式。

2. 总结象形文字的主要特点：象形文字是将要表达的客观实体加以模拟。

3. 展示以"人"为例子，同时展开"从""比"几个字在甲骨文中是如何写的，并阐明意思。

【设计说明】

复习讨论古代汉字的构成特点,让学生对中国古代汉字有初步的认识,并同时产生一定的兴趣和疑惑,汉字的起源到底有哪些特点?

通过对甲骨文字体的分析,让学生产生浓厚的学习兴趣,同时让学生深深感悟到古代文明的精髓,感受到我们祖先的聪明才智。通过这一环节的活动,能很好地诠释古代文字的特点。(通俗易懂)

直观的表现让学生明白利用古代汉字还能进行装饰美化生活。

教学环节二:了解崇明土布布面色彩和构成关系

采用直观演示、图文说明等方式展示作品,引导学生感受利用布面装饰的表现形式,了解崇明土布的特色。

【设计说明】

通过以上环节让学生了解家乡、了解家乡土布。崇明因为地域特征能种植棉花,我们的祖辈通过自耕自作,从种植棉花到纺织成布,用于日常的生活所需,从简单的白坯布发展到多彩多样的各式画布,在当时闻名于江浙一带。可惜工业发展使纯手工的纺织业停滞,崇明的土布逐渐淡出了人们的生活。本环节中特意选用这些曾经辉煌的布料来制作作品,目的就是让大家更好地了解和传承这一辉煌的历史,感悟家乡祖辈们的勤劳和聪明才智。

通过对崇明土布历史的讲述,让学生了解认识家乡的文化特色中还有如此一大特色,对乡土文化产生一定的兴趣爱好,并逐渐引导,启发利用好我们身边的资源于美术课程中,装点美化生活环境,同时也很好地传承发展了乡土文化,能激发学生热爱家乡的情怀。

教学环节三:尝试体验

1. 布置课堂练习:以古汉字为基本型,利用土布进行分割装饰制作贴画。

2. 播放示范视频:观看制作的基本过程,使学生理解并掌握制作过程;重点说明制作的重要环节,如怎样利用好布面色彩,如何分割等技法。

3. 学生练习。

【设计说明】

本环节是为了帮助学生能更好地掌握本节课的目标,通过实践练习,从了解感悟到创作尝试,在创作中再次感悟我们祖辈自耕自作的辛劳和不易。这一实践过程中最难的是把布剪制成型,对于学生而言难度较大。同时实践体验是完善教学目标的一大重要环节,通过创作能更好地掌握本课知识点。

教学环节四:作业的评价

1. 展示学生作品。

2. 作品评价:通过学生间互评和老师的点评方式进行。

【设计说明】

作业评价的方式有很多,但是采用学生在明白作业要求的情况下进行自我评价能更好地帮助学生认识本课知识点,也明白了自己在本课中的缺失点。通过学生间的互评,开拓了学生的思维,拓宽了视野,能更好地帮助学生下一次的创作。

▶▶▶◀专家点评▶◀◀◀

汉字是最古老而最具生命力的文字,一直伴随着中华文化的发展,是人类文明的见证。刘老师通过引导学生欣赏象形文字,感悟祖先的造字智慧,激发学生的民族文化自信心与民族自豪感。与众不同的是,刘老师在教学中将具有浓郁乡土文化特色的崇明老土布作为创意设计的原材料,促使学生从美术材料中感受家乡传统生活物品之美,激发了解家乡传统生活,传承家乡民间艺术的兴趣。同时,刘老师将象形文字与土布图案相结合,创造性地进行装饰表现,较好地激发了学生的创新意识和创意表现能力,有利于促进学生养成大胆创意、勇于探究的良好品质,培养学生利用美术提升生活品位、生活质量的能力。

(上海市教育委员会教学研究室　徐　敏)

接收美的熏陶，感受创作的乐趣

——以《感受古老文明——东巴文字》一课为例

基本信息

本课例选自上海教育出版社《艺术（美术）》八年级第一学期中的第一单元《感受古老文明》第一课时《走进象形文字》中的拓展与融汇部分。教学内容为东巴文字的鉴赏与书写。

本课例提供者为上海市崇明区建设中学刘宁宁。

德育价值描述

本课侧重落实"感受中华优秀传统文化艺术，增强文化认同，增进文化自信""具有美化生活的意识，积累艺术经验，自尊自信、自强自立"这两项初中阶段学科德育核心要求。

人类最早传播信息是采用"结绳记事"和"图画文字"两种形式。东巴文字就是在"图画文字"的基础上形成的，是人类社会文字起源和发展的"活化石"。通过了解东巴文字演变的历史以及亲自动手摹写东巴文字，使学生对东巴文字产生浓厚的兴趣，从中体会东巴文字悠久的发展历史、独特的造字方法和优美的造型美感，从文字起源上产生尊重祖国优秀文化遗产的意识。同时让学生结合对所学文字的理解，并运用新表现主义画家 A·R·彭克的符号涂鸦的艺术语言，进行故事编排、变换文字图形和丰富文字画面。学生通过学习，发现无论是中国人还是外国人，都能大致理解这些符号艺术语言传递的信息，从而有效提高学生的逻辑思维能力和创意表现能力，帮助学生通过艺术创作表达审美感受，提高审美情趣。

正文

教学环节一：感受与欣赏

1. 微课欣赏：活着的象形文字——东巴文。

（1）教师提问：

① 从这段微课学习中你的收获是什么？

② 你对东巴文字有什么感想？

（2）学生讨论：分小组进行，记录笔记并汇总。（主题、出处、特点、书写特点等）

（3）板书：特点——图画文字、表意文字。

2. 引出课题：感受古老文明——东巴文。

【设计说明】

本环节让学生了解本节课的主题和东巴文的特点，以及怎样进行书写和认识部分东巴文，使学生对东巴文字的学习产生浓厚的兴趣。

教学环节二：体验与创造

1. 学生进一步深入认识东巴文字。

（1）教师介绍东巴文字的特点。

（2）学生赏析图片，识别东巴文字，并说明其特点。

2. 欣赏新表现主义画家 A·R·彭克的符号涂鸦作品，教师介绍其特点如下：

（1）形象直接，简单明了；

（2）色彩鲜明，对比强烈；

（3）运用大量的象形符号和表意符号，表达自己强烈的思考和情感。

3. 教师示范，播放录制好的视频。

（1）摹写几个东巴文字，设定主题，进行形象创变。例如：合家欢乐、树林、小草、花朵等素材进行故事创编。

（2）丰富故事画面，把文字变成图画形象加上去。

（3）丰富细节，添加云、雨、水、日、月等简单符号，进行添加，丰富画面细节。

4. 学生尝试。

学生从教师提供的东巴文字中选择 2—4 个，先单线，后块面，化简为繁，进行形象改变和适当的添加组合,创设故事情节,传递信息。教师提醒学生注意构图,均匀分布。

【设计说明】

通过本环节的教学,让学生进一步了解东巴文字的各种不同表现方式带来的美感,并且通过鉴赏艺术家的作品,理解东巴文字作为一种涂鸦符号象征,有着其特殊的艺术语言特征,能够传达信息和表达作者的情感。最后教师示范和学生尝试,学习如何对东巴文字进行形象创变和丰富故事画面细节,培养学生动手实践能力,激发创新意识,增强艺术趣味。

教学环节三:展示与评价

1. 教师布置课堂作业:刮蜡纸,运用东巴文字进行艺术创作。

(1)学生为自己的作品设定一个题目。

(2)对所创作的东巴文字进行故事情节说明。

(3)根据自己的独特创意,进行艺术作品创作。

2. 教师组织学生自评和互评,并引导讨论和给予反馈。

【设计说明】

在本环节,教师指导学生发挥创意,创作艺术作品,培养学生发现美、创造美和阐释美的意识和能力。同时学会正确评价自己和同伴的作品,掌握本节课的重难点。在对自己和同伴作品评价中学会欣赏和挖掘美,体会美的享受。

教学环节四:拓展与融汇

1. 教师引导学生讨论以下话题:

在艺术创作中,用绘画的形式与用剪贴的形式会产生什么不同的效果?

2. 请学生说说在体验书写的过程中,发现哪些同伴作品的精华和自己作品的优点。

3. 学习装裱作品,想象如何用作品布置和装饰自己的房间。

【设计说明】

本环节引导学生讨论不同形式作品的艺术效果,发现自己和他人作品中的优点,想象如何运用作品美化生活,从而提高学生的审美能力,激发学生的创作成就感,培养美化生活的意识。

教学环节五：课外拓展

1. 搜索：学生课后去书店、图书馆等查阅有关东巴文字发展的资料。

2. 交流：汇总同学们的资料，逐步学会学习的方法。

【设计说明】

本环节将课堂教学延伸至课外，引导和鼓励学生主动探究东巴文字的发展，并相互交流，培养学生搜集资料的能力和积极探究的科学精神，进一步增强学生的文化自信，形成自信自强、自尊自立的意识。

◢◢◢◣ **专家点评** ◢◣◣◣◣

东巴文字历史悠久、字形独特，有其不可替代的历史、文化等价值。本课教学起始环节，刘老师运用信息技术进行微课设计，引导学生带着问题去欣赏学习内容——东巴文字，自主探究东巴文字的特点，感受文字的独特魅力，有助于学生养成独立思考、勇于探究的良好品质。在后续环节中，刘老师引导学生进行作品欣赏，在美术作品与东巴文字之间建立关联，既有利于学生尊重并理解世界美术文化的多样性，也有利于鼓励学生大胆创意、大胆表现。在展示交流环节，刘老师鼓励学生自信表达自己的想法，并引导学生用自己的美术作品美化生活，有利于促使学生形成服务社会的意识。

（上海市教育委员会教学研究室　徐　敏）

亲近陶瓷艺术

——以《现代生活陶艺——设计制作水仙花盆》一课为例

▌▌▌● 基本信息 ●▌▌▌

本课例选自上海教育出版社八年级《艺术（美术）》第一学期第一单元《感受古老文明》第二课《亲近陶瓷艺术》。

本课例提供者为上海市崇明区庙镇学校吴丹。

▌▌▌● 德育价值描述 ●▌▌▌

本课例侧重落实"体会中华优秀传统文化艺术，深化文化理解，立志传承"这一项学科德育核心要求。

我国是传统的陶艺大国，曾有着非常辉煌的发展历史，但现代陶艺发展却不尽如人意。《亲近陶瓷艺术》一课主要是为了让学生认识到在现代陶艺发展上我们与国外的差距，鼓励他们积极地投入到陶艺学习中来，把现代陶艺新理念与中国传统文化相结合，创作出具有中国民族特色的优秀陶艺作品。

本课分两课时完成：第一课时主要讲述传统陶艺的发展、特点和设计理念，让学生通过对我国优秀传统陶艺文化的欣赏，增强民族自豪感；第二课时着重讲解现代陶艺的设计理念，让学生自主发现传统陶艺与现代陶艺的根本区别和必然联系，鼓励学生小组合作，运用现代陶艺的设计理念，设计制作有创意的水仙花盆，培养学生的合作创新精神。之所以选择"水仙"花盆，是因为崇明水仙是本地特产，把乡土教育结合到课堂中来，也是对学生的一次很好的情感教育。

▌▌▌● 正文 ●▌▌▌

教学环节一：导入

1. 回忆复习传统陶艺的特点。（造型工整规范，装饰精细单一。设计理念：

实用＋审美)

2. 引导学生讨论思考：随着工业文明的发展,人们的日用器具材质越来越丰富,陶瓷生产也逐渐机械化和批量化,而不再局限于手工制作,可为什么人们又开始热衷于手工陶艺?（回归自然、回归人性;生活艺术化、个性化）

3. 比较欣赏流水线花盆和自制陶艺花盆实物,感受手工陶艺的魅力。

【设计说明】

本环节复习巩固上一课时重点,通过问题设置,让学生讨论思考并引出本课内容——现代陶艺。再通过实物比较,让学生感受手工陶艺的魅力,发现现代生活陶艺的美,获得初步的审美体验,激发好奇心,为下一环节的学习做好铺垫。

教学环节二：现代陶艺

1. 了解现代陶艺的起源。

中国是传统陶艺大国,但现代陶艺的发源地却在国外。20 世纪初,西方的一些艺术家首先对陶艺进行全新的探索,他们完全舍弃了传统陶艺所强调的实用功能,而把陶瓷材料作为一种媒介来进行艺术创作。

2. 了解我国现代陶艺的发展与现状。

由于我国传统陶艺在历史发展过程中越来越模式化,一定程度上束缚了现代陶艺的发展。改革开放以后,密集的展览和活动使得中外陶艺家有了交流和展示的平台,大大提高了中国现代陶艺的水准。

3. 了解现代陶艺的造型和装饰手法,归纳设计理念。

展示我国现代陶艺大师的作品(陈烈汉《眼中的鱼》、吕品昌《阿福》),引导学生思考并讨论"现代陶艺的设计理念是什么?"（审美至上,舍弃陶瓷的实用功能,走向纯艺术化道路）

4. 交流讨论：纯艺术的现代陶艺放弃实用功能,是不是我们的生活不再需要陶瓷艺术了呢? 在你的生活中有哪些陶瓷艺术?

5. PPT 展示生活中的陶艺,教师总结：陶艺最初源自生活,社会发展至今,越来越多的人愿意去用陶艺来点缀和充实自己的生活。

【设计说明】

本环节从现代陶艺的起源,让学生初步了解现代陶艺的设计理念——审美艺术至上,放弃实用功能,为本课重点做铺垫。同时也让学生了解我国传统陶艺的弊端束缚了现代陶艺发展。通过我国陶艺大师的作品分析欣赏,让学生了解现代陶艺的造型和装饰手法并归纳现代陶艺的设计理念,为后面的重点教学继续做铺垫。再通过交流讨论"自己的生活中有哪些陶瓷艺术",发现陶艺与现代生活的关系,引出本课重点内容——现代生活陶艺。

教学环节三:现代生活陶艺

当纯艺术的现代陶艺渐渐远离人们的日常生活,现代陶艺中出现了另一个分支——现代生活陶艺,它兼具了艺术性和实用性,和百姓生活有着密切联系。

1. PPT展示欣赏现代生活陶艺作品。(毕加索《猫头鹰》、现代茶壶、教师作品)

引导学生将现代生活陶艺与传统陶艺比较起来分析:现代生活陶艺在造型、装饰、设计理念上具有哪些特点?(造型:自然、创意;装饰:个性、多元;设计理念:审美+实用)

2. 引导学生讨论思考:我国传统陶艺越来越模式化,形式大同小异,容易给现代人以单调、呆板的感觉,那么,现代陶艺要不要放弃传统呢?

总结:我们应该立足传统,吸收再创造,把现代陶艺新理念与中国传统技艺和文化结合在一起,形成中国民族文化特色的陶艺作品。

【设计说明】

本环节通过图片欣赏,感受现代生活陶艺基本特点和设计理念。引导学生归纳现代生活陶艺的造型、装饰特点和设计理念,从而掌握本课重点。通过比较,探究传统陶艺与现代生活陶艺的根本区别,突出本课重点。再通过设问"现代陶艺要不要放弃传统",让学生自主发现传统陶艺和现代生活陶艺之间的必然联系,鼓励学生传承和发展我国的传统文化。

教学环节四:乡土教育

1. 介绍崇明水仙花。

在我国,以福建漳州和上海崇明的水仙最为有名。崇明水仙花已有近百年的栽培历史,以其浓郁的芳香著称于国内外花卉市场,可与英国玫瑰齐名。(PPT展示崇明向化水仙养殖基地照片和崇明水仙雕刻造型作品)

2. PPT展示教师陶艺水仙花盆作品,引导学生分析作品成型方法。

【设计说明】

本环节通过了解崇明水仙花和崇明向化水仙基地,并欣赏水仙雕刻造型,灵活结合乡土教育,激发学生对家乡的自豪感。同时以教师的陶艺作品为例,引导学生学习创作方法,激发学生的创作欲望,为下一环节的实践体验打好基础。

教学环节五:实践体验

布置作业:小组合作为崇明水仙花配制一个美丽的水仙花盆,要求用泥板成型法,以圆形为造型基础,运用现代生活陶艺的设计理念,小组合作努力,有创意地设计表现花盆造型和装饰,展现个性风采。

【设计说明】

本环节通过小组合作设计制作水仙花盆,培养学生团队合作精神和创新意识,激发学生对家乡的自豪感。

教学环节六:评价总结、课后拓展

1. 自评、互评、师评。

总结:现代生活陶艺把生活与陶艺紧密结合在一起,追求个性化和艺术化的审美理念,作品的审美功能远远超越了其实用功能。中国现代陶艺的发展仍落后于日本及欧美等国家,未来的希望就在于同学们了。希望大家能更加积极地投入到陶艺学习中去,立足传统,更新理念,创作出更多更好的现代陶艺作品。

2. 课后拓展。

(1)拓展探究陶笛制作。

同学们有没有注意到今天上课的背景音乐是用什么乐器演奏的?(出示陶笛)大家有兴趣的话,可以学一学陶笛制作。

(2)掌握水仙雕刻技术,美化生活。

每人一棵水仙花球,请同学课后向劳技老师请教雕刻技术,做出一个优美别致的造型,放进亲手制作的陶艺水仙花盆。

【设计说明】

本环节在评价中巩固本课重点。教师总结重点,让学生明确认识到我国现代陶艺与国外的差距,鼓励学生立足传统,更新理念,更加积极地投入到陶艺学习中去。课后拓展培养学生的探究能力,激发对陶艺更大的兴趣,同时拓展结合乡土教育,体验创作成就感。

▸▸▸▸◉ 专家点评 ◉◂◂◂◂

陶艺作为中国传统文化的艺术瑰宝,在中学生发展核心素养落实过程中,展现了它得天独厚的优势条件,发挥出了特色鲜明的育人功能。在这一堂要求学生动手操作的美术陶艺课中,教师在教学设计上有别于强调操作技能的劳技陶艺课,更加凸显出了美术教学的学科特色和艺术学科的育人功能。为了着重设计创意,同时也为激发起学生的民族自豪感,教师把这节课分成了两个课时。第一课时,主要介绍我国陶艺的辉煌历史,让学生感受祖国陶瓷艺术的博大精深,并了解我国传统陶艺的发展、特点和设计理念;第二课时着重讲解现代陶艺的设计理念,并与传统陶艺比较起来分析,让学生自主发现传统陶艺与现代陶艺的根本区别和必然联系,鼓励学生运用现代陶艺的设计理念,传承和发展我国的传统文化,设计制作有创意的陶艺作品。作业要求学生制作水仙花盆,结合了崇明本地的一大特产——水仙花,把乡土教育自然地融合到了课堂当中,巧妙地激发了学生的爱乡之情。这样的教学设计不仅激发学生的爱国热情和民族意识,还引导学生把经典艺术、现代理念、乡土文化等多种元素融合到创意作品中,培养了艺术创新精神,开阔人文视野,塑造学生健康人格。另外,教师安排学生以小组合作的学习形式完成作业,在教学中创建了平等对话、相互激励的学习氛围,培养了学生的合作精神,激发了学生的主体意识和主动精神,以学生合作和多元评价的方式促进了艺术学科的多元育人功能。

(上海市浦东新区教育发展学院　瞿剑宛)

穿越千年的美

——以《彩陶纹样与现代装饰》一课为例

■■■◆ **基本信息** ◆■■■

本课例选自上海教育出版社《艺术(美术)》八年级第一学期第一单元《感受古老文明》第二课《亲近陶瓷艺术》。

本课例提供者为上海市大新中学朱珺懿。

■■■◆ **德育价值描述** ◆■■■

彩陶,是人类文明发展的一个重要组成部分,它所承载的历史积淀奠定了人类发展的进程,在彩陶上的纹样更是古人在艺术文化上最早的启蒙载体。本课将在第一课时的基础上,从大到小、从广到细,带领学生深入了解彩陶纹样的概念、基本组成形式与内容。同时,将其与现代装饰结合,激发学生在彩陶纹样的基础上进行创造与再设计,并融入家乡的创作元素,深化创作思想。在创作中让学生感受古老文明的魅力,激发学生对中国传统文化的兴趣与热爱,提升自身艺术修养和人文素养,增强民族自豪感。

■■■◆ **正文** ◆■■■

教学环节一:认识彩陶

欣赏彩陶文物,并提问:

1. 看到了哪些彩陶生活用品?

2. 现代生活中是否还有彩陶用品?

3. 有没有使用过陶制的生活用品?

4. 现代与古代的陶制用品有哪些相同点,哪些不同点?

【设计说明】

本环节通过彩陶照片的直接引入,直切重点,将课程重点呈现在学生面前,引发学生的学习兴趣。同时,引导学生从生活中的陶制品上寻找现代与传统的异同点,将目光集中到彩陶纹样之上,激发学生对彩陶创作的深入思考。

教学环节二:提取纹样

1. 欣赏彩陶,总结彩陶纹样。

(1) 人、动物类。

(2) 图案类(包括但不限于水波、几何、网格、线条、旋转等)。

2. 小组讨论,总结纹样形式并归纳特点。

(1) 均衡纹,特点是:图案不对称、纹样自由。

(2) 旋转纹,特点是:以图案为中心旋转或定点旋转。

(3) 对称纹,特点是:纹饰对称、整齐同形。

【设计说明】

本环节旨在让学生初步认识了解单独纹样的特征与种类,对彩陶纹样的基本组成形式与内容有一个更全面系统的认识。同时,学生能从多种传统纹样中发现,古代的许多装饰图案如今仍在使用,不过是经历了一定的变形、夸张或简化,这一认知有助于下一片段的教学实施。

教学环节三:融合古今

1. 展示现代装饰中的彩陶纹样再设计,将融合古今的概念进行传输,打破传统纹样的固化印象。

2. 思考讨论:在现代,我们可以将"鱼纹"运用在哪些地方?(生活用品、商业广告、艺术创新等)

3. 创作练习:小组合作选定某一传统彩陶纹样,将其图案与现代风格结合,融入崇明海岛元素,在特制纸盘内进行纹样再设计。

4. 作品点评:展示学生作品,进行课堂点评。

5. 课堂总结与拓展。

【设计说明】

本环节帮助学生了解现代设计中的彩陶纹饰,感受跨越千万年仍具象化的艺术魅力。同时,深入学习,引导学生将传统与现代融合,通过大量优秀设计作品展示与欣赏,激发学生的想象力与创造力,鼓励学生分工合作,在彩陶纹样的基础上,融入崇明海岛元素,进行传统彩陶纹样再设计的作品创作。"彩陶文明耀古今,一笔一画添锦绣。"通过总结、讨论以及拓展,带领学生认识"二方连续纹样"的同时,帮助学生进一步了解传统纹样的复杂性、多样性,深入感受我国传统文化艺术的魅力,激发学生对彩陶纹样与现代风格融合的兴趣,增强民族自豪感。

◀◀◀ 专家点评 ▶▶▶

彩陶,是中国保存最早的以彩绘纹样和立体造型相结合的工艺品,也是中国千年文化的缩影,其极强的艺术性和丰富内容的展现引起人们越来越多的关注。彩陶多姿多彩的纹样作为历史的见证者,静静地向人们传递着原始陶艺工匠赞美生命、追求美感的炽热情感。

本课例巧妙地将穿越千年的彩陶艺术与现代装饰艺术结合在一起,通过赏析多种经典彩陶器皿艺术品,感受古人在工艺、造型、图纹等方面的成就。在感受传统艺术之美的同时,从中提取多种纹样,分析归纳这些纹样所包含的创造者的物质生活状况,理解古人内在的精神奥秘和具有的文化内涵,体会古老文明的魅力,并依据传统纹样的形式内容,结合现代装饰艺术设计创新绘画,致敬古老文明。本课例不仅带领学生"看见"古老文明的魅力,更是激发了学生对优秀传统文化艺术的兴趣与热爱,增强民族自豪感。

(上海市教育委员会教学研究室　钱熹瑗)

感受古老文明、感受石头魅力

——以《画在石头上的脸谱》一课为例

‖‖◆ 基本信息 ◆‖‖

本课例选自上海教育出版社《艺术(美术)》八年级上册第一单元《感受古老文明》中的第三课《感受石头魅力》。

本课例提供者为上海市崇明区庙镇学校龚玲。

‖‖◆ 德育价值描述 ◆‖‖

本课例着重落实"感受中华优秀传统文化艺术,增强文化认同,增进文化自信"这一项初中阶段学科德育核心要求。本课通过赏析岩画、石刻、石雕,引导学生探究古代文明、感知石头艺术,体验石头美感,启发学生运用夸张、变形、简化、添加等手法来改变传统中国戏曲脸谱,并尝试将其画在石头上,增加装饰趣味性。通过教学,提高学生对戏曲脸谱艺术的欣赏能力,培养学生关心、热爱中国戏剧艺术的情感态度,增强学生民族自豪感。

‖‖◆ 正文 ◆‖‖

教学环节一:视频欣赏京歌《说唱脸谱》片段

1. 欣赏视频,仔细观察,并思考问题:

(1)视频里唱到了哪些人物?

(2)他们脸上分别有哪些颜色?

2. 跟着京歌哼一哼,记一记。

3. 回忆脸谱知识,思考问题,深入本课主题。

(1)什么是脸谱?

(2)脸谱上的颜色?

(3)观察几张脸谱图案,看看脸谱上有些什么花纹?

【设计说明】

本环节想让学生对视频中的人物脸谱有初步的感性认知,并产生探究兴趣。通过欣赏和回忆,逐步对脸谱进行认知理解,感受古老京剧艺术。通过对戏曲脸谱的欣赏认识,让学生对中国传统戏剧艺术有一个初步的认识,同时也融汇了之前学过的人物肖像画、色彩、对称图案等知识。了解脸谱色彩的意义。培养学生自主学习能力,训练学生发现问题、解决问题的能力。通过对脸谱上的图案的认识,让学生掌握脸谱的对称性和夸张性特点,为在石头上画脸谱做准备。

教学环节二:在石头上画脸谱

1. 展示京剧脸谱在生活中的运用。(PPT 展示)

思考问题:这些脸谱起到了什么作用?(装饰)

2. 引出本节课的课题:《画在石头上的脸谱》。

3. 思考问题:怎么在石头上画脸谱?

在石头上画画所需要的工具:铅笔、橡皮、平头笔、小楷笔、勾线笔、颜料等。

4. 石头上画脸谱的步骤。(播放示范视频)

(1) 挑选鹅卵石并洗净晒干。

(2) 因为石头颜色各异且较深,用平头笔把白色颜料调好后把石头涂白。(便于铅笔打稿)

(3) 等白色晾干后用铅笔打底稿。

(4) 耐心细致地上色。

(5) 勾线。

(6) 完成。

【设计说明】

通过观察京剧脸谱在生活中的运用,让学生看到更多的载体可以用来画画。进一步带出在石头上画画的课题。激发对"石头艺术"的兴趣。视频示范教学,简洁直观,一目了然,方便学生掌握本课重点(石头脸谱绘画的艺术特色及其创作方法)。展示讲解,让学生掌握本课难点(石头脸谱的创意设计)。本课教学对象是八年级的学生,他们已经具备了很强的感知力、理解能力。在石头上画脸谱,对他们来说是新鲜的、有趣的。学生在小学美术课中对脸谱已经有了一定的了解,本课在新的载体上画熟悉的脸谱,能让学生产生浓厚的学习兴趣和强烈的表现欲望。脸谱是中国戏曲独有的图案化的性格化妆,本课运用夸张、变形、简化、添加等手法来改变传统中国戏曲脸谱,并尝试画在石头上,增加装饰趣味性。

教学环节三:作业

1. 课堂练习要求:根据鹅卵石的外形,借形创作,运用夸张、变形、简化等手法,在石头上设计富有装饰性的脸谱图案。(注意,构图要饱满,把鹅卵石的外形当成脸型)

2. 学生在石头上设计,老师循环辅导。

【设计说明】

培养学生的动手操作能力。体验创造乐趣,学习制作方法。运用夸张、变形、简化、添加等手法来改变传统中国戏曲脸谱,并尝试画在石头上,增加装饰趣味性。

教学环节四:交流与评价

1. 每个小组推选出作品进行展示。

2. 作品评价:学生自评,互评;教师评价总结,并给予表扬。

【设计说明】

在自评互评的基础上教师总结。培养学生的鉴赏能力,增强学生的成就感,提高自信心,提高对戏曲脸谱艺术的欣赏能力,关心、热爱中国戏剧艺术,增强民族自豪感。

教学环节五:课外拓展

学生课外尝试新材料,例如瓷砖画、灯泡画、磁盘画、布包画、蟹壳画……让学生意识到不仅可以在石头上画画,还可以运用很多新鲜的材料画画,增加对新材料的尝试。

【设计说明】

让学生尝试使用新的绘画材料,激发他们探索的欲望,产生想象与创造,能自由大胆地表达自己的思想和情感。

▰▰▰◦专家点评◦▰▰▰

本节课的亮点主要有以下几条：首先，由歌曲《说唱脸谱》音乐导入，集中学生的注意力，使学生对这节课充满好奇心。其次，课件的播放调动学生的视觉经验和初步的审美理解能力，使他们的注意力顺利转入主题、思维进入主动状态。接着走进脸谱，了解脸谱的意义、艺术价值，了解京剧中脸谱的应用以及谱式、色彩等方面的基础知识。再次，在石头上画脸谱的过程中，学生既感受到了京剧脸谱的魅力，又感受到了在石头上绘画的乐趣；既活跃了课堂教学的情景氛围，又有利于学生的身心愉悦，激发灵感。举一反三的材料拓展，有利于发展思维和激发学生的联想创作。

本节课让学生有充分感觉美、欣赏美的机会，分析美、想象美的空间，表现美、创造美的时间。激发学生关心、热爱中国脸谱，培养他们热爱传统艺术的思想感情。龚老师通过在石头上画脸谱，使学生熟悉并热爱祖国的传统文化，增强民族意识，培养爱国主义情操。龚老师以她特有的教学风格为学生营造了一个民主、平等的课堂氛围，让人感到亲切、自然。

建议在教师示范后，对如何根据外形绘画脸谱、如何根据所画对象设置色彩和上色等注意事项作为板书呈现，方便学生操作时注意。

（原上海市闵行区教育学院　张家素）

乡土文化浸润下的艺术课堂

——《走进崇明扁担戏之头像DIY》教学设计

▓▓▓◀●**基本信息**●▶▓▓▓

本课例选自上海教育出版社《艺术（美术）》八年级第一学期第一单元《感受古老文明》中拓展与融汇《感受戏剧》里的拓展内容。

本课例提供者为上海市崇明区建设中学沈霞。

▓▓▓◀●**德育价值描述**●▶▓▓▓

本课例侧重落实"感受中华优秀传统文化艺术，增强文化认同，增进文化自信"这一初中阶段德育核心要求。

《上海市中学艺术课程标准》指出："艺术是人类文化的重要载体，是人类表达和传递情感的重要媒介。作为人类独特的文化认知方式，不同地域、不同时代和不同民族的艺术具有其社会和审美价值的独特性。艺术课程要把古今中外艺术的经典有选择地融入课程，在熟悉、了解本民族艺术文化的同时，使学生接触多元的艺术文化，感悟并分享经典艺术，培养对世界人类文化遗产的尊重和保护意识。"

作为一所农村初级中学，乡土文化已成为学生距离近、体验便捷的优质教育资源。本课对单元教材内容进行整合和拓展，融入本土优质文化资源——上海市第一批非物质文化遗产项目"崇明扁担戏"，以此设计了以"走进崇明扁担戏"为主题的教学内容，去有效地激发学生对民间艺术探索的学习兴趣，树立学生保护文化遗产的意识。

▓▓▓◀●**正文**●▶▓▓▓

教学环节一：探究与导入

1. 欣赏扁担戏表演片段，导入学习内容。

提问：这种表演形式是我们家乡的哪一种民间艺术？（崇明扁担戏）

2. 探究学习：学生自主探究，以各种展示形式分享崇明扁担戏的知识，引出部分课题——走进崇明扁担戏。

3. 揭示课题。

（1）提问：

① 崇明扁担戏表演中最重要的道具是什么？（手偶）

② 崇明扁担戏具有什么样的特点？（形象夸张、神态生动、人物个性特征明显）

（2）完善课题——头像DIY：用身边的材料进行手偶头像的DIY制作。

【设计说明】

为提升本课的教学效果，课前开展学校"崇明扁担戏品戏坊"的实地考察，并以小组为单位，由参加过学校扁担戏社团活动的同学带领，收集资料，开展活动设计，对扁担戏的历史文化、表演形式、艺术价值、角色分类、制作工艺等知识进行深层探究。一方面为课堂中的信息交流提供素材，另一方面培养学生自主研学的能力，激发学生对乡土文化的学习兴趣和对民间艺术的热爱。同时，以身边同伴的表演导入，突破运用视频进行课堂导入的传统教学方法，在"榜样"的激励下，更能激发学生学习民间戏曲的兴趣，对调动课堂气氛起到了事半功倍的效果。

教学环节二：感受与归纳

1. 创意原则。

（1）出示范作，辨别戏偶造型的主要特征。

① 提问：大家辨认形象的依据是什么？（抓住了形象的主要特征）

② 包含的特征有哪些？（肤色色彩、图案纹饰、官帽装饰）

③ 学生交流分享：图片形象的主要特征及表现。

（2）分析、归纳戏偶头像造型创意表现方法。

① 观察表情变化时五官的特点。（表情变化：喜怒哀乐）

② 张飞的主要特征是什么？是如何表现的？（主要特征：夸张强化）

③ 在同一人物的形象趣味变化图片中，哪些部位发生了变化？（五官局部：形状变化）

（3）练习：对土地公公的五官进行趣味创意变化。

2. 制作技法。

(1) 复习超轻土的制作技法(复习填表)。

① 提问:你准备用什么技法来制作戏偶的各个部位?

a. 点的运用:球形法、水滴法、柱形法。

b. 线的运用:泥条法。

c. 面的运用:压片法。

此外,还有空心法、挑拨法、垒叠法、粘结法……

② 自主学习单:五官各部位的具体运用表现。

(眼睛、嘴巴、头发、胡子;形状、厚度、色彩的运用分析)

(2) 学生观看视频,总结归纳手偶头像的制作过程。

① 底坯制作:包裹头像底色、粘结脖子。

② 五官位置:按照"三庭五眼"确定五官位置。

③ 先大后小:先贴大块面积,如头发。

④ 五官制作:在合理的位置贴上五官。

⑤ 装饰调整。

(3) 小组讨论,归纳制作步骤。

【设计说明】

通过形象辨认和特征识别,让学生直观认识并学会找到形象的造型特征;通过欣赏、讨论图例,总结创意表现的方法与原则,在1分钟的小尝试中,让学生体验创意表现的快乐,为解决本课的学习难点埋下伏笔,并在合作互动中,加深师生和生生之间的情感交流。通过自主学习单的设计,减少知识点在新授过程中的时间占用比例,加大并丰富了课堂教学的内容与含量。点线面对应形状和技法的讲解,能帮助学生完成头像各部位的制作。通过教师视频示范,既节省了课堂时间,又简洁直观,使学生一目了然了解了扁担戏手偶头像的制作过程和步骤,帮助学生轻松掌握学习重点。

教学环节三:体验与制作

1. 作业内容。

(1) 根据图片形象,分组用超轻土制作有个性、有主题、有创意造型的戏偶。

(2) 以"建设中学百年校庆"为主题,进行崇明扁担戏微剧目的创编和表演。

（3）角色分工：

①"艺术创想"——全员参与；

②"艺术表演"——人偶表演；

③"艺术音效"——乐器表演；

④"小主持人"——表演介绍。

2. 作业要求：

（1）制作技法：精美细致，显特征；

（2）造型变化：夸张变形，扬创意；

（3）剧情表演：形象生动，求趣味。

【设计说明】

本环节图片形象的应用，降低了学生创作戏偶造型的难度，通过夸张变形等趣味表现，培养学生的创意思维和动手能力。以小组合作的方式，充分发挥小组的协作优势，培养学生参与的积极性和主动性。通过"创编、学演扁担戏"活动，使学生能够在创编表演的活动中与同学交流，产生情感共鸣，能够对作品进行客观评价。

教学环节四：展示与评价

1. 崇明扁担戏微剧目表演展示。

2. 学生自评与互评：结合评价要求对自己和同学的作品及表演给出评价。

奖项：最佳编导奖、最佳创意奖、最佳表演奖。

3. 教师点评与小结。

【设计说明】

多层次多维度地进行作业展示，让学生在观摩、表演、评价中互相学习，深化知识点，培养学生的审美、表演与语言表达能力。

教学环节五：拓展与延伸

1. 思考：崇明扁担戏虽有很长的历史，为什么没有京剧和沪剧那样广为人知？对于更好地传承和发展我们的扁担戏，你有何金点子？

2. 你还知道哪种传统戏剧？下节课给大家分享一下。

【设计说明】

学生用自己的观点思考民间艺术与现代生活的融合与传承，激发学生挖掘自身的潜能,发扬民间艺术,提升学生的爱国主义情怀;让课堂成为延续性的课堂,让学生学会举一反三,运用所学技能和学习方法进行新知识的自主学习和探究。

专家点评

党的十九大精神指出:"建设优秀传统文化传承体系,在文化传承中培育社会主义核心价值观"。挖掘包括乡土文化在内的地方资源已成为新课程背景下中学艺术课程的一大教育资源要求,这既是对民族传统文化的传承,也是对教育资源的开拓创新。本课中,沈老师让崇明扁担戏走进校园、走进艺术课堂,使乡土民间艺术在传承中创新,在创新中发展。本课用超轻土制作手偶头像,让学生尝试抓住形象的主要特征,塑造具有趣味性和艺术性的立体头像造型。沈老师通过不断变换教学方式,变换教师和学生的主客体地位,建构民主开放的互动式教学,引导学生用自己的观点思考民间艺术与现代生活的融合与传承,让课堂成为延续性的课堂,让学生学会举一反三,运用所学技能和学习方法进行新知识的自主学习和探究,从而使教学体现出创造性和灵动性。乡土民间艺术的素材挖掘符合艺术学科的学习特点,让学生了解并掌握艺术学科的学习方法,培养学生知家乡、爱家乡、建家乡的美好情感,既是新课程改革的要求,也是学校发展的需要,更是学校教育的社会责任。

(上海市浦东新区教育发展学院　瞿剑宛)

艺术的熏陶　以美育德

——以《感受与制作艺术肌理》一课为例

基本信息

本课例选自上海教育出版社《艺术（美术）》八年级第一学期第二单元《创造现代生活》设计主题单元中第二课《肌理与材料》的第一课时《感受与制作艺术肌理》。

本课例提供者为上海市崇明区大新中学季颖亮。

德育价值描述

本课落实"感受、体验、表达艺术，促进情感和心理的健康发展""具有美化生活意识，积累艺术经验，自尊自信、自强自立"这两项初中阶段学生学科德育核心要求。艺术课程具有人文性质，是学校进行美育的主要途径。通过艺术教育，培养学生良好的审美趣味，提高学生的艺术素养和创新能力，帮助学生积累深厚的艺术文化底蕴，引导学生步入艺术殿堂，从而实现学生能力的全面发展，完善学生的人格塑造。

肌理不仅在自然与生活中，肌理可以艺术加工和创造，肌理给人带来艺术的美感和精神的享受。肌理是指物体表面的纹理。从感觉上分类，肌理有视觉肌理和触觉肌理之分。肌理具有自然肌理和艺术肌理。自然肌理是自然界物体的客观特征；而艺术肌理却是艺术家有意创造的结果。在绘画中，肌理所产生的艺术效果，往往给人一种神秘的美感。利用材料和技法的简单变化和偶然效果，去发现抽象美和肌理美，懂得抽象绘画的形式美感。

本课通过对肌理艺术作品的赏析，让学生了解肌理在各种艺术创作中的应用表现，感受不同肌理给视觉带来的美感，同时引导学生了解和探索肌理制作方法——吸附法，让他们在动手实践过程中，获得操作经验、艺术创作的乐趣和成就感,增强对艺术创作的感悟力和审美体验,进一步培养学生的审美情趣,提高学生的审美能力,培养勇于创造、追求抽象形式美感的信心。本课教学能有效地发挥他们的自主性、积极性,极大地提高他们的学习兴趣,更能充分展示他们的艺术个性,培养学生从生活中寻找美、发现美、创造美的能力,增强学生热爱大自然的情感。

▌▌▌● 正文 ●▌▌▌

教学环节一：游戏导入

1. 蒙眼摸物游戏。

（1）请三位学生上台来蒙上眼睛用手触摸物件,描述一下物件的质感,并猜一猜是什么东西?（小的砂纸、毛线、麻布）

（2）学生触摸、感受、描述、思考、回答。

2. 揭示课题:《感受与制作艺术肌理》。

【设计说明】

本环节以游戏的方式吸引学生的注意,通过"蒙眼摸物"让学生亲身体验物件的质感,用语言描述自己的感受,猜出物件。用这样的方式导入新课,引起学生对材料凸面纹理的探索欲和好奇心,使学生对"肌理"这一概念有了直观的理解。

教学环节二：讲授新课

1. 展示各种不同材质拓印后的肌理图样,请学生仔细观察后,猜猜这些图样是从哪些材料上印下来的?（毛巾、海绵、金属丝、叶子、气泡包装塑料膜、线绳等材料）

2. 引入"肌理"的概念。

请同学们阅读课本,回答什么是肌理? 你能从生活中找出例子来加以说明吗?

教师小结:肌理是指材料表面的纹理。可以分为两大类:自然肌理和人工肌理。自然肌理:是指物体自然形成的纹理。人工肌理:是指根据人们的审美需求经过人为处理的纹理。

3. 欣赏图片,判断:哪些图片属于自然肌理,哪些属于人工肌理? 欣赏人工肌理图片,简单介绍人工肌理的几种制作方法(酒精斥彩法、撒盐法、转印法、吸附法)。

4. 学生欣赏绘画作品《晨星》中的肌理并谈谈感受,教师总结。

《晨星》是波洛克的代表作之一,他将白色、黑色和其他颜色甩滴在平铺于地面的画布上,就像一幅中国的写意山水画,追求的是神似而不是形似。艺术家们把从自然中捕捉到的美妙瞬间定格于画面之中,这充分说明了艺术源于自然,高于自然。

5. 观看视频,了解肌理作品的制作步骤。

(1)介绍工具材料:扁平盛水容器、颜料、画液、画针、白纸、简易纸画框。

(2)制作步骤:先将画液摇匀倒入扁平容器中,然后将颜料摇匀后滴入画液,待颜料慢慢化开后,再次滴入颜料,反复几次达到你预期的效果后,用画针稍加搅动,形成肌理效果,最后用纸吸附在水面上,等完全吸附后小心取出,即可制作出一幅肌理作品。

(3)制作要领:

① 色调的设定(冷色调、暖色调、对比色调);

② 色彩的肌理造型、点线面的运用;

③ 拓印的要点(平放平拿)。

重要提示:切记不能把几种颜料混合在一起胡乱地搅拌,这样色彩会脏乱而减弱甚至失去肌理效果。(出示制作的示范视频,让学生仔细观看)

【设计说明】

本环节从触觉感受再到视觉感受,进一步加深学生对肌理的认识,让学生通过观察、联想、想象,表达自己的所思所想,形成初步的想象、创造能力,从而激发他们学习制作艺术肌理的兴趣。之后通过生活中的例子,使学生对肌理的概念、分类加深理解,从而培养学生的艺术素养,提高艺术的审美能力。通过学习,表达出对生活中美好事物的向往与追求,进而提高审美品位与审美情趣。再通过判断肌理的分类和了解人工肌理的制作方法,让学生更直观地了解肌理的自然属性和创作方法,感受不同肌理给视觉带来的美感,引导学生了解探索肌理制作方法——吸附法,为学生的艺术创作做铺垫。接着通过欣赏、谈感受,调动学生的联想和想象,能用基本的术语表达自己对名作的理解和感受,让他们在探索过程中,获得艺术创作的灵感,培养勇于创造肌理、追求抽象形式美感的信心。最后通过观看示范视频,直观地让学生知道肌理吸附法的制作过程,也能使学生学会发现问题、思考问题、解决问题,进而学会自主学习,激发学生的创作欲望并增强学生对艺术创作的感悟力和审美体验。

教学环节三：学生课堂实践创作

1. 课堂实践内容：

选用任意颜色搭配并用吸附法合作完成一幅肌理作品。

2. 作业要求：

(1) 色彩的肌理造型、点线面的控制；

(2) 运用已学的色彩知识；

(3) 充分发挥想象力和创造力。

3. 装裱与构图。

三分画七分裱,作品除了本身的完整性、独立性,还可以将其进行剪贴装裱,由抽象的肌理作品转变成一幅有具象外形的装饰画。装裱时注意：选择肌理图案优美完整的画面；构图时选择画面层次丰富的部分,同时注意画面的整体协调。

【设计说明】

通过运用所学的美术知识与技能,将学科能力转化为通用能力,进一步提高动手动脑的实践能力,并鼓励学生学会自主学习和独立思考。让学生在充满想象力和创造力的美术活动中,敢于尝试,不怕失败,逐渐形成耐心、细致的学习习惯,并使其保持健康乐观的心态和持之以恒的学习精神,在摸索尝试中完成艺术创作,增强学生对肌理制作方法的综合运用的认识,培养学生艺术方面的素养。

教学环节四：展示评价

1. 学生展示作品,采用自评或互评的方式进行交流评价活动。

2. 学生针对自己喜爱的作品展开讨论。

【设计说明】

在组内积极开展讨论和交流,让学生学会用自己的观点分享制作过程中的得失,推荐优秀作品进行展示评价,综合运用自评、互评、教师点评等方式,汲取他人作品中的闪光点,使学生充分享受肌理制作的乐趣和成功的喜悦。

教学环节五:课外拓展

课外等作品干透后,学生还可以将作品裁切成宽窄不同的纸条,然后把纸条编织起来,创作出一幅精彩的肌理作品,把它装裱到画框中,用来美化环境。

【设计说明】

拓宽学生视野,激发学生主动学习的积极性,形成发散性思维,灵活、主动地用所学的艺术规律和创意来美化生活环境,使学生养成尊重生命、热爱生活、健康向上的品质,并能学会用艺术的眼光去看待世界,美化心灵。

专家点评

肌理是美术造型元素之一。季老师通过一系列活动设计,引导学生通过直觉触摸感受肌理,图片观察了解肌理,作品欣赏感悟艺术作品中肌理所产生的画面效果,直至利用肌理进行实践表现,经历了从实物肌理到艺术肌理乃至艺术性表现肌理的过程。期间,首先调动了学生的触觉、视觉等多种感知渠道来接触肌理,激发学生探索自然、生活中所蕴含的美术现象,理解肌理与自然、生活、艺术之间的关系。其次鼓励学生尝试与探索,用美术的形式大胆表现自己的想法,有助于学生养成关注和发现自然美、生活美,进而创造艺术美的习惯。

(上海市教育委员会教学研究室 徐 敏)

"肖"似"漫"化，趣味无限

——《肖像漫画》教学设计

●⫶⫶⫶● **基本信息** ●⫶⫶⫶●

本课例选自上海教育出版社《艺术（美术）》八年级第一学期第二单元《创造现代生活》中《漫画与生活》主题单元的拓展内容。

本课例提供者为上海市崇明区建设中学沈霞。

●⫶⫶⫶● **德育价值描述** ●⫶⫶⫶●

本课着重落实"感受艺术美，立足社会主义核心价值观，向往美好事物，追求真善美""感受、体验、表达艺术，促进情感和心理的健康发展"这两项初中阶段学科德育核心要求。

1. 喜闻乐见的漫画的欣赏、创作，让学生知道肖像漫画的艺术特点，引导学生在时尚文化中取其精华，弃其糟粕，学会幽默，学会化解生活中的烦恼，向往美好事物，追求真善美，注重学生人格的培养，顺应现代教育理念。

2. 鼓励学生进行艺术创作，将学生心中的美好通过肖像漫画这一艺术形式展现出来，促进学生情感和心理的健康发展。

●⫶⫶⫶● **正文** ●⫶⫶⫶●

教学环节一：欣赏导入

1. 欣赏漫画。

（1）教师用课件展示肖像漫画，学生猜画中人物是谁。

（2）学生思考：这些画中的人物有什么样的面部表情？（搞怪、夸张、幽默、搞笑）

（3）教师以问题引入本课主题：这些画是哪一种绘画表现形式？（漫画）

2. 教师归纳知识点。

漫画：是用简练、夸张、变形、比喻、象征等手法，来表现具有滑稽、幽默或者讽刺意味的图画。

3. 教师板书课题：肖像漫画。

【设计说明】

本环节直观形象地展示本课的学习内容，又能让学生初步了解到漫画的基本特点，教师通过学生熟悉的明星漫画作品来吸引学生的注意，调动学生的学习积极性，为下面的教学做铺垫，并让学生对漫画知识有所了解。

教学环节二：分析探究

1. 了解肖像漫画的基本知识。

（1）教师提问：肖像漫画与真人照片的区别是什么？肖像漫画用了哪些表现手法？

（2）学生讨论并发言。

（3）教师总结：

① 肖像漫画的表现方法——夸张和变形；

② 肖像漫画的特点——夸张变形，谐趣兼备，又要形象神似，恰到好处；

③ 肖像漫画的概念——对人物形象加以简练、概括、大胆取舍，用夸张、变形的艺术手法表现人物，使人物特征突出、性格鲜明、诙谐幽默。

（板书：肖像漫画的特点：夸张变形、谐趣兼备）

2. 学习肖像漫画的表现方法。

（1）了解"肖"的含义是抓住特征。

① 学生欣赏范画，辨认人物特征，并思考以下问题：

画面中人物是谁？特征表现在哪些地方？

② 教师引导学生归纳知识点，如下：

人物特征表现在脸型、五官、发型、表情、动作等。

（板书：肖：抓住特征）

（2）了解"漫"的含义是夸张变形。

① 教师引导学生思考和讨论以下问题：

作者是否可以随意夸张、任意变形人物形象？在哪些人物部位进行了夸张？

夸张的是什么?

② 教师引导学生归纳知识点:

肖像漫画创作是本着夸张人的趣处,而不是丑化的原则进行画面处理,达到神形兼备、寓美于变形之中的精彩效果。夸张的表现方法有比例夸张、表情夸张、形象变异等。比例夸张的部位有五官(牙齿、鼻子、眼睛、眉毛、耳朵)、脸型、发型等。作者还会把表情夸张,比如喜、怒、哀、惧等。

(3) 教师小结肖像漫画的表现方法:

肖像漫画的特殊之处在于"肖"和"漫"。"肖"是特征,而"漫"就是它的特殊语言。一幅成功的作品要把握好"肖"和"漫"的关系,在找到特征的基础上,对特征进行夸张变形,这样的作品充满了趣味,一定会给人留下深刻的印象。

(板书:漫:夸张变形)

【设计说明】

肖像漫画表现方法的学习分为"肖"——抓住特征和"漫"——夸张变形两部分,本环节通过多幅肖像漫画的欣赏,加深学生对肖像漫画表现手法"肖"和"漫"的理解和运用,同时引导学生寻找、发现所描绘对象的特征并加以艺术夸张。通过教师形象的漫画作品和幻灯片课件演示使学生更加直观形象地观察分析出漫画的特点,为学生的创作做好铺垫。

教学环节三:实践运用

1. 作品赏析。

欣赏老外的肖像漫画和学生的肖像漫画,体会夸张变形的乐趣。

2. 作业修改。

学生分析人物(葛优)特征:光头、大耳朵、大门牙。

教师示范:修改学生作业,从"肖"到"漫"进行二度创作的夸张和变形。

【设计说明】

尽管之前的教学已经让学生对教材中的作品进行了分析,学生已经知道了肖像漫画的特点,但是他们可能不敢在作品中极度夸张,作业可能还停留在摹写(肖)阶段,而达不到创作(漫)。本环节通过老外和同龄人的肖像漫画创作欣赏,巩固并加深学生对漫画表现方法的运用,而教师的示范,是对教学重点和难点的重申,进一步加深学生印象,消除学生的畏难情绪,提高作业的有效性。

教学环节四：作业练习

1. 推选面部特征明显的同学,并讨论记录其特征。

2. 分层作业：任选同学、明星或自己,抓住人物的主要特征,运用夸张、变形的漫画表现方式,用简洁概括的手法创作肖像漫画。

【设计说明】

本环节根据不同学生的能力水平选择不同的作业形式,克服学生的畏难心理。学生在练习过程中,教师巡视学生的完成情况,及时了解到学生在练习过程中遇到的疑难问题并给予指导和纠正,提醒学生注意共性问题。在学生动手实践过程中,帮助学生进一步了解肖像漫画的表现手法,加深学生的印象,提高学生的动手能力,激发学生的创作热情。同时,教师也可以在此过程中,发现学生的困难,并给予指导和帮助,提高整体教学效果。

教学环节五：展示评价

1. 教师组织学生自评或互评。

要求学生从创作作品的构思、漫画表现方法的运用、抓形象特征以及画面的趣味感上进行点评。

2. 教师表扬有创意的学生,鼓励大胆作业的同学。

【设计说明】

在教师讲明基本评价标准的基础上,学生进行自我评价和互相评价。教师采取恰当的评价激励方式,尽可能地调动学生的积极性,让学生体会到成功的喜悦,在作业评述中提高学生的鉴赏水平和审美能力,同时错误也得到纠正。

教学环节六：拓展延伸

1. 学生在课外运用网络查找资料,搜集 QQ 等软件上的符号表情。

2. 选用自己或身边其他人的肖像漫画作为社交头像。

3. 课堂小结：通过本课的学习,同学们了解了漫画的表现形式、题材,学习了肖像漫画的表现方法,使我们充分感受到了人物肖像漫画给人带来的幽默与情趣。老师看到了同学们基本掌握了肖像漫画的创作方法,希望大家在今后的日常生活中注意观察,学会幽默,学会化解生活中的烦恼。

【设计说明】

在课外活动中,安排学生运用所学知识应用到实际生活中,培养学生正确的审美情操、幽默的生活情趣和大胆的创新精神,从而实现情感、态度、价值观结合培养的目标,鼓励学生发挥积极性和创造性。

◢◢◢◆ **专家点评** ◆◢◢◢

漫画是人们喜闻乐见的一种绘画形式,沈老师做了精心准备,搜集了大量有关漫画的资料,通过环环递进的美术活动,引导学生在观察、分析、交流与体验中感受漫画作品、了解漫画形象特点、归纳漫画表现方法、尝试漫画形象创作、针对指导学生漫画作品中的问题、设计分层作业、展示评价同伴作品的过程中,培养学生用美术的眼光对作品的形式与特点进行欣赏与分析,有利于形成健康的审美趣味。鼓励学生乐于用美术的手段表达自己的想法,激发并培养学生的创意表现能力,树立学生幽默面对生活的态度,并通过分层作业的设计,尊重学生的个性化表达。

(上海市教育委员会教学研究室　徐　敏)

后　记

2014年，崇明列为教育部哲学社会科学研究重大课题攻关项目"大中小德育课程一体化研究"上海市试点区。2016年，崇明结合德育综合改革的推进，承担了上海市教育委员会德育处关于"上海市艺术学科德育协同研究中心"项目建设任务，2017年确立项目正式启动实施。在实践探索的3年多时间里，项目组成员经过理论学习、专题培训、项目申报、课堂实践、课例研究等，形成并正式出版了《德润课堂——上海市艺术学科德育优秀课例丛书》。

学科中本来就蕴含着德育元素，学科教学中本来就包含着德育，学科德育是关于学校课程与德育关系的整个研究命题中的一个基本命题，其提出或强调是育人本原的根本要求，是遵循德育内涵的具体体现，学科教学与德育的协同，有助提升课程育人的品质。本丛书《育美明德》《尚美致行》《和乐明心》《载乐载道》《艺德探真》中的课例，是对《上海市中小学美术学科德育教学指导意见》《上海市中小学音乐学科指导意见》《上海市中学艺术学科德育教学指导意见》的贯彻与落实，课例不仅具有实践性，更是具有启发性与借鉴性，为广大中小学校和艺术教师优化课程德育提供方向引导、思想指导与操作支持。

《德润课堂——上海市艺术学科德育优秀课例丛书》的顺利出版，离不开各级领导与专家的关心，在此一并表示衷心的感谢！感谢上海市教育委员会德育处给予项目的支持，感谢徐敏、张家素、钱熹瑗、徐韧刚、瞿剑宛等专家的悉心指导和精彩点评，感谢崇明区教育局、区教育学院领导的关心，感谢上海市艺术学科德育协同研究中心项目基地学校，感谢为本书提供优秀课例的教师。

由于我们的学识、经验和水平有限，恳请有关专家和广大读者批评指正。

"上海市艺术学科德育协同研究中心"项目组

2020年7月

图书在版编目(CIP)数据

尚美致行／上海市艺术学科德育协同研究中心编著.
—上海：上海教育出版社，2021.1
（德润课堂：上海市艺术学科德育优秀课例丛书）
ISBN 978－7－5720－0458－2

Ⅰ.①尚…　Ⅱ.①上…　Ⅲ.①美术课－教学研究－
初中　Ⅳ.①G633.955.2

中国版本图书馆 CIP 数据核字(2021)第 014121 号

责任编辑　庄晓明
封面设计　周　亚

德润课堂——上海市艺术学科德育优秀课例丛书(尚美致行)
上海市艺术学科德育协同研究中心　编著

出版发行　**上海教育出版社有限公司**
官　　网　www.seph.com.cn
地　　址　上海市永福路 123 号
邮　　编　200031
印　　刷　上海商务联西印刷有限公司
开　　本　710×1000　1/16　印张　6.75
字　　数　105 千字
版　　次　2021 年 2 月第 1 版
印　　次　2021 年 2 月第 1 次印刷
书　　号　ISBN 978－7－5720－0458－2/G·0334
定　　价　168.00 元(全套 5 分册)

如发现质量问题,读者可向本社调换　电话:021－64377165

德润课堂——上海市艺术学科德育优秀课例丛书

和乐明心

上海市艺术学科德育协同研究中心　编著

上海教育出版社
SHANGHAI EDUCATIONAL
PUBLISHING HOUSE

图书在版编目(CIP)数据

和乐明心 / 上海市艺术学科德育协同研究中心编著.
—上海：上海教育出版社，2021.1
（德润课堂：上海市艺术学科德育优秀课例丛书）
ISBN 978 - 7 - 5720 - 0458 - 2

Ⅰ.①和… Ⅱ.①上… Ⅲ.①音乐课—教学研究—
小学 Ⅳ.①G623.712

中国版本图书馆 CIP 数据核字(2021)第 014118 号

责任编辑 庄晓明
封面设计 周 亚

德润课堂——上海市艺术学科德育优秀课例丛书(和乐明心)
上海市艺术学科德育协同研究中心 编著

出版发行 上海教育出版社有限公司
官 网 www.seph.com.cn
地 址 上海市永福路 123 号
邮 编 200031
印 刷 上海商务联西印刷有限公司
开 本 710×1000 1/16 印张 5.75
字 数 93 千字
版 次 2021 年 2 月第 1 版
印 次 2021 年 2 月第 1 次印刷
书 号 ISBN 978 - 7 - 5720 - 0458 - 2/G·0334
定 价 168.00 元(全套 5 分册)

如发现质量问题，读者可向本社调换 电话：021 - 64377165

丛书编委会

丛 书 主 编　吕　波
丛书副主编　方一燕
丛 书 编 委　郭春飞　唐忠燕
本 册 主 编　严春香

序　言

　　《德润课堂——上海市艺术学科德育优秀课例丛书》的出版,是上海艺术教育课程改革中的一件大事。这套丛书展现了崇明"上海市艺术学科德育协同研究中心"项目组成员孜孜以求的探索精神,也为全面推进崇明艺术学科课程改革提供了可供借鉴学习的方式方法。

　　近代学者王国维曾指出:"教育之宗旨何在,在使人为完全人物而已。""教育之事亦分为三部:智育、德育、美育是也。"近现代哲学家张世英指出,人的生命发展为四种境界:欲求境界—求知境界—道德境界—审美境界。可见,我们应重视德育,审美教育须德育化;重视美育,道德教育须审美化。因此,探索与推进中小学艺术学科德育,是促进学生生命成长发展的需要,也是帮助学生追求真善美的过程,更是提高学生精神生活质量的必然。

　　立德树人,五育并举,艺术教育对于立德树人具有独特而重要的作用。艺术教育是学校实施美育最主要的途径,有助于培养学生感受美、表现美、鉴赏美、创造美的能力,引领学生树立正确的审美观念,陶冶高尚的道德情操,培养深厚的民族情感,激发想象力与创新意识,促进学生的全面发展和健康成长。艺术教育在提高学生审美和人文素养方面具有独特的价值功能,我们要充分发挥艺术学科应有的育人使命与责任。

　　当前,课程改革追求回归人的生活世界,尊重人全方面的主体地位,重视课程与教学的育人价值,艺术学科也是如此,其教学必须成为一种德育实践,实现师生生命的共同成长。艺术学科德育是依据艺术学科课程标准和《中小学德育工作指南》的育人要求与规律,根据艺术学科教学自身的特点,充分挖掘艺术学科教学中的德育因素,以知识、技能为载体,采用恰当的策略与方法,在艺术学科教学中落实德育目标,即情感、态度与价值观目标,达到以艺载德、以德润艺的目的。艺术学科育德体现了育人的价值导向,是艺术学科育人的核心;艺术学科德育的真实发生,离不开良好的育人理念,也离不开恰当的方式方法。每门艺术学

科都具有各自的属性与特点,其学科德育也需要与之相应的方式方法。

这套丛书按照小学音乐、小学美术、中学音乐、中学美术、中学艺术编排,总共5册。丛书以课例为呈现方式,共计101个学科德育课例,每个课例由基本信息、德育价值描述、教学环节与设计说明、专家点评等构成。这些课例立足德润生命,源于课堂实践,具有教学情境的真实性、润德目标的正确性、德润方法的适切性、可供借鉴的启发性等特征,为艺术教师落实学科德育提供了可供借鉴学习的经验。无痕、适切、融合,让德育在艺术课堂润物无声中真实地展开,促进了艺术学科"主动·有效"课堂的达成。

本丛书课例向我们展示了一些共性的做法,即在落实艺术学科德育过程中,教师可捕捉教材以及生活中的德育素材,将课程内容置于学生生活情境中,产生濡染之效应;也可架构课程内容和德育之桥梁,在审美教育中启蒙德性、培养美善,产生润德之效应;还可采用小组合作、自主探究等学习方式,在多感官并用的过程中体悟践行,产生内化之效应,从而将德育融合于艺术教学的整体,贯穿于课堂教学的全过程,在发展艺术教师育德意识与育德能力中,不断提升艺术学科课程育人的高品质,开创课程德育的新格局!

上海市教委教研室　王月芬

2020 年 9 月 1 日

目　　录

国旗飘扬 童心敬仰

——多样化学习活动中体验歌曲的爱国之情

■■■◆**基本信息**◆■■■

本课例选自上海音乐出版社《唱游》一年级第一学期第一单元《上学》。教学内容《我们爱国旗》是一首由上海中小学音乐教材编写组创作的儿童歌曲，$\frac{2}{4}$ 拍，宫调式。这首歌曲曲调优美，歌词简洁形象地描绘了孩子们迎着朝阳向国旗敬礼的情景，特别是歌曲结尾处的"敬礼!"两字画龙点睛地表现了孩子们对五星红旗的尊敬和热爱之情。

本课例由上海市崇明区西门小学沈莉提供。

■■■◆**德育价值描述**◆■■■

本课例在引导学生在聆听、演唱、表演过程中感受表达热爱国旗的情感，侧重落实"体验音乐作品中的爱党爱国之情"这一项学科德育核心要求。

■■■◆**正文**◆■■■

教学环节一：对比感受，体验爱国旗之情

关键设问：歌曲的速度是怎样的？老师演唱的声音是怎样的？歌曲的情绪是怎样的？

1. 反复聆听，感受情感。

聆听教师范唱，从歌曲的速度、演唱的声音上了解歌曲抒发的优美的情绪，感受歌曲表达的对国旗的尊敬之情。

2. 撷取歌名，提炼情感。

在有感情朗读歌词的基础上帮助学生理解歌词，然后引导学生根据歌词中的情感为歌曲取一个合适的名字，以此来表达学生内心对国旗的热爱。

3. 对比演唱,升华情感。

启发学生选择运用进行曲的速度、饱满而有力的声音演唱歌曲,演绎出歌曲神气、有精神的另一种情绪,体会不同情绪所表达的相同的爱国之情,从而升华内心的情感体验。

【设计说明】

《我们爱国旗》的歌词浅显形象,生动地表达出了孩子们整齐列队在国旗下的情景。有感情地朗读歌词,利用朗诵时的重音处理来帮助学生提前解决歌曲中有难度的节奏,特别是结尾处的"敬礼"一词,引导学生读得干脆而有力,因此学生在此基础上为歌曲所撷取的名字贴切而概括,表现出对国旗的尊敬之情,更能帮助学生理解音乐、感受音乐;运用不同的速度和声音演唱歌曲,使这首歌曲呈现出完全不同的两种情绪,却同样表达出歌者对国旗的热爱,在对比演唱中抒发内心对国旗最真实的情感。

教学环节二:自主创演,烙刻爱国之心

关键引导:请选择自己喜欢的一种情绪进行分组编创表演。模仿老师的评价给其他小朋友的表演进行评价。把你认为最神气的敬礼造型展现出来。

1. 择选编创,品味情感。

(1)分小组自选喜欢的一种情绪编创歌表演。

(2)合作编创合适的表演形式,在编创中大家集思广益,细细品味歌词所透出的对国旗的深深眷恋。

2. 表演评价,释放情感。

(1)分小组进行表演。

(2)进行有针对性的相互评价,在表演和评价中大家尽情释放出对国旗、对祖国的热爱。

3. 礼敬国旗,烙印情感。

看着飘扬的国旗,展示出自已认为最神气的敬礼造型,把对国旗的尊敬之情定格在这一刻。

【设计说明】

以分小组编创的形式,增进师生、生生间的情感交流;亦让学生有种亲身参与、融入歌曲情感的感觉,增加学生的成就感,让他们能自信、乐观地进行学习,也让他们在展示时充分表达出对国旗的尊敬和对祖国的热爱;敬礼造型的展示旨在让爱国旗、爱祖国的情感沉淀在每一位学生的心里,成为融入学生骨血中的永恒烙印而伴随终生。

●专家点评●

鉴于低年级学生的学习能力,运用对比、模仿等学习方式,在观看、聆听、交流讨论过程中多方位理解歌曲内容、感受歌曲情感,体验爱国之情。同时关注音乐编创能力与团队合作能力的培养,引导学生用简单的表演素材,根据歌曲情绪,运用小组合作的方式组合编创表演,运用激励性评价鼓励大胆表演,正确表达歌曲情绪,提高学生的艺术鉴赏力和审美感知能力,培养学生敢于创新、乐于探索、勇于表现表达的精神,同时也让学生形成互相帮助、协同合作的行为习惯。

本课例主要关注感受体验情绪、编创表达情感的能力培养,在音乐实践活动中体会歌曲所表达的对国旗的赞美之情,用浅显易懂的方式表现对祖国的敬爱,在音乐学习过程中渗透德育内涵。

(上海市崇明区教育学院　严春香)

以美施教　以乐育人

——以一年级《小树快长高》为例

▰▰◆基本信息◆▰▰

本课例选自上海音乐出版社《唱游》一年级第一学期第三单元《快快长》，主要教学内容是学唱歌曲《小树快长高》。歌曲《小树快长高》是一首由四个乐句组成的一段体儿童歌曲。这首歌曲结构简单、形象生动，其旋律起伏、跳动，以四分音符、八分音符、二分音符的节奏，不断变换相配合，并间以八分休止符及切分节奏的运用。欢快活泼、富有朝气的旋律恰当地配合了富有想象力的歌词，描绘了小朋友期盼小树快快长高的心情和像小树一样茁壮成长的美好愿望，抒发了小朋友热爱树木、热爱大自然的真挚情感。

本课例由上海市第一师范附属小学崇明区江帆小学周庆提供。

▰▰◆德育价值描述◆▰▰

本课例旨向引导学生在学习演唱过程中获得审美情感的丰富体验，侧重落实"体验音乐作品中对亲近自然、热爱生活之情"这一项学科德育核心要求。

▰▰◆正文◆▰▰

教学环节一：欣赏歌曲，感受情绪

感受歌曲欢快、活泼的旋律，表达小伙伴祝愿小树快长高的心情。

谱例1：

关键设问：这段歌曲的情绪是怎样的？歌词中都唱了些什么？我们可以用怎样的方式表达歌曲的情感？

1. 拍拍唱唱，感受情感：体验歌曲的节拍韵律，感受歌曲所表达的对大自然的热爱之情。

2. 填词演唱，表达情感：在音准正确基础上，用短促有弹性的声音表现歌曲轻快活泼的特点，描绘了小朋友期盼小树快快长高的心情，抒发了小朋友热爱树木、热爱大自然的真挚情感。

【设计说明】

本环节创设情境，让学生在拍拍唱唱和填词演唱中，切身感受歌曲所表达的对大自然的热爱之情，引导学生基于对作品的自我理解，体会歌曲所蕴含的情感内涵。

教学环节二：学唱歌曲，升华情感

通过形式不一的歌唱方式，逐步加深学生对歌曲的旋律印象，循序渐进学会歌曲，并表现歌曲情绪。

谱例2：

生：小树小树快快长高
师：去抱那春风去抱小鸟
生：小树小树快快长高
师：去抱那小星星挂在树梢

关键设问：歌曲中哪句歌词能表现小朋友盼望长大的心情？你可以用怎样的方式表现？你有什么祝愿的话想对小树说吗？

1. 借助图谱，带动情感。按节奏填歌词，八分音符和八分休止符在歌曲中的情感体验，抒发小朋友希望小树快快长高的心愿。

2. 学唱旋律，表达情感。抒发自己像小树一样茁壮成长的美好愿望。

3. 律动表演，共同祝愿。在高位置的状态下用有弹性的声音演唱歌曲，并用律动歌表演的形式，表达对小树的祝愿。

【设计说明】

本环节的教学设计将学生对音乐的感受和音乐活动的参与放在首位，强调学生在亲身实践中学习、体验、感悟音乐。师生共同参与歌表演,增进师生、生生间的情感交流;用歌唱、编创律动的音乐实践活动方式,让学生有种亲身参与、融入歌曲的感觉,增加学生的成就感,让他们能自信、乐观地进行学习,提高学生的音乐表现力、想象力、创造力和合作能力。在歌表演中,更加深刻地感受到小朋友对大自然的喜爱之情和真挚情感。

■■■● **专家点评** ●■■■

本节课的教学设计能够从学生角度出发,以歌唱教学为主导,用优美的歌声吸引学生,在多种音乐体验活动中,培养学生对音乐的兴趣。音乐课作为美育的重要途径,在培养学生审美能力上有着不可替代的作用。歌唱教学在掌握基本的演唱技巧的同时,引导学生发现音乐之美,尝试表达歌曲的情感,自信参与艺术实践,在潜移默化中建立起学生对优美音乐的喜爱,形成健康向上的审美观和道德观。

(上海市闵行区教育学院　施红莲)

小歌曲　大道理

——以一年级歌曲《竹子冒尖尖》一课为例

██◉ **基本信息** ◉██

本课例选自上海音乐出版社《唱游》一年级第二学期第二单元《亲又亲》，主要教学内容是学唱歌曲《竹子冒尖尖》。歌曲《竹子冒尖尖》是一首采用江西萍乡的民间曲调填词而成的歌曲。$\frac{3}{4}$拍，G宫调式。整首歌只用了d、r、m、l四个音，前后两乐句曲调基本相同，旋律迂回往复，好像绕口令似的，特别富有童趣，恰如山里的孩子流露出纯洁无瑕的真挚友情。

本课例由上海市崇明区西门小学张家财提供。

██◉ **德育价值描述** ◉██

本课例旨向引导学生在节拍感知、歌表演等过程中获得情感体验，侧重落实"体验作品中亲近自然、热爱生活；感受音乐抒发的亲情与友情"这一项学科德育核心要求。

██◉ **正文** ◉██

教学环节一：学唱歌曲，体验情感

关键设问：你能从歌曲的原唱及老师的讲解中听出歌曲的用意和蕴含的道理吗？用怎样的声音表达歌曲轻快、活泼的情绪？

1. 完整聆听歌曲，理解歌词意思，体会歌曲中蕴含的道理。

2. 师生合作，用明亮的声音有节奏地朗读歌词（解决节奏难点）。

3. 分段轻声跟钢琴填唱歌词，感受歌词和谐温馨，其乐融融的情景。

4. 用多种方法学唱歌曲（分组、分男女、师生对唱等），感受三拍子强弱规律。

5. 用自然、柔和的声音唱出歌曲欢快的情绪，并感受歌曲抒发的亲情与友情。

竹子冒尖尖

江西民歌
方立平 填词

稍快、明朗地

1.山里竹子 冒尖尖 哦， 亲亲密密 连成海 哦，
2.竹子扎成 小竹排 哦， 顺着流水 出山外 哦，

就像我们 手拉手 哦， 聪明活泼 多可爱。
小小伙伴 在成长 哦， 一路歌声 多欢快。

【设计说明】

本环节先让学生仔细聆听歌曲原唱及老师的歌词讲解，理解歌词所蕴含的意义和道理，再师生合作一起用明亮的声音有节奏地朗读歌词，学唱歌词。从歌词里的拟人化植物伙伴间亲密无间，到现实生活中小伙伴之间手拉手，互帮互助，快乐成长，处处流露出热情、友善、关爱的浓情厚意。本环节能让学生在学习中感受到和谐温馨、其乐融融的情景，还能引导学生养成关心、帮助他人，热爱生活，与大自然和谐共处的良好品质。

教学环节二：合作表演，促进友情

关键设问：你能用自己喜欢的方式（打击乐、竖笛、歌唱、律动）加入歌表演吗？

1. 班级竖笛社团的学生和老师一起用竖笛吹奏歌曲。

2. 用自己喜欢的方式（打击乐、竖笛、歌唱、律动）加入歌表演，享受合作学习的乐趣，感受伙伴间亲密无间的真挚友情。

3. 同伴互评，小组互评，师生互评。

评价要点：有没有全体参与？有没有表现出三拍子的强弱规律？同伴之

间,小组之间,师生之间,不同乐器之间配合得怎样?

【设计说明】

本环节让学生用自己喜欢的方式参与歌表演,从听、唱、奏、演中感受歌曲欢快活泼的情绪和三拍子的强弱规律,享受同伴间、师生间合作学习的乐趣,学会如何与大家分享喜悦,这不仅能提高学生综合表演和互相协作的能力,还能增强同学间亲密无间的真挚友情。

教学环节三:人文拓展,激发情感

关键设问:你知道歌曲《竹子冒尖尖》是中国哪个地方的歌曲吗?

1. 了解中国的竹子之乡——江西,多媒体欣赏江西竹林美景。

2. 了解歌曲《竹子冒尖尖》的诞生地江西萍乡,以及这里的红色文化。

3. 拓展欣赏江西民歌《请茶歌》,了解江西的风土人情,激发爱国热情。

文化拓展

江西萍乡——中国早期革命发源地之一,在中国近代史上贡献巨大,萍乡是中国工人运动的策源地,也是秋收起义的策源地,还是中国少年先锋队诞生地方,是红领巾的摇篮。

拓展欣赏:江西民歌《请茶歌》

1.听完这首歌曲,你的心情是怎样的?

2.这首歌曲和《竹子冒尖尖》情绪有何相似之处?

3.从这首歌曲中你能听出江西人民的哪些特点?

【设计说明】

本环节通过地理文化的拓展,学生了解了中国竹子之乡——江西,知道了今天学的歌曲《竹子冒尖尖》是江西萍乡的一首民歌,还进一步了解到江西萍乡是中国红色文化的传承地,中国革命的摇篮。最后又欣赏了一首江西民歌《请茶歌》,拓宽了学生的音乐视野,加深对江西风土人情的了解,激发学生的爱国热情。

本课例主要侧重引导学生关注音乐作品中所蕴含的亲近自然、热爱家乡的深厚感情以及抒发的亲情与友情。通过多样化的音乐实践活动,在教师的引导下逐步感悟和理解。

一、以"艺术感染"引导"价值判断"。教师结合歌曲聆听、歌词讲解,引导学生理解歌曲所流露出的热情、友善、关爱的浓浓友情以及与大自然和谐共处的良好品质,并引导学生以富有艺术感染力的合作演唱和表演予以表达。

二、巧用"内涵展现"引导音乐文化体验。拓展学习环节,教师设计了解中国竹子之乡——江西的历史文化和风土人情,进一步深化了本课学习的内涵,并以一首《请茶歌》的拓展欣赏,进一步加深了学生的音乐文化体验,可以说在这种潜移默化的学习过程中,学生的学习感悟和理解要远远超过歌曲学习本身。

(上海市青浦区教育学院 王美华)

情境推动体验　多元感官联动

——基于学科素养下互动融合式的音乐欣赏教学

■■■●**基本信息**●■■■

本课例选自上海音乐出版社《唱游》一年级第二学期第四单元《开心童年》，教学内容为《快速波尔卡》，它是一首由奥地利作曲家、指挥家爱德华·施特劳斯早期为庆祝一家铁路公司通车典礼而创作的管弦乐作品。乐曲二四拍，复三部曲式。乐曲开头及结尾运用了"哨声""鸣笛声"等特殊音效，描绘了整齐列车从启动、加速、飞驰、到站的细节。乐曲音色丰富、旋律欢快，表现了乘客们在列车旅途中的快乐心情。

本课例由上海市实验学校附属东滩学校亢幸提供。

■■■●**德育价值描述**●■■■

本课例旨向引导学生获得多元化的音乐感官体验，通过"唱小儿歌，开小火车"感受整齐列车的速度，通过"演奏小乐器"和"学跳波尔卡"感受乐曲表现的"波尔卡舞曲风格"。侧重落实"具有了解外国经典音乐及文化的兴趣"这一项学科德育核心要求。

■■■●**正文**●■■■

教学环节一：创设情景，激发兴趣

运用"小儿歌"记忆乐曲旋律，搭建"列车情境"，体验乐曲第一主题。

谱例1:

快速波尔卡

爱德华·施特劳斯

关键设问：小火车开起来的时候车轮有什么特点呢？你能用怎样的方式将小火车的样子表现出来？

1. 学生随音乐节拍自由走动，找到乐曲中的强弱规律。

2. 欣赏第一主题前三句，跟教师模仿前三句开火车的律动。

3. 创设火车穿山越岭时的颠簸以及列车停靠站台的特点，引导学生在小旗的地方按强弱踏步行进，在小太阳的地方蹲下模拟停靠站台，在爱心的地方用左右拍手感受列车翻山越岭时的晃动。

4. 创设小乘客愉快的乘车体验，引导学生唱"小儿歌"熟悉乐曲主题。

5. 小组长带领各组"小火车头"在教室四周找到车站，带着组员随音乐"开小火车"，激发学生童趣的音乐体验。

【设计说明】

在乐曲欣赏中，为了让学生体验乐曲中连贯的节奏和短促跳跃的节奏，感受火车飞驰时欢快热烈的场面,活动中运用"开小火车"的游戏体会乐曲前半句的连贯,用"小火车停靠站台"体会后半句的跳跃和欢快的情绪,用"左右拍手"体会乐曲最后一句节奏的疏松。

教学环节二:化听为动,感知韵律

谱例2:

小小演奏会

重复3次

重复4次

关键设问:"音乐会"中出现了哪些小乐器? 其中大军鼓的声音可以用什么去代替?

1. 观看"音乐会",找出"音乐会"中出现的小乐器。

2. 思考:哪个小乐器的演奏次数最多?

3. 出示图谱,在教师指导下慢速演奏小乐器,熟悉节奏。

4. 结合图谱,在教师指挥下用小乐器完整表演第二主题。

【设计说明】

这首乐曲是奥地利作曲家所做的一首作品,借用作曲家的地理位置,延续上一环节的开小火车情境,在本环节创设的是"音乐会"中演奏表演的情境。由于低年级对乐器的辨识度较低,因此先引导学生观察、了解视频中的小乐器,通过图谱了解演奏的节拍和顺序,最后在教师指导下从慢速的练习再到跟音乐完整表演。这个活动旨在让学生初步体验音乐会的演奏要求,体会演奏的乐趣。

教学环节三:互动融合,合作体验

创设"小舞会"感受乐曲第三主题"波尔卡"的舞曲风格。

谱例 3：

小舞会

规则：1. 女生模仿教师动作

2. 男生模仿女生动作

关键设问：视频中双人舞的特点是什么？

1. 观察视频中的双人舞，他们是怎么跳的？请小朋友自由模仿。

2. 教师总结动作要求，男女生两人一组，按要求跟老师慢速学跳。

3. 跟音乐完整表演第三主题。

【设计说明】

这是一首"波尔卡"风格的乐曲，具有鲜明的舞曲特点。因此，本环节运用简单的双人舞体会波尔卡音乐的欢快愉悦，也将整首乐曲情绪推向高潮，培养学生的模仿能力和合作意识。

▶▶▶◆ 专家点评 ◆◀◀◀

本节课教学环节合理，语言表达清晰、明确。通过教学设计可以看出亢老师的教学不仅注重知识的传授与能力的培养，更注重学生的独立性、创造性、自主性的培养。在创情境唱儿歌、小小演奏会、小舞会的三个主要环节中，用多种艺术体验手段感受音乐作品欢快的情绪。在强调掌握音乐知识技能的同时，让学生多元化地充分体验音乐的美及其蕴含的丰富情感，使学生的情感世界受到感染与熏陶，对学生进行感情培养和自信心的树立，帮助学生形成美感的品格和健全的人格。

（上海市闵行区教育学院　施红莲）

木琴声声乐耳　骑兵精神入心

——在律动表演中,提高儿童的音乐体验与表现能力

■■■◆ 基本信息 ◆■■■

本课例选自上海音乐出版社《唱游》二年级第一学期第二单元,教学内容为《我是人民小骑兵》。这是一首木琴独奏曲,由手风琴伴奏,通过乐句重复,音型级进和模进,旋律在低音、中音、高音区的上行和下行的连续进行,速度与力度的对比变化运用等手法,表现小骑兵喜悦欢快的心情以及战马奔驰飞跃各种障碍的情景,抒发了小骑兵们克服困难、战胜艰险的精神。学习本课内容可以让学生听辨木琴的音色特点,体会乐曲引子与尾声部分音乐力度的变化,感知乐曲的音乐形象,了解民族乐器,激发对我国民族音乐的喜爱之情。

本课例由上海市崇明区实验小学王丹丹提供。

■■■◆ 德育价值描述 ◆■■■

本课例旨向引导学生学习骑兵精神,获得审美情感和体验,侧重落实"爱家乡、勤劳勇敢、诚实善良等民族与时代精神"这一项学科德育核心要求。

■■■◆ 正文 ◆■■■

教学环节一:律动感受小骑兵草原驰骋的情景

关键设问:A乐段描绘了怎样的情景?你能用动作表现一下吗?

1. 初听乐段,想象小骑兵策马奔腾的场景,学跳蒙古舞。

(1)感知情景。

引导学生展开音乐场景的丰富想象,并用动作即兴表演。

(2)动作指导。

学生跟随教师体验、模仿骑马的动作。

2. 探索马蹄音响,感受策马奔腾的场景。

(1) 鼓凳伴奏马蹄声,激发学生创作草原上小骑兵奔腾的音响场景。

(2) 加入"脚步的踢踏声音"模仿马蹄声,引导学生感知音乐节奏特点。

3. 借助图谱,用节奏准确的律动表现骑兵的音乐形象。

(1) 画图形谱,感知 A 乐段的节奏特点及节拍韵律。

(2) 伴随音乐用动作完整表现 A 乐段,分组表现小骑兵在草原上奔驰的音乐形象及喜悦心情。

【设计说明】

本环节运用律动和鼓凳创作节奏,为乐曲伴奏并展开想象;通过听赏,了解木琴的音色和乐器的特点;借助图形谱,引导学生感知音乐旋律特点。引导学生感受乐曲所描绘的草原美景及小骑兵们在草原上奔驰的喜悦心情,激发学生对家乡的热爱之情。

教学环节二:表现小骑兵不惧风雨的场景

环节关键设问:小骑兵遇到什么事情了? 怎么表现小骑兵不惧风雨、勇敢向前的精神?

1. 聆听第三乐段,感知场景。

分组造型感知音乐所描绘的场景变化及小骑兵面对暴风雨行走的艰难,感受音乐情绪的变化。

2. 师生交流,发挥想象。

师生探讨律动动作并展开丰富的想象,感知小骑兵勇敢战胜困难的精神。

3. 编创律动,表现形象。

指导学生用肢体动作表现音乐形象,再现音乐场景,表现小骑兵骑着战马迎着狂风暴雨勇敢前进。

【设计说明】

本环节是欣赏乐曲的第三乐段,引导学生感受小骑兵遇到暴风雨时的心情并展开想象,分别运用骑马、扬鞭动作等方式进行表演,再现当时暴风雨的情景。在律动表现过程中,让学生体会和感受到遇到苦难也要勇往直前的骑兵精神。

专家点评

本课的主要教学内容是欣赏《我是人民小骑兵》,学习小骑兵们不畏艰险、战胜困难的精神,培养勇敢善良的好品质。王老师没有对学生进行贴标签式的说教,而是在教学过程中突出骑兵形象,采用"律动教学"的策略,进行模拟体验。例如:根据音乐节奏的特点设计律动,用脚底踢踏声模仿马蹄声,创设草原上万马奔腾的音响效果,感受骑兵快乐的心情;贴合图谱设计律动,感知旋律起伏的特点,想象小骑兵草原上奔驰的喜悦;紧扣音乐形象设计律动,感受小骑兵在暴风雨中骑行的艰难,体会勇往直前的骑兵精神。一连串的律动设计避免了欣赏教学中的枯燥,使得音乐更为形象化、具体化。化体验为对音乐的"表达和诠释",无痕中渗透勇敢坚强的品质教育。

育德需要一定的体验感受和情感铺垫。本课在习得音乐技能的同时,通过律动体验把学生的情感和音乐的美感融合在一起并逐步深化。在理解音乐形象的同时,勇往直前的时代精神也潜移默化地根植于学生内心。本课例值得学习与借鉴。

(上海市崇明区实验小学　沈丽春)

萌娃唱童谣　乡音我传承

—— 在颂唱中提升对家乡文化的感悟

⬤ 基本信息 ⬤

本课例教学内容《十稀奇》为上海音乐出版社《唱游》二年级第一学期第三单元《欢歌声声》的拓展内容。这是一首风趣幽默、生活感强烈的崇明童谣，它的基本音韵和谐，内容通俗易懂。本课通过引导学生节奏朗诵、韵律歌唱、律动表演等活动，将崇明童谣艺术化，具有诵唱性、表演性。

本课例由上海市崇明区西门小学顾素华提供。

⬤ 德育价值描述 ⬤

本课例旨向引导学生在唱童谣、奏童谣、演童谣的过程中，提高学生的思维力、激发学生的想象力、培养学生的创造力，获得审美情感的丰富体验，侧重落实"喜爱我国民族民间音乐文化，增强民族文化意识"这一项学科德育核心要求。

⬤ 正文 ⬤

教学环节一：把握教材优势，激发学生兴趣感

关键设问：你知道什么是崇明童谣吗？

1. 听范读，初步品味韵律。

（1）老师用崇明方言与学生做交流，激发学习兴趣。

（2）老师示范读童谣《十稀奇》，学生聆听感受。

（3）生生、师生交流初听崇明童谣的感受。

2. 看表演，再次感受魅力。

（1）老师加入小乐器再次表演《十稀奇》。

（2）请个别本地学生尝试读一读，老师用小乐器伴奏。

（3）介绍崇明童谣的背景和学习童谣的特殊意义。

《十稀奇》

一稀奇,东山老虎坐在西;二稀奇,崇祯皇帝吃豆稀;

三稀奇,三件瓦房砌在鸡棚里;四稀奇,尼姑庙里招女婿;

五稀奇,五只黄牛扣在盖碗里;六稀奇,六只大船航了阴沟里;

七稀奇,外头黄浦江里,出仔一桩大事体;一只大船拨勒扁丝条鱼吃勒肚皮里;

八稀奇,八仙台子灌勒麻袋里;九稀奇,九十岁外婆坐在坐车里,

外公叫我抱抱伊,一抱抱勿起,二抱看看眼睛生勒头顶里;

十稀奇,马桶跌在夜壶里。

【设计说明】

崇明童谣是学生几乎没有接触过的新体裁,因此怎样让学生感受到崇明童谣的魅力,激发起孩子学习兴趣至关重要。在上课时,老师就直接用崇明方言和学生做简单交流,激发学生的好奇心。崇明童谣《十稀奇》选词注重格律和韵脚,读来朗朗上口,内容简单,通俗易懂,在老师的反复朗诵中使学生充分体验方言的特色,让学生感受到崇明童谣的韵律美。

教学环节二:引导交流探究,提高学生自信心

关键设问:通过刚才的学习,你知道"稀奇"是什么意思吗? 你能具体说一说《十稀奇》中一个"稀奇"的含义吗?

1. 共交流,理解核心含义。

(1) 个别学生说一说"稀奇"的含义。

(2) 老师讲一讲"稀奇"在崇明方言中的意思。

(3) 师生聊一聊崇明童谣《十稀奇》的有趣意义。

2. 抓重点,感悟深层精髓。

(1) 重点练习"瓦房""阴沟""麻袋"等难度词的发音。

(2) 学生小组学习童谣,解决方言诵读的难点。

(3) 全体完整朗诵,并尝试加入简单的肢体动作。

【设计说明】

"鸡棚""阴沟""麻袋"等事物,在学生身边随处可见,童谣中蕴含丰富的生活内容是学生感兴趣的,兴趣是学习的原动力。通过分小组学习,让崇明学生带动外地生一起交流、互动,迸发出解决学习难点的火花。在师生、生生互动学习中,

通过聆听、理解、模仿,使学生了解语言的多样性,加深学生对家乡语言的熟悉与对家乡文化的了解,从而产生浓厚的热爱家乡之情。

教学环节三:丰富表演形式,培养学生创造力

关键设问:你能根据自己的感受为童谣加入合适的表演吗?

1. 多渠道,注重创造提高。

(1)律动表达:引导学生运用自己已有经验,如点头、拍手等,让学生再次感受童谣特有的节奏和韵律。

(2)节奏型伴奏:加入沙蛋、双响筒、碰铃等小乐器,老师演示每个小乐器的演奏方法与技巧。

(3)场景表演:在学会歌词、掌握节拍的基础上加入符合意境的简单动作,动一动、演一演。

2. 齐合作,展现表演活力。

(1)四人一组。两人朗诵,一人打击乐器,一人动作表演。

(2)分小组练习,为童谣加上不同表演形式。

(3)合作表演展示,小组互相点评。

3. 倡自学,促进拓展提升。

(1)出示童谣《小姐教我打算盘》。

《小姐教我打算盘》

九九八十一,小姐教我打算盘。

打着三块银洋钿,转去买点油勒盐。

盐么咸,买只篮,篮么漏,买粒豆。

豆么香,买支枪,枪么响,买只鸟。

鸟么飞,买只鸡,鸡么啼,买张犁。

犁么弯,买间屋,屋么高,买把刀。

刀么快,杀脱你这小精怪。

(2)模仿《十稀奇》的表现方式编创表演。

(3)自主表现《小姐教我打算盘》,相互评价。

【设计说明】

在学习崇明童谣《十稀奇》的过程中,引导学生通过不同形式表现童谣,启发学生的发散拓展思维,在律动中感知、在打击乐中深入、在舞动中融合,培养学生创造性思维能力及对音乐的感受能力和表现能力,在本节课活跃而有序的课堂气氛中充分感悟崇明童谣的有趣与特殊韵味。出示新童谣《小姐教我打算盘》,让学生和家人一起练习,充分发挥学生的自学潜质,运用家庭周边方言优势,激发孩子们对方言及家乡的认同感。

专家点评

本课例关注本土文化在课堂教学中渗透,通过节奏朗诵、情景表演、体态律动等方式表达本土童谣,感受方言的魅力,在活动中培养学生的表演、编创、合作能力,激发学生对本土音乐和文化的热爱之情,增强民族文化意识。

纯正的崇明方言是童谣的基础,在实际生活中学生已经很少使用方言,所以本课在教学中关注方言难点的解决,关注本土方言的传承。童颜质朴而风趣的语言特点,大胆而夸张的艺术想象,充分展示了本土艺术特色,运用有韵律感的节奏朗读和情景想象与表演,还原童谣的有趣场景,学生在表演中体会本土童谣的艺术魅力,在课堂外传播童谣艺术,有利于本土艺术传承。

(上海市崇明区教育学院　严春香)

多重方式体验　传递民族文化
——音乐欣赏中的德育渗透

▮▮▮◀●基本信息●▶▮▮▮

　　本课例选自上海音乐出版社《唱游》三年级第一学期第一单元《来跳舞》。教学内容《快乐的诺苏》是一首根据四川彝族舞曲改编的器乐曲,弹拨乐器合奏。乐曲用热烈的情绪、活泼的旋律,表现彝族人民载歌载舞的生动形象以及对于自己是彝族人的骄傲与自豪。音乐旋律简单,曲调短小、流畅,多采用重复与变化的手法编配而成,具有浓郁的民族风格。富有舞蹈性的音乐给人一种轻松活泼的感觉,表现了彝族人民歌唱幸福生活的热烈场面。

　　本课例由上海市第一师范附属小学崇明区江帆小学张莉提供。

▮▮▮◀●德育价值描述●▶▮▮▮

　　本课例旨向引导学生在跳跳、听听、唱唱、演演等多种形式下激发学生内心对民族音乐的喜爱。在律动、乐器模仿的过程中,感受乐曲热烈气氛,传递民族文化意识,侧重落实"喜爱我国民族民间音乐文化,增强民族文化意识"这一项学科德育核心要求。

▮▮▮◀●正文●▶▮▮▮

教学环节一:游戏律动表现活动,引发情感共鸣

　　关键设问:这段舞蹈音乐给你怎样的感受?彝族的民族文化你都了解什么?

　　1. 跳一跳:师生共同跟着音乐律动(第一段)。

　　2. 听一听:

　　(1) 教师弹奏中音区主旋律,学生挥动手腕参与表现。

（2）教师弹奏不同音区主旋律，学生随着不同音高进行动作表现。

（3）教师弹奏不同速度的主旋律，邀请几个学生来律动。

3. 讲一讲：介绍彝族相关文化，导入课题。

【设计说明】

在跳一跳、听一听小游戏环节，师生共同初步感受民族乐曲带给人们的热烈情绪，感受人们在载歌载舞时的快乐心情。在讲一讲环节中，通过初步体验乐曲主旋律的高低变化，进一步了解彝族文化，如：生活的地方、服饰、语言、节日等，特别是为什么叫诺苏（诺苏是指四川、贵州和云南等部分地区彝族的自称），以及彝族人民能歌善舞、热情好客并且耿直豪爽、勤劳勇敢的优良品质。

教学环节二：多种感受表现活动，体验民族民间音乐魅力

关键设问：这段音乐是由哪些民族乐器演奏的？给你带来什么样的感受呢？

1. 欣赏体验第一段。

（1）听一听：欣赏《快乐的诺苏》第一段，听到熟悉的音乐可以用自己喜欢的动作表现。

（2）认一认：演奏乐器——扬琴、柳琴、琵琶、大阮等弹拨合奏乐器的介绍。

弹拨乐

（3）仿一仿：

① 跟随音乐模仿演奏乐器动作（教师用 beng 来模唱旋律）。

② 学生也来用 beng 来模唱并模仿演奏乐器——月琴。

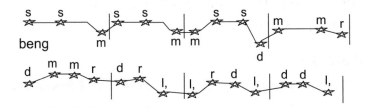

（4）唱一唱：唱第一段旋律谱。

① 跟钢琴演唱（关注音准）。

② 加快速度演唱，唱出乐曲情绪。

③ 播放第一段，听辨主旋律出现了几次？

（5）演一演：教师第一段小结后请学生选择自己喜欢的方式进行表演，可以动作律动，还可以模仿月琴演奏动作并用 beng 来跟着哼唱。

2. 欣赏体验第二段。

关键设问：这段音乐和第一段音乐比较，描写的场景有什么变化？从哪里听出来？

（1）拍一拍：邀请学生进行拍腿跺脚伴奏。

（2）奏一奏：

① 学生打击乐器进行体验。

② 师生共同合作再来奏一奏。

3. 欣赏体验第三段。

关键设问：第一段与第三段音乐哪段更热烈欢快呢？速度有变化吗？

（1）找一找：欣赏第三段，找出与哪段相似。

（2）比一比：欣赏第三段，思考情绪与速度的变化。

（3）演一演：师生模仿火把节围在一起热闹的场景随音乐律动。

【设计说明】

本环节在学生认识、了解民族乐器，体验民族乐器的音色特点基础上，通过多样的活动形式，让学生唱准主题旋律，感受彝族音乐表现的不同场景。能用简单的语言描述彝族音乐表现的场景，在小乐器的使用中能够表现彝族人们载歌载舞的快乐，表现热烈的气氛。在音乐欣赏中融入了彝族的节日——火把节，让学生更深层次地去感知我们民族音乐的魅力,加深学生对民族音乐文化的喜爱。通过多样的互动形式增强孩子的民族文化意识,让学生发自内心地爱上我们的民族音乐。

专家点评

本课例教学设计清晰,教学方法多样。教师将抽象化的旋律转变为直观形象的旋律线,通过欣赏、演唱、模仿等音乐实践活动,了解彝族人文知识,感知其音乐特色,培养学生感受和欣赏民族音乐艺术的能力和情感,加强学生的音乐审美,进一步积极地影响他们的情感认知,使学生在学习音乐的过程中形成良好的行为习惯,具备宽容、友爱、团结、互助等美德意识。

（上海市闵行区教育学院　施红莲）

国粹轻松进课堂　传统文化润童心

——以《穷人的孩子早当家》为例

基本信息

本课例选自上海音乐出版社《唱游》三年级第一学期第三单元《爱劳动》，教学内容是欣赏现代京剧《红灯记》李玉和的经典唱段《穷人的孩子早当家》。本唱段的发声接近真声，唱词朗朗上口，音域不高不低，唱腔舒缓平稳，身段动作相对比较简单。

本课例由上海市崇明区实验小学顾少华提供。

德育价值描述

本课例旨向"引导学生喜爱我国民族民间音乐文化，增强民族文化意识"这一学科德育核心要求。

正文

教学环节一：视听结合，京腔京韵初体验

关键设问：伴着我们进入教室的音乐有什么特点？

1. 听京韵锣鼓进教室。

跟着老师在京韵锣鼓的乐曲声中以京剧的圆场步法进入教室，营造一个传统京剧开场的氛围。

小结：这段乐曲都是用锣、鼓、钹等民族打击乐器演奏的，传统京剧就是用锣鼓和胡琴等民族乐器为其现场伴奏的。

2. 视听结合，介绍京剧。

播放《京韵锣鼓》现场演奏片段，形象地感知各种民族打击乐器的现场演奏音响效果。

简介：京剧被称为"国粹"，已有200年历史，角色可分为：生、旦、净、丑四大行当，它是集唱、念、做、打为一体的综合性表演艺术形式。（边介绍边播放视频中脸谱、服饰、头饰、行当、扮相等，以此增加直观感受）

【设计说明】

一开场就设计在京味浓郁的氛围中进入教室，能从一开始就抓住学生的注意力，并通过视听结合这种快速和高效的传授知识、获取知识的方法，让孩子们边听京剧知识的讲解，边欣赏与图像和文字相契合的动态画面，直观、多元地帮助孩子们消化吸收单一的知识，拓宽视野。绚烂多彩的镜头下，美轮美奂的场景完美地诠释了京剧的美。在精美的头饰、多彩的脸谱、绚烂的服饰以及壮观场景的动态视觉冲击下，学生的学习专注力得到了提升，对京剧艺术的好奇心和求知欲大大增加，学习的效果也就事半功倍了。

教学环节二：动唱并举，京腔京韵入童心

关键设问：你能听出唱段中"板"的声响并尝试着拍一拍吗？

1. 初听唱段，了解歌词。

你能说说这是谁（行当）在演唱？唱段里唱了些什么？

2. 图文并茂，介绍《红灯记》，了解故事时代背景。

教师介绍《红灯记》的时代背景。

3. 复听唱段，说说情绪、节拍。

小结：唱段采用西皮原版的曲调，表现了父亲李玉和看到女儿小小年纪就能担起家庭的重担，对女儿乖巧懂事的称赞，以及由衷的喜悦之情。

4. 再听唱段，拍击一板一眼。

（1）介绍京剧中的板、眼与唱腔。

（2）感知唱段中的板与眼。

找：边听边找板的声响，用拍板点眼的方式尝试拍击，你会发现什么？

拍：说说哪里你不会拍？教师深入浅出解决难点。

5. 师生共同模仿身段的亮相动作。

6. 尝试演唱最后两句，体验"开什么花……"这句拖腔的韵味美。

开启师徒学习模式，口传心授式的一字一句教唱词。

拍板眼	亮身段	唱唱词

7. 我是"京剧小票友"。

分小组选择自己喜爱的演绎方式（拍板眼、亮身段、唱唱词）合作展示《穷人的孩子早当家》。

【设计说明】

本环节通过讲故事、师生交流等形式让学生了解现代京剧《红灯记》的故事梗概，熟悉歌词，了解唱段所要表现的内容，并进一步体会一代代革命人艰苦抗日，不怕牺牲、前仆后继的革命精神。在学习唱段时，采用了三种教学方法：拍板眼、亮身段、唱唱词，让学生多方位感知体验京韵。其中京剧的板眼和声腔对三年级学生来说比较难以掌握，在引导学生初步辨听板眼的基础上，尝试跟着节拍，拍打、体会"提篮小卖拾煤渣，担水劈柴也靠她"这句板与眼的韵味；在"里里外外一把手，穷人的孩子早当家"的教学中，由于唱腔对学生来说比较难学，因此选择了亮身段的方式进行模仿，增加了京剧学习的趣味性；在最后两句"栽什么树苗结什么果，撒什么种子开什么花"教学中采用"口传心授"的方法，逐字逐句教唱，旨在通过教师的声音、表情、动作、眼神去感染学生，让学生更快更直接地体会京剧唱腔中拖腔的韵味美。这一系列的多感官递进式的教学，让每个学生主动参与其中，真切地感受到了京剧的韵味美，渐渐地让孩子们萌发对京剧艺术的喜爱。

▶▶▶▶ 专家点评 ◀◀◀◀

众所周知，京剧是我们中华民族文化之瑰宝，距今已有 200 多年的历史，是民族艺术文化之根，我们要传承和发扬它。

本课例能结合学生的学情，紧紧地围绕体验和表现京腔京韵这一关键性活动设计教学过程。运用"深入浅出"的教学方法将具有一定难度的京剧欣赏通过拍板眼、亮身段、模唱腔三大活动化繁为简，有效地解决了教学的重难点。

首先运用创设氛围、视听结合、对比欣赏等方式，让孩子们走近京剧，初步了解国粹京剧的相关知识。

其次在反复聆听中，了解歌词，熟悉故事，感受节拍与情绪。让学生身临其境地在找一找、拍一拍、演一演的活动中学会了敲击板眼，不断地在探索和实践中领会了板与眼的节拍韵味。学生在演绎过程中深入感受作品人物的优秀品质，学习勇于担当、积极乐观的精神。

最后利用口传心授的教学方法，进行了唱腔模唱，身段亮相。让孩子们零距离地与京剧亲密接触，并搭建好展示的舞台，以"我是京剧小票友"的活动，把课堂推向了高潮。在孩子们倾情投入的表演中，国粹京剧也悄悄在孩子们的心田生根发芽。顾老师的榜样示范让学生形成良好的学习习惯和学习态度，让学生用自己喜爱的演绎方式合作展示作品，培养了学生合作互助的意识，发挥了学生的创新能力。

京剧轻松进课堂，文化浸润入童心。真正的意义不仅仅在于让孩子们欣赏到京剧的美，更是一种培养、一种传承。顾老师执教的《穷人的孩子早当家》这一课很好地体现了这一理念，并以"润物细无声"的方式在音乐学习过程中渗透德育内涵。

（上海市崇明区实验小学　　沈丽春）

民族音乐　绚丽之花

——走进彝族音乐体验民族音乐之美

◄◄◄● **基本信息** ●►►►

　　本课例选自上海音乐出版社《唱游》三年级第一学期第四单元《夜色美》,教学内容为《阿细跳月》。这首乐曲流行于云南彝族阿细人之中,全曲由 do、mi、sol 三个音组成,采用彝族舞蹈特有的五拍子的复合节拍。旋律活泼跳荡,富于动感,特色鲜明。乐曲主题不断重复,把音乐情绪推向高潮,表现出彝族阿细人民"跳月"时的热烈气氛。

　　本课例由上海市崇明区建设小学穆文艺提供。

◄◄◄● **德育价值描述** ●►►►

　　本课例旨向引导学生在了解彝族风情、认识特色乐器、体验特色舞蹈中感受彝族音乐之美,侧重落实"喜爱我国民族民间音乐文化,增强民族文化意识"这一项学科德育核心要求。

◄◄◄● **正文** ●►►►

教学环节一:走进彝族,认识民族乐器

1. 教师介绍彝族"阿细跳月"这一民俗及由来。

2. 初听乐曲前半段,教师提问以下问题:

(1) 聆听乐曲前半段,猜一猜分别是用什么乐器主奏的?

(2) 乐曲前半段乐器出现的顺序是什么?

3. 观看视频,了解彝族传统乐器"大三弦"的基本构造及音色特征。

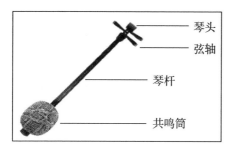

琴头
弦轴
琴杆
共鸣筒

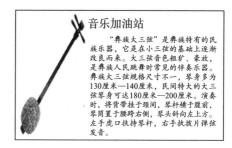

音乐加油站

"彝族大三弦"是彝族特有的民族乐器,它是在小三弦的基础上逐渐改良而来。大三弦音色粗犷、豪放,是彝族人民跳舞时常见的伴奏乐器。彝族大三弦规格尺寸不一,琴身多为130厘米—140厘米,民间特大的大三弦琴身可达180厘米—200厘米。演奏时,将背带挂于颈间,琴杆横于腹前,琴筒置于腰跨右侧,琴头斜向左上方。左手虎口扶持琴杆,右手执拨片弹弦发音。

4. 复听乐曲前半段,并根据不同乐器出现的顺序模仿演奏乐器时的动作。

5. 初步了解民乐合奏的演奏形式。

【设计说明】

本环节从讲解彝族人民"跳月"的风俗入手,让学生了解彝族民俗文化。然后引导学生静心聆听,让学生听辨三种不同的主奏乐器、模仿乐器表演、介绍彝族民间乐器"大三弦",初步了解民乐合奏演奏形式。让学生在熟悉主题旋律的同时,走进彝族音乐,认识了解民族乐器,增强学生民族文化意识。

教学环节二:感受彝族舞蹈音乐特点

1. 身体律动,体验乐曲五拍子的节拍韵律。

学生模仿教师"跳月"舞蹈动作,感受五拍子节拍特点,并想象、体验阿细人民"跳月"时的热闹景象。

A   B   C   D

A. 双手放在腰间,出左脚,向左侧走三步。

B. 右脚蹬两下,同时拍手两下。

C. 双手放在腰间,出右脚,向右侧走三步。

D. 左脚蹬两下,同时拍手两下。

2. 分小组练习、自主编排队形。

学生分小组练习"跳月"舞蹈动作并自主编创队形,教师适度进行指导。

3. 学生分小组展示,小组之间互评。

每个小组对其他小组的展示进行评价,教师总结点评并根据每个小组的表现给予不同数量的"乐宝"奖励。

4. 学生根据图形谱模唱主题旋律。

5. 师生合作,对唱主题旋律。

在模唱并掌握主题旋律的基础上,师生对唱主题旋律,感受彝族音乐特点。教师演唱前半句,学生演唱方框内的旋律。

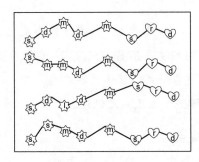 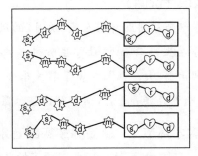

【设计说明】

本环节侧重让学生在多种体验活动中感受民族音乐文化所带来的乐趣。模仿"跳月"舞蹈动作,感受彝族"跳月"舞独特的节奏律动和奔放热烈的情绪,想象阿细人民在月下载歌载舞时的热闹场景。模唱乐曲主题旋律、师生对唱主题旋律,让学生感受彝族音乐中一领众合的音乐特点,激发他们对民族音乐的热爱,并在活动中进一步体验合作的乐趣。

▶▶▶◀ 专家点评 ▶◀◀◀

本课例通过学习了解彝族民俗文化,认识彝族传统乐器,学跳"跳月"舞蹈动作,引导学生在音乐学习中对民族音乐文化产生认同感,从而形成正确的文化意识和观念,并在音乐活动中体验到合作的乐趣,培养学生团队合作意识。

一、用"情景体验"增强民族文化认同感。

在教学的两个主要环节,教师设计运用图片、视频引导学生在了解彝族民俗文化、认识彝族传统乐器的基础上,通过模仿乐器演奏、学跳舞蹈动作、熟悉乐曲主题旋律,来加深情景体验,与此同时增强了对民族音乐文化的认同感。

二、以"评价嵌入"彰显学习过程价值。

在第二环节,教师引导学生在学习模仿"跳月"舞蹈动作、感受五拍子节拍特点的基础上,以生生合作、师生合作的(跳、唱)方式进一步体验阿细人民"跳月"时的热闹景象。学习过程中教师适时进行指导与点拨,并以评价嵌入,帮助学生在音乐活动中逐步形成团队合作的习惯和态度。

(上海市青浦区教育学院　王美华)

凸显多元欣赏体验　厚植爱国主义情怀

——以《祖国,你好》一课为例

本课例选自上海音乐出版社《唱游》三年级第一学期第五单元,主要教学内容是欣赏歌曲《祖国,你好》。歌曲《祖国,你好》是一首女声独唱歌曲,用明快的节奏和爽朗的旋律,营造热烈欢腾的气氛,表现中华儿女对祖国的祝福、赞美和热爱。

本课例由上海市崇明区实验小学刘燕提供。

▪▪▪◀ **德育价值描述** ▶◉▪▪▪

通过演、唱、奏等多种体验方式引导学生体会歌曲包含的对伟大祖国的祝福、热爱和赞美之情。教学内容指向了"感受音乐作品中对祖国建设伟大成就的赞叹、热爱、歌颂之情"的德育核心要求。

▪▪▪◀ **正文** ▶◉▪▪▪

教学环节一:欣赏歌曲主歌部分,体验对祖国的祝福之情

关键设问:这段歌曲的情绪是怎样的? 歌词中都有哪些祝福语? 我们可以用怎样的方式表达歌曲的情感?

1. 模仿画谱,感知情感。

学生模仿图谱画一画,感受乐曲的节奏特点,感知歌曲欢快的节日气氛。

2. 借助律动,体验情感。

学生模仿教师动作,伴随音乐律动,要求图谱中的点用拍手表示、圆弧用扬手表示,体验歌曲的爱国热情。

3. 听辨歌词,理解情感。

听辨歌词,思考并交流:哪一句最能表现对祖国的赞美之情?

4. 舞之蹈之,表达情感。

跟随歌曲音乐律动,表现出歌曲欢腾的场面,表达对祖国的祝福之情。

5. 同伴互评,升华情感。

从表情、动作、节奏的稳定性来观察、评价同伴的表演,推荐最佳表演者带领大家用律动表达对祖国的热爱之情。

【设计说明】

本环节运用了图形谱的不同画法,帮助学生理解节拍、长音以及明快柔美的旋律特点,并很好地与律动相结合,把点想象成鼓点,把线想象成红绸。然后结合歌词,通过听辨祝福语,让学生进一步理解歌曲所表达的对祖国的祝福。最后再通过肢体律动感受欢乐的场景,在烘托歌曲热烈气氛的同时激发学生对祖国的祝福之情。

教学环节二:学习歌曲副歌部分,表达爱国情感

关键性设问:这段歌曲的情绪是怎样的?你觉得该用怎样的语调去深情地向祖国问好?龙腾虎跃是怎样的场景?

1. 仔细聆听,感知情绪。

仔细聆听,感受副歌部分更热烈激昂的情绪特点。

2. 借助图谱,带动情感。

听音乐画图谱,观察副歌部分的图谱与主歌部分的图谱,对比图谱旋律起伏的不同,体会副歌部分更激昂的情绪。

3. 学唱主题乐句,表达情感。

(1) 找出副歌部分最能表达对祖国深深热爱之情的歌词,并深情朗诵。

(2) 跟钢琴学唱歌曲中"祖国你好,你好祖国"部分,注意提醒学生在高位置状态下演唱。

(3) 跟随钢琴伴奏,师生合作演唱副歌部分,用强弱的变化深情演绎对祖国的热爱与祝福之情。

4. 变化演唱方式,渲染情感。

用轮唱的方式,师生合作有感情地演唱歌曲副歌部分,表达对祖国的热爱与祝福之情。

【设计说明】

在副歌部分,首先通过与主歌部分图谱的对比欣赏,体会副歌部分更激昂的情绪,然后采用了演唱主旋律的教学方法感知情绪。通过主题旋律的学唱,与主歌部分形成对比,加深学生对歌曲的理解。为了深情演绎"祖国你好,你好祖国"这句,通过朗诵引领,肢体辅助,在力度的变化中很好地把内心对祖国的深情进行了传递,并巧妙地运用轮唱与歌者呼应一起向祖国问好,帮助学生进一步体会这段歌曲热情激昂的情绪,加深了对主旋律的记忆,共同唱出对祖国的热爱之情。

专家点评

　　爱国主义教育从来不是通过说教就能实现。作为德育教育的显性学科,音乐学科在课堂教学中渗透爱国主义教育必须从音乐本体出发,从作品本身的音乐要素对作品情感的作用入手,在音乐实践活动中体验、感知、表达歌曲情感,获得认知提升、情感升华。

　　本课例在欣赏歌曲《祖国,你好》中,通过体验歌曲情绪、感受歌曲内涵、表达歌曲情感等环节,让学生感知歌曲旋律、节奏、力度变化,理解歌曲内涵,感受歌曲表达的对祖国的深情,循序渐进地尝试用自己的方式表达对祖国的热爱之情。

（上海市杨浦区教育学院　李　莉）

歌 起 瀛 洲

——崇明山歌之劳动号子

▰▰◀● 基本信息 ●▶▰▰

本课例教学内容为上海音乐出版社《唱游》三年级第二学期第二单元《乡情》的拓展教学内容,选自上海市崇明区裕安小学校本拓展教材《歌起瀛洲》(由上海音乐学院出版社出版)。本课收集了一些文明、健康、向上的崇明山歌,其中有山歌调,号子调,田歌等内容,通过学说、学唱、讨论、交流、创作、表演等活动,让学生产生研究家乡崇明山歌的兴趣,传承、发扬崇明山歌,增强热爱家乡之情。

本课例由上海市崇明区裕安小学秦国君提供。

▰▰◀● 德育价值描述 ●▶▰▰

本课例旨在让崇明山歌走进校园,引导学生了解家乡的乡音乡情,侧重落实"喜爱我国民族民间音乐文化,增强民族文化意识"这一项学科德育核心要求。

▰▰◀● 正文 ●▶▰▰

教学环节一:了解崇明山歌的体裁、种类、特点

1. 采用考一考的方式,请学生根据课前预习的崇明山歌文史资料回答相应的问题。

(1)民歌的体裁有哪些?(劳动号子、山歌、小调)

(2)崇明山歌的特点是什么?(采用崇明方言演唱、语言朴素、清新、自然、流畅)

(3)崇明山歌的基本分类有哪些?(劳动歌、时政歌、仪式歌、情歌、生活歌、儿歌、历史故事歌等)

(4) 崇明山歌的曲调又有哪些?(四句头山歌、对花调、倚栏杆调、采茶调、东沙调、牌名调、喊牛调、香袋调、送郎调、五更调、青纱帐调、七星号子调等)

2. 让学生简单了解崇明山歌的基本调《山歌好唱口难开》并且指导学生用崇明方言来演唱:山歌好唱么口难开啰,樱桃好吃么树难栽啰,白米饭好吃么田难种哎,鲜鱼汤好吃么网难张啰!

【设计说明】

本环节让学生了解崇明山歌的由来、体裁、基本种类、特点,以及被列为上海市非物质文化遗产名录,正申报国家级非物质文化遗产。作为崇明人,学生为此感到无比骄傲,从而为学习崇明山歌之劳动号子做铺垫。教师指导学生用崇明方言唱崇明山歌,激发学生学习的兴趣。

教学环节二:学习崇明山歌之劳动号子

1. 导入:请学生观看两段视频导入劳动号子中的《打夯歌》。

打夯歌

1＝F　2/4

自由地

(领)　　　　　　　　　　　(齐)　　(领)　　　　　(齐)

| 2 2 | 2 1 6 | 2 2 | 2 2 | 5 5 3 2 1 | 6 6 | 6 6 ‖ |

大家　一起末　上啊　吭好　身体　立得　正咯　吭好
石碨　扶得末　正啊　吭好　绳子　拉得　紧咯　吭好

2. 教师首先用崇明方言朗读歌词,然后采用崇明山歌口口相传的模式进行歌词单句学习(教师可根据歌词的含义进行肢体语言讲解)。

3. 教师范唱,采用肢体语言向学生展示崇明劳动号子的特点:崇明方言演唱、一领众和、节奏自由、歌词灵活等。

4. 学生学唱歌曲。

(1) 运用听唱法,教师打节奏,指导学生学唱。

(2) 运用一领众合的演唱方式学习歌曲,提高学生学习兴趣与合作能力。

【设计说明】

学生在朗读歌词中学说崇明方言,感受崇明方言在歌词中的特征。通过聆听教师的范唱,感知劳动号子的节奏感。本环节的教学设计让学生产生浓厚的学习兴趣,集中学习注意力,巩固基础知识,感受曲谱特征,为下一环节学习劳动号子的节奏特点打下基础。

教学环节三:感受体验劳动号子

1. 情境创设。

请同学们把凳子搬到边上留出一块空地,把模型石碾搬进去。老师请四位同学合作完成,其余同学观看并帮忙一起演唱给他们鼓劲。

2. 编创新歌词。

要求:根据崇明旅游景点或土特产等方面进行编创。

3. 展示优秀编创内容(新歌词展示)。

4. 劳动号子拓展欣赏体验。

(1) 教师示范《挑担号子》。

(2) 学生模仿体验。

挑担号子

1=G 3/4

哎 哎哎呀 哎仔哟, 哎呦 哎仔唷 哟。

(3) 教师示范《喊担号子》。

(4) 学生模仿体验。

(5) 情景表演《喊担号子》。

喊担号子

1=E 2/4

(领) (合) (领) (合)

哎呀 啰呀 哎呀 啰呀 哎呦呼 罗哟 哎呦呼哟 啰呀

【设计说明】

本环节学生体验劳动者在集体劳动过程中劳动号子所起的作用,学习的兴趣与合作能力得到提升,创新能力和团结互助学习的能力得到锻炼,增强学生对崇明山歌浓厚的学习兴趣。

◢◢◢◢◆ **专家点评** ◆◢◢◢◢

本课所教山歌为小学生喜闻乐见又朗朗上口的《劳动号子》。这首歌曲本身的学习比较简单,学生很容易就能学会。针对作品的这一特点,教师设计了三个不同阶段的音乐学习活动:总体的感性体验、深入的理性表现、丰富的创意表达,有效丰富了音乐学习内容,合理提升了音乐学习层次。学生在情境体验、艺术感染和作品演绎中,深刻感受了崇明山歌所蕴含的劳动精神,体会到集体劳动过程中团结协作意识,感受到崇明人民对生活和劳动的热爱。

对学生不同学习阶段的相关音乐技能学练,过程扎实。如:在"考考你"环节,师生始终围绕山歌的音乐要素展开回顾,用基本调性(基本女调等)很自然地过渡到劳动号子的学习中;在歌曲学唱环节,教师采用了集体学唱、一领众和的方式,对学生演唱时的音准节奏的运用和演唱情景的创设都提出了合适的要求;在创造表现环节,尽管学生运用的创意方式不难,但教师始终关注学生对音乐节拍韵律的感知和适当的反应,关注学生表演中对音乐节拍和速度的感知和表现;在拓展总结环节,教师又引入了挑担号子、喊担号子等,激发学生对山歌的兴趣和热爱之情。

教学中,教师适切地运用其自身的山歌演唱功底感染带动了学生,在山歌的传承过程中为学生展开一片湛蓝的天空,像山歌一样纯净、像山歌一样原汁原味,让山歌代代相传。

（上海市徐汇区建襄小学　邰　方）

以情传人 以声动人
——民族音乐教学中的育人实效

◆◆◆基本信息◆◆◆

本课例选自上海音乐出版社《唱游》三年级第二学期第二单元《乡情》,教学内容为乐曲《新疆是个好地方》。这首乐曲原是流传在新疆哈密地区的维吾尔族双人歌舞曲之一,$\frac{2}{4}$拍,宫调式,由两个乐句(8+7小节)组成。歌曲情绪活泼欢快,带有附点、切分的舞蹈性节奏贯穿全曲,具有浓郁的地方色彩。旋律活泼明快,三段歌词朗朗上口,生动地描绘了美丽的新疆风光和富饶的物产,抒发了新疆人民热爱家乡、赞美家乡的真挚情感。

本课例由上海市崇明区明珠小学王珏提供。

◆◆◆德育价值描述◆◆◆

本课例旨向在学唱歌曲《新疆是个好地方》的教学中,了解维吾尔族的风土人情,感受维吾尔族音乐欢快活泼的情绪以及蕴含的新疆风味,在唱、奏、演中体会新疆人民对自己家乡的热爱之情。让学生在获得审美情感体验之时,侧重落实"喜爱我国民族民间音乐文化,增强民族文化意识"的学科德育核心要求。

◆◆◆正文◆◆◆

教学环节一:感受体验新疆维吾尔族音乐特色韵味

关键设问:看完视频你感受到新疆是一个怎样的地方?听听歌曲节奏有什么特点?

1. 感受。

(1) 师生律动表演《娃哈哈》。

进一步熟悉维吾尔族的基本步伐:踏点步。

（2）观看视频，了解新疆维吾尔族的风土人情。

2. 体验。

（1）聆听歌曲，感受歌曲情绪，体会新疆维吾尔族特有的切分节奏。

① 初听歌曲，感受歌曲活泼欢快的情绪。

② 复听歌曲，教师示范用手鼓为歌曲伴奏，感受体验"切分节奏"。

第一步：模仿切分节奏。

第二步：出示切分节奏并学习拍奏。

第三步：随歌曲伴奏拍奏。

第四步：在歌曲中找到切分节奏并准确表现。

谱例：

$1=\text{C}$ $\frac{2}{4}$

2 2	2	2 1	2	2 5 3	2 3 1
富 饶	的	花	园	结 瓜	果，

5 5	3	2 3 1 2	1 —	1 —
肥 沃	的	草 原 放 牛	羊。	

（2）朗读歌词，理解歌词，进一步想象新疆迷人的风光、富饶的物产与宝藏。

【设计说明】

本环节把学生感受新疆音乐的特点与魅力作为学习的重要内容，以学生学过的歌曲《娃哈哈》为切入点，以踏点步为基本步伐，配上手部简单的动作，直接切入本课主题。然后再感受新疆那迷人的风光、诱人的物产和醉人的歌舞，体会新疆人民喜欢载歌载舞的热情奔放的个性和舞蹈性强的音乐感受。新疆维吾尔族歌曲音乐的节奏多以切分、附点节奏、弱拍起唱的特点，《新疆是个好地方》也出现了两处的切分节奏，让学生在看、听、找、动的教学形式中去体会切分节奏在音乐中的表现作用，在踏点步的感受基础上更深入地体会新疆维吾尔族那特有的舞蹈律动节奏，也为后面的表演做好铺垫。在听歌曲情绪和理解歌词的环节中，运用多感官交叉的方式进一步体会新疆的人文风俗与音乐特性。

教学环节二：表达体会新疆人民热爱家乡、赞美家乡的自豪情感

关键设问：用怎样的情绪和声音演唱歌曲？在歌唱表演中用怎样的表情来表达新疆人民对自己家乡的自豪与热爱？

1. 学唱歌曲。

（1）听老师范唱，找找并唱唱一音多字、一字多音的地方，衬词"乃"唱得准确而灵巧。

（2）体会歌词表达的内容，用愉快的表情、明亮的音色演唱歌曲。

2. 歌表演。

（1）模仿老师动作，随音乐的速度与节拍韵律、运用简单的维吾尔族舞蹈动作进行歌表演。

（2）组内表演，与同伴唱唱演演，表现自豪的表情。

（3）综合展示，学生选择唱、奏、歌表演其中一种方式进行表演，表达对家乡的热爱之情。

【设计说明】

这首歌曲的曲调来自双人歌舞曲，节奏上运用了切分与附点的舞蹈性节奏，三段歌词分别描绘了新疆美丽的风光、特产与宝藏。学歌的重点除了唱准一字多音、一音多字、切分处的歌词外，教师要通过示范与提醒，使学生学会用明亮的音色、弹性的声音、良好的韵律感去唱出歌曲活泼欢快的情绪，进一步感受歌曲的民族韵味。歌唱教学是美育、德育教学的一种载体。本环节将音乐知识技能、音乐情感、相关文化三条教学主线进行相互渗透，重点关注切分节奏、八分附点、逻辑重音等音乐要素的挖掘。让学生以感受与体验为基础，在对歌曲热情奔放、得意扬扬、自豪喜悦的情感体验感受中，品味其特有的民族韵味，然后在唱、奏、演的过程中去表现新疆人民赞美家乡的自豪情感。

●►►►►**专家点评**●◄◄◄◄

本课例教师在聚焦作品的关键特征、把握教学重点的基础上，充分挖掘作品情感内涵，有效设计学习活动，引导学生在多种音乐实践活动中理解音乐形象与音乐情景，感受音乐情感，并用富有感染力的演唱和表演表达对作品情感内涵的体验与感悟。

一、"内涵展现"揭示地域文化和民族韵味。

教师以一段富有新疆维吾尔族民族韵味的律动和蕴含新疆地域风土人情的视频,揭示了作品所呈现的地域文化和民族韵味,帮助学生很好地感受和理解歌曲所要表达的内在情感。

二、"情景体验"引发学习兴趣与情感表达。

教师将歌曲的旋律特点、歌词内涵与演唱技能有效融合,引导学生在演唱、表演中体验维吾尔族歌舞音乐的风格特点,体会新疆人民热爱家乡、赞美家乡的自豪情感,进而激发学生对民族民间音乐的喜爱,增强对民族文化的认同感。

(上海市青浦区教育学院　王美华)

京戏进课堂　传递中国粹
——在京戏中感受民族文化的魅力

▸▸▸◆ 基本信息 ◆◂◂◂

本课例选自上海音乐出版社《音乐》四年级第一学期第二单元《快乐的活动》。教学内容《唱京戏》是一首带有典型的西皮流水腔的京歌,速度稍快,旋律活泼欢快,适于表现叙述性较强的内容。整首歌曲仅有四句唱词,篇幅较短,但概括出了京剧的表演行当、基本功、化妆艺术和乐器伴奏的特点,表现了人们欣赏京剧艺术时的愉快心情。

本课例由上海市崇明区新民小学贺庆提供。

▸▸▸◆ 德育价值描述 ◆◂◂◂

本课例旨向引导学生获得审美情感体验,侧重落实"喜爱我国民族民间音乐文化,增强民族文化意识"这一项学科德育核心要求。

▸▸▸◆ 正文 ◆◂◂◂

教学环节一:赏京戏,感受京剧唱腔

关键设问:歌曲在演唱技巧上有什么特点?

1. 导入。

从低年级学习过的脸谱入手,和学生共同走进京剧的殿堂。

2. 揭示课题。

这首歌属于我国的那个剧种呢? 京剧是我国的国粹,它的历史非常悠久(简单介绍京剧的起源)。今天我们就要学习这首由京剧改编而来的京歌《唱京戏》。

3. 了解京剧知识。

(1) 学生交流京剧的起源,教师小结。

（2）了解京剧的行当。

① 思考：你知道京剧有哪些行当。

② 说一说各大行当在服饰、化妆上的不同。

③ 观看视频了解各个行当在唱腔上的不同。

④ 学一学旦角与生角的演唱。

（3）京剧的表演形式（唱、念、做、打）。

① 学一学念白：高位置发声。

② 演一演武场音乐：模仿京剧锣鼓。

③ 认识主要演奏乐器：京胡。

（4）欣赏经典京剧唱段《苏三起解》。

【设计说明】

从复习脸谱入手，通过赏京戏，让每一位学生感受京戏独特的唱腔，从而了解一些京剧的相关知识，比如京剧的行当、表演形式、脸谱等知识，走进京剧，从而深入地感受中华国粹京剧的魅力。

教学环节二：唱京戏，感受"过板开唱"的节奏特点

关键设问：你可以用老师的这种方式朗读歌词吗？请学生看谱听范唱，哪些歌词是一字多音的？用红线画出。

1. 学习打板，体验节奏。

（1）教师用高位置的声音朗读歌词，并作打板的示范。

（2）学生模仿老师打板的动作和声音朗读歌词。

（3）感受"过板开唱"的节奏特点。

谱例：$\frac{2}{4}$ 0 X XX|

2. 了解京剧表演的艺术手法和其他特点。

（1）在音乐伴奏下，感受京剧表演的四种艺术手法：唱、念、做、打。"唱"，指的是唱功。"念"，指的是念白。"做"，指的是做功。"打"，指的是武功。"唱、念、做、打"也是京剧表演的四项基本功。

（2）理解歌词中唱的京剧的角色、表演、脸谱和伴奏乐器的特点。

3. 感受京韵，用"yi"哼唱旋律，感受发声位置，指导呼吸，尝试在休止符处换气。

4. 填词演唱，模仿京腔。尝试慢速跟着老师一起演唱，伴随着老师的打板填词，正确演唱。

5. 唱一唱一字多音的歌词旋律。这首京歌不像我们平时学唱的歌曲那样，一句一句很工整，它有时候在第一拍强拍的后半拍起唱，我们一起听听在哪里换气比较好。请大家做好呼吸记号。

唱京戏
（西皮流水）

京剧唱腔

【设计说明】

在教唱歌曲环节，从用高位置的声音演唱歌曲，到用"过板开唱"感受节奏特点，用"yi"哼唱感受京韵，让学生充分体验西皮流水的京剧唱腔风格。在歌曲处理中结合打板，准确地解决了一字多音的演唱，让学生从一字多音的演唱中更能深入地感受到京戏的韵味。在教唱环节中步步深入、层层叠加，让学生在演唱中感受京韵，并能够形象生动地把京剧唱腔表现出来。但是学生的能力各不相同，老师可以对不同的学生做不同的要求，有些学生可以表演动作，有的学生可以打板，有的学生可以演唱。让同学们相互合作，感受生生合作的快乐和体验京剧唱腔的韵味。

▪▪▪▪◆ 专家点评 ◆▪▪▪▪

本课例侧重落实喜爱民间音乐文化,增强民族文化意识这一德育核心要求。教学设计以激发学生对京剧的学习兴趣为出发点,采用了综合的教学手段,增强了教学的形象性、趣味性和创造性。设计思路从京剧脸谱入手,通过赏京戏初步感受京剧的魅力,从而引入蕴含京剧韵味的歌曲。在歌曲的学唱中,通过体验打板掌握节奏,抓住歌词了解角色,高位哼唱感受京韵,填词演唱模仿京腔等活动,为学生储备了丰富的民族文化食粮,培养了学生热爱民族音乐艺术的兴趣。

整堂课在师生合作、生生合作中,为我们提供了如何在有限的学习时间内让学生喜欢上京腔京韵的教法和学法,值得借鉴。学生在合作演绎的过程中,培养了协同合作、平等互助、遵守规则的精神态度,在音乐活动中潜移默化地渗透了德育内容。

引导学生了解、赏析、传承民族音乐文化是我们音乐教学的应有之义。各学段的不同之处,仅体现在内容的多少与深浅上,因此需要教师们好好把握。

(上海市崇明区实验小学　沈丽春)

策马奔腾　传递民间音乐文化

——用二胡特殊演奏技巧，以动传情地欣赏教学

▐▐▐◀ 基本信息 ▶▐▐▐

本课例选自上海音乐出版社《音乐》四年级第一学期第五单元《多彩的歌声》，教学内容为该单元欣赏曲二胡独奏《赛马》。这首乐曲是带再现的三段体结构，第一段热烈奔放，第二段兴奋昂扬，华彩乐段高亢舒展，富有内蒙古"长调"和马头琴的表演风格特征，充满激情、富有特色的旋律，把人们引入辽阔草原的意境，表达内蒙古人民对草原、对生活的无比热爱。

本课例由上海市崇明区竞存小学徐莹莹提供。

▐▐▐◀ 德育价值描述 ▶▐▐▐

本课例旨向引导学生感受乐曲热烈奔放的情绪，传递民族文化精神。侧重落实"喜爱我国民族民间音乐文化，增强民族文化意识"这一项学科德育核心要求。

▐▐▐◀ 正文 ▶▐▐▐

教学环节一：完整聆听，认识二胡

关键设问：这首乐曲的速度与情绪是怎样的？表现了那达慕的哪一项竞技比赛？

1. 欣赏全曲，感受欢快优美的乐曲。

（1）观看视频，了解内蒙古"那达慕"的一些活动，感知内蒙古欢快的节日气氛。

（2）了解内蒙古的民族乐器。

（3）听辨《赛马》演奏乐器。

2. 认识二胡。

（1）观察了解二胡构造。

（2）尝试拉出声音。

（3）伙伴介绍二胡。

【设计说明】

本环节让学生观看"那达慕"活动的视频,了解蒙古族民族的风土人情,然后让学生尝试拉二胡。实物教学比较直观,学生通过观、听,亲身体验等方式综合了解乐器的特点与风格。

教学环节二：分段欣赏,体验情感

关键性设问：全曲可以分几个部分？每一段音乐表达了怎样的比赛场景？

1. 仔细聆听,感知情绪,整体感受乐曲的结构。

第一部分

（节选）

2. 分段欣赏,了解用什么节奏型来表现乐曲情绪。

3. 师生合作拍击节奏,感受赛马场上激烈的比赛氛围。

第二部分

4. 哼唱主题,感受热烈的乐曲情绪,表达欢腾的赛马场景。

5. 比较最后一段,力度和速度上有什么变化?

第三部分

(1) 聆听:音乐有什么变化?

(2) 想象音乐的场景并尝试与伙伴分享。

6. 了解二胡演奏特别技巧——跳弓与拨弦。

(1) 观察二胡演奏技巧:跳弓和拨弦。

(2) 想象并交流两个技巧表现赛马场上什么情景。

(3) 伴随音乐表现赛马场景。

【设计说明】

本环节分别欣赏乐曲的三个部分,拍击典型的节奏型,体会感知音乐的要素,通过节奏、强弱、速度的变化来表现音乐情绪。然后了解二胡的特殊演奏技巧,感受二胡演奏技巧的多样性。师生合作共同"演奏",在教师榜样示范的作用下,学生通过模仿演奏动作激活学习兴趣,养成良好的学习习惯和正确的学习态度,培养协同合作的精神。

专家点评

本课例关注民族音乐艺术的鉴赏与表现,《赛马》作为二胡独奏的经典之作,形象地描述了蒙古族节日赛马的场景,运用二胡独特的多种演奏技巧,时而写意、时而具象。形象生动的演绎非常适合小学生学习理解,感受民族器乐曲的魅力,体会蒙古族人民热爱草原、热爱生活的精神品质。教师运用自身的专业特长,从认识二胡的演奏技巧入手,激发学生学习兴趣,体验乐曲表现的热烈场景。通过学生演奏、教师示范等环节,学生能直观地了解到二胡独特的演奏技巧在表现乐曲场景中的妙用,身临其境地感悟音乐作品的德育内涵,激起对民族乐器的学习兴趣,引发对民族器乐曲的喜爱,学习蒙古族人民积极向上、热情乐观的精神态度。

(上海市崇明区教育学院　严春香)

以唱悟情　以情育德

——小学音乐乡土拓展课程教学中的德育渗透

▧◆基本信息◆▧

本课例选自上海音乐出版社《音乐》四年级第二学期第一单元地域民歌的拓展教学内容。拓展歌曲《崇明山歌》是一首崇明四句头山歌(男调)。崇明山歌以它独特的崇明方言演唱,语言朴素、节奏自由、旋律优美、口语化较强,具有独特的艺术风格。

本课例由崇明区汲浜小学徐慧提供。

▧◆德育价值描述◆▧

本课例旨向引导学生获得审美情感的丰富体验,侧重落实"喜爱我国民族民间音乐文化,增强民族文化意识"这一项学科德育核心要求。

▧◆正文◆▧

教学环节一:感受体验崇明山歌特点

谱例:《崇明四句头》

6	6 1	1	2 3	6 3 2 1	1 6	1.	
白	米 饭	好	吃	田 难	种	啊,	

| 5 | 5 5 | 5 | 3 1 | 2 3 | ⁵³2. | 1 2 1 | 6 − − − 0 ‖ |
| 鲜 | 鱼 汤 | 好 | 喝 | 网 难 | 抬 | (咯)。 | |

关键设问：从旋律、歌词、节奏分析崇明山歌有什么艺术特点？

1. 聆听山歌，发现问题。

（1）教师范唱，设问：演唱的歌曲风格和我们平时课堂上学唱的歌曲有什么迥然不同的感受？

（2）引出课题。

2. 观看视频，了解知识。

知道崇明山歌的历史记载及基本分类，了解世世代代善良勤劳的崇明人民耕耘、劳作，积淀了古老而浓郁的文化资源，以及崇明山歌所承载的深厚的文化底蕴。

3. 哼唱体验，感知旋律。

（1）哼唱歌曲旋律。

（2）交流归纳崇明山歌独特的旋律特点。

4. 了解歌词，体会情感。

（1）师生朗读歌词，理解歌词表达的内容，知晓音乐来源于生活。

（2）用方言朗读歌词，有感情地表达歌曲情绪。

5. 学唱歌曲，感受韵律。

通过山歌的学唱，来激发、培养和发展学生的兴趣爱好，促进他们个性化与社会化的和谐发展。

6. 归纳小结，掌握特点。

教师引导学生提炼、总结，概括出崇明山歌的风格特点。

【设计说明】

通过让学生观看视频、辨歌谱、拍节奏、找难点、唱旋律、读歌词，多种感官、多角度地学唱歌曲，初步掌握崇明山歌的风格特点，从而进一步感受崇明山歌的韵律之美，体验崇明乡俗的无穷乐趣。在朗读歌词中，引导学生热爱音乐、热爱艺术、热爱生活。同时,让孩子们在学唱歌词曲的整个过程中,深深感受家乡的美好,感悟农民劳动的艰辛,继而由衷地抒发热爱劳动的真切情感。

教学环节二:编创崇明山歌

关键设问:你会怎样来编创新崇明山歌赞美自己的家乡?

1. 板块观摩,积累素材。

联系所熟悉的生活实际,如:崇明的土特产、崇明的旅游景点、自然生态环境、崇明的未来等素材内容,为后面的歌曲创作埋下伏笔。

2. 编创歌词,抒发情怀。

利用前面提供的板块素材,分小组合作给歌曲编创新的歌词或改编部分歌词,创作属于自己的《新崇明山歌》。

3. 展示才华,升华情感。

(1) 小组合作编创。

(2) 分组展示《新崇明山歌》,尽情演绎,有感而唱。

【设计说明】

学生通过板块观摩,了解家乡崇明岛所特有土特产、旅游景点、环境及崇明的未来等,进行讨论、交流。在教师的指导下,学生小组合作,编创歌词,登台演绎。在歌曲编创中,让学生学会主动利用生活中的素材元素,转变为自己的艺术材料,拓宽知识视野。孩子们在实践中感受音乐、在创造中理解音乐,在音乐中感受生活的美好,实现课堂音乐真正走进生活。让学生深切体会:生活是音乐的源泉,音乐来自生活,音乐表现生活,从而诠释"生活是艺术的源泉,艺术来源于生活"的哲理所在。学生由此借用自己的笔墨与歌喉来唱响家乡的歌、抒发心中的爱。在整个环节中,让孩子们深深感受家乡本土文化如此美好的同时,继而激发他们产生研究家乡山歌的浓厚兴趣,增强热爱家乡的情怀。

▮▮▮◆专家点评◆▮▮▮

当前基础教育中的音乐课程,教学内容涵盖祖国不少地方的民族音乐文化,但本土音乐文化的内容相对来说还是一个空白。因此,发掘本土优秀民族音乐文化资源,适时融入音乐课堂教学,引导学生关注身边的音乐文化,激发学生热爱家乡、热爱家乡优秀的音乐文化,从而进一步激发学生热爱祖国民族音乐文化,有着积极而深远的意义。

崇明山歌作为崇明地方性优秀音乐文化资源的一个重要组成部分,需要年轻的一代去了解、传唱与传承。本课例教师适时将之与基础教材资源进行有机整合,引导学生通过感受、体验、表现、创作等音乐实践活动,不仅可以从中了解家乡的发展历史,也能从中感悟家乡语言、民俗风情、人文传统的独特魅力。在传唱崇明山歌的过程中,对家乡历史文化的发展、音乐文化的发展产生认同感和自豪感,进而激发起对传承家乡优秀音乐文化的责任感和使命感,很好地呈现了情感体验与作品内涵感悟相融合的教育作用。

(上海市青浦区教育学院　王美华)

德润童心　成长有声

——歌唱教学中品唱红色歌曲，感悟爱国情怀

▌▎▎◆ 基本信息 ◆▎▎▌

本课例教学内容为上海音乐出版社《音乐》五年级第一学期第二单元《深深的祝福》中的歌曲《雨花石》。这首歌曲 $\frac{2}{4}$ 拍子，羽调式，歌曲旋律婉转起伏，节奏变化丰富，有歌唱性。歌词中使用第一人称"我"，表达了一个平凡的普通人形象，象征着无数平凡的人们甘愿默默奉献，为祖国独立、富强、繁荣贡献力量的真挚情感。

本课例由上海市崇明区育才小学刘亚丽提供。

▌▎▎◆ 德育价值描述 ◆▎▎▌

本课例旨向引导学生在配乐朗诵、深情演唱等活动中感悟歌曲情感，侧重落实感受"音乐作品中所颂扬的革命传统和国家形象"这一学科德育核心要求。

▌▎▎◆ 正文 ◆▎▎▌

教学环节一：体验歌曲，感悟爱国情怀

关键设问：你知道雨花石是在哪里的？它有什么寓意？

1. 故事导入《红红的雨花石》，了解歌曲的出处。

2. 揭示课题，讨论雨花石象征了什么？

3. 初听歌曲，感受歌曲的情绪。

(1) 教师深情范唱歌曲，学生感受歌曲优美、激昂的情绪。

(2) 学生随旋律肢体晃动，感受歌曲优美、激昂的情绪。

4. 伴着音乐，深情朗诵，体验雨花石神圣的内涵。

(1) 用高位置连贯的气息朗诵歌曲。

(2) 充满感情，以情带声，朗诵歌词，体会雨花石甘愿奉献的高尚精神。

【设计说明】

从电视剧《红红的雨花石》入手,为学生创设了一定的历史情境,使学生有更强烈的代入感,再通过观看南京烈士陵园的烈士就义雕塑,使学生对甘愿牺牲自己的生命换取战争的胜利这种感人场景有更深的体会。在此基础上揭示课题《雨花石》,并在师生的共同讨论中明白如今的雨花石已成了中国人民缅怀先烈的一种象征。带着这样铺垫好的情感欣赏歌曲,学生内心更为充盈,对歌曲情绪的把握也更为准确。然后在音乐的伴奏下,看着歌词深情朗诵,不仅能够帮助学生找到正确的高位置发声,还能在歌词中体会对先烈的敬仰、对祖国的爱恋、对和平生活的热爱与珍惜。本环节为后续歌曲的学习奠定了很好的情感基础。

教学环节二:学唱歌曲,表现爱国情怀

关键设问:歌曲的高潮乐句是哪一句? 表达了怎样的情感?

1. 填词直接跟唱,熟悉歌曲旋律。

2. 感受:歌曲中休止符号所表达的情感,体悟"哽咽"的述说。

1=C 2/4

3 3 6 | 5 4 5 3 0 | 2 0 3 3 2 1 2 |

静 静 地 躺   在   泥 土 之

(1)指导学生用声断气连的方法演唱歌曲中的休止符。

(2)引导学生用哽咽的感觉去演唱休止符,控制好声音的力度,更加能够体会对革命先烈的无限缅怀。

3. 讨论:歌曲的高潮乐句是哪一句? 雨花石在向我们述说什么?

4. 对比:用旋律线画出我愿铺起一条五彩的路,比较 6 3 与 1 6 所蕴含的不同情感,并用不同的力度去演唱。

1=C 2/4

a. 6 3 3 2 3 | 2 — | 3 0 3 2 3 2 1 2 | 1 — |

我 愿 铺 起   一 条 五 彩 的 路,

b. 1 6 3 2 3 | 2 — | 3 0 3 2 3 2 1 2 | 1 — |

我 愿 铺 起   一 条 五 彩 的 路,

（1）在副歌部分 a 句时,用双手撑开的手势去引导学生释放感情,体会歌曲激昂的情绪,表达歌曲对"雨花石"的赞美之情。

（2）在副歌部分 b 句时,用双手收回的动作去引导学生用弱声体会歌曲内敛的情绪,静静感受"雨花石"默默奉献、甘愿牺牲自我的革命精神。

5. 想象:最后一句衬词"啊"所要表达的情感。

（1）用渐弱的声音处理歌曲结束句,体会对革命先烈无限缅怀之情。

（2）用肢体造型表现展望未来、迎接光明的情景。

【设计说明】

培养爱国情怀不是一句空洞的说教,应该隐含在学生歌曲学唱的每个过程之中。歌唱技能的练习应紧密结合歌曲情感,给予学生想象的空间,才能以情带声。用动作帮助学生去体会情感的热烈迸发与含蓄内敛,表达对"雨花石"的赞美和默默奉献的革命精神。最后衬词的哼唱,引导学生闭上双眼,用平稳的气息、渐弱的力度去吟唱出对革命先烈的深深怀念之情。

▸▸▸◉ 专家点评 ◉◂◂◂

本课例从感受体验歌曲内涵出发,运用以情带声的方式开展教学,用情感带动歌唱表达赞颂之情。《雨花石》充分表达了对"雨花石"这一特定形象的缅怀与赞美,节奏舒展、旋律抒情、情感表达丰富,适合用于歌词吟诵中的背景配乐。教师让学生在有感情的诵读中体验歌曲情感,赞颂雨花石奉献精神,在学生充分感悟到歌曲情感之时,顺势从歌曲旋律入手,详细解读旋律特点与歌曲情感的联系与作用,引导学习演唱歌曲,表现歌曲内涵,表达对英雄的敬仰、对祖国的祝福,抒发爱国之情。

（上海市崇明区教育学院　严春香）

丰富多彩活动　传递爱国深情

—— 多感官交互参与下以声动情,以情传声的歌唱教学

▸基本信息◂

本课例选自上海音乐出版社《音乐》五年级第一学期第二单元《深深的祝福》中的歌曲《祝福祖国》,它是一首热情、欢腾的二声部作品。歌曲用热烈欢腾的情绪、活泼悠扬的旋律,表现了各族儿女欢聚一堂、为新中国母亲庆生的喜庆场面。歌曲的"前八分音符后十六分音符"节奏型使旋律极具跳跃感。歌曲用陈述性的语句和形象的比喻展现祖国大家庭的欢乐祥和,通过衬词渲染歌曲热烈的情绪特点,抒发了强烈的爱国情怀。

本课例由上海市崇明区实验小学杨明提供。

▸德育价值描述◂

让学生在歌唱表达、节奏衬词编创过程中获得审美情感体验,侧重落实"感受音乐作品中对祖国建设伟大成就的赞叹、热爱、歌颂之情"这一项学科德育核心要求。

▸正文◂

教学环节一:多层次表现活动,引发深情共鸣

关键设问:怎样才能使我们的声部更和谐? 用怎样的声音表达歌曲第一部分活泼欢快的情绪?

1. 合作演唱,感受声部和谐,体会爱国深情。

(1) 二声部发声练习,体会和谐的声音。

谱例：1=C $\frac{4}{4}$

5	5	5	5	2	3	5	1
祝	福	祖	国，	祝	福	祖	国！
3	3	3	3	2	3	2	1

（2）复习演唱歌曲第一段。

2. 人声添加，用弹跳的声音，表达喜悦之情。

（1）加入人声"bong"，师生合作演唱，探讨人声的添加所带来的动感。

（2）学唱低声部旋律，感受弹跳的声音所表达的内心欢快、喜悦之情。

（3）声部叠加，合作演唱，表现热闹的场景和氛围。

谱例：

祝福祖国

1=C $\frac{4}{4}$

中速 热情、热腾地

龚爱书 词
孙广志 曲

1 1	1 1 2	3 5 0	6 i	i 6 5	6 5 5 0
五十	六颗	珍珠	亮闪	闪呀么	赛罗赛，
1 1	0 1	5 1 0	1 1	0 1	5 1 0

bong

1 1 1	1 1 2	3 5 0	6 5	5 3 2	3 2 2 0
穿呀么	穿成	那一条	银项	链呀么	赛罗赛，
1 1	0 1	5 1 0	2 2	0 2	6 2 0

bong

| 1 1 | 1 1 2 | 3 5 0 | 6 1 | 1 1 2 | 1 6 6 0 ‖ |

各族英雄的儿女　献厚礼呀么赛罗赛，

| 1 1 | 0 1 | 5 1 0 | 2 2 | 0 2 | 6 2 0 ‖ |

bong　　　　　　　　　　　　　　　　f

3. 变化力度，运用气息的推动，传递爱国热情。

（1）合作演唱，激发情感，寻找最能表达歌曲热烈情感的乐句。

（2）加入渐强记号演唱，体会力度记号对演唱中情感表达的推动作用。

谱例：1＝C　4/4

f

5 6 1 2 | 3 — — 5 6 1 3 | 2 — — 2 1 2

赛啰啰里赛　　　赛啰啰里赛　　　呵哈

4. 乐器辅助，丰富表现形式，激荡爱国真情。

关键设问：第一部分加入鼓后情绪上有什么变化？

（1）加入 Cajon，丰富音响。在学生完整合唱部分演唱时教师加入鼓凳伴奏，引导感受歌曲的节奏韵律对歌曲表现力的作用。

X X X　X X X　X X X　X X　|　X X X　X X　X　0　|

（2）跟随拍击，体验韵律。跟随音乐模仿拍击鼓凳节奏，表现歌曲的舞蹈韵律感。

【设计说明】

本环节首先创设情境体验，在合作演唱中让学生感受合唱中的"和谐"，用鼓凳和短促、跳跃的人声"bong"作为伴奏辅助演唱，使歌曲更富有动感，营造各族儿女欢聚一堂欢乐祥和的场景。在代入式感受和体验的同时，激发学生对祖国歌颂之情。然后通过聆听教师的示范，让学生找出符合音乐韵律的节奏——"XX 0X XX 0"，并用凳子鼓表现，引导学生感受、对比紧密和舒缓的节奏对歌曲情感表达的不同。疏密的节奏表达情绪激昂及热烈氛围,舒缓的节奏表达抒情、优美的情感。这样的设计为后面热烈情感的编创环节做好铺垫。

教学环节二：多感官交互体验，抒发炙热深情

关键设问：你可以用哪些方式让歌曲第二部分的祝福情感更加热烈？你想在歌曲哪个地方加入编创的节奏和衬词,才能充分表现歌曲热烈欢腾的情景及宣泄内心的情感？

1. 了解方法,编创鼓点：指导学生选的方法,选择适合表达热烈氛围的节奏型编排鼓点,并设定演奏位置。

2. 个别演示,评价选择：学生演示自主编排的鼓点,师生根据音效评价并确定合适的鼓点。

1. X X 2. XXX XX 3. X XX 4. X 0 5. XX XX

谱例：1=C 4/4

赛 啰 啰 里 赛! 赛 啰 啰 里 赛! 啊 哈

给 我们 慈祥的 祖国 妈妈 戴呀么 戴胸 前。 赛啰啰里

赛! 赛啰啰里 赛! 赛 啰 赛!

3. 编创衬词,体验情感：学生自主改编能表达热烈情绪的衬词,确定添加的位置。

4. 载歌载舞,共祝祖国：加入衬词及编创的鼓点合作表演歌曲,抒发对祖国的祝福之情。

附：衬词添加范例

5 6 i 2 | 3 — — 5 6 i 3 | 2 — — 2 i 2 |

赛 啰 啰 里 赛　　赛 啰 啰 里 赛　　　　　呵 哈

（赛啰赛）　　　　（赛啰赛）

（巴扎嗨）　　　　（巴扎嗨）

（呀儿喂）　　　　（呀儿喂）

……　　　　……

【设计说明】

　　歌曲的第二部分运用了衬词编创的方式来表现更加热烈饱满的歌曲情绪，在歌曲原有衬词"赛罗赛"的基础上，叠加能表达激动、热烈氛围的衬词，带动演唱情绪。本环节运用引导、启发式的提问，层层叠加不同的编创方式来表现和抒发心中的爱国情感。学生能力各不相同，因此本环节可以给予学生更多的自主选择空间，根据自身编创能力，选择合适自己的编创方式与同伴合作表现，把第二部分情绪推向高潮。从而培养学生合作意识与能力，充分感受与表达对祖国的热爱和祝福。

■■■●专家点评●■■■

　　本课例能以学科教学的具体内容与方法作为德育结合点，切入口比较小，体现了良好的操作性。在教学实例中，能见教师重视了音乐学科本体性能力的培养，抓住具体的日常音乐学习的方法，有序、有层次地展开教学设计。学习活动的展开过程中，教师能关注到音乐表现要素对表达音乐内涵与情感的作用，关注到学生对音乐表现形式的体验和实践。此外，教师对调动学生多感官协同的作用，用于深入感知、理解和表达音乐的方式，也是值得借鉴的。

（上海市教育委员会教学研究室　席　恒）

深情呢喃低声诉　一缕乡情挂心间

——紧密结合音乐要素,落实德育无痕交融的实践探索

■■■● 基本信息 ●■■■

本课例选自上海音乐出版社《音乐》五年级第二学期第四单元《快乐的少年》中的《牧场上的家》。这是由一首广泛流传的美国田园牧童歌曲所改编的管弦乐曲。乐曲分别由小提琴、大提琴与长笛主奏,四三拍,大调式,第一部分曲调在平稳中带起伏,旋律优美而又有荡漾之感,描绘了牧场在宁静的夜晚中的美丽景象,富有诗意。第二部分以宽松的节奏展开,曲调更加舒展,纵情地抒发了人们对可爱家园的赞美之情。

本课例由上海市崇明区实验小学沈丽春提供。

■■■● 德育价值描述 ●■■■

本课例旨向引导学生理解音乐所描绘的牧场美景,感受音乐所抒发的思乡之情,及"理解音乐所描绘的大自然、劳动与生命的美好,感受音乐抒发的亲情与友情"学科德育核心要求,对应"音乐抒发的亲情"这个二级德育目标。

■■■● 正文 ●■■■

教学环节一:分层体验,感受对牧场的热爱与怀念

关键设问:你能听出四个乐句分别是由什么乐器在主奏吗?他们在诉说什么?

1. 体验节拍。

把教室想象成牧场,学生扮演小草和小花,老师化作一缕春风,当春风吹过。学生听音乐在强拍处做舒展的"生长"动作,在三拍子的韵律感中,体验小草小花的生机勃勃,激发内心对牧场美好生活的向往。

2. 感知乐句。

在行走的方位变化中感受四个乐句的变化,并启发学生打开通感,去想象草原的美景。

3. 听辨乐器。

(1) 初听:四个乐句是由哪些乐器在主奏?

(2) 复听:想象这些乐器分别是家庭里的谁? 每个乐句描述的是怎样的场景?

(3) 讨论交流:听听小伙伴是怎么说的。

【设计说明】

本环节紧紧围绕音乐要素,关注学生聆听的感知力、辨别力与想象力,并将德育内涵自然渗透。如:通过律动体验,感知节拍,在舒展的"生长"动作中,体验牧场的辽阔,小草的生机勃勃,激发内心对牧场美好生活的向往。利用奥尔夫理念中的空间运动,在行走方位的变换中感受四个乐句的变化,启发学生利用通感去想象牧场的美景:你闻到了草原的清香吗? 你看到了碧绿的草地吗? 你听到了牛羊的欢唱吗? 在音乐旋律中尽情地体会牧场上家的温馨与美好。在乐器音色的辨别中把乐器音色与家庭成员形象紧密结合,如:小提琴就像活泼开朗的我,音色悠扬嘹亮,表现力丰富;大提琴俨然是个严肃的父亲,音色浑厚宽广;长笛又好像我们温柔慈爱的母亲,音色圆润柔和。这三种乐器相互交织,轮流演奏,相互对话,就像一个家庭一样在深情地呢喃,彼此缓缓地倾诉着对牧场的热爱。再通过小伙伴的交流,拓宽对牧场美景的想象空间。如:温暖的小木屋炊烟袅袅、饭菜飘香,夜晚星星闪烁,牧场宁静而美好,等等,进一步激发孩子们内心对美好生活的向往。

教学环节二:合作表演,抒发对家乡的热爱与依恋

关键设问:我们该用怎样的情感去演奏和演唱?

1. 师生合作,奏响乡情。

(1) 根据自己的能力与特长,选择适合自己的角色参与演奏。

角色分工:教师——指挥;

大部分学生——主奏口琴;

特长生:钢琴伴奏,小提琴,鼓箱;

后进生:打击乐器小铃、三角铁等。

（2）乐句分工。

钢琴贯穿始终；前两个乐句——小提琴；第三乐句——口琴；第四乐句——所有乐器；打击乐器——三拍子基本节奏。

2. 歌词改编,唱出乡音。

（1）结合家乡美景,改编歌词。

（2）跟伴奏音乐,声情并茂地演唱。

我的家在（崇明）,那儿有（白鹭飞翔）,还有（小鸭在芦苇游荡）,那儿多么欢畅,那儿没有悲伤,（蔚蓝）天空多么晴朗。家!（崇明）我的家!那儿多么欢畅,那儿没有悲伤,（蔚蓝）天空多么晴朗。

3. 唱奏结合,抒发爱恋。

（1）学生自由选择唱或奏。

（2）改变演唱形式,加入领唱。

【设计说明】

本环节重在聆听后的表现力,在学生初步熟悉节拍、乐句、乐器的基础上,给学生搭建展示的舞台,去表现内心的情感。充分挖掘学生的特长,也关注后进生的参与,积极引导每个孩子选择适合自己的方式投入其中。通过师生合作演奏,填入自己编创的歌词演唱,以及唱奏结合等方式,进一步激发学生热爱家乡、歌颂家乡的情感。对乡情的依恋都在缓缓流淌的旋律中得以诠释与倾诉,田园深情默默沁入每个孩童的心,爱家乡的情感也有了深度与宽度,这就是音乐的魅力。

◀▶▶▶ 专家点评 ◀▶▶▶

情感,是德育最好的培养皿。激发情感体验,丰润情感世界,对音乐教育本身来说,也是应然使命。在本课例中,执教教师能比较充分地挖掘音乐作品本身内含的丰富的情感教育因素,如歌词蕴含的对家乡的深情眷恋。在确定情感基调的基础上,教师较好地把握了音乐学习的本体性内容,如节拍韵律体验中的角色代入,乐器音色感知中的情景联想,歌词演唱中的内涵理解和创意思维表达等。通过这样的教学设计思路,教师比较好地体现了思想教育和学科学习的融合。

（上海市教育委员会教学研究室　席　恒）

奏乐动人心 体验民族情

——小学音乐"表现性"活动《瑶族舞曲》的器乐教学

▪▪◀基本信息▶▪▪

本课例教学内容《瑶族舞曲》选自人民教育出版社《音乐》五年级第二学期第二单元《五十六朵花》,是一首家喻户晓的管弦乐曲,生动地描绘了瑶族人民节日欢庆时的歌舞场面。整首乐曲,主题鲜明,全曲为复三部曲式。其中第一部分的第一主题旋律优美抒情,描绘了姑娘们婀娜多姿的舞态,展现出少数民族特有的风貌以及浓浓的民族风情;第二主题是由第一主题派生出来的,速度加快,节奏更为密集,音乐情绪更加热烈欢快,以对比的音乐表现表达了人们载歌载舞的喜悦之情。第二部分节拍发生变化,转为三拍子,旋律十分优美,表现了祖国少数民族青年们真挚的爱情和对幸福生活的向往。

本课例由上海市崇明区长兴小学龙长娟提供。

▪▪◀德育价值描述▶▪▪

本课例旨向引导学生在感受意境、表现内涵过程中获得丰富的情感体验,侧重落实"弘扬民族民间音乐文化,增强民族文化意识,懂得群体音乐活动的规则"这一项学科德育核心要求。

▪▪◀正文▶▪▪

教学环节一:欣赏与吹奏,感受优美的乐曲主题 A

1. 初听乐曲主题 A,感受并吹奏。

创设情境:夜幕降临,瑶族的男女老少纷纷来到山脚下,在银色的月光下,一场篝火晚会拉开了序幕……

(1)乐曲描绘的是一个什么样的场面?表达了瑶族人民怎样的心情?你是从乐曲的哪些特点中得到这样的感知的?

1. 主题A描绘的是一个什么样的场面？
2. 表达了瑶族人民怎样的心情？

（2）学生讨论。

（3）唱谱：要求速度稍慢、唱准确、声音轻柔。

2. 吹奏第一段旋律。

（1）自主吹奏旋律。

（2）反馈与评价。

（3）巩固练习。

瑶族舞曲

1＝C 2/4

主题A

中速　深情地

```
( 6 3  6 3 | 6 2  6 2 | 1 2 3  2 1 | 6  -  | 6  - ) |

‖: 6 3  3 6 | 2·  1 | 7· 2  1 7 | 6· 5 3 | 6· 7  1 2 |

3·  5  3 2 | 1 2 3  2 1 | 6  - | 5 5 6  1 6 |

1 1 2  3 5 | 3 3 5  2 3 5 | 5·3  - | 6 3  6 3 |

6 2  6 2 | 1 2 3  2 1 | 6  - | 0  0 :‖
```

【设计说明】

本环节首先通过师生互动、生生互动感受乐曲情绪和演唱乐曲旋律,让学生感受少数民族音乐"优美、婉转"的特点,在学生心里留下民族的根,培植民族情怀,也为接下来用葫芦丝有感情地吹奏乐曲做好铺垫。然后把教学重点放在让学生初步用葫芦丝吹奏乐曲第一段,掌握乐曲"优美"情绪的表达,并能熟练完整地吹奏。学生通过自主探究去学习乐曲旋律,在表达技能的同时感受民族音乐的特点,教师则围绕学生反馈的问题进行引导,深刻理解民族音乐的"优美与婉转"及动人之处,帮助学生提高自信和音乐素养。

教学环节二:对比与分析　表现活泼的乐曲主题 B

1. 吐音指导。

关键问题:与主题 A 相比较,主题 B 在速度上有什么变化? 又是通过什么演奏技巧来表现乐曲的情绪?

2. 葫芦丝吐音技巧的学习及练习。

3. 吹奏乐曲主题 B。

瑶族舞曲

1＝C $\frac{2}{4}$

主题B
小快板

吐奏

$(0\ 3\ \ 0\ 3\ |\ 0\ 3\ \ 0\ 3)\ \|:\ 6\ 3\ \ 2\ 3\ 2\ 1\ |\ 6\ 1\ \ 6\ 0\ |\ 6\ 3\ \ 2\ 3\ 2\ 1\ |$

【设计说明】

这部分的学习重点在于让学生区分主题 A"优美、婉转"与主题 B"活泼、喜悦"不同的音乐效果。先要学会用吐音演奏葫芦丝乐曲主题 B,通过教师示范吐音的演奏技巧和请学生上台展示学习成果,表现出民族男女的喜悦与活泼,与主题 A 的部分形成鲜明的对比,感受民族音乐的多样性,加深学生对民族音乐的理解,从而形成良性的发展,使学生的葫芦丝吹奏技能从表面技巧的提高到富有情感的"质"的提高。

教学环节三:合作与编创　完整演绎乐曲

1. 欣赏乐曲主题 A′与吹奏。

(1) 完整聆听主题 A′旋律。

(2) 用哼唱的方式体验 A′旋律的情绪。

(3) 吹奏乐曲主题 A′。

瑶族舞曲

1=C $\frac{2}{4}$

主题A'

中速

(3 - | 6̣ - | 2 - | 1 7̣ 5̣ 0) | 6̣ 3 3 6 |

2. 1 | 7̣. 2̣ 1 7̣ | 6̣. 5̣ 3 | 6̣. 7̣ 1 2 | 3. 5̣ 3 2 |

1 2 3 2 1 | 6̣ - | 5̣ 5̣ 6̣ 1 6̣ | 1 1 2 3 5 | 3 3 5 2 3 5 |

5̣ 3 - | 6̣ 3 6̣ 3 | 6̣ 2 6̣ 2 | 1 2 3 2 1 | 6̣ - ‖

pp

2. 完整吹奏《瑶族舞曲》。

（1）师生合作。

（2）小乐器伴奏。

（3）律动演绎。

瑶族舞曲

中速

$$(3 - | \underset{\cdot}{6} - | 2 - | 1 \underset{\cdot}{7} \underset{\cdot}{5} 0) | \underset{\cdot}{6} 3 | 3 \underset{\cdot}{6} |$$

$$2 \cdot \underline{1} | \underline{7 \cdot 2} 1 7 | \underline{6 \cdot 5} 3 | \underline{6 \cdot 7} 1 2 | 3 \cdot \underline{5} 3 2 |$$

$$\underline{1 2} \underline{3 2} 1 | \underset{\cdot}{6} - | \underline{5 5} \underline{6 1} \underline{6} | \underline{1 1} \underline{2 3} 5 | \underline{3 3} \underline{5 2} 3 5 |$$

$$\overset{5}{3} - | \underline{6 3} \underline{6 3} | \underline{6 2} \underline{6 2} | \underline{1 2} \underline{3 2} 1 | \underset{\cdot}{6} - \| \quad pp$$

【设计说明】

本环节先是理解主题 A′ 是主题 A 的一个再现,通过安静地聆听旋律,感受情绪,接着用哼唱的方式再次感受乐曲在强烈的节奏中推向高潮,在快速欢畅的情绪中结束,最后用葫芦丝来演奏与表现。通过师生、生生间相互配合的表演,使得学生用连贯、跳跃的气息,感受不同的情绪,从而完整演奏乐曲。学生在综合表演的过程中不仅能体验少数民族的风土人情,还能体验合作的乐趣,更重要的是能通过乐曲的学习,了解民族的特色,树立强烈的民族自豪感,从而热爱我们的祖国。

◢◢◢◆ 专家点评 ◆◢◢◢

本课例设计较完整,思路清晰,能够紧紧围绕教材,以音乐课堂为阵地,充分挖掘和分析教材中的德育因素,达到润物细无声的德育渗透。教师通过丰富的听、唱、奏、创等音乐活动,找到作品《瑶族舞曲》适合学情的切入点,感受音乐的民族特色,在情境中表达作品的情感,给学生营造身临其境的艺术体验氛围,激发学生对民族音乐的兴趣与热爱,树立民族自豪感与对民族音乐的自信。

（上海市闵行区教育学院　施红莲）

保护环境　争当好少年

——抓住音乐符号使歌唱"声入人心"

基本信息

本课例选自上海音乐出版社《音乐》五年级第二学期第四单元《快乐的少年》,主要教学内容是学唱歌曲《我是少年阿凡提》,并能在此基础上进行简单的歌词编创。歌曲《我是少年阿凡提》是一首具有新疆民歌风格的歌曲,曲调诙谐欢快,描绘了正直、勇敢、快乐的少年阿凡提形象,生动地赞扬了少年阿凡提保护环境的优良品质,表现了少年阿凡提热爱大自然的思想情感。歌曲为 $\frac{2}{4}$ 拍,二段体结构。第一乐段刻画了少年阿凡提欢乐风趣的音乐形象以及对破坏自然环境的不良行为的愤恨之情。第二乐段以连续密集的节奏音型出现,配以富有民歌特色的衬词"啦啦啦""来来来",更鲜明地表现了主人公活泼向上的精神面貌,唱出了新一代少年阿凡提自豪、欢乐的心情。

本课例由上海市崇明区庙镇学校陈凤提供。

德育价值描述

本课例旨向引导学生获得审美情感的丰富体验,侧重落实"感受作品中正直勇敢、诚实善良的时代精神"这一项学科德育核心要求。

正文

教学环节一:学唱歌曲,感知音乐形象

关键设问:少年阿凡提是一个怎样的人?哪句旋律最独特?为什么?

1. 初听歌曲,熟悉少年阿凡提。

(1) 观看视频,知道少年阿凡提,初步感知乐曲的旋律。

(2) 聆听歌曲,感知歌曲中的人物情绪。

2. 学唱歌曲,了解少年阿凡提。

(1) 学习下滑音和升记号,理解音乐符号所表达的歌曲风格和欢快的心情。

(2) 加入重音记号演唱,借助肢体动作学习八分休止符,体会力度记号和肢体语言对演唱中情感表达的推动作用。

(3) 看图谱学习衬词,师生合作演唱,感受弹跳的声音所表达主人公活泼向上的精神面貌。

3. 完整演唱,学习阿凡提。

【设计说明】

观看音乐视频让学生感受新疆,熟悉少年阿凡提,了解少年阿凡提的人物形象。通过学习音乐符号和衬词来解决本课的难点学习,在下滑音记号中加入甩鞭的动作,在升记号的演唱中提醒学生抬眉毛来掌握音准,感受新疆的音乐风格,体验少年阿凡提诙谐幽默的性格以及欢乐的心情。重音记号的加入和用叉腰、跺脚的肢体动作学习八分休止符,体会少年阿凡提对破坏自然环境的不良行为的气愤和坚定。在画图谱和师生合作演唱中用弹跳的声音,咬字清晰地学习衬词,表现少年阿凡提活泼向上的精神面貌,唱出少年阿凡提自豪、欢乐的心情。

教学环节二:合作与编创,表现歌曲情绪

关键设问:歌曲中的少年阿凡提是一位环保卫士,你们是怎样的好少年?你能为歌曲编创下歌词吗?

1. 情境创设,演绎少年阿凡提。

(1) 分小组进行情境创设(旁白、顽皮的孩子、道具、小阿凡提),学生自主选择和创设角色练习。

(2) 小组演示,评价选择,师生根据评价确定合适的角色。

（3）合作表演,激发情感,体会少年阿凡提的人物情绪。

2. 编创歌词,争做少年阿凡提。

（1）结合生活中的场景编创歌词。

（2）思考如何做个机智的好少年。

3. 完整展示

（1）分组（歌唱组、表演组）完整表演歌曲。

（2）小组讨论:在少年阿凡提身上学到了什么? 如何传承少年阿凡提正直勇敢、善良的精神品质?

【设计说明】

本环节从创设旁白、小毛驴、顽皮的孩子、青蛙、小鸟、树和小阿凡提等角色来演绎歌曲所表达的故事情节,从中体会少年阿凡提情绪的变化。结合编创歌词,培养他们自主思考和创新的能力,做一个能像少年阿凡提那样,把爱护环境、保护环境的行为坚持下去,成为一个机智、勇敢,富有正义感的好少年! 让歌曲中少年阿凡提的优良品质精神得到传递,让整堂课达到一个音乐教育与德育相融合的效果。

▪▪▪◆ 专家点评 ◆▪▪▪

课堂教学过程就是育人的过程。本课例中教师能紧密结合歌词内容,挖掘歌曲中少年阿凡提这个人物形象正直、勇敢、善良的精神品质,并紧扣音乐要素,抓住音乐符号,理解人物特征,还运用图谱、声势等方式帮助学生唱好歌曲。整个教学过程的设计围绕少年阿凡提这个人物主线,从初听中熟悉、学唱中了解、演绎中感悟、编创中体验,学生对少年阿凡提的情感体验一步步加深,为形成良好的道德情操也做好了铺垫。

整堂课既关注到了音乐技能的学习,又引导了德育品质的形成。本课例为我们在实际教学过程中把握作品德育内涵和有效落实学科德育提供了范例。

（上海市崇明区实验小学　沈丽春）

赏古调 传非遗

——音乐教育中的本土非遗文化传习

▪▪▪●基本信息●▪▪▪

"瀛洲古调"是流传在崇明的琵琶古曲,距今已有 300 多年历史,于 2008 年列入国家级非物质文化遗产保护名录。目前的瀛洲古调派琵琶能够弹奏 30 首以上古调的仅剩一人,能够掌握全部演奏技艺的人更少,瀛洲古调的传承与保护迫在眉睫。

本课教学内容《鹂鸣深树》片段是瀛洲古调快板中的其中一首,结构短小精致,曲调清新淡雅,节奏明快活泼,描写黄鹂鸟悦耳明快的飞鸣之声。适合艺术社团四年级学生学习实践。

本课例由上海市崇明区竞存小学张旋提供。

▪▪▪●德育价值描述●▪▪▪

本课例旨向引导通过聆听、哼唱、吹奏"瀛洲古调"乐曲片段获得审美情感的丰富体验,侧重落实"体验作品中中国民族民间音乐及文化特点""喜爱我国民族民间音乐文化,增强民族文化意识"这两项学科德育核心要求。

▪▪▪●正文●▪▪▪

教学环节一:赏古调,识古调

关键设问:什么是"瀛洲古调"?"瀛洲古调"乐曲特征是什么?

1. 听古调。

初步感受"瀛洲古调"的旋律和韵味,引出"瀛洲古调",为认识古调做铺垫。

2. 识古调。

了解什么是"瀛洲古调",以及"瀛洲古调"的乐曲特征(表现内容特征、结构特征、篇幅特征)。

【设计说明】

通过听古调、识古调,让每一位学生都能够了解国家级非物质文化遗产——"瀛洲古调"的历史文化、演奏技艺,感受"瀛洲古调"的韵律美,争做"非遗小传人",为崇明独特的非物质文化遗产"瀛洲古调"感到骄傲。

教学环节二:学古调,传古调

选取《鹂鸣深树》片段细细品味,拍一拍、唱一唱、吹一吹。

—— **我能行** ——

$$\frac{2}{4}\ X\qquad X\quad |\ X\ \underline{X\ X}\ |\ X\ \underline{X\ X}\ |\ X\ \underline{X\ X}\ |$$

$$\underline{X\ X}\ \underline{X\ X}\ |\ X\quad X\quad |\ X\quad X\quad |\ X\quad X\quad \|$$

1. 拍一拍,熟悉古调节奏。

拍准节奏,并能够在教师给的速度中拍准节奏,然后使用小乐器根据不同的速度给这段乐曲的旋律伴奏,熟悉这段旋律的节奏,以及初步感知这段乐曲的旋律。

—我能行—

《鹧鸪鸣深树》片段

$\frac{2}{4}$ 5 5 5 3 5 | 2 2 2 2 2 3 | 1 1 1 1 1 3 | 2 2 2 2 2 3 ‖

2 2 2 2 2 2 2 3 | 5 5 2· 2 | 1· 2 7 6 | 5· 6 5 5 ‖

—我能行—

$\frac{2}{4}$ 5 5 5 3 5 | 2 2 2 2 2 3 | 1 1 1 1 1 3 | 2 2 2 2 2 3 ‖

2 2 2 2 2 2 2 3 | 5 5 2· 2 | 1· 2 7 6 | 5· 6 5 5 ‖

$\frac{2}{4}$ X X | X X X | X X X | X X ‖

X X X X | X X | X X | X X ‖

2. 唱一唱,熟悉古调旋律。

跟着教师琵琶弹奏学唱谱,在会唱乐谱后进行一个强弱和情感的歌唱处理,并感受想象乐曲《鹧鸪鸣深树》描写的场景。学唱歌词,在唱歌词的时候注意强弱变化和情感的表达,再次感受瀛洲古调《鹧鸪鸣深树》的欢快情绪。

3. 吹一吹,感知古调旋律。

用课堂乐器竖笛吹奏乐曲《鹧鸪鸣深树》片段,让学生通过不同形式感受瀛洲古调的韵律美。

4. 演一演,展现古调美。

合作表演,吹一吹、拍一拍、唱一唱,运用多种形式来演绎古调,感受古调,传习古调,同时锻炼学生的合作能力,从而体会合作的快乐。

【设计说明】

在品味学习《鹂鸣深树》乐曲片段过程中,通过拍古调、唱古调、吹古调等多种教学方式,让学生一步一步地熟悉瀛洲古调的旋律,感知瀛洲古调旋律的韵律美,了解《鹂鸣深树》这首乐曲描绘的场景,体会这首乐曲的欢快情绪,从而使得学生喜欢"瀛洲古调",更进一步地了解国家非物质文化遗产——"瀛洲古调",为培养"非遗"保护与传承的"文化自觉"打下感性体验和认识基础,增强学生的文化自觉和文化自信。

▶▶▶▶◆ 专家点评 ◆◀◀◀◀

本课例从本地传统音乐艺术入手,层层深入地让学生了解和感受瀛洲古调的艺术魅力,传承与发展家乡优秀传统音乐文化。教学通过欣赏、学唱、吹奏、表演等由浅入深的艺术实践活动,让学生感受家乡"非遗"音乐的独特艺术魅力,在合作互助的课堂氛围中表达音乐美,激发学生对瀛洲古调的兴趣和对家乡音乐文化的热爱,动之以情,晓之以理,寓德育与美育之中,用多姿多彩的旋律美来浸润心灵,使学生的思想得到升华,得到良好的德育教育。

(上海市闵行区教育学院　施红莲)

后　　记

2014 年,崇明列为教育部哲学社会科学研究重大课题攻关项目"大中小德育课程一体化研究"上海市试点区。2016 年,崇明结合德育综合改革的推进,承担了上海市教育委员会德育处关于"上海市艺术学科德育协同研究中心"项目建设任务,2017 年确立项目正式启动实施。在实践探索的 3 年多时间里,项目组成员经过理论学习、专题培训、项目申报、课堂实践、课例研究等,形成并正式出版了《德润课堂——上海市艺术学科德育优秀课例丛书》。

学科中本来就蕴含着德育元素,学科教学中本来就包含着德育,学科德育是关于学校课程与德育关系的整个研究命题中的一个基本命题,其提出或强调是育人本原的根本要求,是遵循德育内涵的具体体现,学科教学与德育的协同,有助提升课程育人的品质。本丛书《育美明德》《尚美致行》《和乐明心》《载乐载道》《艺德探真》中的课例,是对《上海市中小学美术学科德育教学指导意见》《上海市中小学音乐学科指导意见》《上海市中学艺术学科德育教学指导意见》的贯彻与落实,课例不仅具有实践性,更是具有启发性与借鉴性,为广大中小学校和艺术教师优化课程德育提供方向引导、思想指导与操作支持。

《德润课堂——上海市艺术学科德育优秀课例丛书》的顺利出版,离不开各级领导与专家的关心,在此一并表示衷心的感谢!感谢上海市教育委员会德育处给予项目的支持,感谢席恒、施红莲、王美华、邰方、李莉等专家的悉心指导和精彩点评,感谢崇明区教育局、区教育学院领导的关心,感谢上海市艺术学科德育协同研究中心项目基地学校,感谢为本书提供优秀课例的教师。

由于我们的学识、经验和水平有限,恳请有关专家和广大读者批评指正。

"上海市艺术学科德育协同研究中心"项目组

2020 年 7 月

德润课堂——上海市艺术学科德育优秀课例丛书

载乐载道

上海市艺术学科德育协同研究中心　编著

上海教育出版社
SHANGHAI EDUCATIONAL
PUBLISHING HOUSE

图书在版编目(CIP)数据

载乐载道 / 上海市艺术学科德育协同研究中心编著.
—上海：上海教育出版社，2021.1
（德润课堂：上海市艺术学科德育优秀课例丛书）
ISBN 978 - 7 - 5720 - 0458 - 2

Ⅰ. ①载… Ⅱ. ①上… Ⅲ. ①音乐课–教学研究–
初中 Ⅳ. ①G633.951.2

中国版本图书馆 CIP 数据核字(2021)第 014089 号

责任编辑 庄晓明
封面设计 周 亚

德润课堂——上海市艺术学科德育优秀课例丛书(载乐载道)
上海市艺术学科德育协同研究中心 编著

出版发行 上海教育出版社有限公司
官 网 www.seph.com.cn
地 址 上海市永福路 123 号
邮 编 200031
印 刷 上海商务联西印刷有限公司
开 本 710×1000 1/16 印张 6.5
字 数 100 千字
版 次 2021 年 2 月第 1 版
印 次 2021 年 2 月第 1 次印刷
书 号 ISBN 978 - 7 - 5720 - 0458 - 2/G·0334
定 价 168.00 元(全套 5 分册)

如发现质量问题,读者可向本社调换 电话：021 - 64377165

丛书编委会

丛 书 主 编　吕　波
丛 书 副 主 编　方一燕
丛 书 编 委　郭春飞　唐忠燕
本 册 主 编　朱　峰

序　言

　　《德润课堂——上海市艺术学科德育优秀课例丛书》的出版,是上海艺术教育课程改革中的一件大事。这套丛书展现了崇明"上海市艺术学科德育协同研究中心"项目组成员孜孜以求的探索精神,也为全面推进崇明艺术学科课程改革提供了可供借鉴学习的方式方法。

　　近代学者王国维曾指出:"教育之宗旨何在,在使人为完全人物而已。""教育之事亦分为三部:智育、德育、美育是也。"近现代哲学家张世英指出,人的生命发展为四种境界:欲求境界—求知境界—道德境界—审美境界。可见,我们应重视德育,审美教育须德育化;重视美育,道德教育须审美化。因此,探索与推进中小学艺术学科德育,是促进学生生命成长发展的需要,也是帮助学生追求真善美的过程,更是提高学生精神生活质量的必然。

　　立德树人,五育并举,艺术教育对于立德树人具有独特而重要的作用。艺术教育是学校实施美育最主要的途径,有助于培养学生感受美、表现美、鉴赏美、创造美的能力,引领学生树立正确的审美观念,陶冶高尚的道德情操,培养深厚的民族情感,激发想象力与创新意识,促进学生的全面发展和健康成长。艺术教育在提高学生审美和人文素养方面具有独特的价值功能,我们要充分发挥艺术学科应有的育人使命与责任。

　　当前,课程改革追求回归人的生活世界,尊重人全方面的主体地位,重视课程与教学的育人价值,艺术学科也是如此,其教学必须成为一种德育实践,实现师生生命的共同成长。艺术学科德育是依据艺术学科课程标准和《中小学德育工作指南》的育人要求与规律,根据艺术学科教学自身的特点,充分挖掘艺术学科教学中的德育因素,以知识、技能为载体,采用恰当的策略与方法,在艺术学科教学中落实德育目标,即情感、态度与价值观目标,达到以艺载德、以德润艺的目的。艺术学科育德体现了育人的价值导向,是艺术学科育人的核心;艺术学科德育的真实发生,离不开良好的育人理念,也离不开恰当的方式方法。每门艺术学

科都具有各自的属性与特点,其学科德育也需要与之相应的方式方法。

这套丛书按照小学音乐、小学美术、中学音乐、中学美术、中学艺术编排,总共 5 册。丛书以课例为呈现方式,共计 101 个学科德育课例,每个课例由基本信息、德育价值描述、教学环节与设计说明、专家点评等构成。这些课例立足德润生命,源于课堂实践,具有教学情境的真实性、润德目标的正确性、德润方法的适切性、可供借鉴的启发性等特征,为艺术教师落实学科德育提供了可供借鉴学习的经验。无痕、适切、融合,让德育在艺术课堂润物无声中真实地展开,促进了艺术学科"主动·有效"课堂的达成。

本丛书课例向我们展示了一些共性的做法,即在落实艺术学科德育过程中,教师可捕捉教材以及生活中的德育素材,将课程内容置于学生生活情境中,产生濡染之效应;也可架构课程内容和德育之桥梁,在审美教育中启蒙德性、培养美善,产生润德之效应;还可采用小组合作、自主探究等学习方式,在多感官并用的过程中体悟践行,产生内化之效应,从而将德育融合于艺术教学的整体,贯穿于课堂教学的全过程,在发展艺术教师育德意识与育德能力中,不断提升艺术学科课程育人的高品质,开创课程德育的新格局!

上海市教委教研室　王月芬
2020 年 9 月 1 日

目　录

祖 国 颂 歌

||||●基本信息●||||

本课选自上海教育出版社《音乐》六年级第一学期第一单元《祖国颂歌》。本单元以人文主题"祖国颂歌"构建内容,所选的作品都围绕这一主题,从不同的角度反映了中华儿女的爱国主义情怀。学生通过乐曲欣赏、歌曲学唱等音乐活动来体会同一主题下不同体裁、不同时期、不同风格的音乐作品中的文化内涵,从而在音乐学习过程中感受到爱国主义思想教育,也能体会到优秀的音乐作品总是与时代步伐一致,反映人民群众的心声。

本课例提供者为崇明区正大中学陈静。

||||●德育价值描述●||||

本课旨向赏析与学习不同体裁和风格的表达爱国主义情怀的音乐作品,通过欣赏、演唱等实践活动,体会乐曲中的主题内容,把握音乐风格,感受节奏等要素在作品中的变化和作用,体验作品的恢弘气势和深沉的情感,激发民族自豪感和爱国情怀。本课例对应二级德育目标"党的领导""革命传统""民族团结"和"时代精神",侧重于培养学生热爱祖国、热爱生活,理解音乐所表现的国家与民族的责任意识,落实"感悟不同时期音乐作品中的时代使命感"这一音乐学科德育核心要求。

1. 通过欣赏、演唱等实践活动,体会乐曲中的主题内容,把握乐曲风格,感受作品的恢弘气势,体验深沉的情感,激发民族自豪感和爱国情怀。

2. 掌握科学的演唱方法,掌握用跳跃的声音演唱情绪欢快的歌曲的方法,运用课堂乐器较好地吹奏乐曲,提升艺术修养,陶冶情操。

||||●正文●||||

教学环节一:欣赏管弦乐作品《红旗颂》

1. 导入:播放国庆 60 周年阅兵式《红旗颂》方阵。

2. 提问：刚才大家观看的视频熟悉吗？说出曲名及歌曲主题？

（歌曲《红旗颂》）　　（赞美红旗、歌颂祖国）

3. 欣赏与红旗有关的另一部音乐作品——管弦乐曲《红旗颂》，初听全曲。

要求：让学生静静地聆听，然后请学生各自谈谈对作品的感受。

4. 欣赏《红旗颂》的引子及第一部分主题。

（1）提问：是否在乐曲中听到了你们熟悉的旋律？能哼唱出来吗？

（2）讨论：学生谈谈乐曲所描绘的音乐意境。

（3）演绎：出示《红旗颂》主题旋律乐谱，老师先范唱范奏，然后学生在钢琴的伴奏下歌唱主旋律。

5. 欣赏《红旗颂》第二部分主题（发展部）。

（1）提问：这段音乐与第一主题旋律风格是否一致？说说你所想象的音乐描绘的画面？

（2）讨论：乐曲中的节奏、音型有什么特点？

（3）学生用手拍打出节奏。

6. 欣赏《红旗颂》第三部分主题（再现部）及尾声。

（1）提问：这段旋律是否熟悉？（与第一主题相似）

（2）讨论：尾声处的旋律渗入了哪首歌曲的音调？

【设计说明】

听辨歌曲中的音乐要素，通过提问、讨论、评价和反馈的方式，对同一题材的音乐作品进行比较，帮助学生理解音乐形象，感悟音乐学习内容的内涵价值和教育意义，感受乐曲中体现的爱党爱国情怀。

教学环节二：以情入境引导创作

要求：全班分四个小组，每个小组以不同的表演形式来演绎《红旗颂》的主旋律。

1. 为主旋律写诗——配乐诗朗诵。

2. 为主旋律填写歌词——歌曲演唱。

3. 为主旋律创编舞蹈——舞蹈。

4. 为主旋律配乐——器乐演奏（口风琴）。

【设计说明】

在创作、演唱、编舞、演奏等演绎过程中，让学生理解音乐的精神内涵，产生情感共鸣,落实和体现音乐作品蕴藏的德育价值,同时培养学生的想象力、创造力和表达能力。

教学环节三:课堂小结

讨论:红旗象征什么? 有何意义?

【设计说明】

本课最后环节在讨论的基础上升华主题、提升主旨,激发学生热爱国旗、热爱国家的情感。

专家点评

本课例结合教材单元《祖国颂歌》所呈现的核心内容,使学生以音乐本体内容学习为载体,把握音乐作品所蕴含的德育价值。针对六年级学生的学情特点,陈老师整合德育活动资源,在实际教学中不把音乐课作为政治课,而是把德育有机地渗透在音乐活动中,激发学生学习兴趣,并在积极参与的过程中获得审美体验。

一、激发学生的爱国情怀。

在课程第一欣赏环节,陈老师利用学生音乐学科素养与历史知识的沉淀,引导学生感受《红旗颂》作品中的恢弘气势,通过视唱、模唱来熟悉音乐,加强对乐曲主题旋律的记忆,理解乐曲中的国家意识、民族精神,激发学生的爱国情怀。

二、引导同学之间协同合作开发音乐活动。

在教学环节二中,陈老师设计多样化的艺术实践活动,引导学生在生动的情景中体验乐曲主题,把握乐曲的节奏、情绪、旋律特点,陈老师还通过不同的艺术表现手段将作品的情、韵、律相结合,激发学生音乐学习的内驱力、爱乐天性和习乐潜能。

陈老师设计创作演绎的课堂活动,引导学生发挥想象力与主观能动性,小组合作为乐曲创作歌词、创编舞蹈,配乐演绎,这不仅有利于提升学生的音乐素养与艺术水平,还能够提升学生的团队合作能力,引导学生协同开展音乐活动。

(上海市崇明区正大中学　薛凌凌)

保卫童年

◀▮◀● 基本信息 ●▮▶▶

本课是上海教育出版社《音乐》六年级第二学期第二单元的《快乐少年》中的教学内容。主要通过欣赏《童年的回忆》和演唱《一生一世学做人》让学生学会感受生活的美好，弘扬中华优秀的传统文化和传递正能量。《童年的回忆》如梦般清新美丽、令人回味，凸显轻音乐的特点；《一生一世学做人》在铿锵的曲调中表现了历代少年人的传统美德。

本课例提供者为崇明区海桥学校周雨薇。

◀▮◀● 德育价值描述 ●▮▶▶

产生文化自信、感悟音乐所展现的亲情、友情以及劳动、生活与生命的价值意义是音乐学科德育的核心要求。在本单元中，《童年的回忆》能够引起学生对美好过往的回忆，感悟童年的美好、成长的快乐及生命的意义；《一生一世学做人》这首歌能够帮助学生体会中华传统文化的精神内涵，从而认同民族文化，产生文化自信，增强民族自豪感。

1. 聆听和欣赏《外婆的澎湖湾》《童年的回忆》等回忆主题的歌曲，引导学生回忆并感悟美好的童年生活，体会亲情的永恒、生活的美好、成长的快乐及生命的意义，树立乐观向上的生活态度。

2. 聆听和欣赏《一生一世学做人》这首歌，体会歌曲中关于中华民族精神的归纳与总结，增强民族文化认同感、自信心及自豪感。

◀▮◀● 正文 ●▮▶▶

教学环节一：导入

复习歌曲《外婆的澎湖湾》，教师引导学生结合我国各种传统节日回忆童年的趣事(教师可自己先举例),引出主题。

【设计说明】

我校学生多数为留守儿童,此环节运用歌曲《外婆的澎湖湾》作为导入,多数学生都有共鸣。轻快的音乐带有回忆的气氛,也很贴合"快乐少年"的主题。结合轻音乐背景,让学生在音乐中重温快乐的童年生活,树立乐观向上的人生态度。

教学环节二:欣赏《童年的回忆》

1. 学生跟随第一段音乐回忆自己儿时的趣事并分享。

2. 聆听第二段,分析跟第一段有什么不同。

3. 聆听第三段主题,有什么样的感受。

4. 请学生做选择题:《童年的回忆》属于以下哪种体裁?

A. 圆舞曲　　　　B. 轻音乐　　　　C. 进行曲　　　　D. 抒情歌曲

5. 学生分别学习以上几种音乐体裁,并做相关测试题。

6. 完整欣赏由理查德·克莱德曼演奏的《童年的回忆》,用画笔将自己的故事简单画出来,并互相交流。

【设计说明】

本环节教学中抓住"情感"这一德育渗透点,既融合了美术等艺术形式,又达到渲染气氛的目的。激发学生情感的火花,使其从自然、本能的思想中解放出来,进入高尚、纯洁的精神境界中。学生聆听着、体验着、感悟着、思索着不同的情感是通过哪些不同的艺术形式来表达的,音乐的情感呼唤着学生的情感,激起了学生心中阵阵情感的波涛。

教学环节三:歌曲《一生一世学做人》

1. 总结同学们对童年美好的回忆,引申到当今社会一些时事新闻,让同学们看到什么现象正在扼杀我们的童年,给我们的童年留下阴影。

2. 请同学们总结我们中国有哪些传统美德,并简单举例。

3. 请同学们学唱歌曲《一生一世学做人》(注意节奏)。

4. 有节奏地朗读歌词。

5. 跟视频有感情地演唱歌曲。

【设计说明】

本环节通过时事政治激发同学们的社会正义感,引导学生传承中华传统美德与社会责任感,再通过歌曲《一生一世学做人》进一步感受中华传统文化中"人"的精神内涵,激发学生的文化认同感、民族责任意识及社会责任感。

教学环节四:小结

1. 小结。

今天老师发现同学们都有很多美好的童年回忆,但我们身边也有一些负能量的事情存在。我们要让正能量替代负能量,那就需要你们青少年的努力。中国有着不可替代的优秀民族文化,中国的未来会如何由你们决定。我们要做怎样的人?学生回答"做一个堂堂正正的中国人"。师生一起大声说:"我们要做一个堂堂正正的中国人"。

2. 课外拓展。

自主学习中国有哪些优秀传统美德小故事并交流。

【设计说明】

本环节重在引导学生再次强化民族精神与民族文化的认同感、社会正义及责任感,树立积极向上的生活态度。

▮▮▮◆ 专家点评 ◆▮▮▮

德育是可以贯穿到任一学科中的,音乐也不例外,音乐课不仅能够提升学生的音乐素养,也可以促进学生的德育发展,促使学生良好思想品德的形成。利用音乐独特的艺术魅力,处理好音乐教学与德育教育的关系,学生在受到美的艺术熏陶时,也可以陶冶情操、净化心灵、培养健全人格。

一、感悟音乐中的美好情感。

音乐是情感的艺术,是体验的艺术。一个缺乏感性的人,不会有丰富多彩的人生感悟、正确乐观的价值判断,更不会有美好的创造性的人生表现。音乐的情感体验是对音乐旋律表述的一场心灵的对话,是人们对音乐欣赏的不断理解、不断挖掘精神内涵的结果。学生的成长过程实际上是在自己的不断地对外界体验与认识中成长起来的。

本课通过欣赏不同情感的音乐,使学生获得不同的情感体验。《外婆的澎湖湾》以亲情为主线,听来使人心情爽朗愉快。《童年的回忆》以童年生活为主线,听来使人心情平和并伴有诗情画意的联想,激发学生对生活的热爱,对未来的向往。《一生一世学做人》以个人道德情感为主线,体现了人们对真善美的追求。

周老师作为教学的组织者和引导者,把情感的连接抛给学生,根据音乐学科的特点,以"情"为纽带,以自创式、体验式学习为主,让学生深入音乐,了解音乐背景,体验音乐的美,从而创造音乐,得到最好的德育渗透。

二、继续中华传统美德,弘扬优秀传统文化。

我国的传统文化重视亲情与美好的个人品德。而亲情与个人品德也往往是音乐加以赞扬的主题,并产生了许多这些题材的优秀作品。

《外婆的澎湖湾》即以祖孙之情为主要的情感抒发点,引导学生品味亲情,情感细腻、曲调优美,同时还勾起学生对童年美好时光的回忆。《一生一世学做人》以个人道德情感为主线,重在引导学生追求真善美,培养良好品德,并点出品德的养成应该是"一生一世",不仅是一种"历史",更是一种"信念",是值得每一个人传承与发扬的文化精神。

课堂中,周老师将这几首音乐作品进行有效的组织,引导学生循序渐进地体会中华传统美德,润物无声地弘扬优秀传统文化,增强学生的民族文化认同感,提升学生的民族文化自信心与自豪感。

（上海市崇明区教育学院　朱　峰）

校 园 菁 菁

▌▌▌◀● **基本信息** ●▶▌▌▌

　　本课选自上海教育出版社《音乐》六年级第一学期第二单元《校园菁菁》。本单元以"校园生活"为主题组建内容,汇集了一组新中国成立以来不同年代的优秀少儿歌曲,所选曲目极具经典性,以不同的音乐体裁、艺术形式进行展现,旨在通过生动、活泼的音乐课堂教学,使学生感悟到生活在社会主义大家庭中、生长在红旗下的少年儿童是多么幸福,校园生活是多么美好,从而帮助他们树立远大的奋斗目标,教育他们要好好学习、面向未来。

　　本课例提供者为崇明区大新中学杨安然。

▌▌▌◀● **德育价值描述** ●▶▌▌▌

　　初中音乐德育目标中包括促进学生"健康身心",要求引导学生"感悟音乐所展现的亲情、友情以及劳动、生活与生命的价值意义",引导学生"弘扬时代精神""感悟不同时期优秀音乐作品中的时代使命感"等学科德育核心要求。而本课旨向赏析与学习不同时代的校园歌曲,培养学生对音乐的感受力、表现力,以及热爱校园、热爱生活的情感态度,正符合这两项德育目标及其核心要求。

　　1. 聆听和欣赏《校园多美好》《少先队歌曲联奏》等多首校园歌曲,激发学生热爱少先队组织、热爱校园、热爱生活、树立远大理想的志向,并知道不同历史时期校园歌曲中所印刻的时代风貌。

　　2. 在学习歌曲《校园多美好》《少先队歌曲联奏》等音乐作品过程中,通过聆听、体验、感悟、歌唱等学习方法,加强节奏节拍的基础知识,提升节奏感、乐感和即兴表演能力。

　　3. 能听辨不同的节奏节拍,了解节奏在音乐中的地位,感受其在音乐中的

表现作用。

4. 了解作曲家施光南的生平及其代表作。

◀◀◀◉ 正文 ◉▶▶▶

教学环节一：导入课题

1. 播放歌曲《校园多美好》第一主题片段,引导学生想象歌词描绘的画面。

2. 师生共同探讨乐曲情绪与内容。

3. 导入课题:《校园多美好》。

【设计说明】

播放音乐、创设情境,培养学生对音乐的感受力和情绪的感知力。通过聆听来想象画面,从而进一步感知校园歌曲的情绪与特点。

教学环节二：聆听与欣赏

1. 欣赏乐曲《校园多美好》,师生探讨校园主题音乐的风格特点。

提问:乐曲在节奏上有什么特点? 如何在节奏上体现欢欣、愉悦的情绪?

2. 再次欣赏乐段主题,师生共同用手掌打节奏,体验音乐节奏特征。

3. 教师简单介绍创作背景和作曲家施光南。

【设计说明】

本环节主要通过多次聆听,使学生对歌曲的节奏和情绪有进一步的理解。跟随音乐击打节奏,迎合了学生对音乐学习的心理需求,使他们能够自主地掌握歌曲的节奏和节奏型特点。

教学环节三：对比与分析

1. 师生共同探讨理解 $\frac{2}{4}$ 拍、$\frac{3}{4}$ 拍、$\frac{3}{8}$ 拍的特点和重音关系。

2. 分别欣赏三首联奏歌曲《中国少年先锋队队歌》《我们多么幸福》《金色的童年》,辨别节奏节拍,为乐曲添加拍号。

【设计说明】

本环节主要培养学生的自主学习能力和思考能力,在一定的基础理论支撑的情况下,鼓励学生进行自主判断,发挥主观能动性。引导学生在听赏、思考、判断的过程中,掌握节奏节拍的基本知识和作用。

教学环节四:拓展与总结

1. 小结:师生共同总结不同时代校园歌曲的时代特征。

2. 探讨、分享自己喜欢的当代校园歌曲。

【设计说明】

通过欣赏情感真实、格调健康的少先队歌曲,了解少先队及少先队歌曲的历史,体会歌曲中所展现的时代风貌,从而鼓励学生树立集体主义观念和远大理想,对未来充满美好的希望,成为一个奋发向上的好少年。

专家点评

一、贴近学生生活,唤醒校园情怀,促进学生身心健康发展。

情感来源于生活体验。在本节课中,教材中每一首乐曲内容都具有它独特的校园歌曲特点。《校园多美好》蕴含着对校园场景、校园生活的生动描写,这种情感美对于学生有着极强的感染力与共情感,能够唤醒学生的校园情怀。杨老师仔细挖掘教材中的审美因素,将学校本身的审美体验积极地融入乐曲情感中,围绕歌曲中歌颂的校园场景与校园情怀,使学生以音乐的形式了解校园主题,在聆听、体验、感悟中,表达人文情感。

校园生活是学生生活的重要组成部分,对于学生的身心发展都有着重要意义。而本节课中的校园歌曲,其积极向上的主旋律、富有感染力的歌词,有利于培养学生乐观积极的生活态度,帮助学生树立正确的世界观、人生观与价值观,促进学生身心健康发展。

二、重视音乐体验,丰富美好情感。

《少先队歌曲联奏》中的几首作品有下列几个特点:一是同为少儿歌曲体裁的作品,以不同表现形式出现;二是属于不同年代的作品(20 世纪 50、60、80 年代及 21 世纪)。这些少儿歌曲虽以不同的角度表现了不同时代少年儿童的精神风貌,但塑造的少年儿童天真纯朴、活泼可爱的艺术形象都是相似的。

在课堂教学中,杨老师充分认识到情感教育在音乐教育中的重要作用,有效设计教学各环节,促进学生在音乐感知、情感体验、音乐通感力等方面的健康成长,使学生产生对校园生活中的美好事物、美好场景、美好情趣的热爱和追求,进而形成良好的审美情操。在多种形式的音乐活动中,剖析音乐自身特点和作品的文化内涵,多方位、多维度地展现校园歌曲,从而进一步培养学生对音乐的感受力、表现力,以及热爱校园、尊敬师长、团结互助、自信乐观的情感态度。

三、品味历史文化,与时俱进,弘扬时代精神。

本课例中的几首歌曲是不同时代(20 世纪 50、60、80 年代及 21 世纪)的学生歌曲,歌唱了这几个时代的先锋少年,引领着当时的少年成长和音乐潮流。

在课堂教学中,杨老师注重引导学生感受各个时代先锋少年的不同精神风貌,通过交流、分析,探讨先锋少年们身上的时代烙印,注重引导学生把握各个时代校园歌曲的不同特点,品味音乐的发展和历史文化的传承,同时关注当下生活,与时俱进,弘扬时代精神。与此同时,杨老师也注重分析不同时代先锋少年们身上的共同特点,引导学生关注历史发展、发扬先辈们的优良品格,在发展中弘扬时代精神、继承优秀文化。

(上海市崇明区教育学院　朱　峰)

亚 洲 采 风

▌▌▌▌◆ 基本信息 ◆▌▌▌▌

本课选自上海教育出版社《音乐》六年级第一学期第三单元《亚洲采风》。这个单元以亚洲音乐为核心来组织内容,旨在通过乐曲欣赏、歌曲学唱、舞蹈律动等音乐活动来感受亚洲各地具有民族特色和代表性的音乐,从而体会中国邻邦的音乐特色,同时也能对亚洲各地音乐所蕴含的人文背景有所了解。本课例教学内容为三首各具特色、很有代表性的亚洲乐曲,分别是:日本传统民谣《樱花》,印度民间乐曲《水姑娘》,著名朝鲜族歌曲《阿里郎》。《樱花》是一首描写春天美景的日本传统民谣,历史十分悠久,现在已成为日本流传最广的民歌之一。《水姑娘》中运用了较多的装饰音,充分体现了印度音乐的特色;《阿里郎》是朝鲜民族最具代表性的民歌,被誉为朝鲜人的"第一国歌""民族的歌曲"。

本课例提供者为崇明区正大中学薛凌凌。

▌▌▌▌◆ 德育价值描述 ◆▌▌▌▌

本课旨向赏析与交流亚洲不同区域、国家具有民族特色的代表性音乐及其相关文化的感受,对应二级德育目标"国际视野",侧重于落实"尊重不同国家、民族音乐文化的多元性、差异性"这一音乐学科德育核心要求。

1. 赏析部分亚洲国家具有民族特色的音乐作品,领略亚洲部分地区的人文风情,从而培养国际视野,对世界多元音乐文化产生浓厚兴趣,愿意关注不同民族音乐所蕴含的文化内涵。

2. 通过听、唱、舞等教学活动,感受日本、印度、朝鲜等国的音乐特色,并在学习过程中逐渐掌握探索不同风格音乐的艺术表现手法。

3. 哼唱其他亚洲国家经典乐曲,演奏具有亚洲国家代表性的乐器,在演绎音乐作品的过程中产生情感共鸣和内涵感悟,从而形成积极向上、健康乐观、向往和平的情感态度。

▌▌▌◆ 正文 ◆▌▌▌

教学环节一：谈话导入

1. 教师提问以下问题，并引导学生讨论。

问题1：说说你知道的亚洲国家的名字？

问题2：谁来试试哼唱几句其他亚洲国家的乐曲？

2. 引入本课内容：今天我们学习的乐曲是我们的导游，看看它把我们带到了哪些亚洲国家？

【设计说明】

学习音乐不能脱离音乐的地域、时代、题材和体裁。因此在导入新课的时候，首先让学生说说自己所知道的其他亚洲国家的名字和乐曲，让学生有了对其他亚洲国家音乐文化的初步审美体验，感受到这些音乐在节拍、速度、题材上的不同，从而激发学生对本课内容的兴趣。

教学环节二：感受与鉴赏

1. 日本歌曲《樱花》。

（1）聆听歌曲。

教师提问：歌曲把我们带到了亚洲哪个国家？歌曲的歌名叫什么？

（2）分析歌曲。

学生跟着钢琴演唱歌曲，找出这首歌曲的特征音，即较多出现的音阶为"4、7"。教师引入音乐知识点——"都节调式"，该调式是日本民间特有的音调，具有日本传统音乐独特风格。而本课所学的日本传统民谣《樱花》就运用了"都节调式。"

（3）让学生尝试用日文唱这首民歌，演唱中再次感受音乐中特有的日本风味。

（4）教师引导学生逐渐掌握以下关于日本文化的知识点：

① 日本的国花是什么？（樱花）

② 日本人喜爱樱花，会设立什么节日欣赏樱花？

③ 日本传统服饰叫什么名字？（和服）

2. 印度乐曲《水姑娘》。

（1）欣赏印度歌舞电影片段，说说电影里加入了什么环节。

（2）教师提问：这段电影以载歌载舞的形式把我们带到了亚洲哪一个国家呢？

（3）教师引入印度文化知识点：让学生说说印度服饰有哪些特点。

（4）欣赏印度民间乐曲《水姑娘》，让学生感受印度传统音乐的风格，说说印度音乐在旋律、节拍、速度、音阶选择上有哪些特点。

（5）教师引导学生学习几个简单的印度传统舞蹈手姿。

3. 朝鲜民谣《阿里郎》。

（1）欣赏朝鲜民谣《阿里郎》，教师提问以下问题并引导学生讨论：

① 这首民谣叫什么名字？

② 乐曲中有使用了什么乐器？

③《阿里郎》、伽倻琴、长鼓把我们带到了亚洲哪一个美丽的国家？

（2）通过视频和图片了解朝鲜的特色服饰，请学生说说朝鲜服饰的特点，比较与日本、印度传统服饰有什么不同。

（3）认识朝鲜最具代表性的乐器——伽倻琴、长鼓，说说这些乐器的音色有什么不同。

（4）欣赏舞蹈《长鼓舞》片段，感受舞蹈动作的柔和、优美、舒展。教师引导学生讨论：长鼓在舞蹈中起到了什么作用？

（5）分步骤学习打长鼓。

① 教师简要介绍长鼓的特点，击打长鼓的专门节奏、打击符号和口诀。

② 让学生学习几个简单的方法，感受打击节奏，记一记打击符号，念一念口诀。

③ 教师示范击打长鼓，击打时加上长鼓舞的动作，学生感受模仿。

④ 全体学生摆好击打长鼓的姿势，念着口诀，尝试完成击打长鼓的两个小练习。

（6）欣赏和演绎最具代表性的朝鲜民歌《阿里郎》。

① 学生聆听《阿里郎》，感受其音乐风格和音乐表达的情绪，跟着老师一起打拍，体会歌曲的节奏和旋律。

② 学生跟着钢琴演唱《阿里郎》，熟悉主题旋律。

③ 学生按照专门节奏,模拟击打长鼓,为歌曲伴奏。

【设计说明】

在欣赏中感受音乐的情感内涵,在演唱中发现音乐的独特风格,在模拟中体验旋律的节奏,对于预备班的孩子来说是十分行之有效的。创设学习情境,引导学生身临其境地体验和发现,比如用日语演唱日本民歌,能激发学生好奇心和学习兴趣;学习简单的印度舞蹈的动作,能引起学生的情感共鸣;模拟击打朝鲜具有代表性乐器——长鼓,能启迪学生对音乐的自我理解。在享受学习音乐本体乐趣的同时,引导学生了解和探索民族音乐所代表的地域文化和人文内涵,感受不同民族人民通过音乐所表达的对生活和生命的热爱。

教学环节三:复习与巩固

1. 再次欣赏三首乐曲,说明分别是哪些国家的传统特色音乐。

2. 在地图上找到这三个国家,在表格中列出这三首音乐的风格特色以及所属国家的人文风情。

【设计说明】

此环节让学生再次欣赏三首不同风格的民族乐曲,运用所学乐理知识进行辨听,既是对所学知识的梳理和巩固,也是对自己那份小小收获的肯定。接着以表格形式将音乐的乐理知识、风格特色以及所属国家的人文风情进行整理,引导学生把握音乐本体特征的同时,深入分析音乐作品所蕴含的文化价值。

教学环节四:课堂小结

今天,音乐带我们途经的亚洲国家不多,但是我们已经感受到了浓郁的异国风情。独特的音乐风格,让我们回味无穷。下次,音乐将带我们去哪儿呢?敬请等候!

【设计说明】

在最后的环节,教师将本课学习主题进行总结和升华,激发学生进一步探索和学习其他地区音乐的好奇心。

▶▶▶◀专家点评▶◀◀◀

本课例结合教材单元《亚洲采风》所呈现的核心内容,针对低年级学生的心理特点,薛老师精心设计了形式丰富、内容多元的音乐学习活动,让学生亲身融入音乐中去。在学习音乐的过程中,用他们的耳朵去聆听、用他们的心灵去感悟、用他们的肢体去展现,在多样化的音乐实践活动中获得审美体验。

一、引导学生尊重不同国家的音乐文化,理解文化的多元性、差异性。

结合不同的实践体验,带领学生感受世界多元音乐文化,本课例以"亚洲音乐文化"为核心内容,展示日本、印度、朝鲜的民族歌谣或乐曲。薛老师设计了多样的教学活动,如乐曲欣赏、歌曲演唱、问题讨论等,帮助学生理解乐曲的同时,感受亚洲各国的民族音乐、民族文化,学生也容易理解并尊重各族文化的差异性与多元性。

二、以丰富的教学情境体验音乐中表现的情感。

音乐教学中,教学情境看似无形却能对教学目标的达成有着强大的推动力,学生代入式地体验音乐所蕴含的人文风情和文化特色,进一步尊重和喜爱不同国家、民族的音乐文化。在本节课中,由亚洲各地具有特色的风景图直接导入,创设生动的场景或情境,让学生在愉悦氛围中体验与感受,身临其境从而产生强烈的情感共鸣。

(上海市崇明区东门中学　吴卫丹)

青春舞曲

▸◆▸ 基本信息 ◆◂◂◂

本课选自上海教育出版社《音乐》六年级第一学期第四单元《民族花苑》第二课时《青春舞曲》，原是维吾尔族经典民歌，由民族音乐家王洛宾整理创编。歌曲采用了"重复""鱼咬尾""衬词"等创作手法，旋律优美，节奏明快，别有趣味。这首歌短小精悍、通俗易懂，用形象生动的词曲提醒人们把握青春、珍惜时光。这首歌是我国的经典民歌，一直传唱不衰。通过学唱歌曲、了解创作背景、创编歌曲等活动，学生能够感受中华传统音乐的独特魅力，激发了解民族音乐的热情，从民族音乐中体验美、感悟美，增强民族音乐自信。

本课例提供者为崇明区长明中学王皓民。

▸◆▸ 德育价值描述 ◆◂◂◂

民族音乐是中华优秀传统文化中不可或缺的部分，具有极高的德育价值，有助于帮助学生"认同本国、本民族的音乐文化，具有民族自豪感"，这也是初中音乐学科德育的核心要求。

本课旨在引导学生感受中华传统民族音乐的独特魅力，激发学生了解民族音乐的热情。在课堂教学时注重结合音乐要素展开丰富的联想和合理的想象，帮助学生更好地理解歌曲中所表达的情感、体验歌曲独特的语言韵味、理解歌曲蕴含的哲理，深入体会民族音乐中独具的艺术之美，体会我国多样的民族文化，提升民族文化认同感，增强民族自信心与自豪感。

1. 能够初步了解新疆，增强对少数民族音乐的喜爱，感悟青春易逝，珍惜时光。

2. 能够完整地、有感情地演唱《青春舞曲》。通过欣赏、聆听、歌唱、身体律动、感悟等方式，领会歌曲所表达的深意。通过在演唱中加入速度、力度、情绪变化等方法,体会歌曲所蕴含的情感。

3. 把握速度、力度、情绪对歌曲的演唱处理,了解"鱼咬尾"等歌曲创作手法,感受新疆维吾尔族歌曲的节奏和律动。

▶▶▶◆ **正文** ◆◀◀◀

教学环节一:新课导入,音乐小沙龙

1. 师生以歌曲演唱的形式就王洛宾的音乐作品进行交流。

2. 出示新疆地图引导学生讨论新疆、维吾尔族等相关话题。

3. 教师归纳维吾尔族的地理位置、人文特点、音乐特色。

4. 总结王洛宾的音乐作品,引出本课的主题《青春舞曲》。

【设计说明】

本环节采用演唱交流、人文导入的方式,通过师生对王洛宾歌曲的交流与演唱,了解新疆的地理位置、风土人文、歌舞文化,激发学生的学习兴趣,导入"西部歌王"——王洛宾和《青春舞曲》的学唱。通过师生演唱和互动,从宏观上对新疆人文和王洛宾作品有一定的了解。

教学环节二:聆听歌曲《青春舞曲》

1. 初听合唱版《青春舞曲》,按节拍做律动。

思考:歌曲中蕴含着哪些情绪? 给你什么样的感受?

2. 复听歌曲,教师演唱。

练习:为歌曲填写恰当的音乐要素(情绪、意境、速度、力度)。

【设计说明】

本环节采用听觉为先的方法,引导学生分析音乐要素,帮助学生理解和表达音乐的情感。音乐是听觉的艺术,以听觉为先导,辅以节拍律动,引导学生发现美、感悟美,从而认同和接受歌曲中蕴含的美。

教学环节三:歌曲学唱与处理《青春舞曲》

1. 按乐句,分组接唱旋律(男、女分组唱)。

思考:歌曲旋律创作有什么特点?

2. 揭示旋律"鱼咬尾"。

3. 完整齐唱歌谱，发现旋律难点句并解决。

预设难句：(A 第 3 句、B 第 8 句)

第 3 句：

美丽　小鸟　飞　去　　无　踪　　影，

第 8 句：

不　　　回　　　来。

4. 分小组自学歌曲，完整练唱。

建议：分小组、听音乐、跟录音、学歌曲。

5. 衬词："别得儿哪哟哟"。

思考：读歌词，体会歌词中蕴含着什么样的深刻内涵？其中"别得儿哪哟哟"是什么意思？

6. 听故事：介绍歌曲创作背景故事。

7. "别得儿哪哟哟"单句练唱(情感、力度变化)。

8. 歌唱重点句练习(加入速度、力度变化)。

重点句预设：(A 第 3 句、B 第 8 句)。

9. 小组反馈交流互评。

歌唱要求：根据音乐要素处理歌曲，并能有感情地完整演唱。

【设计说明】

这一环节采用了丰富多样的教学形式，引导学生层层深入地学习歌曲、理解音乐内涵。在学歌唱环节中，采用分小组、听音乐、跟音乐、学歌曲等形式，学生自学歌曲，老师分组指导，有助于针对性地指导学生，进行差异化教学。在读歌词、听故事两个环节，注意引导学生体会新疆维吾尔族独特的语言韵味，了解维吾尔族特色的音乐文化，体会青春易逝、珍惜时光的深层内涵。在单句练唱、重点句练习两个环节中，引导学生结合音乐要素对作品展开联想和想象，分析音乐要素在歌曲感情表达中的作用，体会歌曲情感，达到有感情地歌唱歌曲的效果。

在小组互评环节,充分发挥学生的自主评价能力,从音乐艺术的角度评价同学的学习效果,同时自省。学生自主学唱旋律,发现"衬词"的作用,体会歌曲情感,有感情地演唱并做出评价。从自主学习,到发现问题,再到理解歌曲的内涵,最后能够有感情地演唱歌曲,达到歌唱教学的效果。

教学环节四：综合演绎《青春舞曲》

1. 欣赏舞蹈、体验节奏。

(1)观看新疆舞蹈视频。

(2)运用身边的音源为歌曲拍击节奏。

2. 载歌载舞、师生同乐。

(1)师生创编表演。学生歌唱＋打击乐器＋舞蹈创编。

(2)师生合作表演《我从新疆来》。

【设计说明】

本环节主要通过演绎创编的形式来体验音乐之美。通过观看舞蹈视频,体验歌曲的节奏特点;通过歌舞表演,激发学生歌曲创编的兴趣与热情,体验音乐、舞蹈和器乐的相互配合。学生在歌曲创编中加入新疆舞蹈元素、音乐元素,能够再次感受新疆民族歌舞音乐的魅力。师生合作,将歌曲创编与歌舞表演相结合,感受师生同乐的教学乐趣。

▶▶▶● 专家点评 ●◀◀◀

一、体验美、感受美,体现学科育人价值。

在本课例中,王老师运用多样化的教学手段,强调学生艺术实践体验,努力营造积极思考、和谐愉悦的教学氛围。"新疆艺术人文问答""师生歌唱王洛宾作品"等艺术实践活动促进学生对新疆音乐的初步认识。"拍击节奏""发现歌曲旋律创作手法""结合音乐要素对作品展开联想和想象"等艺术实践活动,帮助学生更好地理解和表达音乐的情感,体验歌曲独特的语言韵味,理解歌曲蕴含的哲理。分析歌曲中的维吾尔族语言特点、音乐特点等,带领学生体会维吾尔族民族文化与音乐特色,感受丰富多彩的传统文化,领悟各民族团结的发展之道。

王老师的歌声充满感染力,情绪饱满、歌曲风格把握到位地歌唱示范,无须语言,便让学生在课堂中充满对音乐学习的美好体验。

二、自主学习、合作学习,培养学生综合能力。

本课例中王老师围绕教学目标,紧扣《青春舞曲》这一主题,通过组织学生互动交流和分析比较,培养学生合作意识。学生分组由组长带头借助平板电脑自学歌曲,而教师只针对歌曲旋律的难点部分给予重点引导,在歌曲自主学习的过程中注重培养学生的领导力、合作沟通能力。整堂课学生能有感情、有表情地演唱歌曲;能在载歌载舞的新疆歌舞中,孕育对新疆歌舞的喜爱之情,感受《青春舞曲》的魅力;能深入体会民族音乐中独具的艺术之美,体会我国多样的民族文化,提升了民族文化认同感,增强了民族自信心与自豪感,教学目标达成度高。

(上海市崇明区教育学院　朱　峰)

瑶 族 舞 曲

本课选自上海教育出版社《音乐》六年级第一学期第四单元《民族花苑》第一课时《瑶族舞曲》。瑶族音乐不仅深受中国人民的喜爱,也受到了世界人民的喜爱,在外国乐团访华演出中多次被演奏。这首作品是在瑶族民间音乐的基础上,用当地的传统歌舞鼓乐作为音乐素材改编为管弦乐《瑶族舞曲》,其旋律充分表现出民族管弦乐队特有的艺术魅力,生动地描绘了瑶族人民欢庆节日时的歌舞场面。

实验中学六(6)班的学生通过一年的葫芦丝课堂教学学习,对葫芦丝的吹奏有了初步的掌握。个别学生在吹奏能力上有了较大的提高,大部分学生能够积极参与课堂教学活动。但总的来说,学生在吹奏音色、音准、技巧上还需提升,在对作品情感的理解和投入上更需加强。在本课教学过程中,应抓住该班级学生特点,从吹奏技巧及情感方面加强要求,体会作品的意境和乐曲所表达的情感。通过吹奏表演艺术的学习,结合音乐要素对作品展开联想和想象,体会乐曲所表达的情感,帮助学生更好地用葫芦丝演奏来理解和表达音乐的情感。

本课例提供者为崇明区实验中学常伟明。

■■■●德育价值描述●■■■

此教学设计指向引导学生感受特定民族文化背景下的少数民族音乐以及特有的地域文化意识与观念,侧重落实"尊重不同国家、民族音乐文化的多元性、差异性"这项初中阶段音乐学科德育核心要求。

1. 结合对少数民族《瑶族舞曲》内容、情绪以及速度与力度的体验,用简单的肢体动作、悦耳的声音和愉悦的表情表达学生对少数民族音乐的喜爱之情。感受中华优秀传统文化的民族性、多样性、地域性、丰富性,增强文化自信心。

2. 参与聆听、歌唱、律动、吹奏等艺术实践活动,运用合作、讨论等方法,结合音乐要素对作品进行吹奏分析,达到有感情地吹奏瑶族舞曲第一主题、第二主题。感受音乐中所展现出的情感,引起共鸣。

3. 在艺术实践的过程中感受音乐要素——速度、力度在音乐中的表现作用,知道葫芦丝单吐、双吐技巧的吹法以及吹奏低音 mi 时要注意哪些要领,正确理解乐曲所要表达的情绪。

●●●● 正文 ●●●●

教学环节一:新课导入

1. 师生交流少数民族瑶族的风土人情。

2. 导入乐曲《瑶族舞曲》。

【设计说明】

本环节采用交流导入的方式,通过师生对少数民族瑶族的认识与了解,从学生熟悉和积累的知识入手,激发学生课堂学习兴趣。

教学环节二:新授乐曲

1. 乐曲欣赏,初步感受。

(1)作品结构。

(2)欣赏引子,主题一、二、三旋律,为歌曲填写恰当的音乐要素。

(速度、节拍、节奏、音乐形象)

2. 乐曲主题的吹奏与处理。

第一主题:

练习一——单吐的四分音符及节奏练习。

(1)识谱、吹奏练习:唱谱、主干音上带有节奏的单吐练习、分小组自主 iPad 吹奏。

(2)示范和感受第一主题旋律。

(3)第一主题吹奏处理。

(4)发现旋律难点低音 mi 并解决。

(5)低音 mi 作品中的应用 6·5 3 及二声部吹奏-支声复调。

(6)小组第一主题演奏反馈交流互评(1组展示,2组评价)。

（7）完成第一主题的吹奏。

第二主题：

练习二——双吐的十六分音符练习（包括"文字谱"练习和吹奏要领）。

（1）识谱、吹奏练习：唱谱、主干音上带有节奏的双吐练习、分小组自主iPad吹奏。

（2）发现旋律难点：连续不同音的十六分音符并解决。

（3）第二主题吹奏处理：二声部吹奏——支声复调。

（4）小组第二主题吹奏，反馈、交流、互评。

（5）完成第二主题的吹奏。

【设计说明】

在学习新乐曲的环节中，教师设计了"律动""倾听"等实践活动激发学生对瑶族的初步认识，采用听觉为先的学习方法，根据歌曲的结构通过自主学唱、结构化的情感认识，结合音乐要素对作品展开联想和想象，帮助学生更好地理解和表达音乐的情感。在学生实际吹奏乐曲的环节中采用分小组、听音乐、学乐曲的形式，发挥了学生互帮互助、团结协作的作用。教师分组指导，引导学生感悟乐曲的音乐要素及独特的韵味和内涵。在乐曲吹奏处理过程中，增加第一、二主题器乐葫芦丝的单吐、双吐技巧，达到把握乐曲主题韵味的目的。加入简单的二声部-支声复调练习，针对不同层次学生的吹奏，增加乐曲的气势及课堂的趣味性，激发学生热爱民族音乐和文化的热情。最后加入小组互评环节，充分发挥学生的判断力和自主评价能力。

教学环节三：综合演绎

1. 学生以轮奏形式表现乐曲第一主题。

2. 教师吹奏加入葫芦丝技巧（打音和叠音），学生感受。

3. 综合演绎：主题1轮奏、过门（教师演奏）、主题2、全体演奏主题1。

【设计说明】

通过不同吹奏形式的表演，结合对少数民族《瑶族舞曲》内容、情绪以及速度与力度的体验，用简单的肢体动作、悦耳的声音和愉悦的表情表达对少数民族音乐的喜爱之情，结合对少数民族《瑶族舞曲》内容，情绪以及速度与力度的体验，用简单的肢体动作、悦耳的声音和愉悦的表情表达对少数民族音乐的喜爱之情，增加学生之间的合作能力。通过教师的乐曲主题1和主题2之间的过门吹奏，与学生合作完成综合演绎，拓展学生对民族器乐葫芦丝在技巧方面的认识和感受，激发学生敢于尝试的意识。

教学环节四：课堂小结

同学们，经过我们大家的一起努力，同学们独立学习、相互协作，我们解决了葫芦丝吹奏的重点、难点和技巧问题，实现了有感情地吹奏瑶族舞曲第一主题和第二主题。希望同学们在艺术实践的过程中感受音乐要素——速度、力度在音乐中的表现作用，知道葫芦丝单吐、双吐技巧的吹法以及吹奏低音mi时要注意哪些要领，正确理解乐曲所要表达的情绪，更好地发挥与他人协同合作开展音乐活动的精神。老师也相信，以后的你们在葫芦丝的吹奏上一定会表现得更加出色。

【设计说明】

在最后的环节，教师将本课学习主题进行总结和升华，激发学生进一步学习民族音乐和练习葫芦丝吹奏技巧的信心。

◢◢◢◤专家点评◥◣◣◣

本课例紧扣单元主题"民族花苑"，以中国民族民间器乐葫芦丝来展开教学，通过学习吹奏少数民族《瑶族舞曲》让学生热爱不同民族的音乐艺术作品，简单地掌握民族乐器的吹奏技巧，体验音乐作品情绪。

一、以"作品演绎"引导音乐文化体验，激发学习民族音乐的乐趣。

在葫芦丝器乐教学中，选取经典民族器乐作品《瑶族舞曲》作品进行演绎，通过单吐、双吐技巧把握乐曲主题。加入支声复调练习，激发热爱民族艺术和音乐文化的热情。教师突出重点、难点，因材施教，对于喜欢民族乐器葫芦丝的学生，教会他们更多技能技巧，让他们的学习兴趣一直延续下去；对其他学生，激发他们对民族音乐的学习兴趣，才能充分调动学习积极性和主动性，产生情感共鸣和内涵感悟，让他们以饱满的情绪投入到音乐的学习当中。

二、运用"艺术感染"创设情境体验，品味乐曲中蕴含的情感。

教师引导学生聆听乐曲，感受速度、节拍、节奏、音乐形象，体验瑶族人民欢庆节日的喜悦心情，交流少数民族瑶族的风土人情，了解瑶族人民生活的地域人文特点,加深对乐曲的记忆,感悟民族音乐的艺术魅力。

三、以"协同合作"体现学习过程价值,体会民族文化的多样性,增强民族文化自信心与自豪感。

在实际教学中,学生的兴趣爱好各异,常老师在教学设计中采用分层布置练习,注重音乐学习中聆听、交流、合作意识的培养,尽量让学生掌握民族乐器的基本演奏技能,理解作品所反映的情绪和情感的表达。师生合作完成综合演绎,感受中华优秀传统文化的民族性、多样性,增强文化自信心,渗透初中阶段音乐学科德育核心素养的培育。

中国是多民族国家,不同民族音乐各有特色,民族音乐文化的传承和发展首先体现在认同和尊重的基础上。在音乐课中让民族音乐的学习从学生的兴趣出发,在潜移默化、协同合作的过程中逐步培养文化认同、民族尊重、兼容并蓄的观念和意识。

(上海市闵行区教育学院　施红莲)

银海乐波

本课主题为《银海乐波》,选自上海教育出版社《音乐》六年级第一学期第五单元第二课时,主要内容是一组非常经典的电影、电视的音乐(歌/乐曲)。本课教学目的是在听赏、歌唱、体验活动中品味、感受、认知影视音乐的重要性与无限魅力,激发学生对影视音乐的兴趣,进而更自主、广泛地接触音乐,更热爱音乐艺术。

本课所选择的影视音乐有以下几首:

1.《音乐之声》片段。为了直接把学生带入一个影视音乐氛围中,感受音乐对影视的重要作用,在导入环节创设一个良好的视听意境,选用了《音乐之声》片段进行有声和无声影片的对比教学。

2. 影片《水浒传》插曲《好汉歌》。该作品刻画了梁山好汉锄奸惩恶、侠肝义胆、令世人敬仰的人物形象,凸显了影视歌曲表现人物形象的作用。

3. 影片《宝莲灯》插曲《想你的三百六十五天》。该影片讲述了沉香历经千难万险,开山救母的故事。插曲则表达了沉香想念母亲的思念之情,体现影视歌曲的另一个作用:抒发人物内心情感、烘托气氛。

4. 影片《音乐之声》插曲《雪绒花》。该电影是根据玛丽亚·冯·特拉普的自传《冯·特拉普家的歌手们》改写而成的。该插曲在影片中演唱了两次:第一次是冯特拉普上校受了孩子们的热情鼓舞后,手持吉他唱起此歌;第二次是影片快结束时,上校准备逃离德国,在萨尔茨堡音乐节的家庭演唱会上率全家演唱此曲,向乡亲们告别,全场观众一起放声高歌。这首歌表现了奥地利人们的爱国情怀,彰显了影视歌曲的第三个作用:渲染气氛、升华寓意。

本课例提供者为崇明区东门中学季美琴。

本课旨向赏析与交流影视作品中的插曲,理解影视中音乐的内涵以及对影视表达的作用,感受影视歌曲的魅力。对应二级德育目标中"理解音乐所表现的国家与民族的责任意识、感悟音乐所展现的亲情、友情以及劳动、生活与生命的价值意义"的音乐学科德育核心要求。

1. 结合影视片段的欣赏,让学生初步了解歌曲在影视中的重要作用,激发学生设计和创造的激情,乐于与同伴一起交流对影视文化的感受和见解,分享体验带来的快乐。培养学生在音乐学习中聆听、表达、交流等学习习惯与态度,加强与同伴的协同、合作意识。

2. 运用模仿、即兴表演的方法,在唱、做等实践活动中,让学生能理解电影中音乐的内涵以及对电影表达的作用,感受影视歌曲的魅力,产生情感共鸣和内涵感悟。

3. 掌握音乐在影视中的作用,让学生能为影片配上相应的音乐。促使学生在基于对音乐作品的自我理解的基础上,与其他艺术作品的情感内涵和文化背景相结合,从而提高学生理解力、想象力和创造力。

▶▶▶▶● 正文 ●◀◀◀◀

教学环节一:导入

1. 欣赏影片《音乐之声》片段。

电影片段分别是无背景音乐的片段、加入背景音乐的片段。

2. 请学生比较两段影片片段,说说有无背景音乐给影片带来什么不同的效果。

3. 教师引入新课主题——影视音乐的作用。

【设计说明】

本环节以有声影片和无声影片的对比展开教学,直接把学生带入一个影视音乐氛围中,感受背景音乐对影视的重要作用,创设良好的学习情境。

教学环节二:欣赏影视乐曲,发现其作用

1. 欣赏分析《好汉歌》。

(1) 教师提问,并引导学生讨论以下问题:

说说水浒传中让你记忆最深刻的人物,他是怎样的人?

(2) 播放《好汉歌》音乐视频,学生欣赏、跟唱或者做律动,思考并讨论以下问题:

① 看了画面、听了音乐,你有怎样的感受?

② 音乐的歌词和曲调对描绘人物性格、表现影视主题有作用吗？

（3）教师小结：影视歌曲作用之一——刻画人物形象、突出主题。

2. 欣赏分析《想你的三百六十五天》。

（1）教师简单介绍电影《宝莲灯》的剧情。

（2）学生欣赏或跟唱插曲《想你的三百六十五天》，教师提问并引导学生讨论以下问题：

① 从音乐的四要素进行分析和比较：这段音乐跟《好汉歌》有什么不同。

②《想你的三百六十五天》这首插曲在影片中起到了什么作用？

③ 谈谈自己如何表达对父母的情感。

（3）教师小结：影视歌曲作用之二——抒发人物内心情感，烘托气氛的作用。

3. 听赏分析《雪绒花》。

（1）教师简单介绍美国电影《音乐之声》的剧情。

（2）学生欣赏《雪绒花》在电影中出现的第一个片段，引导学生思考并讨论以下问题：

① 看了画面，听了音乐你有怎样的感受？

② 这个片段出现音乐《雪绒花》，会让观众产生什么样的情绪？

（3）教师小结：影视音乐作用之三——渲染气氛。

（4）学生欣赏《雪绒花》在电影中出现的第二个片段，引导学生思考并讨论以下问题：

① 晚会上他们为什么要选择《雪绒花》这首歌？

② 第二次演唱时的情绪与第一次演唱时的情绪有什么不一样？

（5）教师小结：影视歌曲作用之四——寓意升华。

【设计说明】

在引导学生理解影视音乐的作用过程中，采用欣赏视频、跟唱、提问、讨论等方式，帮助学生进入更好的情感体验的状态，充分调动他们的多种感官参与体验，激发学习兴趣，加深对音乐内涵的理解，使其在理解音乐和电影内容的基础上体验情感、感知形象、发现影视音乐的作用。同时也在音乐学习的过程中，让学生感悟到自己也要做个像梁山好汉一样正直的人，激发学生对家人的感恩之情，产生出爱祖国、爱家乡、爱自己温馨的小家的美好情感。

教学环节三：引导学生尝试为其他影视作品配乐

1. 为电影《红河谷》配乐。

（1）教师简要介绍电影剧情。

（2）观看电影片段"格桑和雪儿与英国侵略者同归于尽"，聆听电影的三首插曲《战争》《雪儿达娃》《活祭》。

（3）请学生选择一首插曲为看过的电影片段配乐，并说说选择的理由。

（4）学生展示成果。

（5）教师小结。

2. 自由选曲配乐。

（1）播放教师自拍的一段录像。

（2）小组讨论给这段录像配一段音乐。

（3）小组交流创意。

（4）展示录像配上音乐的效果。

【设计说明】

让学生自主为影视音乐配乐是非常富有挑战性的活动，但是容易激发学生的参与热情，让学生知道艺术的联想可以是多方面的，艺术的感受并不一定是唯一的、固定不变的，在活动中体验影视音乐的作用。学生当众展示成果，可以锻炼学生的心理素质和语言表达能力，也能让学生表现爱国主义情怀。本环节凸显了新课标提倡的"面向全体学生，注重个性发展"的思想，进一步开发学生的创造性潜质，培养学生的群体意识及合作精神。

教学环节四：课堂小结

1. 教师小结：随着电影声像技术的发展，有声电影取代无声电影，音乐在影视中的地位也变得举足轻重，成为不可缺少的一部分。好的音乐使影视剧情得以丰富、升华，有血有肉。

2. 布置作业：收集你喜爱的影视歌（乐）曲，下周在课堂中进行推荐与交流。

【设计说明】

在本环节教师对本课学习内容进行梳理和总结，帮助学生加深理解和记忆。布置课外作业，能够拓展学生的艺术视野，培养学生的艺术联想能力和创造能力，形成自主、探究与合作的学习行为方式。

●ⅢⅢ●ⅠⅠⅠ 专家点评 ●ⅠⅠⅠ●ⅢⅢ

本课例结合教材单元《银海乐波》所呈现的核心内容,针对六年级学生的学情特点,季老师没有过分强调知识技能的传授和训练,而是给学生提供参与和表现的机会,精心设计形式丰富、内容多元的音乐学习活动,从而产生较好的学习效果,激发学习热情,提升学习兴趣。

一、创设情境,带来良好的情境体验。

导入过程中,以有声和无声影片的对比展开教学,直接把学生带入一个影视音乐氛围中,感受音乐对影视的重要作用。创设了一个良好的视听意境,巧妙地创设学习情境,能引导学生主动参与活动,使他们自然地投入到情境当中去。

二、艺术感染,加强情感共鸣。

教学内容,选用了几个比较经典的影视作品,比如刻画英雄好汉形象的《水浒传》插曲,表达对母亲深深思念的《宝莲灯》插曲,以及充满了爱国之情的《雪绒花》,通过欣赏、提问、讨论、评价等方式,让学生明白了音乐不仅直接推动剧情的发展,深化影片的内容,又能塑造人物的性格,表现人物的思想感情、心理变化,等等,从而获得强烈的情感共鸣。

三、作品演绎,体验思想内涵。

拓展实践部分,选用满汉人民共同抗敌的《红河谷》选配音乐,让学生明白自古以来西藏就是我们国家不可分割的一部分,充分理解了音乐所表现的国家与民族的责任意识。在学生讨论的基础上,进一步深化、体验和感悟音乐在影视中的重要作用。通过这个练习,也让学生理解了音乐与剧情之间有着密切的、内在的联系。学生只有在实践中学习,才能不断地激发自己的学习积极性与主动性,使每个学生的身心都能得到充分发展。

本课例通过视觉、听觉等多种形式体验、感悟丰富多彩的银幕世界,理解音乐所表现的国家与民族的责任意识,感悟不同时期优秀作品中的时代使命感,体会音乐所蕴含的情感,全面让学生了解音乐在电影当中的重要作用,增强学生对电影音乐的记忆及对电影音乐的兴趣爱好。

(上海市崇明区东门中学　吴卫丹)

欧 洲 风 情

▗▗▗●**基本信息**●▗▗▗

本课选自上海教育出版社《音乐》六年级第二学期第三单元《欧洲风情》。这个单元以欧洲音乐为核心来组织内容,旨在通过乐曲的欣赏、歌曲学唱、乐曲演奏等音乐活动来感受欧洲各国的独特音乐文化,让学生感受欧洲地区的音乐特色。教学内容《蓝色多瑙河》为著名圆舞曲,以生动的音乐语言勾勒出多瑙河的美丽景致,乐曲中洋溢着圆舞曲的优雅情调;《雪球花》是著名的俄罗斯民歌,经常以速度和强度的变化凸显出特有的俄罗斯风格,蕴含丰富的异域风情。

本课例提供者为崇明区正大中学史正敏。

▗▗▗●**德育价值描述**●▗▗▗

音乐无国界,音乐也没有高低贵贱。在欣赏音乐时,应当秉持国际视野,尊重不同国家、民族音乐文化的多元性、差异性,这也是音乐学科德育的核心要求之一。本课旨向在赏析欧洲经典音乐作品的过程中,增进对世界音乐文化丰富性和多样性的认识,以国际的眼光来欣赏,以博大的胸怀来接纳。

1. 赏析奥地利代表性音乐作品,领略维也纳的人文风情,拓展视野,激发对世界音乐的浓厚兴趣。

2. 通过欣赏、思考、律动、吹奏等教学活动,感受奥地利和俄罗斯的音乐特色,在学习中不断体会和理解各国不同的音乐风格。

3. 尝试华尔兹舞步,感受圆舞曲给人带来的愉悦和轻松,激发对美好生活的追求。

▗▗▗●**正文**●▗▗▗

教学环节一:导入《蓝色多瑙河》的文化背景

1. 请同学介绍课前要求查阅的有关奥地利维也纳的相关知识。

2. 欣赏维也纳新年音乐会指挥致辞环节。

3. 引导学生思考并讨论:维也纳新年音乐会指挥致辞是怎样开始的?

【设计说明】

课前由学生介绍奥地利维也纳的人文历史知识,为本课教学做好铺垫。由蓝色多瑙河前奏引入本课课题,引导学生主动参与到音乐情境学习中,激发学生参与聆听音乐的热情,加深对音乐内涵的理解。

教学环节二:介绍《蓝色多瑙河》作曲,分段欣赏音乐

1. 引导学生了解作曲家的音乐风格。

(1)作曲家介绍:小约翰·施特劳斯,奥地利著名作曲家、指挥家、小提琴家、钢琴家。

(2)欣赏代表作片段:《雷电波尔卡》《闲聊波尔卡》。

2. 分段欣赏《蓝色多瑙河》,然后引导学生思考相关专业问题,最后带着问题和答案再次聆听各音乐片段,加深音乐的体验和印象。

(1)欣赏引子部分,教师提问并引导学生思考以下问题:

① 乐曲的情绪是怎样的?　　（安静的）

② 思考主要演奏乐器?　　（圆号）

③ 乐器的音色是怎样的?　　（朦胧）

④ 描绘了怎样的景象?　　（多瑙河边安静的清晨）

(2)欣赏圆舞曲1,教师提问并引导学生思考以下问题:

① 乐曲的节拍和速度是怎样的?　　（3拍,稍快）

② 乐曲的情绪是怎样的?　　（轻松、活泼）

③ 出示主题旋律1,并用钢琴伴奏带领演唱主题1。

④ 这段旋律的调性是大调还是小调?　　（大调）

(3)欣赏圆舞曲2,教师提问并引导学生思考以下问题:

① 乐曲可以分为几个部分?　　（3个）

② 乐曲的情绪是怎样的?　　（热情、活泼）

③ 描绘了怎样的画面?　　（维也纳人民轻松惬意的生活）

(4)欣赏圆舞曲3,教师提问并引导学生思考以下问题:

① 乐曲可以分为几个部分?　　（3个）

② 乐曲的情绪是怎样的？　（热情、活泼）

③ 描绘了怎样的画面？　（维也纳人民轻松惬意的生活）

④ 乐曲的情绪是怎样的？　（第一段典雅、庄重，第二段活泼）

（5）欣赏圆舞曲 4，教师提问并引导学生思考以下问题：

① 乐曲的情绪是怎样的？　（柔美、温情）

② 乐曲的速度是怎么变化的？　（由慢到快）

（6）欣赏圆舞曲 5，教师提问并引导学生思考以下问题：

① 乐曲的情绪是怎样的？　（热烈欢腾）

② 描绘了怎样的画面？　（维也纳人民狂欢的场景）

③ 乐曲的拍点和正常的三拍子相比较有什么特点？　（第 1 拍短，第 2 拍长）

3. 教师带领学生总结《蓝色多瑙河》的音乐特点。

4. 教师引导学生跟随圆舞曲 5 进行律动，感受 3 拍子的舞步，尝试转圆圈，手臂自由动作。

5. 欣赏维也纳新年音乐《蓝色多瑙河》舞蹈视频节选，让学生感受圆舞曲的魅力。

【设计说明】

教师通过介绍作曲家背景、直观聆听音乐片段、提问并讨论的方式，逐步让学生在乐器的音色和乐曲的情绪中进行联想，感受乐曲中描绘的安静的清晨景象，用主题旋律复习之前学习的大小调式，利用节拍的特点引出维也纳圆舞曲的特点。学生在教师的引导下，充分挖掘音乐作品的思想和情感内涵，理解音乐的时代与创作背景，深入体验音乐家运用音乐语言表情达意的创作意图。

教学环节三：学生实践，吹奏《雪球花》

1. 欣赏《雪球花》视频并思考：

乐曲是大调还是小调？（小调）

2. 介绍《雪球花》主要内容，典型风格的俄罗斯作品，表达对美好生活和真挚感情的追求。

3. 热身练习。

每个音吹 4 拍，吹奏一个八度的音阶。

4. 吹奏乐曲《雪球花》。

（1）主旋律学习：跟随钢琴分小节进行演奏学习。

（2）二声部旋律学习：跟随钢琴分小节学习。

（3）跟随节拍器慢速进行乐曲的合奏练习。

（4）教师钢琴伴奏，按照乐谱上的演奏记号要求进行全曲演奏，感受俄罗斯音乐的特点。

5. 拓展创编活动：

分小组运用课堂打击乐器进行自由创编并展示。

【设计说明】

榜样示范和实践吹奏是学科德育的重要途径，能培养学生良好的学习习惯和学习态度，让学生体会到遵守规则、团结合作和参与实践的重要性。同时学生也可以在直观聆听和赏析中，感受作品的艺术表现力和情感表达方式，从而获得德育的内涵。

教学环节四：总结

本次活动我们欣赏了优美的维也纳华尔兹，感受到了奥地利人民的热情奔放，通过吹奏，体会到了斯拉夫民族的委婉和柔情。希望大家以积极自信、平和包容的态度来欣赏和感受不同国家的音乐，更加全面地了解不同国家、民族文化的多元性、差异性，深刻体验不同音乐表现形式的艺术魅力。

【设计说明】

本环节对本课学习内容进行总结和升华，进一步激发学生了解不同国家、民族文化艺术的好奇心，培养对世界多元文化的尊重和喜爱。

◀▮◀▮▮◀▮ **专家点评** ▮◀▮▮◀▮

本课例结合教材单元《欧洲风情》呈现出的核心内容，针对学生对外国文化的兴趣，史老师设计了以感受和体验为主的学习活动，让学生用心去感受和了解在西方大小调体系下的音乐由于民族和地域环境的不同所带来的区别，并亲身感受在音乐实践活动中得到的审美体验。

一、以"文化理解"激发学习兴趣。

从经典的新年音乐会出发，以全世界有名的音乐演出活动吸引了学生的兴趣。本课学习的乐曲是作为演出的保留曲目,史老师让学生直观观看和聆听经典音乐,学习外国的音乐文化知识,培养学生对西方音乐文化的兴趣,开阔视野,提升音乐审美能力。史老师设计分段学习,能够更快地帮助学生理解大型乐曲中作曲家所传达出的含义,掌握学习内容,提升学习的欲望和兴趣。

在世界名曲的熏陶下,学生不仅能够感受到世界音乐的美妙与多样,拓展个人视野,也有利于尊重、理解各国音乐文化,形成国际视野。

二、以"内涵展现"体现音乐文化。

史老师通过直观欣赏音乐作品,了解作品中的人文风情,掌握音乐本体知识,让学生理解作品所表达的含义和所蕴藏的文化内涵,进一步提升学生认知体验、审美理解和艺术感悟的综合能力。学生在学习过程中会对音乐中的人为要素理解更为透彻,陶冶了艺术情操,提升对其他国家和民族音乐艺术的兴趣,最终激发自身音乐学习的内驱力、爱乐天性和习乐潜能。

（上海市崇明区正大中学　　薛凌凌）

劳 动 号 子

IIII◉ 基本信息 ◉IIII

　　本课选自上海教育出版社《音乐》六年级第二学期第四单元《民歌飘香》第二课《劳动号子》。教材从内容和形式上，更强化了中小学音乐教育的德育审美功能，从过去以音乐要素、知识体系为线索的编排方式，改为以人文为主线；从学生熟悉的生活中提炼主题，并适当拓展相关主题来组织教学内容，使学生从热爱自然、热爱生活到热爱身边的人，知道、学会感恩；从了解探索中外音乐文化到对中外音乐文化产生热爱之情。学生通过学习本课《劳动号子》，能够从整体上去认识音乐作品的文化价值，感受音乐作品中的文化内涵，并以感性认识的方式懂得艺术与生活的相关性。本课例教学设计不仅拓宽了学生的文化视野，还能引导学生以新的视角去理解音乐，使学生对学习音乐产生更大的兴趣，逐渐形成正确的审美观念和审美情感，提高艺术能力和综合素养。而且学生能从学习中领略民族音乐中的人文精神、文化特征，同时被劳动音乐中的欢乐情绪所感染，培养热爱劳动、尊重劳动者、热爱我国民族文化的良好品质，体会到音乐是最能反映社会生活和人文精神的艺术形式之一。

　　本课例提供者为崇明区城桥中学附属明志初级中学朱凤。

IIII◉ 德育价值描述 ◉IIII

　　感悟不同时期优秀音乐作品中的时代使命感是初中音乐学科德育的核心要求之一，而热爱劳动、爱惜劳动果实则是我们现阶段的时代精神。本课的教学内容——四川民歌《打夯歌》，既是民间的劳动号子，也是劳动题材音乐作品中的优秀范例，流传较广。

　　习近平总书记在十九大报告中指出，在培育和践行社会主义核心价值观的大背景下，天道酬勤，勤能补拙。只要肯付出，就一定能收获。愿我们牢记勤劳的传统美德,勤奋学习,勤快工作,勤俭持家,勤劳致富,让勤劳成为中华民族世代相传的民族精神,并得到不断发扬光大。让我们用勤劳推动国家不断发展进步,筑就我们伟大复兴的中国梦。

1. 学生在"小舞台"的小组听辨竞答活动中,复习山歌、小调的特点,激发学生对我国民族传统音乐文化的热爱,增强民族文化认同感与自信心。

2. 学生在听、唱《打夯歌》的过程中,了解以劳动为题材歌曲的特点,感受体验劳动号子的特点和作用,感悟劳动的艰辛及劳动人民的不易,爱惜劳动成果。

3. 学生在创编、表演等活动中,提高学生的创作能力和合作精神,激励学生牢记勤劳的传统美德,勤劳致富,筑就我们伟大复兴的中国梦。

●正文●

教学环节一:课前音乐

播放民歌《月儿弯弯照九州》等。

【设计说明】

本环节播放民歌,唤醒学生记忆,使学生进入音乐的世界,感受到音乐之美,为接下来的课堂教学营造气氛。

教学环节二:"小舞台"活动

1. 欣赏歌曲。教师根据听辨的音乐《茉莉花》《山丹丹开花红艳艳》《采茶舞曲》,有目的、有针对性地设问,并及时、准确地进行点评。

2. 推选一名学生代表参与组织活动。

3. 全班学生分四组根据问题积极参与竞答活动,在活动中达到复习山歌、小调的目的。

4. 教师对"小舞台"活动作总结表扬,复习山歌、小调的特点作用,出示板书。

【设计说明】

本环节引导每位学生主动积极地参与活动,养成竞争意识,提高学生的音乐欣赏能力、辨析能力,启发学生对我国民族传统音乐文化的热爱。

教学环节三：感受体验

1. 钢琴伴奏，教唱《打夯歌》。

（1）歌唱前准备，用"Lu"哼唱熟悉旋律。

（2）视唱歌曲乐谱。

（3）全班轻声齐唱。

（4）学生感受体验歌曲特点。

2. 教师提问，歌曲探讨分析。

（1）掌握劳动号子的特点。

（2）了解歌曲体裁之一劳动号子。

3. 教师小结劳动号子的特点。（出示板书）

4. 举例体裁为劳动号子的熟悉歌曲：《打夯歌》《船夫号子》等。

【设计说明】

歌唱是一种最自然的音乐学习方式，在学唱过程中，相应地发展了学生的各种音乐能力，激发学生的歌唱热情，同时在歌曲的探讨活动中体验劳动号子的特点，感悟劳动的艰辛及劳动人民的不易，从而爱惜劳动成果。

教学环节四：创造拓展

1. 出示游戏题目：搬椅子。教师指挥，全体学生参与搬椅子游戏。

2. 教师出示要求，学生以小组为单位进行创编活动。

3. 在创编活动过程中教师积极参与，指导学生小组展示表演。教师做出准确的评价。

4. 学生归纳小结劳动号子的作用。

教师小结：劳动号子的作用（出示板书）。

【设计说明】

通过游戏、创编、表演等活动，学生的理解力、想象力、创造潜能在创造活动中被激活，确立了学生的主体地位，同时在教师的引领下学会欣赏、感受、表达、展示自己的艺术积累，培养了学生的创作能力和合作精神。

教学环节五：小小论坛

1. 听赏辨析各类描写不同劳动者的歌曲及曲名：《我为祖国献石油》《美丽

的心灵》《拉网小调》《森林铁匠》《勘探队员之歌》。

2. 学生收集讨论熟悉的赞美劳动的民歌，了解劳动歌曲体的特点。

3. 学生交流，畅谈理想。

【设计说明】

在听辨歌唱不同劳动者歌曲的过程中，帮助学生拓展对以劳动为题材的音乐的了解，激发热爱我国民族音乐的情感。通过畅谈理想的活动，激发学生热爱劳动、尊重劳动者，牢记勤劳是中华民族的传统美德，勤奋学习，努力工作，从而促进学生认知与情感的和谐发展，筑就我们伟大复兴的中国梦。

教学环节六：总结

1. 总结学生探究活动的成果。

2. 提供下节课"小舞台"活动的内容。

【设计说明】

通过总结，反思学习过程，形成新问题，为下次课的学习做准备。

▶▶▶● 专家点评 ●◀◀◀

一、能有效地引导学生进行协同合作开展音乐活动。

本课例结合教材单元《民歌飘香》所呈现的核心内容，设置了"复习切入→主题学习→合作表现→创编体验"等一系列教学环节，很好地贯彻了学生为课堂主体的理念，鼓励学生以各种方式去感受音乐、理解音乐、去获得属于自己的审美体验。同时，通过多种形式，感悟与《劳动号子》这一主题相关的歌曲的情绪和风格特点；体会音乐是能反映社会、反映生活、反映人的精神面貌的文化手段；使学生在"动"中欣赏音乐、在"动"中理解音乐、在"动"中体验音乐的美感，从而培养热爱劳动、尊重劳动者的高尚情感，体验合作学习的快乐，培养团队合作的精神。

例如在本课的教学中，朱老师创设了分小组模仿打夯时的劳动情景，引出《打夯歌》，通过歌唱体验其主要演唱形式是一人领唱、众人应和的特点，为新歌教学做好铺垫。在新歌教学中，又设计了欣赏、感受、体验、表现几个环节，用多种手段调动学生的听觉感官、视觉感官，从而激发学生学习劳动号子歌曲的热情，使学生对民歌劳动号子有了一定的了解。在创编环节，还设计了让学生编创歌词和用打击乐伴奏等教学活动，同时，在即将到来的"五一"国际劳动节之际给学生做了一个很好的德育教育,升华了本节课的教学目标。

二、感悟劳动是历久弥新的时代精神。

本课的主题是"劳动",劳动可以创造财富,让生活更美好。辛勤的劳动者一直被人们所称赞,劳动者的赞歌也一直绵绵不绝。天道酬勤,勤能补拙。崇尚劳动、热爱劳动不仅是中国的传统美德,也是历久弥新的时代精神。在现阶段,劳动依然具有时代意义。

本课的主题《打夯歌》就是一首民间的劳动号子,是一首劳动者的赞歌。同时,朱老师又带领学生一起欣赏《我为祖国献石油》《美丽的心灵》《拉网小调》《森林铁匠》《勘探队员之歌》等一些劳动者的赞歌。在歌声中引导学生体悟劳动者的劳动精神,传承劳动这一传统美德,自觉以勤劳推动国家的发展进步,筑就中国梦。

(上海市教育委员会教学研究室　席　恒)

芬芳茉莉

◾◾◾◉ **基本信息** ◉◾◾◾

本课选自上海教育出版社《音乐》六年级第二学期第四单元《民歌飘香》。教学内容是流传广泛的汉族民歌《茉莉花》,其曲调婉转流畅、细腻、柔美、淳朴,极富江南民歌清秀细致的特征。曲式是由四个乐句构成的单部曲式,调式为徵调式。歌曲通过对茉莉花的赞美,表露了人们爱花、惜花、护花的情怀及对生活的向往与热爱。通过乐曲欣赏、歌曲学唱、舞蹈律动等音乐活动的开展,学生能够感受江南音乐的独特韵味和迷人魅力,增强对祖国民族民间音乐的喜爱。

本课例提供者为崇明区工读学校陈金萍。

◾◾◾◉ **德育价值描述** ◉◾◾◾

音乐不仅仅是情感的抒发,有时也会反映特定的社会环境、社会文化。学习这些音乐作品能够促使学生认同本国、本民族的音乐文化,增强民族自豪感,这也是初中阶段音乐学科德育的核心要求。

本节课旨在引导学生感受特定社会环境背景下的音乐风格的表现特征,理解不同社会环境背景下音乐的不同表现形式,感悟音乐作品中所体现出的历史文化内涵。

1. 通过学唱汉族民歌《茉莉花》,欣赏河北民歌《茉莉花》、江苏民歌《茉莉花》,了解汉族民歌《茉莉花》这首民歌在世界上的影响力,引导学生感受民族音乐文化的地域性、丰富性与多样性,激发学生对民族音乐的热爱。

2. 能用连贯、柔美的声音,细腻的情感准确演唱汉族民歌《茉莉花》,并与河北民歌《茉莉花》进行对比赏析,了解不同音乐作品由于地域、时代、体裁在音乐表现上的差异,把握作品关键的音乐本体特征。

3. 在教学过程和教学方法中,采用聆听、模唱、视唱等方法学唱歌曲,用舞蹈律动感知《茉莉花》的婉转流畅与柔美,深入体会民歌的韵味。

◦◦◦● 正文 ●◦◦◦

教学环节一:导入

1. 播放 2004 年雅典奥运会闭幕式中国八分钟中一位手提红灯笼的小女孩在全世界亿万观众面前唱响的《茉莉花》,教师引导学生讨论。

2. 教师提问:

(1) 你们听出来它是什么歌吗?

(2) 在这举世瞩目的时刻,编导为什么选择了《茉莉花》这首民歌?(学生畅谈)

3. 教师引导学生小结:

茉莉花代表着纯洁,代表着纯洁的中国人民,更代表着中国人民热忱欢迎世界人民 2008 年到中国做客的一颗真诚的心。

【设计说明】

教师创设良好的学习环境,充分利用教学资源发掘学生潜力,引导学生关注民族文化,提升民族自豪感,增强民族自信心。

教学环节二:学唱歌曲

1. 教师帮助学生了解《茉莉花》的相关文化背景以及体裁特点。

2. 学生完整地聆听教师唱这首歌曲,并跟随教师轻声哼唱,身体随着音乐摆动。

3. 教师提问并引导学生讨论:这首音乐的旋律怎样? 速度怎样? 音乐风格是中国的还是西方的? 抒发了怎样的情感?

4. 教师带领学生视唱歌谱,并引导学生思考和讨论以下问题:

(1) 看看歌谱是几拍子的? 边划拍边唱谱子。

(2) 跟琴逐句视唱,提醒学生注意圆滑线及四分附点音符。

(3) 完整视唱全曲,感受曲子旋律的平稳委婉、抒情、优美。

5. 教师指导学生模唱歌曲,并进行讨论。

(1) 用"LU"模唱。

(2) 思考歌曲可以分几句?

6. 教师指导学生实践,演绎作品,歌唱茉莉花。

(1) 教师提问,启发思考:当我们面对这么美丽的茉莉花时,我们用什么样的歌唱语气和力度来演唱?你们自己在下面先小声唱一唱,设计一下歌曲的表现方法。

学生回答:开头一句应该用连贯的声音、比较强的力度演唱,表达对茉莉花的喜爱(学生示范唱),师启发更加深情演唱。

(2) 教师引导学生理解难点:"让我来将你摘下,送给别人家。"注意附点节奏,强调语气的要唱准确,应该用稍强语气演唱,表达采花人送花时激动的心情。

(3) 教师提问:最后一句连用了两个茉莉花,充分表达了什么?演唱时我们用的力度和速度怎样变化?最后一个音提高八度有什么作用?

学生回答:表达出对茉莉花的喜爱之情,传达意犹未尽的感觉。演唱的力度和速度应减弱和减慢。

教师引导学生得出答案:最后一个音提高八度感觉更有完整感。

(4) 教师引领学生带着感情完整的演唱一遍。

(5) 学生小组协作,自主舞蹈律动,教师加以指导。

【设计说明】

教师在音乐教学中遵循"听觉领先"的客观规律,用准确而富有感染力的范唱培养学生良好的乐感,以自己为榜样示范,让学生在师生互动中感受教师的榜样作用。引导学生用优美的肢体语言进一步演绎歌曲,由身入心地感受歌曲的音乐风格,以代入式的体验方式去感受体验和表达、表现,感悟音乐所展现的生活之美,体会生命的价值意义。

教学环节三:欣赏比较不同风格的《茉莉花》

1. 对比欣赏河北民歌《茉莉花》与汉族民歌《茉莉花》,教师引导学生从歌曲的旋律特点和所表达的情感两方面对歌曲加以分析(设计学习单,引导学生思考)。

地区	旋律特点	情感表达

2. 学生分组完成学习单。

3. 小组分享,集体评价。

4. 教师小结,答案展示,引导学生思考自己答案中的不足。

地区	旋律特点	情感表达
汉族《茉莉花》	优美、婉转流畅	表达了姑娘的惜花、爱花之情
河北《茉莉花》	高亢、音调明快	表达了姑娘的惜花、爱花之情

【设计说明】

通过欣赏比较两首极具代表性的不同版本的《茉莉花》,引起强烈的听觉反差。学生通过找出它们的异同点,进行归纳总结,从而深入地了解祖国的民族音乐文化。采用师评、自评、互评相结合的方式体现有效性和便捷性,培养学生在音乐学习过程中的人际交往、协同合作、责任担当的意识和态度。

教学环节四:情感升华——欣赏宋祖英演唱的《茉莉花》

欣赏著名歌唱家宋祖英在奥地利维也纳金色大厅举行的独唱音乐会时演唱的《茉莉花》,这也是中国歌唱家第一次站在世界舞台上演唱中国民歌,让世界听到了《茉莉花》。

教师小结:只有民族的,才是世界的,希望同学们在课余时间,在欣赏流行音乐的同时多多关注我们的民族音乐,让民族音乐代代相传。

【设计说明】

在层层递进的学习活动中,学生潜移默化地接受了音乐文化知识,提高了音乐文化涵养,增强了民族自豪感。

教学环节五:课堂小结,布置课后作业

1. 教师小结:今天能和同学们一同赏花、听歌、舞动,大家的表现非常棒,老师很高兴,古人云:"高兴之余,当高歌一曲。"现在就让我们用最深情的演唱,为本节音乐课画上一个完满的句号。

2. 课后作业:

《茉莉花》由于它的优美、动听,受到了很多人的青睐,对其进行改编。课后请同学们收集其他艺术形式的《茉莉花》,如器乐、流行乐等。

【设计说明】

通过教师小结,再一次深情歌唱《茉莉花》,加深学生对这首歌的体验和感悟。音乐作品所蕴含的德育内涵需要通过具有艺术感染力的表现方式呈现,教师让学生以富有情感的方式演绎作品,让作品的艺术魅力感染和打动每一位学生。教师通过布置课后作业,引导学生主动探索同一题材的不同音乐表现形式,扩展学生的知识外延,激发学生好奇心,提高学习兴趣。

▶▶▶专家点评◀◀◀

本课例围绕"茉莉花"这一主题展开,利用网络资源,为学生展示了不同风格、不同形式的《茉莉花》,开阔了学生的视野,启迪了他们的创造性思维,让学生体验了江南音乐的独特韵味和迷人魅力,增强对祖国民族民间音乐的喜爱。这是一堂充满美感的音乐课堂。

一、聆听感知音乐,感悟歌曲中的文化内涵。

陈老师在教学过程中通过充分聆听,让学生体验、感受音乐的美。引导学生感知歌曲的音符旋律走向,反复吟唱中归纳江苏民歌的特点——优美柔和、细腻委婉,增加了直观感受和体验,身临其境地感悟作品背后的文化内涵。

二、运用多种教学策略,关注学科德育目的的达成。

通过听辨两首极具代表性的不同版本的《茉莉花》,找出它们的异同点,引导学生感受中国民歌音乐的不同特点。俗话说,一方水土养一方人,民歌根植于人民生活的土壤之中,体现了不同的地域色彩。江苏人细腻委婉地表达对茉莉花的喜爱,北方人虽是豪爽热情,却也毫不遮掩对茉莉花的喜爱,他们以不同的音乐表现形式体现在歌曲里。师生共同总结归纳,进一步引导学生了解和热爱祖国的音乐文化,增强民族意识和爱国主义情操。

(上海市崇明区城桥中学附属明志初级中学   朱   凤)

梨 园 金 曲

本节课选自上海教育出版社《音乐》六年级第二学期第五单元《梨园金曲》的教学内容,开展教学活动《走进京剧》。此教学活动会让学生简单了解京剧中行当、脸谱及京剧四功(唱念做打),以激发学生对京剧的兴趣,体验传统戏曲艺术的韵味。

本课例提供者为崇明区东门中学吴卫丹。

德育价值描述

本课例旨向"认同本国、本民族的音乐文化,产生文化自信,具有民族自豪感"这一项初中音乐学科德育的核心要求。

音乐作品多种多样,音乐的形式也多种多样。在历史的长河中,中国音乐的发展令世界瞩目,形成了独具中国特色的音乐文化。中国京剧有两百多年的历史,经过不断地丰富、革新与发展,融合了多种中国传统艺术特点,积淀了丰富传统文化。京剧体系完备、表演精美、流派丰富,综合了文学、音乐、舞蹈、美术、武术、杂技、服饰以及表演艺术,是中华民族的传统戏曲艺术的杰出代表。京剧的艺术理念和表演形式充分体现了中国传统文化的审美观和价值观,如中正端方,典雅温和,善恶分明,空灵写意等。

1. 学生通过学习《梨园金曲》,可以掌握京剧艺术中行当、脸谱、念白、乐队、身段等基本知识,了解京剧故事背景与相关国家、民族的文化特征或内涵。

2. 感受丰富多彩的京剧艺术表现手法,体会京剧所蕴含的传统审美观和价值观,从而激发对我国民族、民间音乐文化的热爱,增强民族文化意识。

▮▮▮◉ 正文 ◉▮▮▮

教学环节一：组织教学，引入新课

1. 听戏曲唱段《我一剑能挡百万兵》。

2. 师生问好，出示板书，向学生解释"梨园"的含义是古代对戏班子的别称。

3. 简要概述中国传统戏曲的发展历史，介绍京剧的艺术价值。

【设计说明】

本环节以听觉为先、人文导入的形式激发学生兴趣，为接下来的《走进京剧》教学活动营造氛围。板书课题后重点解释"梨园"的含义，加深学生对京剧专有名词的印象。简要介绍中国传统戏曲和京剧的历史和艺术价值，让学生了解戏曲艺术的背景知识，为本次课的学习做好铺垫。

教学环节二：走进京剧

1. 导入：带领学生欣赏不同戏曲视频，让学生比较不同剧种在音乐、唱腔、服饰上的特点，引导学生判读哪种是京剧。

问题1：你们喜欢京剧吗？京剧给你的总体印象是怎样的？

（很难听懂、不好唱……确实，想要喜欢京剧，首先就要了解京剧，知道京剧的形成、行当、脸谱、伴奏乐器以及唱、念、做、打，等把这些知识弄明白了，咱们再回过头来看京剧，自然就会品出其中的韵味来了。）

问题2：有谁对京剧的形成略知一二？

（知识点1：京剧的形成——京剧是中国的"国粹"，已有200多年的历史，最早可追溯到清朝乾隆五十五年（1790年）。当年四大徽班进京后，京剧与北京剧坛的昆曲、汉剧等剧种经过五六十年的融汇和衍变，成为中国流传最广、演员阵容最强大的戏曲剧种。其剧目之丰富、表演艺术家之多、剧团之多、观众之多、影响之深均为全国之冠。京剧是综合性表演艺术，集唱（歌唱）、念（念白）、做（表演）、打（武打）、舞（舞蹈）为一体，以程式（规范）表演手段叙演故事、刻画人物，表达"喜、怒、哀、乐、惊、恐、悲"思想感情，被誉为"东方歌剧"。）

2. 学生观看京剧名段《霸王别姬》后，老师提问。

问题1：视频中出现了几个角色（行当）？

（知识点2：这段京剧视频中出现的行当有：生、旦、净、丑。）

问题2：两位演员的妆容有什么特点？

（知识点3：京剧中的脸谱——脸谱是京剧的一大亮点，脸谱上的颜色代表人物的性格和品质，能让观众直接了解人物个性和理解剧情。）

问题3：你能听出为这段音乐伴奏的乐器吗？

（知识点4：京剧的伴奏乐器——京胡和锣鼓。不同的乐器用于不同的场面：文场重唱，以弦乐为主；武场重做，以打击乐为主。）

3. 欣赏比较《霸王别姬》中虞姬的一段念白和《拾玉镯》中刘媒婆的念白，感受京剧四功之"念"。

提问：哪段念白更容易听懂？

（知识点5：京剧中的"念"——京白和韵白，不同的角色有不同的念白。"千金说白四两唱"这句话就说明了念白的重要性，因为念白也能凸显人物的性格。）

4. 欣赏京剧《拾玉镯》片段和戏曲功夫视频，感受京剧中的"做"。

问题1：在刚才的视频中，看到哪些京剧表演方式？

问题2：舞台上确实"有这些"实物或道具吗？演员是用什么方式表现出来的？

（学生实践——男生简单模仿（戏曲功夫表演）矮子功等动作，女生学习身段动作：兰花指）

5. 欣赏《我一剑能挡百万兵》，感受京剧中的"唱"。

看完视频后，请学生简单讲述该剧故事情节，讨论人物性格，体验不同性格人物的唱腔。

问题1：这段音乐的速度是旋律轻快还是缓慢？表现出来的情绪是激昂还是低落？

问题2：这段视频中演员的嗓音有什么特点？真嗓还是假嗓？嗓音高亮还是低沉？清丽柔美还是宽广雄厚？

（学生实践——老师带学生跟唱几句，体验京剧的唱功。）

【设计说明】

本环节教学活动中欣赏、分析及讲解环环相扣，使学生能够初步了解京剧的脸谱、行当及乐队演奏等知识。关于行当、脸谱及伴奏乐器的知识，让学生根据问题进行研究、讨论后自己归纳。对于唱、念、做、打的分析不一定要做专业的戏曲层面的剖析,而是围绕舞台的表演和音乐的节奏、旋律、速度等要素的角度进行探讨,让学生在思考和交流中巩固所学知识,加深学习印象。学唱京剧唱段能让学生积极体验与感受京剧韵味,提高学习兴趣。

教学环节三:艺术拓展

1. 让学生说说自己所知道的其他地方戏,简单比较它们与京剧的不同。

2. 给学生展示几个地方戏经典作品视频,让学生判断或跟唱,引导学生讨论各自的艺术特点。

【设计说明】

通过观看和讨论不同传统戏曲,让学生感受不同的传统戏曲艺术表现形式,尊重民族音乐文化的多元性、差异性,增强了解多元音乐文化的意愿。

教学环节四:课堂总结

提问:经过今天这堂课的学习,同学们有什么感言?

(学生自由发言、各抒己见)

小结:近年来,由于受到新生艺术的冲击,戏曲艺术在中国的发展日趋衰弱。尤其港台歌曲大量涌入内地,年轻人追求当代流行音乐,对我们中华民族的传统戏曲艺术却是知之甚少。作为中华民族的后代,你可以不学戏唱戏,但是应该感受戏曲艺术的魅力,了解中华传统艺术的精髓。

当然随着现代社会的发展,我们的京剧表演艺术家们也是与时俱进,紧贴时代步伐,创新排练了很多现代京剧,有些可以说是"集舞美、灯光、服饰、剧情及交响乐为一体的精彩视觉盛宴",下节课老师就会带大家学习了解现代京剧,品味其中的魅力。

同学们,中国的戏曲是我们中华民族艺术宝库中一颗璀璨的明珠,是劳动人民智慧的结晶,是我们传承中华灿烂文明的有效手段,我们有义务将它传承和发展下去。

【设计说明】

本环节教师对本课主题进行总结和升华,启发学生传承和发展京剧艺术,培养对传统文化的热爱,树立弘扬传统艺术的信心和决心。

专家点评

一、引导学生主动学习,激发对传统戏曲的学习兴趣。

本课中老师充分调动学生的积极性,不断引导学生主动参与,循序渐进地让学生学习知识和感受京剧艺术魅力。如导入环节:以听觉为先的形式激发学生对戏曲艺术的兴趣,为接下来的《走进京剧》教学活动营造氛围。在艺术拓展环节:让学生说一说自己所了解的地方戏,并引导学生讨论各地方戏的艺术特点,这样的设计既拓宽了学生的视野,又能让学生把课堂习得的知识技能进行迁移,了解不同戏曲的表现特点,增强文化认同感和传统艺术的自豪感。

二、问题链串联学习重点、难点,为学生解惑,理解戏曲的基本知识。

本课中每个环节都设计了关键设问:如观看京剧名段《霸王别姬》的问题1:视频中其中出现了几个角色(行当)?问题2:两位演员的妆容有什么特点?问题3:你能听出为这段音乐伴奏的乐器吗?学生在问题链的引导中,能逐步理解京剧的相关知识,而且对于京剧中的"唱、念、做、打"的分析不做专业的戏曲层面的剖析,而是围绕舞台的表演和音乐的节奏、旋律、速度等要素进行探讨,学生在熟悉的音乐要素语境中能快速理解相关知识点,很好地化解课堂中的难点。

三、设计多样的活动,引导学生了解戏曲,重视我国传统文化的传承。

本课中,老师除了让学生听一听、看一看、想一想、说一说以外,还引导学生参与实践和探究,唱一唱、做一做、念一念等。学生在多样的实践活动中,对戏曲的认识从感性的认识上升到了理性的判断,既获得了京剧知识,感受了京剧魅力,又能拓展到其他戏曲的种类的认识。学生全身心、全方位地参与到学习过程中,感受和理解传统艺术魅力,做到了润物细无声地将德育融于课堂学习过程中,形成健康的艺术价值审美取向。

(上海市宝山区教育学院　钱　岭)

亲 情 友 情

本课选自上海教育出版社《音乐》七年级第一学期第二单元《亲情友情》。该单元主要围绕着"亲情友情"这一人文主题以一组表现人类纯真情感的器乐和声乐作品为学习内容。本课例选择其中三首关于"亲情友情"的音乐作品,分别是表达对家和母亲无限思念的器乐作品《可爱的家》,具有浓郁民族风味和较强抒情风格的二段体独唱歌曲《母亲》,传递表达爱的励志向上歌曲《爱在人间》。对故乡和家庭的思念、对家人和朋友的眷恋、对生活和生命的热爱是文化艺术永恒追求的主题。在表达亲情友情的音乐情境中,学生的情感世界受到感染和熏陶,真切感受到自己成长过程中接受到的社会与家人所给予的温情与爱,从而养成对生活积极乐观的态度以及对美好未来的向往和追求。

本课例提供者为崇明区大同中学戴勤俭。

◀▮▮◀● 德育价值描述 ●▶▮▮▶

本课例旨向引导学生体会音乐作品中的人文内涵,获得审美情感的丰富体验,侧重落实"感悟音乐所展现的亲情、友情以及劳动、生活与生命的价值意义"这一初中阶段德育核心要求。

1. 在听、唱、奏等音乐实践活动中,探索、体验不同方式表现乐曲,体会音乐是富有情感的艺术,体验音乐作品所表达的真情实感。

2. 通过感悟音乐中的情感,体会生活中所接受到的温情与爱,学会感恩。

◀▮▮◀● 正文 ●▶▮▮▶

教学环节一:导入

1. 检查作业,并给予一定的指导性评价。

2. 复习：挑选一位学生用口风琴吹奏《可爱的家》，并组织几位学生用其他打击乐器给口风琴吹奏伴奏。

3. 师生共同合作表演,用不同乐器演奏《可爱的家》。

【设计说明】

本环节在检查作业、指导评价的基础上,进行进一步的复习和升华,将某个学生的口风琴独奏变为集体多乐器合奏,最后加上老师的榜样示范,师生合作演绎音乐作品。这样安排对学生的演奏水平的提高很有帮助,能让学生理解音乐活动规则,学会懂得感恩和爱护别人,懂得遵守规则、平等互助、协同合作。在演绎过程中,能让学生真切感受到集体就像家庭一样给人温情和爱护,也能从创设的情境中体验音乐作品所表达的真情实感。

教学环节二：欣赏男声独唱《母亲》

1. 观看一个有关母爱的视频,看完请学生谈谈自己的感受。

2. 欣赏教师范唱歌曲《母亲》。

(1) 第一遍欣赏,出示歌词。请学生说说哪几句歌词最能表达对母亲的爱?说说你从哪些方面感受到母亲对你的爱?

(2) 第二遍欣赏,有兴趣的学生可以跟着音乐一起演唱。

3. 引导学生讨论以下问题,加强对歌曲的理解。

(1) 这首歌旋律有什么特点?

(2) 这首歌属于什么风格?

(3) 这首歌的旋律和风格对表现歌曲主题有何作用?

(4) 聆听歌曲后有什么感想?

【设计说明】

本环节首先以有关母爱的视频作为导入,创设学习情境,激发学生的兴趣,为深入理解歌曲《母爱》所表达的主题做好铺垫。接着赏歌词、说故事、分析歌曲的旋律和风格,以灵活多样的方式启迪学生理解歌曲的内涵价值和教育意义。最后师生合奏,在教学和互动中给学生做出表率,帮助学生全身心地投入到音乐学习中。

教学环节三：学习演唱歌曲《爱的人间》

1. 教师有感情地朗诵歌词,学生说说自己听到了什么,看到了什么,感受到了什么?

(他们看到了美丽的画面,感受到人们对他们的关爱,就让我们一起来感受他们心中美丽的画面吧)

2. 欣赏歌曲,教师引导学生分析歌曲的曲式结构。

3. 视唱 A 段旋律,请同学指出难唱的地方。(注意提醒学生正确区分后十六分音符起唱与后半拍起唱的不同,并指导学生唱准前者)

4. 唱 B 段旋律,找出歌曲中不同形式的切分节奏并进行拍击。

5. 演唱 A、B 两段的歌词,注意歌曲的节奏。

6. 歌曲处理,完整演唱。

7. 学生借助平板电脑自学《爱的人间》手语舞蹈。

8. 师生共同表演《爱的人间》手语舞蹈。

【设计说明】

本环节首先引导学生从歌词的内容推断出演唱者的身份,然后简单介绍歌曲的出处,让学生感受手语的表达。学生清楚曲式结构以后,分重点、分节奏、分曲段地让学生练习演唱,最后让学生在平时的生活中多关注盲人,给予他们更多的爱。由于歌曲的节奏比较复杂,教师的准确示范能为学生做出表率,学生用心聆听,这样从学习的源头就可扫清障碍,避免走弯路,提高学习效率。

教学环节四:课堂内容总结和升华

爱在人间,只要你付出你的爱,同样爱的阳光也会照耀着你,只要人人都献出一点爱,我们的世界将变成最美好的人间。让我们从现在开始,从点滴做起,播撒多点火花、点燃多点希望,沐浴在爱的阳光下。

【设计说明】

这一环节通过教师对歌词内容的总结和升华,进一步提升学生对歌曲的理解和感悟,帮助学生认识到音乐学习的内容是具体、鲜活的音乐作品,而作品背后蕴含的精神内涵和教育价值是音乐学习过程中必须要理解和感悟的。

▶▶▶▶**专家点评**◀◀◀◀

一、感悟音乐中所蕴含的情感。

聆听和演奏音乐是感受美、体验情感的过程。亲情友情是人类最基本、最永恒的情感,以亲情友情为题材的音乐作品非常丰富。在本课例中,学生通过学习这些音乐作品能体会到音乐是表达真情实感的艺术,感悟亲人朋友的温情与爱,学会感恩社会和同情他人,理解生命与生活的价值意义。

二、教学方法多样,充分调动学生感官,创设良好的学习情境。

这堂课的教学设计围绕着主题"亲情友情"选择了本单元中的三个器乐和歌曲作品,戴老师采用不同的教学方法和手段,贯穿于整个课堂教学之中。在课堂教学实践活动中,戴教师调动学生的不同感官将听觉(听赏)、视觉(视谱、观看影像)、动觉(歌唱、吹奏、思考、创编)融为一体,每个环节均有承上启下的导入,环环相接、丝丝入扣,整堂课的教学过程既丰富多彩又条理清晰。

三、从感性到理性,从欣赏到思考,让学生由浅入深地感悟音乐作品的精神内涵。

本节课注重从听赏感受切入,继而以推理的方式引出问题,然后再由学生共同完成思考,这样学生不会感到有任何的学习困难。在歌唱学习中,将听、模唱、视唱、节奏辨别、唱会歌词等学习步骤按照一定的认识规律有条不紊地组织在一起,学生也丝毫不觉得枯燥乏味。

四、评价与示范结合,帮助学生形成正确的习惯和态度。

戴老师通过适当的指导和评价,以及正确的、富有感情的示范演唱,让学生在引导、改进和提升的过程中形成正确的情感态度价值观。

(上海市崇明区教育学院　朱　峰)

大 地 之 舞

基本信息

本课选自上海教育出版社《音乐》七年级第一学期第四单元《节日欢歌》,教学内容为秧歌。中国民族民间舞蹈是产生和流传于民间,风格鲜明,体现了本民族的文化和审美趣味,并为广大群众所喜闻乐见。汉族秧歌是我们国家非常重要的民族文化和符号,当人们扭起秧歌,敲起锣鼓,他们就可以凭着对土地的热爱去直面生活所带来的挑战。这就是艺术与生活,是秧歌这一大地之舞的生命力所在。

本课例提供者为崇明区实验中学王子城。

德育价值描述

树立文化自信是德育的总体目标之一。本课旨向引导学生感受特定文化背景下音乐舞蹈体裁、风格的表现特征,理解同一种舞蹈在不同地区所特有的文化意识与观念,帮助学生更加深入地了解本民族的文化,激发他们欣赏本民族舞蹈文化的热情,促使他们更进一步认同民族文化,增强民族文化自信心与自豪感。

1. 欣赏、感受并体验中国汉族舞蹈秧歌,通过内容、情绪以及旋律动作的体验,用简单的秧歌舞蹈肢体动作和对中国汉族舞蹈发展的思考,表达对中国汉族舞蹈秧歌的喜爱之情。

2. 在欣赏、模仿、合作、交流、评价等过程中,思考秧歌在民间流传与舞台表演这两种呈现形式之间的不同,了解不同地区秧歌文化的差异。

3. 了解汉族舞蹈——秧歌,知道不同题材作品中秧歌的表现,体验舞蹈形象所表达的情感;学会秧歌"十字步",能根据特定的主题进行简单的舞蹈形象创作。

▄▄▄● 正文 ●▄▄▄

教学环节一：导入

1. 教师演绎蒙古族和新疆维吾尔族舞蹈片段。

2. 学生分辨舞蹈片段是哪个民族的,并感受其舞蹈特点。

3. 引出汉族舞蹈——秧歌主题。

【设计说明】

我国大多数民族都精通歌舞,民间歌舞形式多样、各具特色,如蒙古族舞蹈、维吾尔族舞蹈等都具有浓郁的民族特色。汉族也有民族舞蹈且形式多样,如北方的秧歌、南方的采茶舞等。通过观看教师舞蹈直观地感受不同民族舞蹈的特点,并引发对汉族舞蹈——秧歌的兴趣。

教学环节二：初步体验秧歌

1. 欣赏《东北那旮旯》《一个扭秧歌的人》舞蹈片段。

2. 思考：

(1) 两个舞蹈片段分别是哪些地区的秧歌？

(2) 谈谈对《一个扭秧歌的人》作品的理解。

【设计说明】

通过观看两段舞蹈视频,总结出其歌舞特点,根据已有的音乐知识分辨出其流行地区——东北秧歌、陕北秧歌,感受秧歌这一舞蹈形式在不同地区所具有的不同特点。学生通过小组交流的形式讨论不同地区秧歌的特点,欣赏秧歌舞台作品的演绎,学会分析舞台上的各种角色,学习《一个扭秧歌的人》塑造的民间老艺人的舞台形象。

教学环节三：学习秧歌

1. 教师示范东北秧歌基本步伐"十字步",并分解教学。

2. 学生分小组进行练习与表演。

3. 教师示范陕北秧歌基本组合"十字步",并分解教学。

4. 学生分小组进行练习与表演。

5. 交流讨论：对比东北秧歌和陕北秧歌的区别。

6. 师生共同表演秧歌舞蹈。

【设计说明】

通过教师的示范表演来激发学生对秧歌的学习热情,能够学会东北秧歌的"十字步"和陕北秧歌的"十字步",配合音乐做出相应的秧歌动作。通过学习秧歌"十字步"来感受民族民间舞蹈的情感表达,并对比东北秧歌和陕北秧歌的异同来理解不同地区秧歌的特点,感受汉族舞蹈的丰富多样及地域文化对舞蹈的影响。

教学环节四:拓展思考秧歌

1. 欣赏《一片绿叶》视频片段。

2. 思考:这段是普通舞蹈还是秧歌? 并说明理由。

3. 看懂《一片绿叶》视频所传达的思想,思考秧歌是不是随着时代在不断变化? 为什么发生了变化?

4. 通过这节课的学习,请同学们简单谈谈对秧歌的认识又有什么新的感受?

【设计说明】

欣赏舞蹈《一片绿叶》并思考舞蹈所要表达的主题思想,以这支舞蹈为基点,关注秧歌从民间走向舞台,从个人情感走向宏观世界观的变化,引导学生对传统文化发展的思考,感受传统文化的生命力。

教学环节五:小结

同学们,相信在今天的学习之前,我们讲到秧歌时不会太多关注它,因为它离我们的生活很远,但其实它是我们国家非常重要的民族文化和符号。当人们扭起秧歌敲起锣鼓,他们就可以凭着对土地的热爱去直面生活所带来的挑战。这就是艺术与生活,是秧歌这一大地之舞的生命力所在,也希望同学们能够继续怀着这样的一份热忱,来更加关注我们的民族民间文化。

【设计说明】

通过教师的总结和升华,进一步激发学生关注民族文化的意识,感受民间艺术的魅力。

▸▸▸◀ **专家点评** ▶◂◂◂

本课例结合教材单元《节日欢歌》所呈现的核心内容,拓展了汉族舞蹈部分。

针对七年级学生的学情分析,精心设计了形式丰富、内容多元的舞蹈学习活动,让学生亲身融入音乐和舞蹈中去,用他们的耳朵去聆听、用他们的心灵去感悟、用他们的肢体去展现,在多样化的音乐舞蹈实践活动中获得审美体验,让同学们更加了解自己本民族的文化,让他们认同本国、本民族的舞蹈文化,具有民族自豪感。

一、重视民族文化传承,增强文化认同感与民族自信心。

本课的核心内容"秧歌"是汉民族的传统舞蹈,是我国北方广泛流传的一种民间舞蹈,具有广泛的群众基础,且历史悠久,流传广泛,发展出多种具有地域特色的秧歌,如东北秧歌、陕北秧歌等。2006 年,秧歌被列入国家非物质文化遗产名录。

在本课的学习中,学生可以通过舞蹈表演来体会汉民族舞蹈的民族性与多样性,如东北秧歌和陕北秧歌的"十字步"的不同步法。通过《一片绿叶》这首歌舞体会现代秧歌从民间走向舞台这一重大的发展。这有利于学生感受到中华优秀传统文化的生命力,增强民族文化认同感与自信心。

二、小组合作,提升学生综合素养。

在课堂教学中,教师采用了分小组练习和表演舞蹈、交流讨论的形式,有助于提升学生的团队合作能力、沟通交流能力,增强集体荣誉感,全面提升学生的综合素养。

(上海市崇明区城桥中学附属明志初级中学　朱　凤)

节 日 欢 歌

■■◀ 基本信息 ▶■■

　　本课选自上海教育出版社《音乐》七年级第一学期第四单元《节日欢歌》。本单元在取材时首先选取了部分反映节日题材的优秀音乐作品,这些作品流传较广、文化含量较高。另有部分经过作曲家精心创作的有民族风格的声乐、器乐作品,这些作品旋律动听,易于被学生接受。本单元以节日文化构思,不仅能让学生进一步熟悉中国优秀的民族音乐,还能从中领略民族音乐中的人文精神、文化特征及民族传统风俗。同时以节日音乐中的欢乐情绪感染学生,使学生具有热爱生活、热爱民族精神的良好风貌,让学生体会到音乐是能反映社会、反映生活、反映人的精神风貌的。

　　本课例提供者为崇明区大新中学杨燕。

■■◀ 德育价值描述 ▶■■

　　本课旨向赏析与了解春节等传统节日所蕴含的深厚文化底蕴,培养学生乐观向上、热爱祖国、热爱生活、热爱本民族传统文化的良好思想品德,侧重于"理解音乐中所表现的国家与民族精神,认同本国、本民族的音乐文化,产生文化自信,具有民族自豪感"的音乐学科德育核心要求。

　　1. 欣赏管弦乐《春节序曲》,感受其中所表现的中国"年味"带来的欢乐与祥和,了解音乐中所蕴含的中国节日民俗文化,同时感悟艺术家在创作中渗透的对祖国音乐文化的热爱和民族自豪感,激发对中国音乐文化的兴趣。

　　2. 在师生共同"过年"的情境中交流与合作,参与欣赏、歌唱、律动、节奏模仿等音乐活动,感受速度、力度、音色等音乐要素在作品中的作用,体验并表现音乐作品中所表现出的"过年"的喜悦。

　　3. 能哼唱《春节序曲》的几个主题旋律,初步了解作曲家李焕之及其我国音乐家对民族音乐文化发展的重要贡献。

4. 知道中国的民族五声调式,初步了解五声宫调式。感受中国传统民乐的音乐特色,增强对民族音乐的认同感、自信心及自豪感。

▰▰◆ 正文 ◆▰▰

教学环节一:情境导入

1. 播放歌曲《好日子》一段 MTV,让学生在欢快的旋律中进入教室。

提问:这首歌歌唱的什么节日?你喜欢春节吗?为什么?

2. 谈谈自己过年的生活情景。

3. 播放年画、窗花、秧歌等节日幻灯片,进一步引导学生进入自己设置的情景中去。

【设计说明】

以多媒体为辅助教学手段,用年画、窗花等方式营造春节氛围,使学生处于一种舒适、喜庆的情境之中,同时进入本课的主题内容——春节的音乐。

教学环节二:欣赏体验

1. 学生观赏视频《春节序曲》交响乐,教师提问:

(1) 视频中出现哪些乐器?他们的基本座次是怎样的?

(2) 全曲的基本情绪是怎样的?

2. 教师简介管弦乐的知识及什么叫序曲。(大屏幕显示"管弦乐队的介绍、座次图")

3. 分段欣赏《春节序曲》。

(1) 欢乐锣鼓敲起来。

① 聆听第一主题旋律,学生感受乐曲的节奏特点。

② 学生模仿主题旋律的节奏。

③ 师生合作演奏欢乐锣鼓。

④ 学生感受自己练习的节奏,与原曲比哪一个更能表现节日气氛?(速度的对比)

(2) 欢乐歌儿唱起来。

① 聆听第二主题旋律,学生思考:这段旋律主要是用什么乐器演奏的?

② 学生用衬词演唱主题旋律。

③ 教师简介《春节序曲》的作者及创作背景。

（3）欢乐秧歌扭起来。

① 聆听第三主题旋律,学生思考：与前两段音乐相比,这段音乐有什么明显的不同？

② 学生随伴奏用衬词哼唱主题旋律,感受音乐的风格。

③ 教师演唱《新春秧歌闹起来》,学生体会与第三主题相比有何不同。

④ 师生练习秧歌步,进一步体验第三主题。

⑤ 师生合作共同表现主题旋律。

⑥ 再次欣赏第三主题旋律,学生思考：主题旋律出现了几次,每一次用的乐器是否相同？

4. 拓展延伸。

（1）简单介绍民族乐曲在国际上的影响,使学生对民族音乐有自豪的感觉,培养学生热爱民族音乐,热爱祖国文化。外国友人对我们的民族音乐都这样热爱,那么我们自己呢？

（2）培养学生对民族音乐的感情。我国民族音乐殿堂里群星闪烁,优秀音乐家和经典曲目数不胜数。课外,大家可以自己去寻找这个艺术的殿堂,也可以和同学一起去寻找,碰到问题还可以找老师帮忙,让我们一起去感受我们伟大祖国的文化魅力。

【设计说明】

本环节首先引导学生对乐曲的情绪、力度、速度、音色产生初步印象,了解交响乐的演奏乐器。然后利用多媒体技术为学生创设情境,引导学生感受每一主题的典型节奏,通过师生交流、生生合作,共同感受这一主题所表现的欢腾热闹的节日气氛。同时在实践音乐活动中由学生亲身感受音乐要素在音乐作品中的作用,强化了对音乐作品的审美体验。最后对课程主题进行拓展,了解我国传统民族音乐的发展,让学生认识到自己民族音乐、民族文化的伟大,增加学生的民族文化认同感、自信心与自豪感,对学生的人格成长、情感陶冶具有重要意义。

教学环节三：感受与学习——中国民族调式

1. 教师投影出示三段主题旋律,学生在体验的基础上寻找：在这部作品中哪些音出现得比较多?

2. 教师介绍中国民族五声调式的基础知识。

3. 学生模唱、吹奏宫调式音阶。

4. 学生视唱《春节序曲》第二主题旋律,判断使用了哪种调式。

【设计说明】

通过聆听、模唱、吹奏的形式,引导学生感受中国民族调式,在视唱中感受民族音乐的特色,增加民族文化认同感。

教学环节四:小结

同学们,今天我们欣赏了李焕之的《春节序曲》,这首曲子运用了不同速度、力度来呈现情绪的变化,表达了人们过春节时的各种心情和场面。春节是我们国家的传统节日,有着特别的意义。请与家人一起聆听这首曲子,交流春节趣事,重温节日气氛。

【设计说明】

本环节为拓展环节,将音乐融入家庭生活,音乐学习不仅仅是学校的教学内容,还能成为学生的日常生活的一部分,进一步增加学生的文化认同感。

◢▌◤ 专家点评 ◥▐◣

音乐课程的育人价值为学科提供了新的发展契机,也赋予了音乐学科更为丰富的教育内涵。本课例在学科德育方面有以下几个特点:

一、人文切入,有机融合学科德育。

音乐教材中有着丰富的教育德育资源,许多音乐作品蕴含的音乐文化更是极好的学科德育的载体。教师应深入挖掘作品的人文内涵,将音乐置于民族文化脉络中传承,将学科德育自然、有机地融合在音乐教学中。本课教学内容《春节序曲》的创作背景、作品的意图都让学生体会到了作品所表达的情感,了解了作品的艺术价值,并得到内心的感悟。本课例从人文切入,提高学生的综合素养,学生能潜移默化地在音乐学习中得到爱国主义教育。

二、情感入手,有效落实学科德育。

音乐是情感的艺术,情感是音乐教育的灵魂。因此,在教学中应以情感为抓手,引导学生在音乐实践活动中,体验艺术的情怀,领略民族优秀文化的魅力,用音乐蕴含的情感感染学生。教师在学生充分感受、体验的基础上,创设不同的欣赏和活动环境,引导学生主动欣赏和感受音乐。

在本课的课堂教学中,杨老师从情感入手,有效地落实了学科德育。学生在"欢乐锣鼓敲起来、欢乐歌儿唱起来、欢乐秧歌扭起来"三个活动中,通过欣赏感受、节奏模仿、律动、演唱等一系列听动互补的学习,更深一层次地感受乐曲所表现的欢乐、喜庆、热闹的情绪。在一系列的音乐活动中,激发学生主动欣赏乐曲的兴趣,引导学生感受速度、力度、音色等音乐要素对塑造音乐形象、表现音乐情绪所起到的作用。同时在活动中增强民族认同感,引导学生从艺术家的创作中感悟对祖国音乐文化的热爱和民族自豪感,从而循序渐进地达到激发学生热爱中国民族音乐文化情感的教学目的。

三、融入生活,音乐德育润物无声。

春节是我国最重要的传统节日之一,与春节相关的音乐作品有许多,学生大多也比较熟悉,也经常欣赏这些作品。通过与家人共同聆听春节乐曲、交流春节记忆,激发学生学习其他春节乐曲的兴趣,增强对春节、对民族音乐的文化认同感,在生活的点滴之中增强民族自信心与文化自豪感。

(上海市崇明区教育学院　朱　峰)

音 画 诗 韵

▮▮▮▮◆ **基本信息** ◆▮▮▮▮

　　本课选自上海教育出版社初中《音乐》七年级第一学期第五单元《音画诗韵》,教学内容为民乐合奏曲《飞天》。敦煌石窟壁画是民族艺术的瑰宝,而在敦煌壁画中有许多婀娜多姿、形态生动的"飞天",因此"飞天"是敦煌艺术的标识。作品为复三部结构,运用古七声音阶和笙、唢呐等民族乐器营造了神秘缥缈、欢乐祥和的云天境界,通过对象征光明、幸福、欢乐、祥和的"飞天"的歌颂,寄托了对古代劳动人民所创造的民族艺术瑰宝的深深向往。

　　本课例提供者为崇明区崇东中学李敏。

▮▮▮▮◆ **德育价值描述** ◆▮▮▮▮

　　本课旨向引导学生通过对这首作品的欣赏,在明白音乐要素在表达音乐情绪、表现音乐形象、描绘音乐画面中所起作用的基础上,进一步认识到"飞天"是民族艺术中的一颗璀璨的明珠,感受到作品中所蕴含的古代西域文化、佛教文化与中原文化的水乳交融,同时引发学生对民族艺术的关注。对应二级德育目标"历史文化",侧重落实"认同本国、本民族的音乐文化,产生文化自信,具有民族自豪感"这一初中阶段学科德育核心要求。

　　1. 欣赏民乐合奏曲《飞天》,感受乐曲宁静和热烈不同的情绪特点,引导学生愿意与同伴一起积极投入音乐欣赏与实践活动,体验乐曲《飞天》蕴含的古代劳动人民对"善"与"美"的追求,进而关注"飞天"这一艺术形象在民族艺术中的价值。

　　2. 分析《飞天》的艺术表现特点,把握作品关键的音乐本体特征,了解民族乐器——笙的音色,知道古代古七声音阶,能哼唱主题旋律,进而深入体验音乐家运用音乐语言表情达意的创作意图。

3. 运用分段聆听、演唱主题、模仿舞姿等方法，欣赏音乐作品《飞天》。在对比欣赏、讨论交流中，让学生知道音乐要素对表现音乐情绪和描绘音乐形象的作用，感受作品典雅古朴的风格特点以及"飞天"的文化内涵。

▌▌▌▌ 正文 ◀◀◀◀

教学环节一：探索"飞天"之源

1. 教师出示两张图片，请学生欣赏。

2. 教师根据图片设问，引导学生讨论以下问题：

（1）从这两张图中你看到了什么？

（2）如果请你为这两幅画取名，你会选择什么名字？为什么？

3. 教师引入本课主题形象"飞天"，简要介绍飞天的艺术价值，以及民乐合奏曲《飞天》的创作背景。

【设计说明】

本环节重点在于引入"飞天"这一艺术形象在中国传统艺术中的价值，让学生了解古代人民用石窟壁画的形式表现当时的音乐生活。通过老师介绍民乐合奏曲《飞天》的创作背景，让学生清楚作曲家被飞天的美好艺术形象所感染，运用音乐语言描绘飞天婆娑起舞的美丽形象，表达对飞天的喜爱和向往。

教学环节二：感受"飞天"之韵

1. 欣赏第一段主题。

（1）欣赏第一段主题旋律。教师引导学生思考以下问题：

① 这段音乐的旋律带给你怎样的感受？

② 这段旋律的主奏乐器是什么？

（2）介绍民族乐器——笙。

（3）教师带领学生哼唱主题旋律，画出旋律线条。

学生思考并讨论以下问题：

音乐家是如何用音乐表现"飞天"舞姿的"柔美"的呢？

（4）再次欣赏第一段主题旋律，分析乐曲音乐要素。

教师引导学生讨论以下问题：

在这段音乐中，器乐所表现的音色和音乐表现的色彩是如何的？

音乐要素	力度	乐器（音色）	色彩	情绪
音乐	弱	笙（柔和纤细）	淡雅庄重	安宁空灵

（5）教师出示两幅图片，请学生选择更适合描绘这段音乐的图片，并请学生说说原因。

（6）教师小结。

2. 对比欣赏第三段主题。

（1）欣赏飞天壁画，引导学生讨论画面色彩的特点。

（2）对比欣赏第三段主题旋律，教师提问并引导学生讨论以下问题：

① 这段旋律表达什么样的情绪？

② 第三段旋律和第一段相比，有什么异同之处？

	力度	乐器（音色）	色彩	情绪
第一段音乐	弱	笙（纤细柔和）	淡雅庄重	安宁空灵
第二段音乐	强	唢呐（尖亮高亢）	明亮辉煌	热烈

③ 在第三段旋律中出现的主要乐器是什么？

（3）介绍民族乐器——唢呐。

（4）师生再次欣赏第三段主题旋律，思考并讨论以下问题：

这段音乐描绘了怎样的场面？

（5）教师带领学生哼唱主题旋律，找出旋律中的变化音 #Fa。

（6）介绍古七声音阶。

3. 完整欣赏民乐合奏曲《飞天》，学习如何分段。

（1）师生完整欣赏作品。

（2）教师提问，引导学生思考：

这首作品可以分为几个段落？

（3）教师组织学生讨论：你是怎样判断作品分为三个段落的？

【设计说明】

本环节通过聆听、哼唱、模仿舞姿、音画结合、对比欣赏等代入式的体验，让学生感知旋律、力度、音色等音乐要素，体会音乐要素在描绘音乐形象、表达音乐情绪中的重要作用。教师提问、引导讨论、展示图片、介绍背景知识、组织学生对作品进行分段,使学生了解音乐作品正如壁画"飞天"一样,是佛教文化、西域文化、中原文化等多种文化的复合体,感受"飞天"所表现的古代人民追求宁静、安详、无忧的精神境界以及对美、对幸福生活的向往。

教学环节三:拓展"飞天"之魂

教师对本课所学内容进行总结,引导学生思考并讨论以下问题:

如何让更多的人了解飞天、感受飞天之美?

【设计说明】

本环节重点在于加深学生对"飞天"艺术价值的理解,促使学生关注民族艺术,同时引发学生思考能为"飞天"这一民族艺术瑰宝做些什么,引导学生关注、喜爱和保护民族艺术。

▶▶▶◀ 专家点评 ▶◀◀◀

音乐学科教学既要凸显学科的本体价值——审美,也要体现艺术学习领域的共同价值——创造力培育,更要落实学校教育的通用价值——德育。李老师在本课例中既深入分析音乐作品的表现特点,把握作品的音乐本体特征,又挖掘作品的思想和情感内涵,引导学生感悟音乐作品的文化价值和教育意义。

一、以"内涵展现"彰显学习内容。

音乐审美的沟通与交流,离不开音乐的唱、奏、演、舞、创等一系列音乐表现活动,它需要必要的音乐知识与技能的支撑。对不同音乐文化语境和人文内涵的认知,则离不开"音乐相关文化的修养"和对"音乐的审美感悟和价值判断",需要具有"对音乐文化的认同、理解和包容态度"。这些都是"音乐素养"的具体表现。在本课例中,李老师在聚焦音乐本体内容的同时,让学生了解作品蕴含的文化价值和情感底蕴。

二、以"情境体验"激发学习兴趣和体验。

在本课例中,学生通过音乐欣赏与感受,对音乐音响形成良好、正确的听觉反应,形成身心、肢体的律动反应,产生联想、想象等思维反应。同时,学生在音乐艺术的集体表演和实践过程中,有助于形成音乐审美的表达能力,以及与他人交流、合作的能力,增强集体意识和协同能力。

三、以"价值评判"培养积极向上的情感价值观。

音乐教学应该作为一种综合性的教学方式,让学生在其中努力追求和尽情享受,得到美的熏陶,体会到艺术的魅力,学习古代人民对美、对幸福生活的追求,培养"向善、尚美"的精神。同时引导学生思考能为民族艺术瑰宝做些什么,引导学生关注、喜爱和保护民族艺术。

（上海市崇明区正大中学　薛凌凌）

生 命 之 歌

基本信息

本课选自上海教育出版社《音乐》七年级第二学期第一单元《绿色生命》第三课,本课选取了一组以环境保护为人文主题内容的音乐作品,如《丹顶鹤的故事》《月牙泉》等。在选材中涉及了不同风格的作品,如经典的交响乐作品、优美的通俗音乐作品等。以上作品都含有深刻的寓意,不仅反映环保主题,而且给人一种观念,即大自然是美妙的,人是融入其中的一部分,一切生命都是有意义的、平等的。本课旨在让学生在受到音乐艺术感染的同时,领悟到人类应该珍爱自然、珍爱生命,懂得爱护人类的生存环境,就是爱护人类自身,人类应该以美好的心灵去关爱世界上的一切,世界才能变得更美好。同时也懂得音乐能描绘生活中的一切方面,是折射人的生活的一面镜子,好的音乐能使人品格高尚,情感丰富。

本课例提供者为崇明区大公中学吴海华。

德育价值描述

音乐有助于培养学生的社会责任意识,让学生意识到要对大自然负责,主动了解环境问题,树立环保意识。在习近平总书记提出"绿水青山就是金山银山"的大背景下,崇明作为上海的绿色后花园,正在打造世界级生态岛,生态环保将是主要目标之一。作为崇明的一分子,你是否能出一份力、献一计良策?本课重点放在揭示作品的表现力以及音乐要素在作品中的作用上,引导学生在感知要素、捕捉情感的过程中领悟"保护环境,关爱地球,热爱自然、热爱生命"这一人类主题,激发学生对大自然的热爱,明白人与自然要和谐相处,侧重落实"理解音乐所表现的国家与民族的责任意识"这一初中阶段学科德育核心要求。

1. 欣赏《丹顶鹤的故事》音乐作品,领悟音乐作品的深刻内涵,体验音乐之美,并产生热爱自然、热爱生命的崇高的使命感,树立环保意识及对大自然负责的态度。

2. 在欣赏和吹奏《月牙泉》的音乐实践活动中,了解音乐要素在音乐表现力方面的作用,感受人与自然的和谐,激发学生对自然、对生命的热爱与珍惜。

3. 通过"小小音乐会"的活动,让学生初步了解音乐活动的设计过程,关注音乐的主题表现,激发学生的表演欲望,提升学生的音乐素养及综合能力。

▌◆ 正文 ◆▐

教学环节一:欣赏、吹奏《月牙泉》片段

1. 观赏课件视频(图片)导入。

师说:多美的画面啊,请同学们在音乐中感受我国西部的美丽风光。

2. 听赏《月牙泉》。

3. 学生学习吹奏《月牙泉》。

学生自主认领一句旋律吹奏,并合作完成第一段的吹奏,合作学习,共同进步。老师指出注意气息的连贯和音色的委婉柔和。

4. 分小组展示并互评。

5. 全班同学在老师的钢琴伴奏下,完整地有感情地演奏演唱全曲。

【设计说明】

本环节以美丽的画面导入,创设情境,激发学生的学习兴趣。在学生欣赏的基础上熟悉《月牙泉》的旋律,体会歌曲中蕴含的感情,为下面的吹奏教学环节做好铺垫。通过分组学习、展示、点评等活动让学生自主学习,鼓励学生表演,提高自主学习能力、合作学习能力及音乐素养。

教学环节二:观看视频,引入主题

观看《地球在哭泣》片段,说说看了这段视频的感受。

【设计说明】

此环节教师利用视频的视觉冲击,让学生了解环境问题,思考环境问题背后的原因,激发学生的环境危机感和环保意识。

教学环节三:赏析《丹顶鹤的故事》

1. 我为环保献一策。

(1)学生发言。

（2）师：从小事做起，从我做起，人人做个环保小卫士，接下去老师要为你们介绍一位优秀的环保卫士，她就是《丹顶鹤的故事》中的女主角——大学生徐秀娟。

2. 带着问题欣赏《丹顶鹤的故事》。

问题1：歌曲讲述了怎样的故事？表达了怎样的感情？

问题2：前后旋律有何变化？这种变化对歌曲的情感表达起到怎样的作用？

3. 生听赏、思考、讨论、回答。

4. 老师小结：这首歌是带尾声的二部曲式结构。第一乐段两个乐句基本重复，第二乐段仍用主题进入，但在节奏和音高上做了巧妙的变化，随即加入新的素材，推出高潮，形成对比。尾声用衬词表达心中的感叹。我们一起用音乐缅怀了"环保奉献者"徐秀娟，歌曲告诉我们的不仅是丹顶鹤的故事，更是环保的意义所在。保护地球，与地球上的生物和睦相处，是人类崇高的向往和追求。

【设计说明】

此环节在欣赏感受作品和环保倡议活动中，用音乐歌颂的真人真事，增强学生的环保意识及对大自然负责任的态度，激发学生的社会责任意识，能够有参与环保活动的意愿。让学生意识到要做好家乡的小主人，为保护家乡的环境身体力行，争做环保小卫士。

教学环节四：小小音乐会

师说：在音乐声中，同学们以环保为主题，策划一台小小音乐会，用我们的音乐去感动更多的人并促使他们加入环保者的行列。

1. 分小组准备小小音乐会。

师说：表演的形式可以是多样的，比如歌唱（独唱、齐唱、合唱）、器乐演奏、吹奏与演唱结合、歌唱与舞蹈相结合等。

2. 学生展示。

3. 学生互评。

4. 老师评价。

师总结：同学们的表现和创意都非常好，如果能再加上画龙点睛的串联歌词以及足够时间的排练，肯定是一台很好的节目。如果有机会的话，我们可以到社区去演出，用音乐感动身边的人，用行动保护我们共同的家园——地球。

【设计说明】

此环节目的是鼓励学生敢于表演,提高创新能力与合作学习的能力。在创作和表演中更加深刻地认识到环保的重要意义。

▐▐▐● 专家点评 ●▐▐▐

欣赏、学习音乐作品,不仅需要去体会音乐中所表达的感情、提升学生的音乐素养、陶冶情操,还要去感悟音乐中所表达的深意。本课例中的歌曲以环保为主题,有助于培养学生对祖国大好山河的热爱和对环境保护的意识。

一、感悟音乐中所蕴含的感情以及生命的价值意义。

音乐是一门注重情感表达和情感体验的学科。在音乐课程的学习中通过学习并掌握必要的音乐基础知识和基本技能,在情境中与音乐作品产生情感共鸣。这两首作品中都蕴含着浓浓的感情,寄予了创作者的思想感情及对生命价值意义的思考。在教学实施的过程中,吴老师引导学生观赏视频、演奏歌曲等,引导学生思考歌曲中的故事,思考主人公的事迹及精神,帮助学生体会主人公的所思所想及对丹顶鹤和大自然深沉的爱,进一步思考人与自然的相处之道。在歌曲的教学中,吴老师带领学生深入挖掘歌曲中的情感,让学生通过音乐活动去体验情感,并最终与作品产生共鸣。

二、培养学生的社会责任意识与环保意识。

本课例的歌曲是表达环保、生态主题的作品,有助于培养学生的社会责任意识,引导学生树立环保意识,深入思考人与自然的关系及和谐相处之道。

本课例以多媒体创设教学的情境,让学生直观地感受到我们的生活环境被破坏的严重性,使学生领悟"保护环境,关爱地球,热爱大自然"这一人类主题。在音乐教学中,巧妙设计教学活动,在歌唱、体验、感受作品的活动中增强学生的环保意识。又以"音乐活动"搭建学生展示平台,围绕着"生命"这一主题,引导学生参与到音乐实践活动中,充分调动学生吹奏、唱、演、创的欲望,在创作和表演中更加深刻地认识到环保的重要意义。在愉悦的音乐实践中去充分体验自然的可爱、生命的可贵、人与自然的和谐。

（上海市崇明区教育学院　朱　峰）

非 洲 掠 影

▮▮▮▮● 基本信息 ●▮▮▮▮

本课选自上海教育出版社《音乐》七年级第二学期第三单元《非洲掠影》,以非洲民间音乐为核心来组织内容,介绍非洲各国各具民族风格的音乐。教学内容《雪神颂》是一首歌颂雪神的歌曲,并作为祈雨之用,主要叙述村民献上小羊祭祀雪神,妻子欧雅不断呐喊、祈求,期望干旱得以解除的故事。这是一首尼日利亚约鲁巴地区最典型的鼓乐。乐曲中包含不同的音色,复杂多变,层层交叠,造成不规则的音响组合。《非洲的节日》是一首马林巴合奏曲,乐曲分为 ABA 三个部分,A 段纯打击乐,B 段插入了人声,表现东非人民在节日中欢歌笑语的舞蹈场面。

本课例提供者为崇明区东门中学宋丹。

▮▮▮▮● 德育价值描述 ●▮▮▮▮

尊重不同国家、民族音乐文化的多元性、差异性是音乐学科德育的核心要求之一。本课的主题是非洲音乐,旨向感受非洲音乐的风格特点、了解非洲代表性乐器,激发学生了解其他国家与民族音乐的兴趣与热情。

1. 欣赏非洲歌舞,学会简单的非洲乐器演奏,掌握非洲音乐的相关知识,激发学生对非洲音乐的兴趣与热情,满足其学习的乐趣。

2. 在欣赏、演奏、思考、交流的过程中,感受非洲音乐的独特特点及所蕴含的文化特征。

3. 引导学生以开放的心态面对世界文化,以发展的眼光来面对世界,拓宽学生的视野与人生格局,树立正确的文化观。

●▌▌▌●**正文**●▌▌▌●

教学环节一：情境导入

1. 师生回顾世博歌曲《欢迎你》，播放世博馆图片。

2. 教师导语：上海世博深入每个上海人的心田，让我们插上梦想的翅膀，一起参观其中一个场馆(撒哈拉沙漠一望无垠，尼罗河流水蜿蜒流淌，古老而又神秘的土地，奇特而又斑斓的风光)，浪漫神秘的撒哈拉沙漠以南的非洲，今天就让我充当一次导游，带领大家走进非洲馆吧！

【设计说明】

通过欣赏上海世博歌曲《欢迎你》，让学生明白世界文化多姿多彩，应该怀着博大的胸襟，以欣赏的眼光去了解和接纳世界其他民族的音乐与文化，以开放的、包容的、欢迎的姿态来迎接世界各族文化之间的交流与碰撞。这是学生对本民族文化足够自信的一种表现，同时也能够促进学生形成正确的世界观。

教学环节二：新授(非洲馆之旅)

1. 观光厅。

(1) 出示非洲地图，让学生谈一谈对非洲有哪些了解？

(2) 老师结合多媒体演示，英文总结讲述非洲的地理位置、国家组成、风土人情。

2. 音乐厅。

(1) 欣赏《雪神颂》。

① 聆听《雪神颂》乐器部分的片段，分辨演奏的乐器，并概括乐曲的节奏特点。

② 简介非洲的"鼓"。

③ 说出非洲音乐的主要因素。

④ 聆听《雪神颂》人声部分的片段。

思考：音乐中出现了几种人声音色？分别是按怎样的顺序出现的？

⑤ 小组讨论：想象音乐表现的场景。

⑥ 完整欣赏视频，师生交流，概括非洲舞蹈的特点。

非洲舞蹈是非洲劳动人民在生产活动中创造出来的，多用来表现烧荒、播种、收割、狩猎等场面以及人们对图腾的崇拜,保持着淳朴的民族风格,具有古香古色的特点。

（2）体验《非洲的节日》。

① 聆听《非洲的节日》音乐。

② 介绍《非洲的节日》中出现的乐器:马林巴。

③ 拍击马林巴节奏。

④ 师生合作,拍打节奏。

3. 互动厅。

观赏世博开幕式上索韦托非洲合唱团表演的《一种爱》,学生或模仿或随性而舞。

4. 祝福厅。

每位同学留下心中五彩的祝福,写下对非洲人民的美好祝愿(背景音乐:迈克尔·杰克逊《HEAL THE WORLD》)。

【设计说明】

通过图片播放及老师的介绍,让学生初步感受非洲大陆的美丽和神秘,激发学生对本课学习的兴趣和热情,并为音乐欣赏做情境铺垫。《雪神颂》是一首非洲民间鼓乐,教师引导学生通过多媒体演示非洲鼓的图片,让学生接触、了解非洲主要乐器非洲鼓的种类及地位,同时感受非洲音乐中鼓、唱、舞各自的特点,为进一步了解非洲音乐打下扎实的基础。用拍击节奏的形式体验节奏在非洲音乐中的重要作用,并尝试用自制的打击乐器来演奏,进一步提高学生学习非洲音乐的积极性。通过观看表演并进行互动的方式,亲身体验非洲音乐的特点,培养学生热爱非洲音乐的情感。迈克尔·杰克逊的歌曲《HEAL THE WORLD》饱含着浓浓的爱与祈愿,跨越了种族与国界。通过聆听此歌,引导学生以更包容的心态、更开阔的胸怀来欣赏非洲文化,乃至世界各族文化。

教学环节三:教师寄语

当我们迈入新世纪,和平与发展仍是世界共同的主题。让我们乘着歌声的翅膀,感受非洲的文明,传递出我们的美好祝愿。祝愿世界永远和平! 祝愿人类永远幸福!

【设计说明】

本环节深化并拓展本节课的主题,引导学生以发展的眼光、开阔的胸怀来看待非洲、面向世界,拓宽学生的视野与人生格局。

专家点评

本节课紧扣单元内容"非洲音乐文化"展开,在世界文化的发展、交流与碰撞中,引导学生以发展的眼光、开阔的胸怀来看待非洲、面向世界,从而拓宽学生的音乐视野和人生格局,树立正确的文化观。本堂课亮点设计"导游"角色,带领学生展开非洲馆之旅,体验民族音乐文化的多元性、差异性,通过"观光厅→音乐厅→互动厅→祝福厅",环环相扣,层层递进,感悟非洲独特民族风格的音乐文化。

一、了解非洲音乐文化,尊重音乐文化差异。

本课的核心内容是非洲音乐文化。对于学生来说,接触和了解的非洲音乐相对其他洲(如亚洲、欧洲、北美洲)来说要少得多,所以对非洲及其音乐既充满了陌生感又有无限的神秘感与好奇感。对于老师来说这既是一个挑战又是一次契机,如何设计好教学内容、挖掘出教学内涵、引导学生走近并热爱非洲音乐,这是至关重要的。在本节课中,宋老师以世博歌曲《欢迎你》营造气氛,创设情境,导入主题"非洲音乐"的学习,激发学生的学习兴趣。在教学过程中,以音乐与视频相结合起来欣赏的形式,使学生能较快地融入本课的教学内容中,主动了解非洲音乐文化,满怀兴趣地学习非洲乐器演奏。同时,宋老师注意引入非洲音乐中所蕴含的文化特色,利用音乐故事让学生深入地感悟音乐,消除异域音乐的隔膜,引导学生接受并尊重非洲音乐中的异域风采。

二、感悟音乐中所展现的劳动、生活与生命的价值意义。

非洲音乐充满了异域文化,但其中也蕴含着劳动、生活与生命的价值意义。非洲舞蹈来源于非洲人民的劳动生活,非洲鼓是民族、部落或宗教的象征,也与非洲人民的生活息息相关。通过了解非洲音乐中所蕴含的文化内涵,引领学生以更广阔的视野来关注多元文化,帮助学生更深入地理解音乐对于人民生活的重要影响,有助于学生进一步理解劳动、生活与生命的意义,达成音乐学科德育的核心要求之一,树立正确的核心价值观。

(上海市闵行区教育学院　施红莲)

国歌巡礼

▮▮◀● 基本信息 ●▶▮▮

　　本课选自上海教育出版社《音乐》七年级第二学期第五单元《国歌巡礼》。本单元的学习内容选取了我国与其他几个国家的国歌组成,旨在使学生通过国歌这一代表国家的歌曲,了解一些各国的风情、历史、政治等,树立国际多元文化的观念,感受音乐在维护国家尊严、反映国家性格以及在国际交往中具有的重要作用,从而更热爱祖国、热爱音乐。

　　本课例提供者为崇明区长兴中学李博洋。

▮▮◀● 德育价值描述 ●▶▮▮

　　本课以"国歌"这一人文主题为核心组织单元内容,旨向能用有力、饱满、洪亮的声音,满怀自豪地演唱《中华人民共和国国歌》,体验歌曲庄严、肃穆、雄壮的音乐形象及其深刻的音乐内涵,并能熟练地背唱;通过演唱,激发学生对我国国歌的热爱和崇敬,感受国歌的庄严及神圣的内涵,体会音乐的巨大作用,从而因势利导对学生进行爱国主义教育,激起学生对祖国的热爱之情和民族自豪感。本课侧重落实"理解音乐所表现的国家与民族的责任意识"这一项初中音乐学科德育的核心要求。

　　1. 通过听唱部分国家的国歌,结合了解该国家的历史、地理等知识,感受国歌神圣、庄严的内涵,体会音乐的巨大作用。

　　2. 用有力、饱满、洪亮的声音,满怀自豪地演唱《中华人民共和国国歌》,体验它庄严、肃穆、雄壮的音乐形象,并能熟练地背唱;通过演唱,激发学生对我国国歌的热爱和崇敬之情,从而更加热爱祖国,产生"继承革命传统,做好革命接班人"的崇高感情。

　　3. 通过欣赏《国际歌》《马赛曲》和部分国家的国歌,了解其风格特征、诞生的背景和相关的文化、历史知识,背记全曲或主题旋律,能完整地吹奏《联合国歌》,体会词曲中所表现的和谐、团结、胜利、希望的精神。

▶◀ **正文** ▶◀

教学环节一:谈话导入

播放一段刘翔在获得奥运金牌时,中国的五星红旗冉冉升起时的视频画面(无声场景录像),让学生回答该视频画面配上怎样的音乐才最为合适。

【设计说明】

本环节选用奥运会升旗这一具有独特意义的视频来激发学生的爱国热情,引导学生感受国歌对国家的重要意义。

教学环节二:新课教学

1. 中国国歌。

(1) 让学生为该视频画面配唱中国国歌——《义勇军进行曲》。

(2) 教师通过提问:为什么要以这首《义勇军进行曲》作为我国的国歌?从而引出这首作品创作背景的介绍。

(3) 播放电影《风云儿女》的片段,教师结合影片中出现的《义勇军进行曲》的旋律,介绍歌曲的诞生背景。

(4) 教师提问:该用怎样的情绪去歌唱?然后师生共同结合歌曲歌谱,讨论分析歌曲中的力度记号、休止符、三连音等音乐要素对歌曲所表达的思想情感的作用。(出示《中华人民共和国国歌》歌谱)

(5) 教师提问:在哪些场合运用国歌?

(6) 让学生为学校生活的一个场景——"升旗仪式"配唱国歌。

(要求以有力、饱满、洪亮的声音,满怀自豪的情绪,背唱《中华人民共和国国歌》)

(7) 提问:能说出其他国家的国歌吗?

2. 欣赏《国际歌》和《马赛曲》。

(1) 播放《国际歌》和《马赛曲》。

提问:说出两首乐曲的曲名?旋律的风格特点?哪国的国歌?

(2)《国际歌》——苏联的国歌。

① 简介歌曲的诞生背景。

② 出示《国际歌》的歌谱,让学生用口风琴吹奏或哼唱主旋律。

（3）《马赛曲》——法国国歌。

① 通过上网查找了解《马赛曲》的诞生背景,展开讨论,谈谈这首影响最大的国歌的音乐内涵。

② 结合乐谱,学生哼唱《马赛曲》主旋律。

③ 学生口风琴吹奏《马赛曲》的主旋律。

④ 播放影片《聂耳》中的片段,让学生了解我国国歌《义勇军进行曲》的作曲家聂耳的创作灵感就是来源于法国的国歌《马赛曲》。

3. 音乐活动——在其他音乐作品中捕捉我国国歌的旋律音调。

（1）完成自我测评 3 中(1)(3)两小题：

在(　　)内填上所缺音符(　　　　　)。

提问：这两句是什么歌曲的主要节奏型与旋律音调。

（要求：学生讨论答题）

（2）在其他音乐作品中捕捉出我国国歌《义勇军进行曲》和法国国歌《马赛曲》的主旋律。

教师播放钢琴协奏曲《黄河》、柴可夫斯基《1812 序曲》、管弦乐曲《红旗颂》。让学生听到我国国歌的旋律音调,就挥动手中的小红旗。听到法国国歌的旋律音调举起法国的小国旗。

【设计说明】

本环节通过学生歌唱中国国歌和对一些问题的思考,了解中国国歌诞生的历史背景,从而体会国歌庄严、神圣的内涵,了解国歌在维护国家尊严、反映国家性格及国际交往中具有重要的作用。教师用事先拍摄好一段学校升旗仪式的录像,通过配唱,让学生重温了升旗仪式上庄严、肃穆的气氛。既贴近学生的生活,又让学生再次感受国歌庄严、神圣的内涵,同时激发了学生的民族自豪感。通过上网查找了解《马赛曲》和《义勇军进行曲》的时代背景,培养学生自主学习的能力。让学生通过课本中"自我测评"的一些练习,再次熟悉《国际歌》和《义勇军进行曲》中的主要音调和节奏型,然后再让学生在其他音乐作品中捕捉出前面所欣赏的我国国歌《义勇军进行曲》和法国国歌《马赛曲》的主旋律,让学生感受了解国歌在其他音乐作品中得到了再创作。最后为学生创设展示自我的舞台,从另一层面再次感受国歌庄严及神圣的内涵。

教学环节三：拓展延伸

让学生以小组为单位,利用网络、图书馆等方法搜集其他国家的国歌,并结合各国国歌的地理、历史、文化概况理解国歌中所蕴含的特殊意义。引导学生在班级内交流讨论,各小组结合实际情况可用各种演绎方式来表现各国国歌。

【设计说明】

本环节是本单元的拓展部分,让学生利用现代信息技术进行信息收集、调查交流等,为学生在课外创设了自主学习的环境,挖掘了学生的潜能,并发挥了学生之间的团队合作精神,有利于学生的个性发展。

◄◄◄●专家点评●►►►

本课例结合教材单元《国歌巡礼》所呈现的核心内容,理解音乐所表现的国家与民族的责任意识。在多样的音乐活动中,学生从另一层面再次感受国歌庄严、神圣及其深刻的内涵。

一、在情境创设中,引导学生理解我国国歌的文化内涵。

本课导入创设了刘翔获奥运会冠军时的情境,激发学生的爱国热情,学生在情境中能深切地感受到国歌对于国家的重要意义。随后在电影《风云儿女》的片段中,知道我国国歌诞生的历史背景,感受国歌庄严、肃穆、雄壮的音乐形象,帮助学生理解国歌的文化内涵。

二、在多样的音乐活动中,了解各国国歌的风格特征。

在赏析、学唱、乐器演奏等多样的活动中,注重音乐本体内涵,从音乐要素的角度去分析各国国歌的风格特征。如在学唱《中华人民共和国国歌》时,师生共同结合歌谱,讨论分析歌曲中的力度记号、休止符、三连音等音乐要素在塑造音乐形象时的作用,更好地帮助学生体会歌曲的情感表达。另外,在音乐活动“在其他音乐作品中捕捉国歌的旋律音调”中,学生通过“自我测评”,再次熟悉《国际歌》和《义勇军进行曲》中的音乐主题和典型节奏型,学生在其他音乐作品中捕捉《义勇军进行曲》和《马赛曲》的音乐主题,让学生从另一层面再次感受国歌庄严、神圣的内涵。

三、自主探索的学习模式,提升学生的综合素养。

在课堂教学中,李老师采用了小组合作探究的教学形式。通过小组合作的方式,让学生利用网络、图书馆等方法查找资料、研究课题,化被动学习为主动学习,变独自学习为团队合作,提升学生的自主探究能力、沟通交流能力,从而全面提升学生的综合素养。

(上海市宝山区教育学院　钱　岭)

美 丽 家 园

基本信息

本课选自上海教育出版社《音乐》七年级第二学期第五单元《美丽家园》。这个单元选取了我国近几年来所创作的优秀声乐、器乐作品,旨在学生通过欣赏这些具有时代气息的作品,感受到音乐是能反映社会精神面貌,是具有教育功能、宣传功能的一种艺术形式,从而更热爱祖国、热爱音乐。教学内容《美丽的家园》是2019年世界园艺博览会开幕式的主题曲,这首歌曲以温和的色彩与柔和的语气为基调,描绘了家的温馨,反映了祖国大家园一片欣欣向荣的繁荣景象,点明了世园会的主题——"共谋绿色生活,共建美丽家园"。

本课例提供者为崇明区庙镇学校三乐校区王子彤。

德育价值描述

本课通过学生聆听与歌唱2019年世界园艺博览会开幕式的主题曲,引导学生在欣赏有时代气息的作品的同时感受到社会的精神面貌。对应三级德育目标"时代精神",侧重落实"感悟不同音乐时期优秀音乐作品中的时代使命感"这一音乐学科德育核心要求。

1. 通过本课学习,让学生了解我国改革开放以来尤其是近年来所取得的伟大成就,感受新时代幸福美好的生活,培养学生珍惜生活、热爱生活的美好情感。

2. 通过聆听与歌唱,让学生感受歌曲中的优美旋律、体验歌曲中所表现出的真挚美好的情感,从而热爱当今的主旋律音乐作品。

3. 让学生用纯净、柔和的音色唱好《美丽的家园》副歌部分,在演绎音乐的过程中产生情感共鸣和内涵感悟,实现"能与他人协同合作开展音乐活动"这一项德育核心要求。

▪▪▪▪● 正文 ●▪▪▪▪

教学环节一：导入

播放一段 2019 年世界园艺博览会时的一些园艺作品精彩片段,教师介绍世园会的基本情况,引导学生讨论世园会的举办意义,理解世园会的主题,共同引出本课课题《美丽的家园》。

【设计说明】

每一首作品的内涵价值及其教育意义都是落实学科德育的重要切入点。在设计教学环节时,音乐作品的题材内涵、时代和创作背景都是着重强调的部分,因此在导入环节让学生以直观的方式理解音乐作品的背景和内涵,在讨论中体会音乐作品所包含的思想和情感。

教学环节二：赏析并演绎《美丽的家园》

1. 聆听歌曲,初步感受作品的情绪,感受歌词所表达的真挚感情。

教师提问并引导学生讨论:歌曲中都歌唱了什么? 听完本曲后你有什么感受?

小结:歌词从听觉上感受到生命的初生,从视觉上看到生活的绽放,从触觉上感受到母子的纯真感情,把对家的感受转为对大自然的赞美。

2. 分段聆听,感受男声和女声的独特音色,结合音乐情绪的变化体会音色的变化,感受演唱者所营造的意境。

(1) 教师寻找男女学生各一位,朗读书中标记男女声部分的歌词。

(2) 教师把班级男女学生分为两组,分别认领标记组别的乐句进行识谱练习。

(3) 男女生组分别演唱谱例,并指出两句旋律的异同。

(4) 男女生组别分别尝试跟随伴奏演唱第一部分歌曲。

(5) 进一步了解各种不同的重唱形式。

3. 复习歌曲背景,讨论歌词和曲调所展现的世园会主题内容,让学生了解作品创作的动机与主题。

教师提问并引导学生讨论:这首歌曲是 2019 年哪次重大活动的主题曲? 这次活动的主题是什么? 歌词和曲调是用哪些方式表现活动主题的?

小结：2019 年世界园艺博览会，主题是"共谋绿色生活，共建美丽家园"。歌词中出现的"绿叶""海洋""家园"等词都与世园会主题相关，曲调轻柔优美，就像温馨美好的家园一样。

4. 演绎实践，创设代入式体验情境。

（1）教师提问：本曲中哪段旋律让你印象深刻？

副歌部分旋律朗朗上口，很容易让听众对旋律产生记忆。

（2）引导通过模仿学唱加深对本曲副歌旋律的记忆巩固。

（3）老师将学生分成小组，学生根据老师 PPT 所示内容对第二部分歌曲进行乐器编配练习。

（4）各小组派出代表展示所配乐器成果。

5. 根据前边环节的活动体验，带领学生将整首歌曲完整演绎。

6. 教师提问并引导学生讨论：通过聆听体验，你认为本曲描绘了一个怎样的情境？

小结：本曲描绘了家的温馨，反映祖国大家园一片欣欣向荣的繁荣景象。

【设计说明】

在聆听和欣赏的过程中让学生逐步发现，本曲采用通俗与流行相结合的方式演唱，使音乐既雅致不凡又亲民通俗，教学环节设计层层递进，由浅入深，体验与总结相结合，有助于学生在潜移默化的过程中掌握乐曲基本知识，体验音乐的魅力。

教学环节三：美丽家园的花博会

1. 通过 2019 世园会引出 2021 年在崇明岛举办的第十届中国花博会。

教师提问：刚才同学们了解了 2019 世园会，同学们知道在我们身边即将开启什么盛会吗？

2. 请一些同学介绍所了解到的有关花博会的内容，如：会花、会徽和会歌等，学生介绍不全面的地方由教师补充。

3. 让学生欣赏第十届中国花博会会歌，理解歌词，感受曲调，想象音乐情境。

4. 学生分小组讨论：花博会会歌旋律主要表现了什么情感？

5. 总结归纳第十届中国花博会会歌的音乐特点。

6. 集体讨论：中学生如何为美丽家乡崇明岛的园艺建设贡献自己的一份力。

【设计说明】

以音乐作为切入点，引入 2021 年即将举办的第十届中国花博会，让学生关心家乡和身边的公益活动，对相关音乐作品的表现特点和所处的地域、时代和人文背景或生活场景进行讨论和评议，帮助学生形成积极向上、健康的情感态度与价值观。

教学环节四：课堂小结

1. 师生再一次聆听音乐，教师带领学生复习和总结本节课所学内容，包括世园会的基本情况、主题、主题音乐的创作背景，还有主题曲《美丽的家园》歌词含义和曲调特点，歌曲所展现的情感内涵和文化意义。

2. 教师结语：春风吹绿大江南北，家乡山河日新月异。城市乡村繁花似锦，亲亲家园温馨美丽。中国——既古老又年轻，既美丽又坚强，让我们尽情讴歌美好生活，永远钟情养育我们的土地吧！

【设计说明】

通过复习和总结，帮助学生养成在音乐学习中聆听、表达和交流的学习习惯和态度，在音乐审美过程中挖掘音乐蕴含的丰富德育价值，感受音乐作品中的责任感和使命感，增强学生热爱祖国、热爱家园的情感。

专家点评

音乐学习的过程就是体验情感，感受其内涵的过程。"感悟不同音乐时期优秀音乐作品中的时代使命感"是初中阶段德育核心要求之一。让学生在感受时代气息、社会精神面貌的同时，更加热爱祖国、热爱音乐。

一、通过艺术感染让学生体验作品背后丰富的情感音乐。

作品往往是情感的表达，在《美丽的家园》这首作品中，蕴含着对家乡的浓厚热爱之情，学生通过欣赏与聆听升华了个人爱家情感。王老师极富感染力的讲述、示范，让学生感受、吸收、融合、升华音乐作品中的情感因素，从而产生了较好的学习效果，激发学习热情，提升学习兴趣。

二、通过代入式的情境体验让学生身临其境。

通过相关视频情景导入,使同学们在音乐学习之前首先了解所学音乐的创作背景与人文内涵,让学生在之后的音乐聆听和欣赏时可以将情景与音乐相结合。教学情境看似无形却对教学目标的达成有着强大的推动力。在这节课中,王老师不仅帮助学生了解歌曲的创作背景和文化价值,还很好地引导学生分小组,以协同合作的方式演绎歌曲,引领学生在音乐学习中尊重和欣赏他人的音乐学习成果,与他人协同合作开展音乐活动。

(上海市教育委员会教学研究室　席　恒)

瀛洲古调

本课选自上海教育出版社《音乐》六年级第一学期第四单元《民族花苑》的拓展内容。"瀛洲古调"是崇明乡土音乐,也是我国非物质文化遗产。从它雏形阶段发展至今已有300多年历史,成为我国民间音乐艺术的一块民间文化瑰宝。目前"传人"日渐稀少,为了抢救、保护、传承先祖为我们留下的宝贵遗产,必须让新一代年轻人有机会接触和了解瀛洲古调,进而培养他们对传统民间音乐艺术的兴趣,引起他们对瀛洲古调的保护和传承意识。本课的教学内容就是让"瀛洲古调"走进课堂,让学生赏民族音乐、悟深厚情感、爱优秀文化,丰富音乐学习的经历,在音乐中获得心灵的感悟;同时使乡土音乐在孩子心灵深处从小就受到美的熏陶和艺术的感染,为他们今后的人生健康成长,埋下善良的种子。为传承和发展传统民间艺术,培养学生的艺术情操和音乐素养,形成学生积极向上、乐观自信的人生观、价值观和世界观,都有着重大的历史意义和现实意义。

本课例提供者为崇明区新民中学高子惠。

德育价值描述

本课落实"认同本国、本民族的音乐文化,产生文化自信,具有民族自豪感"这一初中阶段德育核心要求。通过本课的学习,让学生了解瀛洲古调的历史传承与文化地位,增进学生对家乡音乐文化的理解、尊重和热爱,更好地传承、弘扬、振兴家乡的传统音乐文化。

1. 了解瀛洲古调的历史传承与文化地位,挖掘瀛洲古调的音乐内涵。通过学习瀛洲古调的历史传承和发展,体验蕴含在古调里的古朴、文雅、纯真的情感,增进学生对家乡音乐文化的理解、尊重与热爱之情,从而更好地传承、弘扬、振兴家乡的传统音乐文化。

2. 了解瀛洲古调从雏形到发展至今的历史过程。瀛洲古调是经过几代音乐家的不断创新和演变所形成。欣赏《瀛洲古调》中的两首代表性曲目,感受崇明琵琶流派高超的表现技巧与丰富的音乐表现力,陶冶情操,提升音乐素养。

▌▌▌● 正文 ●▌▌▌

教学环节一：导入新课

1. 师生对话,引入本课学习的主要乐器。

教师：同学们,你们好！关于本节课内容,老师先卖个关子,但我相信一定会给大家带来全新的听觉感受,使你们耳目一新。这节课我还需借助一个搭档,你们想知道她是谁吗？（生答）

教师：下面就请大家用掌声请出我的搭档！（呈上琵琶）

教师：谁认识这件乐器？（生答）

2. 教师简单介绍琵琶的历史和音色。

3. 教师演奏琵琶,学生观察和聆听。

（1）教师：让我带大家共同穿梭到 300 年前的时空,听听那时的古音古韵、古乐回响。下面就请大家随着悦耳的音乐打开一扇古老的大门。（PPT 动态显示）

（2）教师用琵琶演奏一段乐曲,提问并引导学生讨论以下问题：

这段乐曲有何风格特点？你有什么样的听赏感受？

4. 由师生对话,引入本课代表曲目《飞花点翠》。

教师：刚刚大家听到的这首乐曲是在 1918 年,由琵琶大师沈肇州应邀为孙中山先生演奏的,中山先生称为“绝技”。（板书）

教师：那么这是一首什么样的乐曲呢？它的出处是哪里呢？

教师：此曲曲名《飞花点翠》,非常有名气。今天为什么要把这首乐曲介绍给大家呢？因为它发源于崇明岛,是我们家乡的音乐。崇明在古代被称为“瀛洲”,崇明的琵琶流派也叫做“瀛洲古调派”,是中国民乐中非常重要的一个琵琶流派,被列入国家非物质文化遗产。

（多媒体显示课题）

教师：刚才同学们听到的《飞花点翠》是“瀛洲古调”中比较著名的一首曲目,除此之外还有许多其他曲目。瀛洲古调是如何发展成我们崇明特有的琵琶流派？瀛洲古调有什么特点呢？下面就请大家自主阅读资料,探索它的奥秘,了解瀛洲古调。

5. 老师下发学习资料与学习单,学生自主阅读、分组讨论,完成学习单内容。

【设计说明】

在本课的第一环节创设学习情境,让学生在美妙的乐音中被带到本课的主题当中,调动学生对将要学习的"瀛洲古调"产生兴趣。教师介绍"瀛洲古调"代表曲目的历史,让学生对家乡的音乐产生自豪感,增强学生对本土音乐的自信心。教师提供学习资料,培养学生自主学习能力及解决问题的能力,增强学习的主动性。

教学环节二：探究瀛洲古调

1. 了解瀛洲古调的起源。

(1) 展示 PPT,以问题的形式让学生完成自主学习的任务。

问题 1：什么是瀛洲古调？

问题 2：瀛洲古调的起源、发展与传承。

(2) 学生阅读材料,分小组讨论,回答问题。

(3) 教师以 PPT 展示和总结。

2. 介绍"瀛洲古调派"的代表人物。

(1) 教师结合传承图介绍几位具有重要意义的传承人。

(2) 简单介绍他们对"瀛洲古调"的发展做出的主要贡献与创新。

3. 了解"瀛洲古调"的代表曲目。

(1)教师导入：前辈们创作了很多优秀的"瀛洲古调",让我们来欣赏一下其中的两首瀛洲古调。

教师分别介绍两首代表曲目的创作背景和艺术特点,并演奏乐曲。

① 介绍《飞花点翠》。

"飞花"指雪花,"点翠"寓意落在松柏上。此曲意境高雅,描绘霜寒时节,青松傲雪体现一种清雅高洁的意境。

② 师弹奏《飞花点翠》,并讲解、示范演奏指法技巧。（突出讲解使用推、挽、吟、揉、打、带起、泛音等琵琶演奏技巧,使乐曲优美生动、带来一种如梦如幻的色

彩,引人入胜)

③ 介绍《十面埋伏》。

④ 教师示范弹奏音乐片段"列营",并讲解指法技巧。

乐器开始用四根弦满轮加拂的技巧表现战士们列营排阵,击鼓助威,突出一种威严的场面。

4. 学生通过对比教师弹奏的《飞花点翠》和《十面埋伏》片段"列营",说说自己的感受,讨论两段音乐的异同之处。

【设计说明】

本环节主要让学生了解瀛洲古调的起源、发展历程、代表人物和曲目。教师通过图片和文字介绍、示范演奏、对比讨论等教学方式,让学生对"瀛洲古调"的文化背景、艺术表现方式和人文内涵有了基本了解。

教学环节三:拓展介绍

1. 教师引入:由于作者创作风格和想法的不同、表达的意境不同,就会采用不同的演奏技巧和表现手法,创作不同风格的乐曲。"瀛洲古调"除刚才学习的两首以外,还有许多其他曲目,可以分成四种类型。

2. 介绍"瀛洲古调"的四种类型。

采用 PPT 展示的方式,让学生了解"瀛洲古调"的四种类型。每一种类型介绍过后,让学生分别听赏一段代表这一类型的乐曲片段,供学生对比。

教师示范演奏,介绍不同演奏技法的变化与表现力。

(1)老师示范弹奏。

(2)教师介绍两首乐曲风格不同的弹奏技巧:《飞花点翠》运用的一根弦长轮,《十面埋伏》使用的满轮加拂。

(3)学生听后谈谈不同之处。

3. 学生分组,每组一个琵琶,轮流体验弹奏并交流体会。

【设计说明】

本环节拓展介绍"瀛洲古调"曲目的四种类型,让学生进一步了解瀛洲古调。教师示范演奏、讨论演奏技法、学生体会弹奏,可以让学生在榜样示范、亲身演绎、讨论交流中,加深对音乐的印象、体验学习音乐的乐趣,学习老师的示范,培养表达交流的能力和协同合作的意识。

教学环节四：探究分析瀛洲古调的现状和保护

1. 教师以提问引入。

问题：这么有特色、具有影响力的《瀛洲古调》，现在如何呢？我们如何保护好我们的乡土特色文化？

2. 学生思考问题，分组交流，并完成学习单最后一题。

3. 教师向学生展示一套中国琵琶考级系列丛书，供学生传阅。让学生们尝试找出其中的 45 首"瀛洲古调"乐曲，如《狮子滚绣球》《小银枪》《寒鹊争梅》等乐曲（乐曲有注明出处"瀛洲古调"）。

4. 同学们就这些乐曲的特点，谈谈自己的想法。

5. 学生观看崇明最后一位"瀛洲古调"传承人赵洪相老先生弹奏瀛洲古调与接受采访的视频，用心体会赵老先生谈到古调特有的独一无二的演奏技巧与对传承的期许与担忧。

【设计说明】

通过教师介绍和学生分析资料、观看艺术家视频的方式，让学生意识到这么有特色的家乡音乐面临着失传的危机，抢救、保护、传承的工作迫在眉睫，帮助学生树立信心，把家乡的音乐艺术发扬光大，进一步弘扬、传承和振兴民族音乐文化。

教学环节五：课外拓展

教师布置课外拓展活动作业，让学生学习《瀛洲古调》校本课程，开办兴趣小组，使有兴趣的同学系统地参加学习。让"瀛洲古调"不再沉寂，散发出金色的光芒，照亮美丽的崇明岛，诉说往日的辉煌。

【设计说明】

通过课外拓展活动，进一步引导学生关注崇明古调，拓宽乡土音乐视野，让课堂教学的内容延伸到课外，吸引更多学生关注家乡的非物质文化遗产。

教学环节六："瀛洲古调派"发展历程小结

教师总结瀛洲古调派的发展简史，带领学生感受这一音乐流派的发展历程。

【设计说明】

通过了解家乡音乐——瀛州古调的发展历程，让学生深入了解家乡文化，感受音乐先贤们不懈努力的精神，进一步激发学生热爱、传承、发扬家乡文化的热情。

专家点评

本课通过学习崇明传统本土音乐"瀛洲古调",让学生理解乡土音乐所表现的国家与民族的责任意识,认同乡土音乐文化为民族音乐发展做出的卓越贡献,使学生产生家乡文化自信,具有民族自豪感。

一、激发学生对本土音乐、家乡文化的热爱。

高老师通过展示图片和文字、学生聆听音乐和观看视频等"代入式"学习方式,让学生身临其境地体验家乡音乐带来的美感,产生对家乡和本土音乐的热爱。

二、培养学生的民族文化自豪感与文化传承意识。

高老师在聚焦音乐作品学习时,正确传递音乐知识与相关文化、思想和情感内涵,侧重培养学生的民族音乐自豪感和文化传承意识。

三、引导学生积极参与音乐活动,理解音乐活动规则,提升协同合作的团队意识。

高老师通过示范弹奏琵琶、学生试弹琵琶、小组讨论的方式,帮助学生在音乐活动中逐步形成正确的学习态度和良好的学习习惯,树立演绎音乐作品的信心和勇气,提升协同合作的团队意识。

(上海市崇明区东门中学　吴卫丹)

后　记

　　2014 年,崇明列为教育部哲学社会科学研究重大课题攻关项目"大中小德育课程一体化研究"上海市试点区。2016 年,崇明结合德育综合改革的推进,承担了上海市教育委员会德育处关于"上海市艺术学科德育协同研究中心"项目建设任务,2017 年确立项目正式启动实施。在实践探索的 3 年多时间里,项目组成员经过理论学习、专题培训、项目申报、课堂实践、课例研究等,形成并正式出版了《德润课堂——上海市艺术学科德育优秀课例丛书》。

　　学科中本来就蕴含着德育元素,学科教学中本来就包含着德育,学科德育是关于学校课程与德育关系的整个研究命题中的一个基本命题,其提出或强调是育人本原的根本要求,是遵循德育内涵的具体体现,学科教学与德育的协同,有助提升课程育人的品质。本丛书《育美明德》《尚美致行》《和乐明心》《载乐载道》《艺德探真》中的课例,是对《上海市中小学美术学科德育教学指导意见》《上海市中小学音乐学科指导意见》《上海市中学艺术学科德育教学指导意见》的贯彻与落实,课例不仅具有实践性,更是具有启发性与借鉴性,为广大中小学校和艺术教师优化课程德育提供方向引导、思想指导与操作支持。

　　《德润课堂——上海市艺术学科德育优秀课例丛书》的顺利出版,离不开各级领导与专家的关心,在此一并表示衷心的感谢! 感谢上海市教育委员会德育处给予项目的支持,感谢席恒、施红莲、钱岭等专家的悉心指导和精彩点评,感谢崇明区教育局、区教育学院领导的关心,感谢上海市艺术学科德育协同研究中心项目基地学校,感谢为本书提供优秀课例的教师。

　　由于我们的学识、经验和水平有限,恳请有关专家和广大读者批评指正。

"上海市艺术学科德育协同研究中心"项目组

2020 年 7 月

德润课堂——上海市艺术学科德育优秀课例丛书

艺德探真

上海市艺术学科德育协同研究中心　编著

上海教育出版社
SHANGHAI EDUCATIONAL
PUBLISHING HOUSE

图书在版编目(CIP)数据

艺德探真 / 上海市艺术学科德育协同研究中心编著.
—上海:上海教育出版社,2021.1
(德润课堂:上海市艺术学科德育优秀课例丛书)
ISBN 978 - 7 - 5720 - 0458 - 2

Ⅰ. ①艺… Ⅱ. ①上… Ⅲ. ①艺术教育−教学研究−
中学 Ⅳ. ①G633.950.2

中国版本图书馆 CIP 数据核字(2021)第 014091 号

责任编辑　庄晓明
封面设计　周　亚

德润课堂——上海市艺术学科德育优秀课例丛书(艺德探真)
上海市艺术学科德育协同研究中心　编著

出版发行　上海教育出版社有限公司
官　　网　www.seph.com.cn
地　　址　上海市永福路 123 号
邮　　编　200031
印　　刷　上海商务联西印刷有限公司
开　　本　710×1000　1/16　印张　6.25
字　　数　100 千字
版　　次　2021 年 2 月第 1 版
印　　次　2021 年 2 月第 1 次印刷
书　　号　ISBN 978 - 7 - 5720 - 0458 - 2/G·0334
定　　价　168.00 元(全套 5 分册)

如发现质量问题,读者可向本社调换　电话:021 - 64377165

丛书编委会

丛书主编　吕　波

丛书副主编　方一燕

丛书编委　郭春飞　唐忠燕

本册主编　陈洪超　朱　峰

序　言

《德润课堂——上海市艺术学科德育优秀课例丛书》的出版，是上海艺术教育课程改革中的一件大事。这套丛书展现了崇明"上海市艺术学科德育协同研究中心"项目组成员孜孜以求的探索精神，也为全面推进崇明艺术学科课程改革提供了可供借鉴学习的方式方法。

近代学者王国维曾指出："教育之宗旨何在，在使人为完全人物而已。""教育之事亦分为三部：智育、德育、美育是也。"近现代哲学家张世英指出，人的生命发展为四种境界：欲求境界—求知境界—道德境界—审美境界。可见，我们应重视德育，审美教育须德育化；重视美育，道德教育须审美化。因此，探索与推进中小学艺术学科德育，是促进学生生命成长发展的需要，也是帮助学生追求真善美的过程，更是提高学生精神生活质量的必然。

立德树人，五育并举，艺术教育对于立德树人具有独特而重要的作用。艺术教育是学校实施美育最主要的途径，有助于培养学生感受美、表现美、鉴赏美、创造美的能力，引领学生树立正确的审美观念，陶冶高尚的道德情操，培养深厚的民族情感，激发想象力与创新意识，促进学生的全面发展和健康成长。艺术教育在提高学生审美和人文素养方面具有独特的价值功能，我们要充分发挥艺术学科应有的育人使命与责任。

当前，课程改革追求回归人的生活世界，尊重人全方面的主体地位，重视课程与教学的育人价值，艺术学科也是如此，其教学必须成为一种德育实践，实现师生生命的共同成长。艺术学科德育是依据艺术学科课程标准和《中小学德育工作指南》的育人要求与规律，根据艺术学科教学自身的特点，充分挖掘艺术学科教学中的德育因素，以知识、技能为载体，采用恰当的策略与方法，在艺术学科教学中落实德育目标，即情感、态度与价值观目标，达到以艺载德、以德润艺的目的。艺术学科育德体现了育人的价值导向，是艺术学科育人的核心；艺术学科德育的真实发生，离不开良好的育人理念，也离不开恰当的方式方法。每门艺术学科都具有各自的属性与特点,其学科德育也需要与之相应的方式方法。

这套丛书按照小学音乐、小学美术、中学音乐、中学美术、中学艺术编排,总共 5 册。丛书以课例为呈现方式,共计 101 个学科德育课例,每个课例由基本信息、德育价值描述、教学环节与设计说明、专家点评等构成。这些课例立足德润生命,源于课堂实践,具有教学情境的真实性、润德目标的正确性、德润方法的适切性、可供借鉴的启发性等特征,为艺术教师落实学科德育提供了可供借鉴学习的经验。无痕、适切、融合,让德育在艺术课堂润物无声中真实地展开,促进了艺术学科"主动·有效"课堂的达成。

本丛书课例向我们展示了一些共性的做法,即在落实艺术学科德育过程中,教师可捕捉教材以及生活中的德育素材,将课程内容置于学生生活情境中,产生濡染之效应;也可架构课程内容和德育之桥梁,在审美教育中启蒙德性、培养美善,产生润德之效应;还可采用小组合作、自主探究等学习方式,在多感官并用的过程中体悟践行,产生内化之效应,从而将德育融合于艺术教学的整体,贯穿于课堂教学的全过程,在发展艺术教师育德意识与育德能力中,不断提升艺术学科课程育人的高品质,开创课程德育的新格局!

上海市教委教研室　王月芬
2020 年 9 月 1 日

目　录

历史的画卷

——《七子之歌》教学设计

▬▬◉ **基本信息** ◉▬▬

本课教学内容选自上海教育出版社初中《艺术(音乐)》八年级第二学期第一单元,该单元在教学材料的选择上凸显经典性、科学性等原则,所选曲目经典、流传性广,如《芬兰颂》《七子之歌》《沁园春·雪》等音乐作品及以长征为背景的影视作品——《长征组歌》。让学生在了解这些作品风格、内容及表现手法的同时,更深层次地了解祖国的革命奋斗历史,在学生内心建立珍惜来之不易的和平时代的意识。

本课所选艺术作品《七子之歌》是对历史的讴歌,具有丰富的想象力和独特的艺术魅力,使学生在拓宽艺术视野的同时对祖国实现完全统一产生强烈的愿望。

本课例提供者为崇明区庙镇学校丁光磊。

▬▬◉ **德育价值描述** ◉▬▬

本课旨向聆听与歌唱澳门回归主题曲《七子之歌》,让学生在欣赏有时代气息的作品同时,铭记历史、奋发图强,为祖国完全统一做出自己的贡献,并感受两岸人民对澳门回归祖国怀抱的渴望及强烈的爱国情怀。对应二级德育目标"国家利益,民族团结",落实"感悟音乐作品中所反映的国家和民族坚韧、不屈不挠的奋斗精神和民族精神"这一音乐学科德育核心要求。

1. 通过学习,使学生知道音乐及其他艺术作品源于社会和生活,艺术能生动地反映历史的面貌,带有历史的印痕,并对社会历史的发展有着很强的推动作用,从而引导学生对艺术的本质有更深的认识。

2. 通过演唱歌曲《七子之歌》,增强爱国热情,并能用清晰、柔和及高亢的声音唱出歌曲的对比,表达出歌曲所包含的情绪。

3. 在理解《七子之歌——澳门》的基础上,能够用适当的速度、力度、音色表现热爱祖国的赤子之情。

正文

教学环节一:导入

1. 以《七子之歌——澳门》轻声的歌曲录音为背景音乐,教师用板书或字幕打出一段格言:"诗人的主要天赋是爱,爱他的祖国,爱他的人民"。

2. 提问:这句格言出自哪位诗人?他与歌曲《七子之歌——澳门》有什么关系?

【设计说明】

通过闻一多先生的诗歌,引入主题,带领学生回顾把澳门、香港、台湾等七个孩子从祖国母亲的怀抱中割让出去的悲痛历史,体会"失养于祖国、受虐于异类"的悲哀之情,激发学生收复失地、统一祖国的强烈爱国意识。

教学环节二:简介澳门的地理位置及相关历史

1. 交流:澳门在我国的哪个地区?你印象中的澳门是怎样的?

澳门由澳门半岛和氹仔、路环二岛组成,地处珠江三角洲西岸。澳门具有400多年历史,东西文化一直在此地相互交融,使澳门成为一个独特的城市。既有古色古香的传统庙宇,又有庄严肃穆的天主圣堂,还有众多的历史文化遗产,以及沿岸优美的海滨胜景。

2. 讨论:澳门被葡萄牙侵占的黑暗历史,并作简要阐述。

1553年(明嘉靖三十二年),葡萄牙人以暴晒水浸货物为借口,进入澳门。1557年,通过贿赂守澳中国官员,得以在澳门定居。鸦片战争后,不断扩大其侵略地盘,于1851年、1864年又先后侵战氹仔岛和路环岛。

3. 讨论:祖国在经历了重重困难后,是如何找回自己的孩子的——讲述澳门的回归历程。

为收复澳门,我国政府与葡萄牙政府进行了多次谈判,1987年4月13日签署了《关于澳门问题的联合声明》,1999年12月20日中国政府正式恢复了对澳门行使主权,澳门终于回到了祖国的怀抱。

【设计说明】

通过了解澳门被侵占的历史和回归历程,营造课堂氛围,让学生在沉痛的历史事件中体会被侵占土地上人们的情感,从澳门的强势回归中体会祖国的强大,坚定爱国主义情感。

教学环节三:学唱歌曲

1. 教师范唱,多媒体展示音乐画面,引导学生拍手或晃动感受音乐的节奏和情绪。

2. 欣赏歌曲,教师带表情指挥。学生思考以下问题:

(1) 这首歌曲表现的情绪具有什么特点?

(2) 作品中表达了什么样的心情?

3. 讨论交流互动。

师:欣赏完歌曲,请同学们说一说自己的感受。

全体讨论后,进行自由发言。

生:我体会到了深情、激昂等情绪,感受到了澳门急切盼望回到祖国怀抱、思念祖国母亲的心情。

师:你最想对祖国、对澳门表达怎样的情感?

生:我爱祖国爱澳门,希望祖国完全统一。澳门与内地同根同源、密不可分,澳门在祖国的怀抱里更加繁荣稳定。

4. 演唱歌曲:跟随教师有感情地演唱完整的歌曲。

【设计说明】

在学唱歌曲中感知并体会其中的情感,与歌曲产生情感上的共鸣,及对祖国统一、民族团结的期望,并感受国家强大带来的自信心、自尊心,增强学生的爱国情怀。

教学环节四:实践创造

1. 教师提问:在歌曲中出现过几次呼唤母亲?每一次有什么意义?

学生思考并分小组讨论。

小结:歌曲中出现过三次呼唤母亲。第一次表达了对祖国的思念之情;第二次表达了盼望回到祖国的怀抱;最后一次表达了盼望回归的急切心情。

板书:思念、盼望、急切。

2. 教师提问:那你认为这首歌曲用什么样的力度和速度演唱才能表达出这种感情呢?

学生思考并自由发言。

学生分组，每一个小组演唱一个乐段。

3. 教师提问：迄今为止，离开祖国妈妈的七个孩子中已经回来了六个，还有一个仍在外漂泊，大家知道是什么地方吗？

学生回答：台湾。

教师介绍并提问：台湾自古以来就是中国领土，总面积约 36 000 平方公里，它东临太平洋、北临东海、西南望南海、西隔台湾海峡与大陆隔海相望，它是我国东南方的海上门户，也是海防的重要屏障。近几年我们也听到过很多台湾歌曲，如《童年》《鼓浪屿之波》《故乡的云》等，你还知道哪些？

学生自由发言、演唱歌曲。

【设计说明】

把祖国誉为母亲，把割让的土地比喻成孩子，用母亲和孩子的情感寓意这七个孩子。被侵占后，回来了六个，可是还有一个孩子在流浪，期盼它能够早日回归祖国母亲的怀抱，由此，通过这种方式与学生产生情感共鸣，增强学生的爱国情怀。

教学环节五：即兴创编歌词

1. 教师导语：当其他六子在祖国母亲的怀抱中安然入睡时，台湾正隔着台湾海峡孤苦地望着自己的母亲，台湾回归是亿万中华儿女的愿望。大家用你手中的笔，在《七子之歌》的旋律基础上把我们盼望台湾回归的心情抒发出来好吗？

2. 学生小组合作讨论创编。

3. 学生自荐和推荐好的歌词一起唱一唱。

【设计说明】

从澳门延伸到台湾，从已经回归的部分领土到尚未统一的祖国领土，进一步增强学生的爱国情怀，激发学生对祖国统一的强烈愿望。

教学环节六：小结

尽管祖国还没有完成统一大业，但是黑头发黄皮肤的中华儿女从来不会忘记自己是个中国人！祖国永远和他扯着筋连着脉，他们比谁都更能体会到祖国大家庭的深刻含义，让我们一起为了祖国的统一而努力！

【设计说明】

本环节通过教师小结,进一步升华学生的爱国热情,鼓励学生为祖国统一而努力。

◀◀◀●专家点评●▶▶▶

《七子之歌》见证了澳门同胞对回归祖国的期盼,是一首将艺术性和人文历史融于一体的歌曲。在中学艺术课程教学中,以这首歌曲作为主教材实施教学,关键在于凸显其诗歌一体和人文深厚的特点,引起学生对社会与艺术关系的初步认识,也引导学生正确的艺术观、文化观、历史观的逐步建立。

本课例在教法上展现了"审美立德——文化立身——实践立行"艺术课教学特色。教学中丁老师设计了历史铺垫、作品欣赏与聆听等环节,通过艺术学科特征鲜明的实践体验方式,引发学生的情感,激起学生对国家精神和民族情怀的感悟。"以显性的艺术教学展现特质,以隐形的德育线条导向育人"是本课教学的特点。艺术和育人与两者互为依托,在层次清晰、脉络顺畅的教学推进中,共同导向学生艺术核心素养的发展。比如,通过探讨速度、节奏等艺术语言在歌曲中的表现提升学生的自主艺术赏析能力;通过对演唱技术的具体要求来优化学生可持续发展的艺术实践水平;通过对旋律发展方式等的剖析引导学生对艺术与人文一体化的领悟——这些方面都为学生的未来生活提供着有意义的支持,或者说,它们是学生基于艺术课程学习而获得的必备品和关键能力。

(上海师范大学音乐学院　李嘉栋)

让世界充满爱

——《抗疫音乐》教学设计

■■■●基本信息●■■■

本课例选自上海教育出版社初中《艺术（音乐）》八年级第二学期第四单元《情感——铸造艺术的灵魂》。本节课内容结合疫情防控期间世界各地的音乐家和普通民众用音乐来鼓舞人心的各种事迹，让学生更好地理解和演唱第四课《让世界充满爱》这部作品，温润学生的心灵，增强学生对爱的理解，培养学生审美感知能力，促进学生对爱的情感表达。

本课例提供者为上海市实验学校附属东滩学校刘洋洋。

■■■●德育价值描述●■■■

本课例侧重落实"感知、体会、表现艺术，陶冶情操，形成健康人格"学科德育核心要求。本课通过回顾疫情防控期间的各种感动瞬间，如医护人员请战上一线、普通人默默捐款捐物、友好国家的鼎力相助等，让学生感受在大难当前人与人之间守望相助的无私大爱。还有意大利普通民众在阳台上以音乐相互鼓励，驱散疫情带来的恐惧。世界各地的音乐家通过云音乐会的形式，将爱与力量传递给受疫情影响的每个人，以及同龄的小伙伴用自己的歌声为世界注入一份爱。如此多的瞬间让学生感知音乐是情感传递的载体，情感是锻造艺术的灵魂，明白只有充满感情的音乐才能够具有震撼人心的力量。

■■■●正文●■■■

教学环节一：导入——分享感动瞬间

师：同学们好，终于见面了，在这次疫情防控期间大家成长了很多，有没有同学来跟大家分享疫情防控期间让你非常感动的瞬间呢？

师：首先，老师通过一些视频和图片给大家分享一些让老师感动的瞬间。（播放视频和图片）

生：我印象最深刻的是在春晚上看到奔赴一线的海陆空医疗队，他们在大年三十本应该全家团圆的晚上整装待发，驰援武汉。在那个瞬间我很感动，不仅是因为舍小家顾大家的医护人员，我还感动于祖国的强大。

生：我是在电视上看到的，有一位不愿留名的男士给派出所民警送来了一箱口罩，送完转身就走。等民警追出去的时候那位男士已经走远，于是两位民警对着那位男士离开的方向敬了一个礼，这一幕刚好被监控拍下，让我非常感动。

【设计说明】

本环节以回忆的方式，让学生交流和分享印象深刻的瞬间和场景。教师先通过图片和视频进行场景导入，将本次疫情与2008年与他们同龄时经历汶川大地震的心路历程相结合，引导学生领悟"众志成城"的含义，感受祖国的强大与人民的伟大，感悟社会主义制度的优越性，致敬每一个平凡而又伟大的人，培养学生热爱祖国、善于奉献、关心他人的优良品格。

教学环节二：隔离疫情不隔离爱

师：疫情防控期间我们能做的就是宅在家不给国家添麻烦，虽然疫情需要隔离，但爱是不能被隔离的，且无法隔离。那世界各地的人们在家隔离期间是怎样保持积极乐观的态度的呢？意大利是除了中国之外最先开始大范围暴发疫情的国家，但同时意大利又是一个充满艺术气息的国度，我们来看看意大利人民在隔离期间都做了什么？看完之后请说说你的感受。

1. 观看视频《意大利阳台音乐会》。

生：他们都是音乐家吗？我感觉他们都很欢乐，很开心地在演奏音乐、享受音乐，他们用从音乐中获得的快乐来应对疫情。

生：我感觉他们这里很热闹。他们虽然不能出门，但是很乐观，仿佛生活并没有受疫情影响变得很糟糕。

师：老师刚开始看到这个视频的时候，以为这个小区里都是音乐家呢！其实，意大利人民从小就接触系统的音乐知识学习，善于演唱和乐器演奏，音乐是他们传递和表达感情的一种方式。因此，在疫情防控期间，音乐自然而然地成了意大利人民冲淡由疫情带来的恐慌的方式。无论是小打击乐器还是锅碗瓢盆，都可以通过音乐传递温暖,鼓励人心。

师: 这场疫情是全人类共同的敌人,除了医生护士外,其他的人也都在默默地做着自己力所能及的事。4月18日,Lady Gaga 与世界卫生组织联合发起"同一个世界,团结在家"全球音乐会,包括我们中国的郎朗、陈奕迅、张学友三位音乐家在内的全球音乐家们用音乐鼓舞人心,带给大家力量。下面我们来听听其中一首作品《The Prayer》,这首歌曲里有英文和意大利文,名字叫做《祈祷者》。歌词的大意是向上帝祷告痛苦和磨难快快过去,幸福美好终将到来,希望上帝能祝福每一个正在经历痛苦的人们。同学们在欣赏的过程中思考一下,你觉得这个视频中的哪一点能让你更深切地感受到音乐传递出的感情?

2. 欣赏《The Prayer》视频。

生: 我从歌曲宽疏的节奏和舒缓而又温暖的旋律中感受到了安慰和治愈,感觉这首歌曲像在安慰着因为疫情失去亲人的人们。

生: 我从歌唱家充满情感的演唱和演奏家非常投入的演奏中感受到了爱和力量,这份爱是对世界上每一个人的爱,并且音乐家们都是生活中最朴实的样子,也象征着我们生活中的每个人。

师: 视频中,我们感受到了歌曲动人的旋律和音乐家们的精彩表演,却发现他们并没有穿着华丽的服装,也没有画着精致的妆容,更像是和我们普通人一样,衣着平凡,在阳台上、在窗边、在楼梯旁,用音乐传递着最朴实的情感。在中国,同样也有这样的场景。4月份,我们国家的46位音乐家"顶配阵容"云合奏《红旗颂》,用音乐的力量鼓励和温暖每个人。在这样特殊的时期同学们再次听到这首《红旗颂》有什么心得感受呢?

3. 欣赏《红旗颂》。

生: 这次的《红旗颂》在演奏方式上与以往有很大的不同,以前都是在现场面对面演奏,但是这次由于疫情,演奏家们无法聚到一起,只能以云合奏的方式演奏。我感受到了演奏家们对重回舞台的渴望以及对国家的祝愿,祝愿我们国家可以渡过这次难关,祝愿中华民族经过这次疫情后肯定会更加强大。

师: 每每听到像《红旗颂》这样歌颂国家的大型管弦作品,老师都会感到非常震撼、非常感动,特别是在这样的时期,会更加激动。我们的国家强大了,我们什么都不怕,我们的国家不管发生什么事都能处理好,疫情也一定会过去。由高晓松策划,白岩松、华少、汪涵主持的《相信未来》在线义演也在五四青年节这天开唱,70多位歌手在不同的地方用不同的方式为信念发声、为未来歌唱,我们来听听其中的一些精彩片段。

4. 欣赏《相信未来》义演视频片段。

【设计说明】

通过观看视频,了解疫情防控期间世界各地的人们如何通过音乐传递感情、传递爱、传递温暖,引发学生的情感共鸣,体会音乐在其中的作用,进而激发学生对艺术的热爱、对审美的提升、对不同文化的尊重与认同。

教学环节三:欣赏《让世界充满爱》

师:除了音乐家和歌手,平凡的我们也可以用音乐和歌声传递出我们的力量,表达我们的感情。今天,我们欣赏和吟唱《让世界充满爱》这首经典歌曲,品味歌曲中蕴含的意义。每一部优秀的音乐作品都有着它的时代使命,《让世界充满爱》这首歌曲是为1980年国际和平年而作,虽然年代久远,但它传递出的情感却一直能感染到我们。同学们在欣赏视频的过程中,可以一起跟着哼唱。

学生欣赏视频《让世界充满爱》。

师:这首歌曲的歌词温暖亲切,如"轻轻地捧着你的脸,为你把眼泪擦干",用平缓虔诚的音调流露出对和平世界的追求与向往。视频中的学生用最朴实的声音,表达对武汉人民、全国人民以及世界人民的祝福和关爱。由此看出,情感是锻造艺术的灵魂,每一部优秀的作品都蕴含着作者所要表达的感情。请同学们有感情地跟着老师再一起哼唱这首歌曲吧!

师生共同哼唱歌曲《让世界充满爱》。

【设计说明】

《让世界充满爱》是一首录制于1986年的中国公益歌曲,由100多位中国流行音乐歌手共同演唱,相对于当代中学生,年代比较久远,学生会有一定的陌生感。但这个作品具有强烈的时代使命感,这个使命感以"爱"为主旨,可以横穿古今,对于当代中小学生来说是很好的德育教育艺术载体。一方面,这首歌的词曲情感共鸣度高,中学生正是情感与价值、理想与心理、思想与品性形成的关键时期,可以与这首歌里面的情感价值很好地切合,温润学生浮躁、叛逆的心理。另一方面,这首歌的词曲营造的是一种温暖、感动的氛围,感受与体验比歌唱更具备融合感,容易打动学生的心灵,也满足疫情防控期间因戴口罩所带来的不便。在整个教学过程中,着重引导学生进行思考,带动他们真情投入,鼓励他们表达。

■■■◆ 专家点评 ◆■■■

本课例中,刘老师先引导学生欣赏疫情防控期间世界各地通过音乐的方式传递情感的视频片段,以听觉艺术作品为载体,调动学生听觉、视觉、动觉等感觉器官的协同感知,进而对于艺术作品的情感价值有了一定认识,再延伸到艺术的共性特质——情感性,呼应了本单元教学的主题"情感——铸造艺术的灵魂"。

刘老师在欣赏歌曲的过程中强调情感体验和思维引领;在吟唱过程中重视以情带声、声情并茂,诠释了艺术课程关注审美实践的课程特点,并结合自身的教学特色,给出了可供借鉴的艺术教学示例。歌曲感人的歌词、温婉的曲调,滋润着学生的心灵,在有声、有情的艺术教学中导向有意义、可发展的教育价值追求,这与发展学生艺术核心素养的理念是一脉相承的。

(上海师范大学音乐学院　李嘉栋)

情感铸造艺术的灵魂

——《心灵的呼唤》教学设计

本课例选自上海教育出版社初中《艺术(音乐)》八年级第二学期第四课《心灵的呼唤》,本单元以"情感——铸造艺术的灵魂"为音乐文化主题,通过让学生体验我国优秀的音乐作品,感受艺术作品中所表达的家国情怀和艺术美感,培养学生热爱生活、珍爱生命、感恩他人、无私奉献的高尚情操。本节课的教学内容,立足时代发展特点,选择比较典型的、耳熟能详的艺术作品,通过聆听、吟唱、欣赏、表演等各种实践手段,品味与感受艺术作品中浓厚的人间亲情、友情和爱情,用真情实感浸润青少年的心灵。

本课例提供者为崇明区长兴中学吕世民。

本课旨向赏析与交流艺术作品中表达感情的多种艺术表现手法,对应表现性德育目标,侧重于落实"感悟作品中的善良、关爱和对生命的珍惜"这一音乐学科德育核心要求。

1. 欣赏《让世界充满爱》《酒干倘卖无》《千手观音》等音乐、舞蹈作品,感受人间真情,激起内心的情感共鸣,珍视"爱"与给予"爱",感悟重视亲情、无私帮助他人、心存感恩的中华民族传统美德,体会到爱是人类生命的依托,领略以艺术作品为载体的灿烂民族文化。

2. 在聆听、歌唱、欣赏、表演等过程中,运用模仿、比较、归纳、感悟等方法学习音乐,提升审美素养。

3. 能用松弛、自然、流畅的声音演唱二声部歌曲《让世界充满爱》,能够把握弱起和切分节奏,掌握各种音乐要素在作品中的表现作用。

▪▪▪◆ 正文 ◆▪▪▪

教学环节一：导入教学

1. 出示课题——《心灵的呼唤》。

2. 播放艺术作品视频,教师朗诵带入情景,铺垫学生的情感基础。

【设计说明】

本环节开门见山出示课题,用视觉、听觉的综合冲击,引领学生进入教学的意境。教师用深情的朗诵和感人的画面,使学生情感产生波澜,为后面的"感动"打下基础。

教学环节二：学唱歌曲《让世界充满爱》

1. 复习歌曲。

(1) 引入:欣赏完刚才的作品片段,你感受到了什么?

(2) 出示歌词。怀着对亲人、对朋友、对师长的爱来重温《让世界充满爱》。

2. 歌曲处理。

(1) 处理歌曲第一段。

掌握弱起节奏:用深沉的情感、较慢的速度、较弱的力度演唱。

思考:歌曲把我们带入了怎样的意境?

演唱:满怀深情地演唱歌曲第一段。

(2) 处理歌曲第二段。

掌握切分节奏:运用二声部演唱方式,加强歌曲的表情达意。

情感表达:切分节奏仿佛是爱的力量的涌动,是声声爱的呼唤;二声部加强了音色的厚度,使歌曲表达的情感更浓厚。

演唱:富有激情地用二声部演唱歌曲第二段。

3. 完整地演唱歌曲《让世界充满爱》。

4. 归纳:爱是人间最伟大的情感,爱是人类永恒的主题。

【设计说明】

运用音乐要素和演唱形式的变化处理歌曲是音乐教学的基本内容。在上一环节铺垫的感情基础上,激发学生感情的共鸣,用作品中的情感打动学生、感染学生,体会爱的力量。

教学环节三：歌曲与电影——电影《搭错车》，主题歌《酒干倘卖无》

1. 对电影《搭错车》的故事情节和歌曲《酒干倘卖无》做简单的介绍。

2. 欣赏歌曲视频，判别出音乐中用鼓声模拟角色"哑叔"心跳声的艺术表现方式。

3. 分析歌曲中每一次呼喊"酒干倘卖无"时的力度和速度变化。

4. 归纳：亲情是我们生命的支撑，我们要学会感恩。

【设计说明】

本教学环节由音乐作品（歌曲）逐渐拓展向综合艺术作品（歌曲与电影），体现了初中艺术教学的基本特点。运用各种表现要素的变化体验作品的内涵，是课程标准指出的基本教学内容。在上一环节学生感动的基础上，这一环节力求引起学生的感悟，引发他们对身边亲情与爱的思考。

教学环节四：音乐与舞蹈——《千手观音》

1. 观看《千手观音》幕后戏，思考残疾演员是如何用肢体语言表达心中的爱。

2. 观看《千手观音》舞蹈片段。

（1）提问：这段舞蹈带给你怎样的心灵震撼？

（2）体会舞蹈演员用肢体语言所表达的自强不息的生命力量。

3. 归纳：一个人只要心中有爱自然会有一千双手来帮助你，一个人只要心中有爱自然会有一千双手去帮助别人。

【设计说明】

本环节引领学生通过对艺术手段——舞蹈肢体语言的鉴赏，体会中华民族文化的深厚底蕴，培养学生将小爱转变为对国家、对民族、对社会、对身边每一个人无私博爱的意识，并始终心怀感恩。

教学环节五：创造蕴含人间真情的美丽旋律

1. 贴爱心活动。

给每个学生发一张"心"形卡片，让学生在卡片上写下自己要感谢的人和想唱的一首歌，最后将所有的卡片粘贴在一个大型的"心"形背景板上。

2. 学生深情地演唱自己最喜欢的歌曲。

【设计说明】

本环节将学生的情感得以抒发和升华,完成了学生"激起→感动→感悟→抒发→提升"的情感路径。最后在学生的演唱和表演中结束教学,自然而不拖沓,也是对整堂课教学的一个小结与提升。

教学环节六:小结本课——手语歌曲《感恩的心》

以一首《感恩的心》,通过手语的方式,让学生的情感与肢体相融合,沉浸在充满爱的世界里,一起在爱的世界中学会感恩,学会回馈,与爱同行。

【设计说明】

本环节以手语和歌唱的方式,升华学生内心的情感,陶冶学生的情操,将本课的学习在情感上无限延伸。

◆ 专家点评 ◆

音乐学习过程也是情感体验的过程,更是思维激发的过程。感悟不同风格、类别、时期的音乐作品符合当今时代的多元化发展要求,符合中学生的身心特点,可以让学生在感受音乐文化的同时激发其关爱生命、热爱国家等情怀。

一、以艺术感染提升学习兴趣。

本课例中,围绕学生的"情感培养"开展了一系列教学活动,以视觉和听觉为切入点,与歌曲、表演、舞蹈、影视等有机结合,运用比较的手段,将情感表达贯穿于整个教学过程中,让学生在充分感受旋律、歌词、画面等艺术表现元素所体现出的感情色彩和对情感的烘托作用中,产生较好的学习效果,激发学习热情,提升学习兴趣。

二、以情境体验增强人文精神。

吕老师在这堂课的教学中设计了两条情感培养路线:激起→感动→感悟→抒发→提升;让世界充满爱→亲情→博爱→感恩。课堂上学生热情高涨,达到了很好的预期效果,实现了学生审美意识的培养、情感的渗透,增强了学生对人文精神的理解,较好地完成了德育渗透的理念。

(上海市崇明区教育学院　朱　峰)

地域有别 舞韵各异

——《民族舞蹈赏析》教学设计

||||● 基本信息 ●||||

本课例选自上海音乐出版社高级中学《艺术》(试验本)高中一年级第一学期第二单元《肢体语言,心灵律动》的拓展与选择板块。这个单元以不同类型、不同地域和不同功能的舞蹈赏析为窗口,以风格特点、功能特征的差异为线索,进而让学生在探究不同形态舞蹈背后所蕴藏的人文内涵中,感受和体验由千姿百态、风格各异的舞蹈所带来的不同审美情趣,旨在逐渐提高学生对舞蹈的鉴赏能力,激发他们对中华民族舞蹈文化的兴趣和热爱。

本课教学内容以《东西方不同舞韵》和《欣赏与自娱的功能差异》为必修内容,以《地域有别,舞韵各异》为拓展与选择内容,主要进行汉族、藏族等民族舞蹈的赏析教学。

本课例提供者为崇明区民本中学马莉。

||||● 德育价值描述 ●||||

本课通过赏析与探究我国不同地域民族舞蹈特点,领会各民族舞蹈中蕴含的人文内涵,引导学生了解、关注家乡民间舞蹈。本课对应"民族团结"二级德育目标,侧重于落实"体会中华优秀传统文化艺术,深化文化理解,立志传承"这一艺术学科德育核心要求。

1. 赏析藏族、蒙古族、维吾尔族、傣族等民族具有典型特征的舞蹈作品,领略其不同审美情趣,提升对该类别舞蹈的鉴赏能力,在感性体会和理性论述中激发民族自豪感,能在今后学习中自发关注民族舞蹈,愿意了解和学习家乡舞蹈。

2. 通过赏、唱、舞等教学活动,感受藏族、蒙古族、维吾尔族、傣族舞蹈风格特色,在对比、交流中探究其背后所蕴藏的人文内涵,在学习过程中初步掌握不同舞蹈风格的赏析方法。

3. 学生能哼唱民族舞蹈典型节奏型,模仿简单的民族舞蹈动作,激发学生参与舞蹈学习的自信,体味和感悟藏族、蒙古族等民族舞蹈的精髓。

▶▶▶● 正文 ●◀◀◀

教学环节一:新课导入——舞蹈小沙龙

1. 出示民族舞蹈服饰,在交流与提问中,引导学生认识民族舞蹈。

2. 观看舞蹈片段。

思考:舞蹈片段中包含了哪几种民族舞蹈? 你的判断依据是什么?

【设计说明】

本环节首先在言语交流中,唤醒同学们脑海里储备的相关信息。通过出示民族舞蹈服饰,让学生从视觉上对民族舞蹈有直观的认识和了解,拉近学生与民族舞蹈的距离,增强学生学习民族舞蹈的兴趣。然后通过观赏具有针对性的舞蹈片段,抓住学生的思维和注意力,使学生对民族舞蹈产生更直接、更感性的认识,达到激发学生学习民族舞蹈欲望的目的。

教学环节二:风格各异的民族舞蹈赏析

1. 欣赏蒙古族、藏族、傣族、维吾尔族舞蹈片段。

说说:对于舞蹈片段中的动作、音乐、舞美、风格你有何印象?

做做:模仿和创新蒙古族舞蹈肩的动作、藏族舞蹈退踏步、傣族舞蹈手型、维吾尔族舞蹈节奏型等舞蹈动作。

想想:与民族舞蹈风格形成的相关因素有哪些?

2. 民族舞蹈的人文内涵交流讨论。

民族舞蹈蕴含着丰富的人文内涵,民族舞蹈风格的形成与各民族的地理位置、生产生活、民族文化、信仰、审美倾向等因素息息相关。

【设计说明】

本环节教学内容是本课的重点与难点。选择有明显区别的作品进行欣赏比较,可以取得事半功倍的效果。教师的每一个设问都要具有明确的引导性与指向性,能够让学生得到充分的感受,只有两者结合才能更好地激发学生深入的探究欲,引导学生认识民族舞蹈的人文内涵,掌握有效的学习与思维策略,使之"学会学习"。教师现场教学舞蹈动作,能增进师生间的情感交流。通过跳、看、编等方式鼓励学生充分挖掘自己的创造能力,发挥团队合作精神,积极参与探究和创作,并让学生在跳、看、编中切实体味与感受民族舞蹈。欣赏后的小组讨论及交流能够进一步有效地激发和促进学生创新能力的发展。

教学环节三:欣赏家乡崇明民间舞蹈

1. 观看教师表演家乡崇明民间莲湘舞蹈片段。
2. 浏览观赏家乡崇明调狮子、莲湘舞等民间舞蹈的剪辑片段。

【设计说明】

本环节延续上一环节内容,拓展课题学习内容,体现教学设计思想。通过教师表演家乡崇明的民间舞蹈,吸引学生的注意力,打开学生的思维。通过对崇明民间舞蹈的介绍、模仿、设计宣传等方式,激发和唤醒学生对家乡民间舞蹈的关注与兴趣,进而达到培育学生热爱家乡、积极弘扬和传承家乡艺术的教学目的。

教学环节四:课堂小结

1. 小论坛。

(1) 就你喜欢的一种民间舞蹈,说说你喜欢的理由。

(2) 谈一谈你对民族舞蹈或崇明民间舞蹈未来的畅想。

2. 家乡美。

下次课的活动主题:"家乡美"——崇明民间舞蹈。

(1) 访问家乡崇明民间舞蹈老师相关信息。

(2) 模仿家乡崇明民间舞蹈动作或进行队形设计。

(3) 自己动手做简单的家乡崇明民间舞蹈道具。

(4) 查阅家乡崇明民间舞蹈资料及当下状态。

(5) 选择一种宣传方式(例如表述、PPT、文字、视频、图片等),设计宣传内容,推广宣传家乡崇明民间舞蹈。

【设计说明】

本环节通过引导学生对艺术种类进行学习评价,鼓励学生充分表达自我见解,并在理性的论述和思考中能够鉴赏中华民族舞蹈的艺术价值,以此达到民族精神教育的教学目的。"小论坛"以分享交流的形式对本课的知识内容、情感价值、审美领悟等进行总结,通过言语的交流,情感的表达,让学生充分地表现与展示自己,获得知识学习之外的能力提升。家乡美——崇明民间舞蹈,是下次课的活动主题,提前做好主题引导准备,由老师辅助,同学课余按兴趣、能力等分小组合作组织完成。

专家点评

一、优化艺术学习策略,引导学生学会学习。

高中生已具备一定的思维方式和动手实践能力,积淀了一定的艺术素养,因此如何引导学生在教学实践的过程中发现问题、主动参与、自主探究、解决问题,建立有效的研学路径是关键。这是激发学生主动思考、建立兴趣的关键,是做好课堂教学活动的前提,是培养学生艺术思维能力、获得真实审美体验的基础。在引导学生掌握和优化有效的学习策略中,进行有意义、有价值的教学活动,使之"学会学习"。

二、领悟民族舞蹈的精髓,重视学生学习潜能。

在本课导入环节,教师设计了展示舞蹈服饰、交流提问、师生表演民族舞蹈片段这一环节,起到了较好的激发学习兴趣与再探究学习意愿的作用。在民族舞蹈赏析过程中,通过循序渐进的体验感受、问题思考和交流讨论,有效地达到了引导学生主动参与、自主体验、找寻结论的探究性学习教学目的,在教师适时鼓励、评价和精心引导中,学生的潜能得到进一步开发。

教师采用多种教学手段,唤起学生对优秀民族舞蹈艺术的喜爱与关注,领悟民族艺术的源远流长与丰富多样。如采用哼唱典型节奏型、动作模仿、队形创编等方式激发学生参与舞蹈学习的自信,再通过跳、看、编等多种形式帮助学生"体味和感受"民间舞蹈,并在此基础上递进挖掘,引导学生思考和探究民族舞蹈背后的人文内涵,力求使之能在今后的学习与生活中自发关注民族舞蹈,做到在潜移默化中激发学生的民族自信心与自豪感。

三、学习家乡民间舞蹈,涵育家国情怀。

从家乡崇明民间舞蹈入手,达到延伸、细化、深入衔接过渡至下节课的目的,并促使学生的民族精神教育落在具体处,旨在通过活动使学生从中发现家乡民间舞蹈的一些艺术特点,达到激发学生爱家乡、以家乡为豪、积极学习了解家乡艺术、传承家乡文化的目的。课后安排搜集有关家乡崇明民间舞蹈的资料,为家乡崇明民间舞蹈设计动作,自己动手制作家乡崇明民间舞蹈道具等,既衔接了"家乡美——崇明民间舞蹈"课题,又将学生的民族精神教育延伸到具体处,对爱家乡、为家乡自豪的情感表达起到了积极的推进作用。

(上海市崇明区教育学院　朱　峰)

歌情乐韵　悦耳爽心

——《探寻古典音乐之美》教学设计

▌▌▌◆ 基本信息 ◆▌▌▌▌

本课例选自上海音乐出版社《艺术》高一年级第二学期第二单元《歌情乐韵　悦耳爽心》。本节课立足于单元拓展与选择的内容，渗透古典音乐，引发审美思考。以勃拉姆斯的《匈牙利舞曲5号》为主要教学内容，作品既可雅俗共赏，又包含着极为丰富的音乐信息：旋律起伏开阔、速度变化明显、节奏丰富自由、力度对比强烈、音响色彩丰富、结构清晰规范等。通过聆听感受、律动参与、创意表演、编配乐器等环节让学生探寻古典音乐的"形式美"，由浅入深、由表及里、由感性到理性地欣赏古典音乐。

我校高一学生养成了良好的聆听音乐的习惯，具备对音乐的感知与审美能力，能从音乐的基本要素（旋律、速度、节奏、力度等）出发理解和分析音乐。本课例在教学设计上充分考虑学生艺术学习的基础，始终以学习兴趣的激发为先导，积极创设艺术学习的有利环境，用生动活泼的艺术实践活动去激发学生学习艺术的积极性，继续提高学生的乐曲感知、赏析能力，提高审美能力，挖掘创造潜能，鼓励他们勇敢表达、勇敢表现、勇敢创造，用艺术学科特有的育人价值去滋养学生的心田。

本课例提供者为崇明区堡镇中学浦小萌。

▌▌▌◆ 德育价值描述 ◆▌▌▌▌

古典音乐是世界经典的音乐形式之一。"体会世界经典艺术，形成包容多样优秀文化的价值观"是高中艺术学科德育的核心要求之一。

古典音乐相比于流行音乐，学生的接受度比较低，一方面由于现在大多数学生对古典音乐尚未入门，另一方面，学生对古典音乐的认知存在主观意识上的偏差。古典音乐作为音乐类型的一种,具备它所独特的精神和品质,名"古"却不"古",依然可以演绎当下、演绎流行。相比于其他音乐种类,古典音乐蕴藏着其珍贵而又独特的"精神":一是具备现代生活中缺乏的田园般的纯净;二是具备最本质的人性;三是具备规范、工整、严谨的特点。

本课的教学设计尝试由浅入深的教学方法来听赏乐曲《匈牙利舞曲5号》,引导学生用"唱、听、动、演、赏"等多种体验学习方式,感受情感的丰富多彩,感受乐曲严谨、工整的形式美。运用律动参与的方式,提高学生的音乐表现力。学生会在这种动态环境下,投入音乐活动,体验音乐情感,从而达到感受美、体会美、创造美的目的。采用分组合作表演的方式,让学生一起表演合奏,不仅要为自己的演奏负责,还要为别人负责,这种情境中,学生会意识到个人目标与小组目标间的依赖互存关系,有利于培养学生的团队合作精神。

▸▸▸▸◆ 正文 ◆◂◂◂◂

教学环节一:复习导入

以师生齐唱勃拉姆斯《摇篮曲》的方式激发学生的音乐学习兴趣,通过教师对古典音乐的诠释,引导学生阐述自己对古典音乐的理解,引出本节课中欣赏的乐曲——勃拉姆斯《匈牙利舞曲5号》。

【设计说明】

基于之前对勃拉姆斯的了解和老师对古典音乐的介绍,让学生迅速进入课堂教学环节,并对古典乐工整、规范的结构充满好奇。

教学环节二:教授新课

1. 初听乐曲。

播放音乐《匈牙利舞曲5号》,思考:

(1)乐曲的情绪是怎样的? 曲中描绘了怎样的画面?

(2)你认为可以将本曲目分为几个部分?

2. 出示图谱,再听乐曲。

引导学生看图谱听音乐,发现并提出自己感兴趣的问题,师生之间进行互动交流。

3. 分组律动。

（1）将学生分为三组，教师进行示范，学生律动参与，引导学生发现乐曲的结构。

（2）钢琴示范演奏，分辨主题，细化结构。

（3）揭示"三部曲式"的定义及特点，得出"形式美"的结论。

4. 打击乐器配乐。

（1）将碰铃、三角铁、响板、沙锤、鼓、镲、铃鼓等打击乐器分配给部分学生，分工合作演奏《匈牙利舞曲5号》，没有乐器的学生用手指出示辨别乐曲结构。

（2）学生创意表演。

5. 拓展深化。

欣赏乐曲：《天鹅湖》《土耳其进行曲》《40交响曲》，感受古典乐曲的美。

【设计说明】

在聆听乐曲的过程中，引导学生感受乐曲情绪，初步听辨和划分乐曲"结构"。学生依据图谱可以得出乐曲分散部分的结论，为发现结构工整、对称做铺垫。通过律动参与，让学生进一步感受乐曲结构，引导学生发现乐曲工整的结构，概括出"形式美"的结论。学生会在这种动态环境下，全情投入音乐活动，体验音乐情感，打破了大多数高中学生羞于表现的胆怯，提高了学生的音乐表现力。采用分组合作表演的方式，让学生一起表演合奏，既要为自己的演奏负责，又要为别人负责，学生要在既有利于自己又有利于他人的前提下演奏。这种情境下，学生会意识到个人目标与小组目标间的依赖互存关系，有利于培养学生们的团队合作精神。拓展和深化环节让学生了解古典音乐除了"形式美"，还有"旋律美""情感真"等特点，感受古典乐的这份"真"在当下这个物欲横流的世界里是多么珍贵，我们需要这样的音乐来净化和抚慰心灵。

教学环节三：课堂小结

这节课通过勃拉姆斯的《匈牙利舞曲5号》走近了古典音乐，感受古典音乐优美的旋律、真挚的情感与严谨、规范的结构等。古典音乐作为一个独立的流派，历经岁月的考验，经久不衰。课后的空余时间，学生可以自主选择聆听一些古典音乐，继续发掘古典音乐之美。

【设计说明】

欣赏古典音乐,需要在循序渐进中慢慢品味,全然放松地去感受,用自己的内心与音乐内容去碰撞。通过引导学生积极主动地欣赏古典音乐,让他们感受音乐,从绝望、痛苦、沉沦、挣扎等诸多波折后,获得希望的心路历程,让学生可以从中领略到面对人生、面对挫折的态度。

▮▮▮◆ 专家点评 ◆▮▮▮

一、引导学生体会音乐中的情感,陶冶情操,形成健康人格。

"感受和体验是生命的存在方式,是人追求生命意义的方式。"本课例以学生陌生的音乐领域为切入点,带领学生遨游古典音乐的世界,在情趣盎然、形式多样的审美氛围中,引导学生体会音乐中的情感,思考人生,受到艺术的感染与熏陶,追求生命的意义,逐渐形成健康人格。

二、引导学生体会世界经典艺术,形成包容多样的优秀文化价值观。

"有一种情感叫迷恋,有一种态度叫执着;在乐海中行舟,播种着快乐与幸福;在诗意中守望,追求着成长与发展。"本课例以《匈牙利舞曲5号》为切入点,为学生打开聆听古典音乐的大门,拓宽音乐视野,引发学生对音乐的审美思考;在聆听与分析、感受与鉴赏、拓展与研讨等环节中,运用了师生互动、共同探究、鉴赏与评价等手法,让学生在多样的活动中,了解古典音乐的魅力、体会世界经典音乐的艺术,帮助其形成包容多样的优秀文化的价值观,探寻艺术德育协同的育人价值。

(上海市教育委员会教学研究室　钱熹瑗)

如幻似梦　影视风采

——《走进影视》教学设计

▷▷▷◁ **基本信息** ▷◁◁◁

　　本课例选自上海音乐出版社《艺术》高一年级第二学期第六单元《如幻似梦 影视风采》。《如幻似梦　影视风采》单元以体验影视中画面、声音及声画关系所体现的艺术美感为主，让学生在了解作品的同时，能够准确领悟作品所表达的寓意和含义，理解其中的艺术美感，感知、体会、表现艺术，提升学生的审美，促进学生形成健康的人格。

　　本课例教学内容以电影《横空出世》为题材，通过观看经典片段，了解一群为了中国核武器事业默默无闻奉献青春和生命的建设者和科研工作者的故事。在赏析影片的过程中，引导学生从电影的画面、镜头、声音、色彩等多方面分析理解作品的艺术美感，感受其中所流露出的丰富情感和表现出的精神面貌，引导学生学习科学家坚持不懈的科研精神，增进学生的爱国情怀和民族自豪感。

　　本课例提供者为上海市崇明中学沈吉。

▷▷▷◁ **德育价值描述** ▷◁◁◁

　　本课例通过赏析以新中国研发原子弹为背景的电影《横空出世》，让学生在借助多种影视艺术审美手段的同时，感受作品所表达的真情实感。对应二级德育目标"政治认同"与"国家意识"，侧重落实"理解艺术美，立足社会主义核心价值观，向往美好事物，追求真善美"这一高中阶段学科德育的核心要求。

　　1. 从视觉和听觉上感受影视艺术中所包含的艺术美感，提高学生的审美能力，激发学生对影视艺术的学习兴趣。

2.学习电影镜头中的艺术表达方式,理解镜头中所承载的审美蕴意,从而感受作品所传递的爱国主义情怀,以及其中所蕴含的责任担当的意识、艰苦奋斗的精神和勇于创新的品格。

3.尝试以小组形式进行公益微视频的创作和拍摄,体验合作分享及创作的乐趣,进一步感受影视语言表达的魅力。通过公益主题活动培养学生珍爱生命、热爱生活的健康人格。

▐▐▐▐● **正文** ●▐▐▐▐

教学环节一:欣赏与感悟"战士打夯"经典片段

1. 作业交流:讨论《横空出世》。

师:上节课布置的作业是请同学们自主查阅电影《横空出世》的相关资料。下面我们就来交流一下。

生:《横空出世》是一部重大历史题材电影,讲述了新中国成立后,在国家领导人英明决策下,一批中国核科学家与中国人民解放军怀着满腔热情、饱含着对祖国自立自强的急切期盼,秘密地在祖国大西北艰苦奋斗、攻关实验,最终实现了我国第一颗原子弹爆炸成功的故事。

2. 欣赏影片片段。

师:现在我们欣赏影片中的一个片段,说说影片中运用了哪些景别,不同景别表现了什么样的情景。

老师播放影片片段。

生:影片中,在战士筑路基时的劳动场景中,运用了手部特写、流汗的脸部特写以及中景和全景等景别。从细节到整体相结合,表现出为了顺利完成原子弹研发,驻扎在罗布泊的战士们与风沙、严寒等恶劣自然气候作斗争,干劲十足地打夯筑路的情景。

师:是的,老师也深受战士们士气鼓舞,战士们在一起劳动的时候,唱了一首号子。下面,我们来唱唱这首打夯号子,一起感受战士们一边唱着雄壮的劳动号子,一边热火朝天进行大生产劳动的场面。

3. 体验活动:朗读台词。

教师(领),学生(众)。

"(领)同志们那么(众)嗬咳;(领)打起夯那么(众)嗬咳;(领)一夯一夯密密

地砸呀(众)嗦罗罗罗嘿；……"

【设计说明】

课前让学生通过自主查阅的方式,去探究影片的故事概要和历史背景,在课堂上通过分享和交流,激发学生进一步探究的欲望和欣赏影视作品的兴趣。"战士打夯"的影片片段赏析,引导学生通过对影视艺术手段的运用分析,去感悟影片中所塑造的人物形象和表达的精神。在体验活动中,以一领众和的方式,亲身感受影片中激情澎湃的氛围,让学生更深刻地体会影片所要传达的战士们克服困难、勇于斗争的精神。

教学环节二:"原子弹引爆成功"片段中艺术处理手段分析

交流讨论:"原子弹引爆成功"这段影片采用了哪些艺术处理手段?

师:欣赏了影片中我国第一颗原子弹引爆成功的片段,请结合音画特点和镜头运用等影视艺术处理手段,感受影片是如何表现这一伟大的历史时刻的。

生:虽然原子弹爆炸发生在现实中只有短短的几秒钟时间,但导演选择放大第一颗原子弹引爆成功的那一瞬间,影片利用推、拉镜头的互换、特写与中远景等不同景致的切换,将这几秒钟拉长至几分钟,浓墨重彩,尽情渲染,强调这一历史时刻的伟大。

生:为了推出这一高潮,影片在这之前做了许多的铺垫与伏笔。之前的影片着力表现的是面对恶劣的自然环境,人的渺小与孤独无助。中华儿女不畏艰难险阻,团结一心,众志成城,终于征服自然,创造奇迹的精神力量,衬托出这一历史时刻的伟大。

生:在这影片的最高潮处,导演选择了音画对位的无声处理,非常高级,可谓做到了此时无声胜有声。当镜头在爆炸的蘑菇云与激动的人群的特写中来回切换时,除了战士们自始至终绵延不绝的欢呼声外,画面中所有的特写都是处于无声状态的:缓缓上升的蘑菇云、冯石将军隐忍在眼眶里的眼泪、老科学家张大嘴巴忘情纵跃等,就是画面上这样一个个无声的特写,让我感到无以言表的激动,这就是沉默所蕴含的巨大力量。在这一伟大的时刻,所有的语言都是苍白无力的,这更像是影片中人物与观众在沉默中进行心灵的对话和感情的共鸣。

【设计说明】

通过影片中"音画对位"这一特有的艺术表现方式,引导学生分析感悟影片在这一历史时刻这样艺术处理的用意,激发学生的爱国主义情怀和民族自豪感。

教学环节三:作业布置与活动建议

1. 布置作业。

经过了景别、镜头、声画关系等相关的学习,学生对影视艺术有了更深的了解,对镜头运用有了一定的认识。请同学们在此基础上以小组为单位,利用随身摄影设备,以公益为主题,拍摄一分钟的微视频。

2. 活动建议:

(1) 关注校园生活,从身边的人、事找灵感;

(2) 大胆表演、积极尝试;

(3) 发挥个体优势与合作精神。

【设计说明】

这一环节旨在培养学生综合实践能力与艺术创造能力。通过实践活动,引导学生学会发现生活中的美。通过团队合作,运用所学的影视艺术表现手法完成一个综合性的成品——微视频,展现学生的艺术素养和对真、善、美的理解。

专家点评

一、感知综合表达,提升审美素养。

本课例通过电影《横空出世》精选片段的赏析,了解一群为了中国核武器事业默默无闻奉献青春和生命的建设者和科研工作者的故事,引导学生从电影的画面、镜头、声音、色彩等影视语言进行综合表达,分析理解作品的艺术美感,感受其中所流露的丰富情感和精神面貌,引导学生学习科学家坚持不懈的科研精神,增进爱国情怀和民族自豪感。

二、精选表现主题,提高育人实效。

教师选择以新中国研发原子弹为背景的电影《横空出世》,整节课没有对爱国主义精神、民族自豪感的长篇大论,而是围绕以"影"引出的人生感悟为思路,借助影视艺术的多种语汇,引导学生感受科学家和祖国军人的雄心壮志与理想抱负,加深学生对祖国的热爱,增强他们的民族自豪感,鼓舞和激励学生为实现中华民族的伟大复兴而继续奋斗。

三、发现生活之美,拍摄精彩人生。

艺术审美实践能力是艺术学科的核心能力,也是艺术学科育人价值的重要体现。影视艺术作品有故事性、综合性的特点,极大激活了学生的想象力,拓展了学生的艺术创作空间。沈老师为学生预留了公益微视频的实践活动作业,并提出了活动建议,很好地开拓了学生的创作思维,激发了学生的创作潜能。

（上海市教育委员会教学研究室　钱熹瑗）

戏剧传情　演绎人生

——《将戏曲舞台融入时代》教学设计

▰▰◀ 基本信息 ▶▰▰

本课例教学内容为上海音乐出版社出版的高中《艺术》教材高一年级第一学期第七单元《戏剧传情　演绎人生》的第十四课《将戏曲舞台融入时代》。本课从舞台艺术的叙实性与写意性为切入口，一方面是因为舞台艺术是较为纯粹简单的表现方式，能够比较容易、清楚地揭示舞台艺术的共性特征和基本要素；另一方面以现代舞台绚烂立体的情境烘托，呈现出舞台艺术在时代更迭时的一些典型变化。

本课例提供者为上海市扬子中学沈文慧。

▰▰◀ 德育价值描述 ▶▰▰

戏曲发展是时代的缩影，新中国成立以来一个个闪亮的剧目贯穿在我们中国戏曲艺术发展的长河中，真诚而热情地展示着人类对真、善、美的执着追求，对丑恶虚伪的嗤之以鼻，对生命价值的深刻追问。本课通过欣赏不同时代戏曲（京剧）的演出形态，引导学生运用对比方法学习，领略戏曲舞台表演方式在不同时代创新的综合效应和立体美感。以传统京剧《三岔口》为例，一张桌子尽显其能。学生学习体会中华优秀传统文化艺术，深化文化理解，立志传承。而现代京剧《沙家浜》真实展现人物故事的舞台写实手法让观众更易理解艺术美，向往美好事物，追求真善美。现代京剧《大唐贵妃》，场面宏大华丽、演唱清新，学生通过聆听、欣赏和模唱表演，在理性的浏览与赏析中思考自己人生各阶段的变化。

▰▰◀ 正文 ▶▰▰

教学环节一：导入

学生听辨戏曲剧种，并引导学生猜出演唱戏曲片断的名称。

（1）黄梅戏：《天仙配》。

（2）越剧：《梁山伯与祝英台》。

（3）沪剧：《芦荡火种》。

师：你是从哪些方面判断戏曲剧种的？

生：从演唱语（方）言上辨别出，从伴奏乐器感受出，从不同的唱腔风格中分辨出……

师：其实刚才大家讲的唱腔风格、伴奏特色等因素，是形成中国不同地方剧种的重要因素。

【设计说明】

唤醒学生已有知识，中学教材中的赏析已让学生有了一定的戏曲知识，基于原有知识的学习能让学生迅速进入课堂教学环节，被祖国传统戏曲的博大精深而深深吸引。

教学环节二：教授新课

1. 视听与研究。

师：今天老师要和你们一起探讨的课题是：第十四课《将戏曲舞台融入时代》。中国戏曲源远流长，发展至今出现了一些变革与创新。下面让我们一起欣赏几个来自不同时代的京剧片段，试着从表演内容、舞台布置、演唱形式、伴奏音乐等方面比较它们的不同，寻找时代发展给戏曲艺术带来的变化。

（1）欣赏传统戏曲《三岔口》片段。

（2）欣赏现代戏曲《沙家浜》片段。

（3）欣赏现代戏曲《大唐贵妃》片段。

（4）学生从创作年代、舞台布置、演唱形式、伴奏音乐、人物造型上进行对比，边观赏边填写表格。

表演内容	三岔口（视频 1）	沙家浜	大唐贵妃	三岔口（视频 2）
创作年代				
舞台布置				
演唱形式				
伴奏音乐				
人物造型				

2. 交流与讨论探究中国传统戏曲的一般特征与发展轨迹。

（1）写意性（简朴的布景道具，例如：传统舞台仅用一桌一椅，但通过演员的表演，却能无所不指）——写意性与写实性结合。

（2）程式化——程式化与生活化相结合。

（3）综合性——综合性更强（立体的情景烘托）。

师：同学们通过学习探究，明白我国戏曲艺术家们曾经努力探索，创新传统戏曲表演的多元化，更贴近大众的生活，力求被大众所喜爱。

【设计说明】

对比教学使学生学习的内容充分发挥作用，使艺术范例的经典特征一览无余，京剧戏曲舞台表现知识在对比中一一呈现，原有知识与新发现的碰撞学习能让学生迅速进入新的课堂教学环节，进行自觉而有效地学习，在被祖国传统京剧的博大精深而深深吸引时，本课题的教学主旨昭然若揭。

教学环节三：拓展探究

1. 欣赏戏曲动画片《三岔口》。

探究《三岔口》（动画片）的成功原因。

思考：我们可运用新时代的哪些元素，让京剧艺术之花常开在时代的舞台上？

生：服装、动作、脸谱、头饰、道具、化妆……

2. 学生小组讨论并交流。

【设计说明】

戏曲动画片《三岔口》的欣赏既是对前一环节的拓展与巩固，又是对下一课时学习的过渡。京剧艺术的生命力在新的艺术形式（影视艺术）中生根发芽，为传统戏曲艺术传承打开了新思路，给人无限的联想空间，激励学生勇于加入到弘扬传统艺术的队伍中来。

教学环节四：创作实践

1. 学做化妆师：为多媒体上的不同戏曲角色人物选配适当的眉型、脸谱颜色。

生：分组进行创编活动并表演交流。

2. 小结：创作的成功经验是尊重潜在的原则：生、旦行是扮"俊"；丑行扮"丑、滑稽"。

【设计说明】

化妆要运用到学生的绘画技艺，学生在自选人物化妆中自然地进行了分辨戏曲人物、行当的活动，而且人物的脸谱特征是京剧中的又一瑰宝，各种知识的融汇运用使人物的美与德并存，在艺术欣赏活动的各项过程中自然渗透了德育教育。

教学环节五：课堂小结

传统戏曲似乎离我们的生活很远，可艺术家们的不断创新又使它们变得离我们很近，只要我们敢于去大胆尝试，也许你就是下一个成功者。

【设计说明】

本环节引起学生注意到传统戏曲艺术在我们生活中其实无处不在，只要用心观察、思考、勇于实践，成功的艺术创新并不是遥不可及。

教学环节六：课外拓展

完整观赏京剧《沙家浜》。

【设计说明】

本环节鼓励学生课外继续探究戏曲艺术，感受传统文化之美。

▮▮▮◖专家点评◗▮▮▮

一、增强学生对中华优秀艺术文化的赏析与理解。

戏曲是我国优秀的传统文化艺术形式之一，在世界音乐舞台中也极具特色。了解戏曲、学习戏曲，有助于学生进一步体会中华优秀传统文化艺术。

本课的课堂教学凸显了"戏曲"这一中华优秀艺术文化学习，在欣赏戏曲的同时，增强学生对中华优秀艺术文化的赏析与理解。而黄梅戏、沪剧、越剧、京剧等不同剧种的戏曲欣赏也使学生体会到戏剧这一传统艺术的多样性、地域性，体会我国优秀传统文化强大的发展力，从而增强中华优秀传统文化的自信心。

二、戏曲的发展需要传承与弘扬。

在本课的课堂教学中,《沙家浜》《大唐贵妃》等现代戏曲是戏曲在现代发展中的经典案例,成功地探讨了戏曲在现代发展中的途径与方法,课堂中对这些曲目的欣赏,能够增强学生传承与弘扬戏曲文化的信心。

为了激发学生弘扬传统文化的热情,沈老师还设计了"学做化妆师"这一环节,通过学生的动手实践不仅能让学生更进一步地理解戏曲文化、体会戏曲所表达出来的艺术之美,而且能进一步提升学生对弘扬传统文化的自信心。

（上海市崇明中学　　沈　吉）

戏剧传情　演绎人生

——《走进话剧》教学设计

▚▚▚◗ 基本信息 ◗▚▚▚

　　本课例教学内容为上海音乐出版社出版的高中《艺术》教材高中一年级第一学期第七单元《戏剧传情　演绎人生》相关戏剧内容的整合与延伸,课题为《戏剧传情　演绎人生——用不同的戏剧语汇叙述故事》,选取了教材"赏析导引"中话剧《茶馆》(语文教材中剧本部分的延伸)和"研讨与创造"中的部分问题的探究。在本课设计中,教师让学生回顾了前两个单元与本单元第一课时的相关知识,例如三个不同的戏剧艺术的基础概念、表演特征、表现形式、艺术风格以及审美感受等。根据上海市《艺术课程标准》的要求,并以学校艺术延伸活动"课本剧"表演作为戏剧艺术实践的载体,在课堂上进行初期的戏剧教学拓展学习,对学生体验剧中人物的情感和育人价值方面非常有意义。

　　本课例提供者为崇明区城桥中学李成。

▚▚▚◗ 德育价值描述 ◗▚▚▚

　　在本课中,学生将以中国戏曲、中国话剧、西方音乐剧这三种曾经在课堂中学习过的戏剧形式为基础,在理性的浏览、回顾和梳理中,领略不同戏剧艺术创造的艺术美感。在讨论、交流、合作与表演过程中,感受、体验艺术魅力,丰富人文内涵,激发爱国情感。我们要坚定文化自信,没有文化的繁荣兴盛就没有中华民族的伟大复兴,落实立德树人的根本任务。本课侧重落实"理解艺术美,立足社会主义核心价值观,向往美好事物,追求真善美"这一高中阶段学科德育核心要求。

　　1. 在师生交流互动的教学过程中引发思考,启迪学生发挥开放、多元的想象力,较为全面地思索戏剧表现的人生的多种可能性。

2. 在合作探究中辨别、判断戏剧艺术的价值和魅力，提升学生对艺术作品的分析、理解、感悟和判断能力，进而落实民族精神教育，彰显艺术学科的育人价值。

●●●● 正文 ●●●●

教学环节一：谈话导入，引入教学内容

1. 音乐剧的特点有哪些？

2. 出示课题《走进话剧——用话剧语汇叙述故事》。

【设计说明】

本环节是对比不同艺术门类当中的异同点。各艺术门类有其各自的特点，我们要挖掘经典和耳熟能详的作品，让学生在欣赏的同时，提高感受美、欣赏美、创造美的能力。

教学环节二：赏析话剧《茶馆》"冲突"片段，感受语言与动作对人物的塑造

1. 全班品读片段台词，感受对白塑造的人物性格。

2. 看视频片段，了解冲突事件的梗概。

3. 分组分角色对台词，感受常四爷、二德子、松二爷人物性格特征。

教师提示：说台词时不忘整个角色的状态，声音要大（因为传统话剧舞台是没有话筒的），还要注意角色的肢体动作是松是紧。分析台词重音和停连，想想哪句台词有简单动作。

《茶馆》片段

松二爷：外面这是出什么事啦？

常四爷：反正啊，打不起来。要是真打的话早到城外头去了，到茶馆来干吗？（坐下喝茶，大声喧哗）

松二爷：说得对，说得对。

二德子：嘿，那面冲谁扯闲话呢？（气势汹汹，膀大腰圆）

常四爷：你问我那？（横眉冷对）

二德子：嗯。（横眉冷对）

常四爷：花钱喝茶，难道还要叫人管着吗？（轻蔑）

松二爷：我说这位爷，您是营里当差的吧，来，坐下喝一碗儿，我们也都是外场人儿。（打圆场）

二德子：你管我当差不当差那。（一甩袖子）

常四爷：要抖威风，跟洋人干去，洋人厉害，英法联军烧了圆明园，官家吃着关饷，可没见您去冲锋打仗！（挑衅）

二德子：你先不要说我敢不敢打洋人，我先管教管教你，我打不了洋人我还打不了你吗？（愤怒以对）

【设计说明】

本环节通过朗读和分析台词，观看视频片段，让学生充分感受戏剧冲突，体会戏剧人物的内心情感，以直观的方式体会语言和动作在塑造戏剧冲突中的作用。

教学环节三：思考、尝试与体验

1. 师生互评、生生互评，努力做到"什么人说什么话"。
2. 复看视频，了解动作表演对人物形象的塑造。
3. 复看"冲突"片段，体会动作塑造人物的作用。
4. 模仿示范剧中人物的动作。
5. 分角色完整表演"冲突"片段。
6. 欣赏《茶馆》剧照，感受写实风格的舞美布景。

7. 归纳总结话剧主要语汇。

【设计说明】

这一环节是本课的重点环节，通过欣赏、表演等方式，让学生体验语言、动作、舞美是话剧最重要的表现手段,并通过师生互评、生生互评、自我评价等方式完善学生对人物角色的演绎,促进学生对话剧舞台艺术特征的理解。同时,在学生表演的过程中,使学生真正"走进话剧",真切感受话剧的艺术魅力。

教学环节四:赏析电视剧《大宅门》片段

1. 从语言、动作、舞美、镜头角度分析《大宅门》和《茶馆》异同。
2. 话剧社学生表演《大宅门》片段。

【设计说明】

对比欣赏电视艺术和舞台艺术两种艺术门类,从中学习电视艺术对于镜头切换的基本常识。此片段是一次很好的爱国主义教育的学习,具有强烈的民族精神,我们要牢记历史,不忘落后就要挨打的沉痛教训。

教学环节五:总结归纳

1. 教师归纳总结。
2. 推荐欣赏剧目(曹禺《雷雨》《北京人》《日出》《原野》),布置课后作业。

【设计说明】

本环节对本课所学知识进行总结和归纳,帮助学生进一步加深印象。同时教师推荐欣赏剧目,让学生课后完成作业,实现了课堂内容的课外延伸,培养学生乐于探索、勤于研究的学习态度。

▮▮▮◈ 专家点评 ◈▮▮▮

学生对戏剧的认识源于高中语文教学中部分戏剧文本的学习与了解,对戏剧的认识大部分是存在于文学修辞理解之上的。但是,对于综合性、戏剧性、舞台化的戏剧作品欣赏的经验是缺乏的,也因此无法对戏剧艺术的魅力产生共鸣。但他们对戏剧的经典剧目以及相关知识有着较强的学习愿望。从表演上,大部分学生喜欢欣赏但怯于表演,或者心里愿意尝试但缺乏自信。还有一部分愿意积极尝试,但不知道应该如何进行表演,更无法通过语言、动作来表达内心的感受。通过了解,大部分学生愿意学习经典戏剧艺术作品,并期望通过实践学习和参与艺术实践表演,来提升他们对戏剧艺术的理解。不难看到的是通过话剧表演,体会剧中人物,引导学生形成了健康人格,让他们更自信、更愿意以戏剧的方式表达自己。

通过体验的方式调动学生积极性,分组明确,鼓励学生踊跃参与艺术实践。仅仅停留在简单模仿部分戏剧片段是不足以理解话剧艺术全貌的,还需要对艺术作品背后的故事、作品的风格等内容进行综合学习,进而能够对话剧这门综合艺术有较为深刻的了解。但艺术的综合又不能仅仅停留在艺术门类的简单拼接与艺术手段的表面综合,而应该在学生内心达到综合审美的效果。课堂中注重引导学生参与艺术活动,能够增强学生的团队合作意识,强化团队责任感,最终达到育人目的。

(上海市崇明中学　沈　吉)

歌情乐韵　悦耳爽心

——《长江之声》教学设计

基本信息

本课例选自高一艺术课程的拓展内容,以长江流域一带的民歌为主要教学内容,拓展及巩固学生掌握的民歌知识和民歌体裁。通过欣赏我国优秀民族艺术作品,体会不同地域的民歌特点,分析其风格差异,感受民歌的艺术魅力,提高学生的审美能力。

本课例提供者为崇明堡镇中学熊曦。

德育价值描述

本课要求学生能够了解长江沿岸地区的民歌,感受我国不同地域的民歌特点及魅力;调动感官欣赏和评价优秀艺术作品,提高审美趣味和审美判断能力;探索我国传统音乐的艺术价值和艺术创新,热爱我国优秀的民族音乐文化,培养发扬我国民族艺术的意识。

本课要求学生能区分民歌的种类,了解产自长江流域的具备不同地域风格的音乐作品,通过欣赏、演唱、对比、讨论等多种方式对音乐作品进行深入了解,引导学生总结民歌风格特点的形成与地域特点之间的相关性。通过赏析长江沿岸区域及流行于世界的民歌作品,激发学生对我国传统民族音乐的热爱,增强其传承和弘扬中华传统文化的意识,侧重落实"体会中华优秀传统文化艺术,深化文化理解,立志传承"这一高中阶段学科德育核心要求。

正文

教学环节一:导入

教师出示中国地图。

师：请同学们在地图上找到长江的发源地（青海）和入海口（上海），今天我们就沿着长江逆流而上，去听听长江之声。

【设计说明】

用地图导入，引导学生在地图上寻找长江的发源地和入海口，对本课歌曲的流传地域有初步的认识。

教学环节二：逆流而上，听长江之声

1. 《采茶舞曲》。

师：引用白居易的一首《忆江南》，带同学们走进风景如画的江南。如果你是诗人，你会用什么样的语言来形容江南？

生：美景如画、景色迷人、令人心旷神怡。

师：江南一带多为平原，河网密布，风光秀美，在这样的风光里劳动，应该别有一番情调。今天老师带领大家聆听一首《采茶舞曲》，一起走进江南茶园。听完曲子后，请同学们总结一下该曲子的风格特点，我们一起讨论交流。

生：乐曲旋律优美、婉转，方言演唱。

师：同学们总结得都很棒，《采茶舞曲》中体现了以下的风格特点：旋律活泼轻快、婉转细腻、清新秀丽，以越剧的曲调为素材，语言是典型的"吴侬软语"。

2. 《龙船调》。

（1）出示湖北自然风光照片。

师：走出江南，我们不知不觉来到了长江中游——湖北省，从照片中我们可以总结出湖北山地居多、山峦起伏的地貌特点，在这样的地域条件下，会唱出怎样的歌声呢？我们一起去听一听。

（2）出示歌谱，欣赏《龙船调》，学生分组讨论交流歌曲特点。

师：歌曲采用山歌的风格特点，开头高亢嘹亮，整体自由流畅，体现出了远距离打招呼的感觉。歌曲的短句部分节奏感强，清新活泼，生活气息浓厚。半说半唱的对白增加了诙谐风趣的生活情调，劳动号子体现了划船时的场景。

（3）学生模仿学唱《龙船调》，学习歌曲对白方言，尝试跟着旋律，体验歌唱时的情感，感受土家人的风土人情。

3. 《川江船工号子》。

师：过了湖北，最后来到了长江上游——四川。巴蜀境内，山峦重叠，江河纵横,交通不便,货物流通和客运往来皆需木船载客运货。正因如此,劳动号子这一民歌体裁应运而生。

(1)欣赏《川江船工号子》,学生分组讨论,总结号子在劳动过程中所发挥的作用和劳动号子的风格特点。

(2)以小组为单位,学生自己创设生活中的劳动场景,展示号子在劳动过程中的作用。

4.传承与弘扬。

(1)欣赏歌剧《图兰朵》片段,发掘熟悉的旋律。

师:在歌剧的配乐中,普契尼运用了大量中国元素,如美丽圣洁的图兰朵公主每次出场都会伴随着一支来自东方的美妙旋律,那就是大家耳熟能详的中国传统民歌《茉莉花》。《茉莉花》是一首江苏民歌,其旋律婉转秀美,加上吴语方言的演唱,能够让人感受到浓郁的江南水乡情韵。

(2)欣赏《茉莉花》各种场合的演唱片段,包括维也纳金色大厅、香港和澳门回归庆典上、北京奥运会会徽揭晓仪式、2004雅典奥运会闭幕式等场合的《茉莉花》演唱片段。

师:听了这么多版本的《茉莉花》,这首歌曲就像是音乐天使,搭起了中国通向世界大舞台的桥梁,如今《茉莉花》在世界音乐史上的地位,令我们每个中国人都感到自豪。只有民族的,才是世界的,我们国家还有许多优秀的民族艺术文化,等着我们在座的每一位去传承和弘扬。

【设计说明】

本环节让学生欣赏和分析了小调、山歌、劳动号子及传统民歌《茉莉花》,引导学生体会作品结构均衡、节奏规整、旋律悠长、曲调细腻婉转等特点,品味浓浓的生活气息,养成积极乐观的生活态度。民歌是我国传统音乐文化的重要组成部分,是我国优秀传统文化的重要内容。在这个环节中,通过体会这些民歌的特点,引导学生进一步了解传统民族音乐的特色,增强民族文化自信心与自尊心。通过欣赏民歌在世界舞台上的传播,引导学生自发传承与弘扬民族音乐,增强民族文化自豪感。

教学环节三:探寻与思考

除了民歌,我们民族艺术种类中还有哪些风格的艺术种类是因地域特点而产生的? 这些艺术种类是如何传承下去的?

【设计说明】

这一环节注重拓展学生的思维与视野,将学生的目光放到民族艺术的特色及传承上,引导学生以民族艺术传承者的身份来思考民族艺术的未来。

■■■● 专家点评 ●■■■

民族音乐是我国优秀传统文化的重要组成部分,在世界音乐的舞台上也是极具特色的。学习民族音乐,体会优秀传统文化艺术,有助于学生深化文化理解、积极传承民族音乐与传统文化艺术。

本课以长江沿岸的典型民歌作为主线,通过听、唱、演、创、说等方式,让学生在复习巩固已有民歌知识的基础上,感受我国民歌因地域、人文等因素的不同而呈现出不同的风格特点。通过对不同体裁民歌的赏析,引导学生了解艺术源于生活且高于生活,激发学生从身边找寻创作素材和灵感。《茉莉花》作为我国优秀的民歌代表,通过给学生欣赏各种场合的演出视频,使学生热爱祖国的音乐文化,增强民族意识和自豪感,传承和弘扬我国优秀的民族艺术。

(上海市崇明中学 沈 吉)

跨越美丑唱真爱

——《巴黎圣母院》教学设计

■■■●基本信息●■■■

本课例选自上海音乐出版社高中《艺术》(试验本)高二第一学期第五单元,以音乐剧《巴黎圣母院》为主要教学内容。

法国音乐剧《巴黎圣母院》(又名《钟楼怪人》)是根据法国大文豪维克多•雨果的文学原著改编而来的。这部音乐剧在艺术表现手法和形式上有着很多创新之处,全剧一共有 50 个音乐作品,每个作品相对独立。在音乐剧的创作中,作曲家进行了大胆的革新与尝试,剧中的歌曲创作吸收和融入了大量现代音乐和舞蹈元素,在舞台美术设计上也更强调现代化的艺术趣味和情调。同时,音乐剧有强烈的现代音乐、电子音乐为伴奏,以高亢、振奋、震撼人心甚至让人撕心裂肺的演唱方式,配以现代舞蹈动作和交织变幻的光影效果,深刻地体现了剧中卡西莫多等人物的人性美和强烈的反封建主题,给音乐剧带来了大量崭新的观念和表现手法,使它更符合现代人的欣赏口味,令人赏心悦目、回味无穷。

本课通过欣赏《美人》和《解放》等音乐剧片段,让学生从聆听、欣赏、朗读、模唱、表演、体会等多方面感受剧中人物的性格,了解艺术家塑造人物性格的各种手法,通过人物性格去探讨"美与丑""善与恶"的人性问题,强化和激发学生运用所学知识进行创作的欲望。

本课例提供者为崇明区城桥中学盛骁骁。

■■■●德育价值描述●■■■

本课旨向以聆听、欣赏、朗读、模唱、表演、体会等多方面感受《巴黎圣母院》剧中三位男主人公的性格,了解艺术家塑造人物性格的各种手法。对应一级德育核心要求"理解艺术美,向往美好事物,追求真善美",对应二级德育核心要求

"感知、体会、表现艺术,陶冶情操,形成健康人格",对应四级德育核心要求"体会世界经典艺术,形成包容多样优秀文化的价值观"。

1. 通过欣赏《美人》《解放》等著名唱段,感受经典音乐剧独特的艺术魅力,理解其情感内涵的表现手法,提高对人性善、恶、美、丑的鉴别能力。

2. 运用鉴赏、讨论、模唱、表演等多样的学习方式,体验和感受音乐剧《巴黎圣母院》中人物的内心情感以及该剧独特的艺术表现手法。

3. 通过模唱经典唱段的片段,实践其中的表现环节,进一步提升艺术的实践能力,获得音乐剧的欣赏经验,积累艺术的审美体验。

●●●● **正文** ●●●●

教学环节一:图片导入,引出课题

1. 出示图片,简单介绍巴黎圣母院的建筑特点。

2. 出示课题。

【设计说明】

互动交流,了解巴黎圣母院的建筑特点,从学生的兴趣点和美学角度入手,吸引学生注意力,由此引出课题。

教学环节二:欣赏学习,感受魅力

1. 出示图片,简要介绍剧中主要人物。

2. 视听体验一:《美人》。

(1) 欣赏音乐剧《巴黎圣母院》片段《美人》。

思考:唱段中出现了几个主要人物? 分别是谁? 唱段主要呈现了什么内容?

(2) 出示歌词,讨论主人公内心情感,探讨人性的真善美。

(3) 学唱《美人》的旋律片段。

① 全班学唱《美人》中的前四小节旋律。

② 分段聆听,感受《美人》中三个人物的音色、旋律、音的位置。

③ 熟悉三位主人公的旋律。

④ 分角色表演。

⑤ 师生、生生评价。

3. 视听体验二：《解放》。

（1）欣赏音乐剧《巴黎圣母院》片段《解放》。

思考：唱段中哪些艺术表现手法是该音乐剧特有的？

（2）了解《巴黎圣母院》舞台背景"墙"的抽象表现形态。

① 比较分析音乐剧《猫》与《巴黎圣母院》的舞台背景。

② 简要介绍"现代派"美术。

③ 归纳《巴黎圣母院》中《解放》唱段中独有的表现手法。

【设计说明】

本环节首先出示人物图片，让学生大致了解剧中的四位主要人物，再从欣赏唱段《美人》入手，通过欣赏加深学生对四位主要人物的印象。通过讨论、模唱、分段聆听、表演等环节感悟三位男主角对艾斯梅拉达的不同情感，加深学生对真善美的理解。探讨"美与丑""善与恶"的人性问题，强化和激发学生运用所学知识进行创作的欲望。然后引导学生运用已有的知识，欣赏唱段《解放》，感受该音乐剧特有的表现手法。通过对比欣赏音乐剧《猫》与《巴黎圣母院》的舞台背景，了解《巴黎圣母院》的舞台背景"墙"抽象的表现形态。

教学环节三：教师课堂小结

课后安排学生利用教师提供的赏析导图以及互联网工具进行自主性的拓展学习，继续欣赏该音乐剧，探究它的艺术魅力，进一步探讨"美与丑""善与恶"的人性问题。

【设计说明】

安排学生课后继续进行拓展学习是对课堂内容的课外延伸，引导学生深入探寻经典名剧的艺术魅力，培养学生勤于探索、乐于研究的学习态度。

▶▶▶◀ 专家点评 ▶◀◀◀

本课以改编自法国大文豪维克多·雨果的文学原著——《巴黎圣母院》为主要内容，该音乐剧在艺术表现手法和形式上有众多创新之处。《巴黎圣母院》全剧共有 50 个作品，每个作品相对比较独立。因此，教师针对教学内容选择作品片段的时候，不仅要考虑片段内容与学生兴趣的融合，抓住学生的兴趣点，让学生沉浸在课堂教学中，也要考虑所选片段是否可以让学生更好地了解《巴黎圣母院》这部音乐剧,既要有点,也要盖面。盛老师在教学设计中,通过两个视角解决了这个问题,一个是人文情感,一个是艺术创新。

一、以人文视角,实践体验《美人》唱段。

盛老师从人文的角度选择了经典片段——《美人》,赏析前以主要人物图片展示的方式让学生对剧中人物有了大致的了解。为了让学生更好地感悟片段中的人物形象,盛老师设计了模唱、表演等活动环节。通过实践体验,让学生感受人物的内心情感,感受外貌与内心的丑美反差,加深了学生对人物的印象。

二、从艺术创新视角,赏析《解放》片段。

从艺术创新的角度选择《解放》这一经典唱段,引导学生从艺术表现手法的角度去理解作品,能够运用已有的知识发现作品中独有的表现手法。通过比较的方式,对《巴黎圣母院》的舞台背景进行赏析,综合美术、舞台等艺术元素,让学生从不同门类中产生通感,探讨"美与丑""善与恶"的人性问题,加深对真善美的理解与辨析。

(上海市崇明区教育学院　朱　峰)

用情感悟爱　用心创作爱

——以《解读现代陶艺》一课为例

▮▮◆ 基本信息 ◆▮▮

本课例是上海音乐出版社的高级中学课本《艺术》高一年级第一学期第三单元《鬼斧神工　物化百态》设计主题单元的拓展内容。

本课例提供者为上海市崇明区扬子中学仇娅。

▮▮◆ 德育价值描述 ◆▮▮

本课侧重落实"感知、体会、表现艺术,陶冶情操,形成健康人格""体会世界经典艺术,形成包容多样优秀文化的价值观,传播中华优秀传统文化"这两项高中阶段学科德育核心要求。

20世纪90年代,现代陶艺和众多现代艺术一样在中国得以发展,其新观念、新思想给中国传统陶艺审美带来巨大的冲击。刚刚起步的现代陶艺渐渐摆脱了实用性、装饰性功能的束缚,将陶瓷艺术从面向大众实用化的陈旧模式转向张扬自我个性化的发展,从纯工艺美术领域拓宽到了现代艺术领域,从此陶瓷艺术走向了一个多元化的时代。

通过本课的学习和引导,学生从艺术作品中读懂耐人寻味的思想内容,体会艺术家的真切情感,与作品达到情感共鸣。在实践环节,让学生以母爱为主题创作作品,尝试用情感悟爱、用心创作爱,把自己内心的真实情感融入整个创作的过程,让作品因为有了情感的融入而焕发生命的活力。

▮▮◆ 正文 ◆▮▮

教学环节一：对比式导入

1. 文字理解,导入新课。

(1) 学习理解陶瓷(瓷器)的含义。

(2) 分析日用陶瓷设计和现代陶艺的字面含义,引导学生得出结论:"器"→"艺"。

(3) 理解 New Ceramics Art 的字面含义为 New Art。

2. 举例、对比分析从"器"到"艺"的性质转变。

(1) 出示传统(青花)花瓶和现代青花陶艺作品 2 组。

(2) 引导学生对比分析并小结。

"器"→"艺"。

实用性、装饰性→思想性、文化性。

【设计说明】

本环节首先引导学生从字面上读懂瓷器的"器"和陶艺的"艺"之间的区别,理解日用陶瓷设计和陶艺的不同艺术特点,为探究现代陶艺的艺术特点做好铺垫。接着教师举例验证,以作品图片对比来确定这一转变性质,帮助学生深入理解现代陶艺从"器"转为"艺"的特性。高中学生的领悟力、学习能力较强,本环节旨在引导他们自主学习,培养他们理性分析艺术作品的能力。

教学环节二:欣赏与解读

1. 欣赏各类现代陶艺作品的小视频。

(1) 引导学生在观看欣赏中注意观察现代陶艺的各种风格。

(2) 学生说说所观察到的陶艺风格,教师总结、分类和补充。

① 抽象表现主义风格。

② 浪漫抒情风格。

③ 怪怖艺术风格。

④ 以容器造型为主的表现风格。

⑤ 超写实主义风格。

⑥ 理性象征风格。

(3) 检查理解和巩固知识。

小练习:你知道这些现代陶艺以什么风格为主吗? 谈谈你对作品的理解。

2. 作品深入赏析。

(1) 欣赏现代陶艺作品《壶神》,讨论并解读作品内涵。

① 学生欣赏现代陶艺作品《壶神》,以肢体语言模仿壶身动态,观察作品的艺术效果,并畅谈自己对作品的感悟。

② 教师介绍专家对《壶神》的评论：借助壶的外形特点，重构了"壶"的造型；层层剥落效果，表述对回归自然的追求；极具个性化，表达向上的精神和对至真情怀的召唤；在当代文化中，追求与人们内心的情感共鸣。

（2）欣赏现代陶艺作品《想飞的刷子》，讨论并解读作者创作时的情感。

① 学生讨论并回答以下问题：

以你对作品的理解，你认为作者是带着怎样的情绪去创作的？

② 教师小结：创作时要学会把自己的感情融入作品，只有这样，才会让你的作品焕发生命力。艺术家借助陶瓷材料，远离传统使用性质的观念，表现现代人的理想、个性、情感心理、意识和审美价值的作品形式。

【设计说明】

本环节首先让学生欣赏大量现代陶艺作品的照片和视频，以直观的方式切入本课教学主题，展示了各种不同的艺术情绪和艺术张力，给学生带来了视觉冲击力和艺术感染力，激发学生与作品之间产生情感的共鸣。教师讲解六种常见的现代陶艺表现风格，并以图片佐证，了解各类风格可以独立存在，也可相互并存；以小练习的形式进行巩固，为下阶段的学习内容打下扎实基础。最后深入品读我国青年陶艺家孟庆柱和张晓莉的现代陶艺作品《壶神》系列和《想飞的刷子》系列，用同样类别借物抒情的作品，引导学生从不同的角度来品读作品的内涵。以肢体语言模仿壶身动态、互动讨论、分享感受等形式让学生体验作品本身带来的情感体验，揣测作者创作的情绪、情感的投入。逐步递进深度，引领学生赏析作品、品读作品、感悟作品，了解如何让作品焕发艺术生命力。

教学环节三：感悟与创作

1. 感悟母爱。

（1）赏析感人的小故事《水中的母爱》，在教室里制造欣赏气氛：关灯、闭眼、静静聆听。

（2）教师组织学生回想生活中母爱的小插曲并与大家分享。

2. 教师小结，引导学生创作设计相关主题的作品，把自己感悟融入设计，可以用简笔画设计草稿。

3. 学生简单设计、创作现代陶艺作品《母爱》草图。

4. 教师巡视辅导。

【设计说明】

本环节以感人的故事和预设的环境,激发学生的内心情感,引导学生感悟母爱的伟大。通过回想自己感受到的母爱,并与他人分享,让学生懂得尊重和珍惜身边的亲情,然后逐步指引学生把自己的感情融入作品,用情感悟爱、用心创作爱。

教学环节四:分享与评价

1. 结合学习过的陶艺技法,畅谈创作构思。

2. 分享创作构思,通过自评、小组评价和教师点评等方式,吸取他人的建议,逐步完善作品的设计稿。

【设计说明】

分享创作意图的同时,综合吸取他人对艺术的领悟,不断完善自己的创作设计稿。在这一过程中,培养学生勇于艺术实践的态度,增强协同合作的意识,学会尊重他人劳动成果,创建平等对话、相互激励的学习氛围。

教学环节五:研究与拓展

中国有很多出色的现代陶艺家,如白明、孟庆祝、张晓莉等,他们作品中各具特色、耐人寻味的陶艺语言蕴含着对人性、自然、历史文化和社会问题的沉思。请学生课下查找我国现代陶艺家并尝试解读他们的作品。

【设计说明】

教师介绍现代陶艺艺术家及其作品内涵,培养学生对世界人类文化遗产的尊重和保护意识。安排学生收集现代陶艺家的资料,引导他们关注中国陶艺事业的发展,关注现代陶艺的发展。

▶▶▶◉ **专家点评** ◉◀◀◀

本课的学习内容选材与时俱进,符合高中生时尚的审美兴趣。高中学生接受新奇事物比较快,对现代艺术更有自己特定的审美能力,因为这一年龄阶段的学生有着很宽的思维想象空间,有利于扩张他们的创造性思维。本课的教学重难点设置精准;过程设计采取探究学习、营造学习情境,引发学生的兴趣和想象,并尝试像艺术家那样创作构思,引导学生与艺术作品之间产生情感的共鸣,教学过程也符合高中生美术学习心理。

整节课中,仇娅老师打破一般陶艺欣赏课的老路,积极引导学生用审美的眼光与角度、情感的共鸣与随想来讨论现代陶艺,在多元化情境中感性地认识现代陶艺的特征和表现风格的多样性,在作品对比中了解现代陶艺,在深入解读中理解现代陶艺,在模仿作品中层层递进感悟现代陶艺。在创作体验中,仇老师设置以母爱为主题,让孩子们在分享母爱故事的同时,懂得珍惜身边的亲情,并逐步指引学生尝试把自己的感情融入作品,用情感悟爱、用心创作爱,美育德育得以再次升华。

由于教学内容和环节较多,建议分成两课时进行,让学生完成一件属于自己现代陶艺作品。

(原上海市闵行区教育学院　张家素)

中国制造之美（之一）

——以《标志设计赏析》一课为例

◆基本信息◆

本课《标志设计赏析》选自上海音乐出版社高中一年级第一学期《艺术》第四单元《知白守黑　笔墨生辉》。笔者从德育和美育二者关系的角度研发了一套原创课程——《中国制造之美系列》，本课也是这套课程的内容之一。

本课例提供者为崇明区民本中学虞红日。

◆德育价值描述◆

本课落实"理解艺术美，立足社会主义核心价值观，向往美好事物，追求真善美""体会中华优秀传统艺术，深化文化理解，立志传承"这两项高中阶段德育核心要求。

◆正文◆

教学环节一：情境导入

1. 教师讲民族品牌的故事，学生从故事中了解每个民族品牌的经典标志都有丰富内涵及重要作用。

2. 教师通过图片演示，让学生了解标志的演进历史。

【设计说明】

本环节从故事和图片出发导入主题，让学生了解经典标志的内涵和作用，以及标志的演进历史，激发学生的学习兴趣，为下一环节的互动问答和组织讨论做好铺垫。教师引导学生了解民族品牌的故事和标志设计，不仅让学生看到了祖国的日渐强大，还启发他们应该学习艺术家们忠于祖国的赤诚之心和为了弘扬祖国文化而奋斗终生的高尚情操。

教学环节二：互动问答，内容新授

1. 教师提出三个问题：

（1）什么是标志？为何设计标志？标志的构成要素有哪些？

（2）在我们的日常生活中都有哪些标志呢？（标志分类）

（3）我们如何评价标志设计作品的优劣？（设计原则）

2. 学生在教师的引导下理解并回答问题，学生的尝试回答如下：

（1）标志是表明事物特征的记号。标志的作用（功能）有象征功能、区别功能、美化功能、法律功能、领导功能等。标志一般由图形、文字、色彩、编排四部分构成。

（2）从功能的角度，标志可以分为商业类、非商业类（政治、组织机构、个体）、公共性（公共场所、区域、道路交通等）。从形式的角度，标志可以分为文字类（中文、外文、数字、文字组合）、图形类（具象、意象、抽象）。

（3）标志的设计原则是简、准、奇、美，四者合一为佳作。

简：简明易认，一目了然。

准：内容准确，形象直观。

奇：独树一帜，绝不雷同。

美（造型美、色彩美、形式美、内涵美）：符合形式美，受众有美的感受。

3. 教师引导学生赏析我国著名标志设计作品，进一步帮助学生深入分析标志设计的艺术表现方式和一般的标志设计技法。分析结果如下：

（1）形象高度夸张、概括、简洁、几何形化；

（2）运用联想、比喻、象征的方式；

（3）运用民族艺术表现形式。

4. 学生领悟经典作品的表现方式和设计技法，尝试创新并学会运用"＋－"去设计标志。

【设计说明】

本着知识性与实用性相结合、提高审美能力与掌握基本技能相结合的原则，本环节采用了环环相扣的提问方式。通过引导学生分析作品，逐渐掌握关于标志设计的基本知识，包括标志的概念、类别、设计的基本原则和艺术表现方式。引导学生分析经典设计作品的设计方法并尝试创作，既能强化学生对基本知识的理解,让其充分领略我国著名标志设计作品的魅力,了解我国传统文化符号精髓以及人们对美好生活的向往,又能提高学生的艺术分析能力和鉴赏能力,培养学生探索创新的精神和用艺术形式进行表达的能力。

教学环节三:总结与升华

1. 教师示范谈标志设计的艺术创作并小结。

民族的才是世界的。衷心希望同学们吸收中国民族文化的营养,投身于标志创作的领域,设计出更多的具有中国特色的美术作品。

2. 学生课后思考以下问题:

如何更好地投身于标志创作,设计出优秀的、经典的、具有中国民族特色的作品?

【设计说明】

本环节教师辩证地分析我国标志设计现状,并加入德育内容,抒发爱国情感,增强学生自强信念。教师引导学生根据本节课中已提供的诸多经典范例,从中领悟如何传承创新我国优秀的文化,在艺术创作时结合传统文化,运用多角度创新的方式去设计标志作品,培养学生热爱传统文化、敢于创新的意识。

▶▶▶● 专家点评 ●◀◀◀

鲁迅说:"美术之目的虽与道德不尽符,然其力足以渊邃人之性情,崇高人之好尚,亦可以辅道德以为治。"虞老师本节课教学过程中师生、生生的协同重构了课堂,同时又促进了课堂教学,在整节课的师生活动中又获得了新的协同发展。

一、强化民族品牌视觉识读,适时地进行爱国主义教育。

虞老师把我们国家设计师设计的优秀标志作品作为重要教学内容,在教学中适时引导学生关注本民族的品牌,教会学生客观辩证地看待我国民族企业,增强民族自信心,表达对祖国的深深热爱。

二、关注学生审美判断力,培养崇高的思想情操和道德行为。

本课教学中,虞教师谆谆善诱学生,让其充分领略我国著名标志设计作品的魅力,结合我国传统文化符号精髓以及人们对美好生活的向往,爱美之心,向美而生。

三、创意践行美,传承创新我国传统文化精髓。

如何传承创新我国优秀的文化,本节课中已提供了诸多经典的范例,虞老师引导从中领悟,触类旁通,在表现对象时以多角度创新思维方式去解决问题。为学生将来建立健康的为人做事的态度和敢于创新的人生观念奠基。

总之,美育与德育有着统一性,他们是相辅相成的。虽然美育和德育各有其独立的特点,但是,在教学中应相互渗透,这样,更有利于培养社会建设所需要的全面发展的人。

(上海市浦东新区教育发展学院　瞿剑宛)

故 宫 至 美

——《中国古代宫殿建筑赏析》教学设计

■■■●基本信息●■■■

　　本课例是一节建筑艺术欣赏课,选自上海音乐出版社的《艺术》课本高一第一学期第五单元第九课《礼制文化的融合　世代同堂大院落——气象万千紫禁城》的拓展内容。本课教学内容主要围绕介绍故宫建筑艺术而展开,重点分析其"经典"特征及设计理念等。

　　本课例提供者为上海市崇明区堡镇中学陈红。

■■■●德育价值描述●■■■

　　本课例侧重落实"体会中华优秀传统文化艺术,深化文化理解,立志传承"这一高中阶段艺术学科德育核心要求。

　　故宫是中国古代建筑史中最耀眼的一颗明珠。通过本课学习,能够让学生全面深入地了解故宫的文化内涵、整体布局美、独栋艺术美、建筑与自然的和谐美等,并且培养学生对传统文化艺术的兴趣,激发学生的民族自豪感。本课例一方面将知识和文化教学结合,既凸显了美术学科独特的育人价值又传承了中华传统文化中的精髓;另一方面,将结果性知识和过程性知识教学结合,透过庄严雄伟的外衣进一步去探究其内部构造;还将学科性知识和实践性知识结合,了解建筑中的斗拱与榫卯的特点,通过我们智慧的"孔明锁"(其原理就是榫卯结构)游戏让学生在实践中去体验和理解。

■■■●正文●■■■

教学环节一:兴趣导入

　　1. 教师提问并引导学生讨论:外国元首政要们访华为何一定会去故宫?

　　2. 教师解释"皇权至上"一词的含义,引导学生探究故宫建筑的精神内涵。

【设计说明】

本环节以问题讨论的形式激发学生对故宫之美的兴趣,让学生对故宫的建筑背景、特点以及内涵的文化底蕴有所了解,增强学生的民族自豪感。

教学环节二:体验欣赏

1. 教师介绍宫殿建筑的色彩、造型以及材质的使用,引导学生理解故宫建筑的精神内涵。

2. 引导学生欣赏故宫艺术美。

(1) 故宫整体布局美:建筑群院落式。

(2) 独栋艺术美:台基、面阔、斗拱、榫卯、屋顶、装饰等。

(3) 天人合一、文化与自然和谐美、传承创新美。

3. 学生试玩古代玩具孔明锁,感受古代木结构榫卯的特点。

孔明锁这种三维的拼插器具内部的凹凸部分啮合,十分巧妙。原创为木质结构,外观看是严丝合缝的十字立方体。孔明锁类玩具比较多,形状和内部的构造各不相同,一般都是易拆难装。拼装时需要仔细观察,认真思考,分析其内部结构。它有利于开发大脑,灵活手指,是一种很好的益智玩具。

【设计说明】

学生欣赏和感受故宫布局美、色彩美、结构美,教师结合建筑的直观审美特点与民族历史文化观念,激发学生探究的兴趣,让学生在愉快的气氛中掌握我国建筑的基本特点,培养传承和热爱传统文化的意识。教师通过古代木质玩具孔明锁的实践操作,让学生亲身感受古代木结构榫卯的特点,感受榫卯魅力,体验古代人民的高超智慧,激发学生对民族文化的热爱。

教学环节三:传承发展

教师介绍现代仿古建筑苏州博物馆的建筑特点,引导学生发现传统建筑艺术在现代建筑中的传承与创新。

【设计说明】

通过对苏州博物馆建筑特点的介绍,让学生感受传统文化艺术的生命力,感悟传统文化在现代艺术中的完美诠释,增强文化认同,增进文化自信,培养传承中华优秀传统文化的意识。

■■■■● **专家点评** ●■■■■

　　中国古代建筑对于高中生来说既有一定的距离感,又有一定的神秘感。本课力图通过一节艺术鉴赏课让学生对古代建筑有一定的了解,学习建筑欣赏的方法,知晓其中的奥秘。整节课教案设计比较合理,教学过程步骤清晰,知识点讲解比较到位,作品分析比较全面。陈老师把建筑的直观审美与民族的历史文化观念相结合,让学生通过欣赏故宫,感受故宫布局美、色彩美,通过了解历史建筑的特点来进一步挖掘古代建筑背后所蕴藏的人文精神内涵,增加学生的民族自豪感。

　　课中巧妙地以中国古代传统的益智玩具"孔明锁"作为载体,让学生对这节建筑鉴赏课产生浓厚的兴趣,在赞叹我们伟大的古代劳动人民的智慧的同时,通过解锁"孔明锁"进一步了解中国古代建筑的核心要领——"榫卯"结构,从中体验古代人民的高超智慧,激发学生对民族文化的热爱。

　　建议根据高中生的艺术欣赏教学特点,适时组织讨论,活泼学习氛围。

（原上海市闵行区教育学院　张家素）

光影育人

——以《视听语言之景别》一课为例

▮▮◀ **基本信息** ▶▮▮

本课例选自上海音乐出版社《艺术》高中一年级第一学期第八单元《如幻似梦 影视风采》。

本课例提供者为上海市崇明中学张志安。

▮▮◀ **德育价值描述** ▶▮▮

景别的运用，与影片创作者强调什么和如何强调密切相关，它可以根据故事的需要和内容的主次，给予大小远近的恰当表现，从而塑造出鲜明、生动的银幕形象。本课例有选择地进行电影片段品鉴景别的意义，用直观的影像促进学生对影片的深入理解，更好地发展了优秀电影所蕴含的育人价值。通过《江雪》《朝发白帝》二首古诗的分镜头脚本策划创意，以实现本单元由审美感受上升为审美鉴赏，由审美鉴赏激发审美创造的教学目标。了解历史，感悟善良和正义的力量，激发学生的爱国情怀，以及其对未来的向往和对美好生活的追求，从而落实"感知、体会、表现艺术，陶冶情操，形成健康人格""体会中华优秀传统文化艺术，深化文化理解，立志传承"这两项高中阶段学科德育核心要求。

▮▮◀ **正文** ▶▮▮

教学环节一：导入

1. 观看视频：了解什么是景别。

2. 景别划分：远景、全景、中景、近景、特写。

3. 景别示例：李安《理智与情感》。

【设计说明】

认知规律和学生实际是我们设置知识技能目标的两大依据,作为艺术学科还应当注重一个切入口,那就是兴趣,兴趣激发的媒介是审美感受和审美形象。预置"让学生学一点知识,拓展一点视野"的视频,激发起学生的兴趣和情感,以此引发学生讨论景别的划分。

教学环节二:探究讨论

1. 欣赏电影片段,分析景别的意义。

(1) 参与叙事,暗示、描绘和再现电影空间。

赏析《音乐之声》片例:02′28″,修女玛丽亚在山上尽情地唱歌跳舞。景别以远景、全景为主,借景抒情,节奏舒缓,介绍了故事发生的时间、地点和环境。

(2) 抒发特定的情感,表现特定的视角。

赏析《这个杀手不太冷》片例:01′01″,一组特写镜头(点燃的香烟、照片、墨镜、牛奶等)细节,对话完毕,也没有看清主人公莱昂的脸,营造出了一种悬念,也烘托出了莱昂所从事的杀手这一职业的神秘感。

(3) 建立心理与情感距离。

赏析《天堂电影院》片例:01′20″,时隔三十年后的母子团聚,略显交谈隔阂的母子逐渐靠近,全景、中景、近景、特写和随写构建人物的心理距离层层递进至袒露心扉。

(4) 构建整体视觉风格和导演风格。

赏析《我的父亲母亲》片例:00′40″,村口的人们都在等待老师的到来,之后,便是对洛老师和招娣的一系列面部交叉特写,没有对白,但是我们可以感觉到他们两人之间注定要发生些什么。

2. 问题与讨论。

导演景别创作的意图与摄影师、灯光师、美术师之间的交流是如何沟通的?
张艺谋《英雄》镜头手稿片例:00′31″;
宫崎骏《千与千寻》镜头手稿片例:00′50″。

【设计说明】

通过片段品鉴和探究互动,培养学生从电影视听语言的角度去欣赏电影作品。艺术的学习是在具体和可感的艺术形象和艺术形式上的学习,从而引发学生丰富的内心感受和体验,在课堂中充分感受到情感的张力、思绪的飞扬、思想的魅力,同时达到心理上的满足、心灵的升华,达到课堂共情的效果。本环节分别给出四个电影片段,引导学生分析片段、讨论问题,开展教学活动。通过艺术的"赏"和"析",感受、分析景别运用的视觉特点和心理情感内涵。电影片段涉及不同国家、不同时代、不同情节、不同艺术风格的影片,视觉感受跳跃较大。为了让探究学习有的放矢,始终聚焦景别,形成四个小的探究学习课题,让学生在探究学习中有序可循,让有序的探究提高学习的有效性。

教学环节三:实践评价

中国古代诗歌,以其简练的文字以景传情传意。请根据以下古诗内容,小组选择一首讨论,从景别角度描述,分镜头脚本策划,并在课后创作完成。

江　雪

【唐】柳宗元

千山鸟飞绝,万径人踪灭。

孤舟蓑笠翁,独钓寒江雪。

朝发白帝城

【唐】李　白

朝辞白帝彩云间,千里江陵一日还。

两岸猿声啼不住,轻舟已过万重山。

【设计说明】

本环节引导学生以景别作为一种重要的视觉艺术创作形式,来折射中国传统诗词中"言""象""意"所蕴含的美学思想和人格精神。通过说一说、议一议、画一画,对中国传统文化题材进行二度创作。

▶▶▶▶**专家点评**◀◀◀◀

本课为高一《艺术》第一学期第八单元《如幻似梦　影视风采》的单元教学内容之一。

视听是电影艺术的主要表现语言,景别则是提升电影艺术感染力的重要手段,不同景别的应用,体现出电影人的思想与审美,要深入了解电影艺术的内涵与魅力,就必须从了解电影景别的运用开始。

一、创设教学情境,促进艺术与德育综合学习。

张老师通过对电影景别片段的精选,举例详细分析和讲解了电影中常用的几种景别处理方式,让学生了解了景别的意义和应用方法。通过观摩、讲解、分析、师生互动交流等形式,使学生掌握了景别的概念和应用。张老师精心选择电影片段,引导学生关注不同地域、不同民族所呈现的不同艺术特色和文化特色,开拓学生的人文视野,陶冶情操,激发兴趣。

从本案例可以看出张老师抓住电影中最常见的电影艺术表达形式,通过分析、解读、感悟、启发等手段,使学生对电影景别的运用和认识有了不一样的感受,也从审美的角度让学生对景别应用的重要性有了深入了解,打开了学生的艺术思维,扩展了学生的艺术联想,提高了学生的艺术鉴赏力和感知力,真正了解了电影艺术的魅力所在。

二、整合传统艺术资源,弘扬中华优秀传统文化。

张老师例举二首古诗词,通过师生的解读,分析古诗中的意境,让学生体会诗中的画面感,如何通过古诗中的意境,采用不同的景别设计,来完美地呈现画面,以此检视学生的学习效果,较好地反映了张老师对于教学内容的认真思考,对学生审美能力、知识点的巩固也是非常用心的。同时在潜移默化中,让学生发现传统艺术的美感,深化对中国传统艺术的理解,培养学生的民族意识和民族信心,启发学生弘扬中国传统文化,传承和创新中国传统艺术。

(上海市浦东新区教育发展学院　瞿剑宛)

"小镜头"也有"大世界"

——以《影像魅力》一课为例

▥▥●基本信息 ●▥▥

本课例教学内容为上海音乐出版社出版的高级中学课本《艺术》高一年级第二学期第六单元《如幻似梦　影视风采》的拓展内容。

本课例提供者为上海市崇明区城桥中学张海军。

▥▥●德育价值描述 ●▥▥

乡土情感是人类社会发展过程中物质和精神寄托的情感体现,是自然风光与人文情怀相交融的复杂情感,最能反映家乡的人情、心态和精神内涵。因此,乡土情感是民族传统文化和精神的重要载体。学生对家乡没有足够的了解,爱家、爱国的情怀就无从谈起。

本课通过对优秀乡土题材的影像解读、作品的内涵体会、课外实践的操作体验等,来让学生探索影像艺术的魅力及所蕴含的人文情感,并能主动与人交流,表达自己的审美,同时也能尊重他人的审美,积极提升关注身边美与感动的自觉意识,学会发现、欣赏、传达、尊重身边一切的美好与感动,树立青少年学生正确的价值观、人文情怀和社会责任感。本课侧重落实"感知、体会、表现艺术,陶冶情操,形成健康人格""参与社会艺术活动,增强合作意识,具有公德心,强化社会责任感与劳动意识"这两项高中阶段学科德育核心要求。

▥▥●正文 ●▥▥

教学环节一:导入

1. 课前教师提出以下问题,让学生带着问题去看图片、视频。

(1) 人们为什么要拍照片或视频?

(2) 什么是好的影像记录?

2. 教师展示家乡和校园美好的摄影照片,启发学生其实身边到处都有美。家乡和校园的一切都可视为我们对童年和现实的记忆,这种记忆令我们对乡土有着一种魂牵梦萦、越离越浓的情怀。这种对身边人、情、事、物、景发自内心的真挚情感,是培育学生家乡情、民族爱、中国心的基础,也是建设家乡、服务社会的根本动力。

3. 学生观看母女关于"生死问题"对话的视频,引发学生对视频所传达的母女依恋之情的情感共鸣,体会手中的"小镜头"也能留住生命的"大感动",启发学生关注、记录身边感动的自觉意识。

4. 教师引导学生回答课堂导入问题:发现美好、体会感动、记录精彩、传递情感。

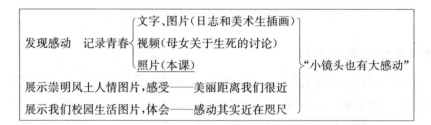

【设计说明】

将家乡美景和人与家庭的情感用影像的形式来表现与传播,可以唤起学生对本课导入时照片、视频等影像媒介在"美与感动"的表达功能上的认同,感受"小镜头"中的"大世界"。

教学环节二:分享与评价

1. 欣赏摄影作品前,教师提出以下问题:

摄影作品如何记录我们对生活的感知,留住身边的美好与感动?

2. 教师播放课前学生的优秀摄影作品。

3. 学生自述作品主题立意、分析画面形式感及背后的故事,其他学生通过"感受、思考、交流、评价"等来参与对作品的理解。

4. 老师及时鼓励、点拨、补充。

【设计说明】

本环节以学生自述为主,展示自己的拍摄想法。通过自主活动来明确学生的自主性和主体地位,契合"主动、有效"的教学思维,激发学生主动思考、自主探究、相互交流评价的能力,提升学生关注身边的美与感动的自觉意识,建立青少年学生正确的价值观、人文情怀、社会责任感,培养学生发现、欣赏、传达、尊重美与感动的能力。

教学环节三:欣赏与解读

老师展示就在我们身边拍摄的两幅摄影作品《空巢老人》和《沐光之乘》。以提问的形式引导学生分析和评价这两幅作品的画面构图、色彩搭配、摄影技巧等学科性内容,理解作品主题和传达的情感,提出学习建议和问题如下:

1. 感受一下:画面让你有怎样的感受?

2. 思考一下:作者表达的是什么主题与立意?

3. 探讨一下:如何欣赏优秀作品?

4. 总结一下:如何借鉴作品优点,提高自己的创作能力?

作品　可借鉴之处?

主要借鉴 ┤ 主题立意 / 画面美感 / 构图特点 / 拍摄技巧

【设计说明】

本环节教师以提问的形式引导学生欣赏和借鉴有美感、有情感的照片,通过学生"感受一下、思考一下、探讨一下、总结一下"四个参与调度,探讨和解读优秀作品的审美要素。在这个过程中,提高学生对美的感知力和鉴赏力,体会作品所传达的真情实感,在思考和讨论中培养对艺术的解读和表达能力。

教学环节四：感悟与巩固

1. 教师提出问题，让学生开始思考：

如何用影像来表达你的身边故事？

2. 教师剖析问题：

身边故事主题下的题材选择有哪些？如何传达并引发情感共鸣？

3. 教师引导学生讨论题材的选择，比如家乡美景、校园生活、家庭生活、社会热点、兴趣爱好、城乡变迁、留守儿童、空巢老人等。

4. 教师引导学生讨论作品表达的情感，比如家庭亲情、师生情感、风俗习惯、饮食文化、社会美德、回忆与理想等。

【设计说明】

本环节启发学生借鉴所学内容，思考如何选取有代表性的人、景、事、物，来表达自己对身边事物的感悟和青春的记忆，鼓励学生将看似平常的生活与我们的情感传达联系起来，记录所处时代背景下有真正感染力和形式美感的影像作品，提升学生感悟青春、关注感动、记录美好情感的能力，并学会欣赏和尊重他人的审美与情感，体会"小镜头"中的"大世界"。

教学环节五：拓展与探究

教师小结：自影像技术诞生以来，人类数据库中积累了自然景观、社会生活、新闻纪实、动植物等海量的影像资料，作为青年学生，大家完全有条件对自己感兴趣的题材深入探究。鉴于影像拍摄的特殊性，同学们在研读优秀影像作品过程中，可以循序渐进地了解影像艺术的发展历史、审美标准、表现技巧、情感传达等知识，在开阔眼界的同时提升影像表达的实践能力，特别是提升审美情感的参与能力。

希望同学们以积极的人文情怀和社会责任感来关注身边的美好与感动，传达新时代青少年对人与自然、人与社会的感悟和思考，并学会发现、欣赏、传达、尊重身边一切的美好与感动，用手中的"小镜头"拍出身边的"大世界"！

【设计说明】

本环节通过教师小结，进一步强化学生对影像作品研读的兴趣，激发学生在课外探究镜头世界美感的热情，引导学生关注社会生活，感受和表现自然、社会、生活中的美。

专家点评

本课例以问答互动和引导讨论的方式,以乡土文化为主题,层层深入地让学生了解影像记录的审美要素和功能价值,引导学生通过影像表达自己对国家、家乡的热爱,启发学生感受乡土文化之美,体会乡土情感,增强合作意识,培养公德心和社会责任感。

一、整合生活中的教育资源,引导学生通过艺术作品传达真情实感。

本课设计源于高中学生对身边事物的观察、记录,并基于正在生长、生活的这片土地,把"家乡的美与感动"作为情感主题,以身边人、事、景、物为切入点,进行"乡土情感"的影像传达。在这个过程中,让学生体会生活的美,用艺术表现美,传达内心对家乡的热爱。

二、坚持正面引导,促进德育中的激励评价。

张老师在教学中以问题为导向,整个过程注重学生"感受、思考、探讨、总结",突出"以学生为本"的教学理念。张老师在表达乡土情感"美与感动"的情感主题时,引导学生在题材表达、情感传递两个层面进行了梳理,启发学生从学科形式美感、情感传达的主题立意上去表达自己的审美、传递心中人文情感。在摄影实践环节,张老师注重新方法的重构与各题材资源的整合,引导学生总结欣赏影像作品的审美要素和实践中可以借鉴的方法,注重培养学生主动探究问题、积极总结经验的能力。

(上海市浦东新区教育发展学院　瞿剑宛)

开展辩论式教学，加强中华传统优秀文化教育

——以《书写艺术与电脑打字技术》一课为例

■■■● 基本信息 ●■■■

本课例选自高二年级美术欣赏课程《书法·篆刻》单元。

本课例提供者为上海市崇明区民本中学谭华川。

■■■● 德育价值描述 ●■■■

本课例侧重落实"体会中华优秀传统文化艺术，深化文化理解，立志传承"这一项高中阶段学科德育核心要求。

高中美术欣赏课堂教学是高中生传承与弘扬传统优秀文化的重要渠道和主阵地。高中美术欣赏教材中蕴含了丰富的中华传统优秀文化内容和成果，美术欣赏教学在中华传统优秀文化教育方面取得了很大的成绩。面对外来文化的不断进入和国家进入中国特色社会主义新时代，我们应该进一步深化和加强中华传统优秀文化教育，继承中华传统优秀文化成果，激发全民族文化创新能力，建设特色社会主义文化强国。

为此，本课例在教学设计中，教师尝试更新的美术欣赏课堂教学方法，另辟蹊径，选择不同的视角加深学生对中国书法的认识，激发他们学习传统文化的兴趣，更好地继承中国传统优秀文化。

■■■● 正文 ●■■■

教学环节一：新闻访谈节目播报

在导入环节，教师首先播放一段主持人于冰的新闻访谈节目《现代人还要不要手写字?》，让学生了解文化新闻话题。学生根据新闻话题，产生自己的思考。

【设计说明】

目前高一、高二年级学生都是00后学生,他们个性张扬,思维独立,生活优越,信息丰富,有获取新闻话题的能力。但是他们孤独,不善合作,学习焦虑,不善鉴别,容易困惑。他们的书写水平令人担忧,正面临着"书写危机"。他们在学习中的书写主要是为了完成作业、完成考试或者是为了升学。因此对学生来说,关于书写的新闻访谈节目有很强的现实生活意义。本环节设计新闻访谈节目导入,激发学生对书写的思考和对书法的兴趣,为下一环节做好铺垫。

教学环节二:说明辩题,形成辩论团

教师把新闻话题和教学内容结合起来设计成两个辩论题目:一是电脑打字技术不能取代书写艺术;二是电脑打字技术能取代书写艺术。学生根据自己观点和经验选择题目,并自由组合正反两个辩论团。

【设计说明】

中学生,特别是高中生,逻辑思维渐趋成熟,已经具备了深入辩论的条件和能力。辩论式教学能激发他们的学习兴趣,引导健康价值观和文化观的形成。本环节教师以"主持人"身份组织辩论并给出辩题,学生自主选择观点,自由组合。每个辩论员都有各自的辩论任务,做调查研究、查找、收集辩论资料。在这一过程中,培养学生协同合作、互帮互助、主动探索的精神。

教学环节三:辩论环节

1. 双方陈述观点。

正方观点:电脑打字技术不能取代书写艺术。

反方观点:电脑打字技术能取代书写艺术。

2. 正反方一辩陈词。

正方一辩陈词:书写艺术是直接综合了语言和图像两种艺术的功能,是我们中华民族所特有的一门艺术,是中华民族对美的追求。

反方一辩陈词:电脑打字技术是一种文字输入电脑技术,它随着计算机技术的发展而发展,也广泛应用于多媒体技术和网络技术之中。

3. 正反方二辩陈词。

正方二辩陈词:书写是一种最基本的行为训练,也是生理和心理功能的培养,更何况当今社会中还有大量的社会工作要用书写。

反方二辩陈词：用电脑打字，不仅速度极快，效率高，且便于修改。在竞争激烈和生活快节奏的今天，电脑打字技术有其固有的优越性和规律性。

4. 正反方三辩陈词。

正方三辩陈词：作为我国珍贵文化遗产的书写艺术，具有数千年的文化底蕴。尽管在近三十多年间科技日新月异地发展，计算机的普及与使用使传统艺术离我们的生活似乎越来越远，但这就更说明了我们要在继承优秀民族文化传统的基础上发展创新。近几年来，国外掀起了"中国书法热"，日本、韩国及东南亚的新加坡、马来西亚等国，也极其重视汉字书法教学。

反方三辩陈词：21世纪是高科技的世纪，追求的是速度、效率。而书写艺术在这两项上逊色于快捷的电脑打字技术。在这个分秒必争的社会里，时间就是效率，时间就是机遇，时间就是决定你成败的重要因素。

5. 正反方四辩陈词。

正方四辩陈词：书法是中国文化一个非常重要的组成部分，有着悠久的历史和深厚的文化渊源。在国外，人们知道书法就像知道筷子一样，它已成为中国文化的一个代表。

反方四辩陈词：用手写的话，一出错就要用橡皮、涂改液或者改错贴纸，又擦又贴的，十分麻烦，有时连本子都会擦烂，还要被老师批评说卷面不整洁。电脑打字就不同了，一个键三两下就完成，就算整段地改也没问题。

6. 正反方五辩陈词。

正方五辩陈词：书法是国粹，我们应该继承，而作为个性招牌的手写字，我们更不能抛弃。

反方五辩陈词：我的字本来就丑，怎么练也练不好。用电脑就可以掩盖这个缺陷，而且有多种字体任挑，多漂亮的都有。看来电脑打字还可以成为写字不漂亮的人的遮羞布！我又不想成为书法家，写字过得去就可以了。电脑越来越普及，谁还会用笔写东西？最多练练签名不就得了！那些明星不都这样？

7. 正反方自由辩论。

8. 教师：归纳总结。

书法是中国文化瑰宝，我们应该继承发扬，面对科技的快速发展，我们也要有接受新事物的准备，不断学习和掌握先进的科学技术。作为新世纪的一代人，我们要面向世界，面向未来，继承和发扬中华民族的优秀文化传统，同时掌握先进的科学技术，大胆创新，融入国际社会发展，努力成为一个全面发展高素质的人才。

【设计说明】

辩论赛不仅是一种竞技项目，也是教学项目，既能锻炼人的逻辑思维，又能锻炼人的素质。学生观点的辩论，可以说是对他自己书写学习的一种警示，一种反省，从而加强中国书法的学习，继承中华传统优秀文化。在课堂教学中，教师根据教学内容设计辩论式教学，激发学生学习兴趣。

专家点评

本课通过辩论这一独特的形式，促使学生体会书法这一优秀的传统文化艺术，引导学生深化理解、传承经典、弘扬国粹。

高中学生参差不齐的书写状态成为课堂教学中存在的一个突出问题。这样的辩论式课堂教学，对老师提出了更高的要求和更大的挑战。在本课例中，谭老师引导学生积极主动参与整个教学过程，让他们勇于提出问题、分析问题和解决问题。谭老师还把教学内容、辩论题目、新闻话题有机结合，选择适当的角度，促使学生产生浓厚的学习兴趣。

书法艺术是世界艺术文苑中的一朵奇葩，是我们的国粹，是中华民族审美经验的集中表现，认真认识书法、写好书法传承了中华优秀文化传统，有助于我们树立正确的民族观和文化观。学好书法并不简单是为了生活，更是发扬中华传统优秀文化，强化中华民族身份认同，激发中华民族自豪感，从而坚定我们的文化自信，推动中国特色社会主义社会文化繁荣兴盛。

（上海市奉贤区教育学院　徐韧刚）

探中国动画历史　扬民族风格荣光

——《中国动画赏析》教学设计

基本信息

本课例是上海音乐出版社高中二年级《艺术》第一学期第八课《绚丽工笔绘传奇〈天书奇谭〉赞少年》动画内容基础上进行的拓展性学习。

本课例提供者为上海市崇明中学姜云峰。

德育价值描述

本课例侧重落实"感受中华优秀传统艺术,深化文化理解,立志传承"这一高中阶段学科德育核心要求。

中华文明拥有悠久的历史和灿烂的文化,是世界文化的宝贵财富,也是动画艺术创作取之不尽的源泉。本课创设符合学生心理特点、学习兴趣的教学情境,加强师生、生生间的交流和互动,以中国动画为切入点,让学生了解中国动画的发展历程,领悟中国动画的文化内涵,增强学生民族自信心,尊重弘扬传统文化,悦纳多元文化,激发学生文化复兴的责任感。学生通过参与审美活动,体验美、感受美,并能够从审美中发现生活的乐趣,从艺术中感受生命的真谛,进而思考探索人生价值。

通过本课的学习,学生可以掌握知识、思考问题、体验艺术、懂得道理、拓宽视野,提高审美情趣,提升艺术素养。

正文

教学环节一:调查导入

调查统计:了解当前受学生欢迎的动画类型。

1. 学生每人在纸上写出自己最喜欢的一部动画片名、一个卡通形象和一位最崇拜的动漫画家。

2. 教师围绕学生所列的内容,依据卡通形象风格和作品产地作以下举措:如"中国动漫"居多,则肯定学生对本民族动画的热爱,反之,则提醒学生关注中国动画艺术,从而导入本课题。

【设计说明】

本环节了解学生对动漫认知喜好的实际情况,注重学生参与活动的广度,调动学生的积极性,为后面引导学生认知和守护传承民族文化的重要性做铺垫。

教学环节二:赏析探究(PPT 展示)

1. 初步了解中国动画的发展史。

(1) 1922—1945 年是萌芽和探索时期。

① 学生尝试做下边的选择题。

20 世纪 20 年代_____拍摄了中国最早一批动画片,成为中国动画片的开山祖。

A. 张乐平　　　　B. 万氏兄弟　　　　C. 张光宇　　　　D. 特伟

② 教师简介中国动画萌芽和探索时期的历史。

万氏兄弟,中国美术片的开拓者。包括万古蟾(1899—1995)、万籁鸣(1899—1997)、万超尘(1906—1992)、万涤寰 4 人,1922 年摄制了中国第一部广告动画片《舒振东华文打字机》;1926 年绘制了《大闹画室》;1935 年推出了中国第一部有声动画片《骆驼献舞》;1941 年又推出中国第一部长动画片《铁扇公主》。《铁扇公主》发行到东南亚和日本,在国际上产生了重大影响,日本动画大师手冢治虫就是受到《铁扇公主》的影响决定投身动画的。

世界上第一部动画于 1906 年诞生于美国,而迪士尼创作的米老鼠是在 1928 年 11 月 18 日上映。与之相比,可见中国的动画起步是非常早的。

(2) 1946—1956 年是中国动画片的稳定发展时期。

风格上,踏上了民族化的道路。技术上,由黑白片向彩色片转化。

(3) 1957—1965 年是中国动画片第一个繁荣时期。

建立了上海美术电影制片厂;新片种不断问世,出现了第一部剪纸片、第一部折纸片、第一部水墨动画片。

（4）1978 年底进入改革开放年代的 10 年，是 20 世纪中国动画片最繁荣的年代。

这一时期全国共生产电影动画片 219 部，产生了一批代表中国动画片最高水平的优秀影片。首次生产电视动画片和动画系列片。如《哪吒闹海》《天书奇谭》《鹿铃》《山水情》《狐狸打猎人》《猴子捞月》《南郭先生》《鹬蚌相争》《金猴降妖》《草人》《女娲补天》《葫芦兄弟》《邋遢大王历险记》《黑猫警长》等。

（5）1990 年至今是中国动画业陆续扩大规模的时期。

中国动画片开始走上有别于传统动画的道路。受国外经济文化的影响和冲击，电脑数字生产手段的大量介入等，使中国动画片的生产在数量和质量上出现了飞跃，但即使数量和质量都增加了，由于制作动画片主要给孩子看的理念定位问题，在题材内容上并没有太大的突破。同时动画推向市场化，大量的专业制作机构是做动画加工的，传承民族画风的制作人才断层，动漫市场出现了"崇美""崇日""哈韩"的现象。

2. 探究中国动画的艺术特色。

（1）教师简单介绍中国动画代表作、获得奖项及艺术风格。

20 世纪五六十年代起，中国艺术家创作的以《大闹天宫》《牧笛》《小蝌蚪找妈妈》《三个和尚》等为代表的优秀动画片闻名全球，几乎包揽了世界上所有的动画电影节的金奖和银奖，征服了各国观众。

从东影时期到 1985 年底，共生产美术片 275 部，有 22 部获得 31 个国内奖项，有 29 部获得 45 个国外奖项；中国民族风格的美术动画电影被国外舆论界认为"已达到世界一流水平"，形成了独树一帜的"中国学派"艺术风格。

（2）欣赏国产动画《张飞审瓜》《鹬蚌相争》等动画片段和动画场景图，组织学生进行分享交流。

（3）根据观后感，请学生谈谈中国动画与国外动画的差异。

（4）引导学生归纳中国动画艺术特色。

① 坚持民族绘画传统。

中国的绘画、雕塑、建筑、服饰，乃至戏曲、民乐、剪纸、皮影、年画等民族民间艺术历史悠久，为各种类型的动画片提供了丰富的借鉴材料。

② 形式多样，不拘一格。

动画片——用图画表现电影艺术形象的一种美术影片。通常采用单线平涂的线条结构。摄制时采用逐格摄影的方法,将人工绘制的许多张有连贯性动作的画面依次拍摄。

木偶片——在借鉴传统木偶戏的基础上,以木偶角色形象表现故事情节的美术影片。

剪纸片——运用剪纸造型表现故事情节的美术影片。

折纸片——用折纸造型表现故事情节的美术影片。

水墨动画片——为中国美术电影家所首创。吸取中国传统水墨画的表现方法,使银幕上的人物、动物和景物具有水墨画的特色。常以优美的画面和诗的意境,使动画艺术进入更高的审美境界。

……

③ 内容注重思想性。

强调思想性,重视以健康的内容引导观众,是中国动画片突出的优良传统。举例:《三个和尚》呈现了三个和尚没水吃的寓言;《哪吒之魔童降世》中"我命由我不由天""若命运不公,那就和他抗争到底"表达了敢于与天命抗争的精神。

【设计说明】

这一代的学生深受日本动漫及西方动漫的影响,反观传统中国动画中除了最有名的《大闹天宫》等,学生知之甚少。本环节让学生对中国动画的历史发展和辉煌年代有所了解,特别是万氏兄弟和上海美术电影制片厂厂长特伟带领下的老一辈艺术家,在艰难的环境中艰苦创作,开创民族风格之路,赢得民族动画的荣光,值得学生学习。通过师生交流互动,重点探究中国动画的艺术特色,认知坚持民族化的意义,认识到中国动画多样化的不同形式始终根植于强大的中国传统文化,树立学生的民族自信心和自豪感。

教学环节三:趣味体验

每组抽出一位同学代表自己小组进行答题比赛,小组其他学生作后援。

1. 做一做:从1922年万氏兄弟生产第一部广告动画片起,至2002年,中国共生产动画片_____部。(1 168)

随着20世纪90年代计算机技术的发展,目前新的动画片已不胜枚举。

2. 连一连:PPT展示一组动画图片,学生上台连线判断与之相对应的形式。

3. 说一说：在多媒体展示的《天书奇潭》片段中,哪两幅具有西方绘画的特点？谈谈判断的依据。

4. 猜一猜：指出所给图片是哪部动画片中的场景？

【设计说明】

这一环节是对知识点学习的巩固和检验,设计比赛情境,以趣味性引导的方式调动学生上课的积极性和互动性,活跃课堂气氛,同时加强学生探究学习合作能力的培养。

教学环节四：讨论分析

针对多元文化冲击下中国动画所遭遇的竞争与挑战,由班长组织同学们思考并讨论：

1. 为什么许多同学都喜欢国外的动画片？

2. 请大家为中国动画的发展献计献策。

【设计说明】

高中学生有较强的分析感知能力和求知欲望,具有一定的知识整合能力。讨论题目的设定,旨在让学生思考当前中国动漫面临的挑战和机遇,引导他们去关注所处社会文化的发展前景,提高对本国动画学习的兴趣；帮助学生以科学的态度和方法,正确应对国外强势文化的冲击,担当起弘扬传统文化的责任与义务。

教学环节五：布置课外拓展作业(二选一)

1. 2019年7月,国产动画片《哪吒之魔童降世》上映并取得巨大成功,与同桌合作,用多媒体课件介绍该片以及导演"饺子"。

2. 根据所了解的中国动画形式,临摹、改造、创设一个动画形象。

【设计说明】

中国动画既经历了辉煌也遭遇了没落,以至于在模仿与急功近利中迷失了自我,近年《大圣归来》《大鱼海棠》《哪吒之魔童降世》问世,中国动画人再次扛起了"国漫振兴"的大旗。了解《哪吒之魔童降世》的导演"饺子"大三时放弃医学、克服重重困难自学成才的经历,以此来感染激励学生。根据学生能力和兴趣,可选择不同的作业,提高学生完成作业的积极性和作业质量。

■■■◆ **专家点评** ◆■■■

本课例从调查学生对动画片的喜爱入手,选择中国动画电影史上几个不同时期的典型作品进行赏析探究,引导学生感受中国动画电影的艺术特色,了解中国动画电影的发展,探究中国传统文化对动画电影发展产生的深远影响,领悟中国动画的文化内涵,增强文化自信。印证习近平总书记所说:"没有文明的继承和发展,没有文化的弘扬和繁荣,就没有中国梦的实现。"

情感是德育的重要组成部分,该课例以调查统计、趣味体验、讨论分析及课外拓展等学习活动将知识线索结构化,以满足学生的情感需要,加深学生对中国动画电影的热爱和关注,启发学生参与传统文化创新、发展文化现象的思考,增强责任意识,播撒下文化传承发展的种子。

(上海市教育委员会教学研究室　钱熹瑗)

走进京剧化妆艺术　感受人物性格特征

——以《体会眼妆艺术的魅力》一课为例

■■■◀●**基本信息**●▶■■■

　　本课例选自上海音乐出版社高中二年级第二学期《艺术》第一单元"慷慨激越歌好汉"京剧新编《野猪林》。

　　本课例提供者为上海市城桥中学艾明明。

■■■◀●**德育价值描述**●▶■■■

　　本课例侧重落实"体会中华优秀传统艺术，深化文化理解，立志传承"这一高中阶段学科德育核心要求。

　　京剧是我国的艺术瑰宝，通过欣赏京剧表演艺术，展开对京剧表演内容与形式的交流与探究，体会京剧艺术的魅力。根据教学内容，了解京剧唱腔、服饰、舞台美术和化妆的特点，以及京剧脸谱的色彩与人物性格的联系，能够简单绘制京剧脸谱及其眼妆，并加以创新，加强爱国主义教育，传承非物质文化遗产。

■■■◀●**正文**●▶■■■

教学环节一：视频导入

1. 教师播放《说唱脸谱》视频。

2. 学生观看视频，交流讨论京剧行当：生、旦、净、丑的具体划分。

【设计说明】

　　京剧是一种独特的舞台艺术，在表演、唱腔、化妆、音乐等各个方面都尤为出众，京剧化妆艺术是京剧舞台造型艺术的重要手段之一，可以通过化妆来塑造角色的外貌形象，使角色在舞台上更具有鲜明、生动的艺术感染力。本环节以视频为导入，学生更直观地感受京剧人物妆容的特点，并根据妆容特点对京剧行当进行划分,不仅加深了学生的印象,还能形象地帮助学生理解通过妆容进行京剧行当区分的艺术表现手法。

教学环节二:欣赏与解读

1. 欣赏京剧各类行当代表人物的妆容图片。

(引导学生在观看欣赏中注意观察各个行当妆容的变化)

2. 学生通过赏析并解读人物性格特征,教师总结并补充。

(1)红色——忠贞、英勇。

(2)蓝色——刚强、骁勇、有心计。

(3)黑色——正直、无私、刚直不阿。

(4)白色——阴险狡诈、飞扬跋扈。

(5)绿色——顽强、暴躁。

(6)黄色——枭勇、凶猛。

(7)紫色——刚正、稳练、沉着。

(8)金银色——各种神怪形象。

3. 知识巩固:学生讨论并归纳各个行当的眼妆特点。

(1)生角眼妆的特点。

(2)旦角眼妆的特点。

(3)净角眼妆的特点。

(4)丑角眼妆的特点。

【设计说明】

在赏析的过程中,大量的京剧角色妆容图片和视频给学生带来了视觉冲击力,生动而直观,让学生近距离地感受京剧的魅力。京剧化妆艺术是一种独特的舞台造型艺术,发展到今天,京剧化妆艺术的意义和价值早已超出了它本身,它不仅仅是一种化妆手段,更是一种有生命力的艺术品。

教学环节三:探究与创作

活动1:欣赏我国著名京剧艺术家梅兰芳先生的京剧《苏三起解》,请学生演唱京剧片段。

活动2:请两位学生做模特,其他学生为模特绘画京剧角色眼妆。

活动3:每位学生给空白的眼罩DIY眼妆,并运用京剧角色眼妆的元素加以创新。

【设计说明】

本环节通过几个活动,让学生从模仿中品读京剧化妆艺术的内涵,引导学生体验绘画的乐趣;同时,希望在一代宗师梅兰芳的影响下,使学生能够走进京剧化妆艺术,培养传承非物质文化遗产的情怀。

教学环节四:展示与交流

1. 活动:化装舞会。学生戴上自己绘制的眼罩,跳一段集体舞。

2. 学生分享 DIY 眼罩的创作构思,自评、小组评价和教师点评。

【设计说明】

本环节通过舞会活动和交流评价的方式,增强学生集体向心力,让学生体会艺术带给生活的乐趣。京剧是祖国的国粹,它的未来需要去传承与创新,让学生用心去感受国粹的魅力,聆听艺术的声音,传承京剧及其化妆艺术,让祖国的非物质文化遗产可以代代相传。

▶▶▶◀ 专家点评 ▶◀◀◀◀

本课例试图通过对新编京剧《野猪林》等京剧作品片段的赏析,引导学生从视听觉结合的角度了解京剧唱腔、服饰、舞台美术和化妆的特点,以及戏曲片段中人物的性格特征,感受国粹京剧艺术的魅力;聚焦角色眼部化妆这一独特的京剧舞台造型艺术进行体验表达,亲近京剧艺术,展开对国粹京剧表演内容与形式的交流与探究。

本课例重点选择了京剧表演艺术家梅兰芳先生的京剧片段进行赏析,感受其在京剧艺术上所取得的成就与高尚的人格魅力,理解国粹京剧的鲜明民族特色和高度美学成就。

本课例引导学生在充分的京剧表演、角色眼部化妆、化装舞会等体验活动中,轻松、愉悦地感受京剧的魅力,从国家非物质文化遗产的角度走进京剧艺术,体会中华优秀传统文化艺术的博大精深,培育爱国主义情怀及传承非物质文化遗产情怀。

（上海市教育委员会教学研究室　钱熹瑗）

直面成长，找寻自我

——以动画电影《千与千寻》一课为例

⫸◆ **基本信息** ◆⫷

本课例选自上海音乐出版社《艺术》高二年级第二学期第二单元动画电影《千与千寻》。

本课例提供者为上海市崇明区城桥中学刘竞程。

⫸◆ **德育价值描述** ◆⫷

本课例侧重落实"感知、体会、表现艺术，陶冶情操，形成健康人格"这一高中阶段学科德育核心要求。

《千与千寻》这部动画电影的知名度和认知度很高，动画电影中的角色形象生动，个性鲜明，深受学生喜爱。本课通过深入解析电影的形象设计、剧情发展、配色方案、电影配乐等方面，学生能感受和了解宫崎骏先生在作品的各个环节倾注的工匠精神和人文情怀，伴随剧中代表人物的成长品味、成长的意义，找寻真实自我的价值。

⫸◆ **正文** ◆⫷

教学环节一：课堂导入——学生活动，情境导入

通过一位同学的角色扮演向学生展示《千与千寻》剧中的一个经典形象，快速将学生带入课堂情境，从而揭示本节课动画形象设计的主题。

教师导语：给大家介绍一下，这位朋友叫"无脸男"，听说我们的课中要提到他，特地赶过来和大家打个招呼。

【设计说明】

本环节以学生表演电影角色的活动作为导入，让学生快速直观地了解动画形象，获得活泼、热烈、愉快的学习体验，启发学生积极思考，从而直接顺利地切入本课教学主题。

教学环节二：内容新授

1. 问题思考：大家了解《千与千寻》这部动画片吗？谁创作的？讲的什么故事？有什么主要角色？

2. 互动交流：请同学代表结合《课前导学单》向大家简单介绍一下这部动画电影。

课前导学单

作者简介	日本动画大师、动画制作人、漫画家、动画导演、动画编剧
主要获奖情况	奥斯卡最佳动画长片奖、第52届柏林电影节最高荣誉金熊奖
故事简介	该片讲述了少女千寻意外来到神灵世界后，为了救爸爸妈妈和自我救赎，经历了奇幻冒险而逐渐成长最终找到自我顺利回归的故事

主要角色	
千　寻	坊宝宝
白先生	河　神
汤婆婆	无脸男

3. 赏析与探讨。

（1）出示鉴赏任务单。

（2）影片片段赏析：播放《千与千寻》影片片段，引导学生结合任务单，仔细观察剧中人物形象。

视频赏析任务单

角色形象	不同时间和状态下的特征变化
千　寻	前期、中期、后期
汤婆婆	常态、在独子坊宝宝面前
白　龙	人形和龙形
无脸男	正常状态时；分别吞了青蛙、仆从和受侵蚀后
坊宝宝	人形时；变老鼠后；成长以后
河　神	受污染的样子；被众人清理干净后
锅炉爷爷	工作时的状态
灯　君	迎接客人时

（3）引导学生总结《千与千寻》中角色形象的类别。

人物类、动物类、物品类、假想生物类。

（4）思考、讨论、交流：

① 作者在影片中设计的各种角色形象分别具有什么样的艺术风格特点？

a. 以学生小组为单位进行讨论，推选代表向全班分享观点。

b. 教师仔细倾听学生的回答并及时给予评价，汇总学生的观点，引导同学们总结出艺术的特点：浪漫、纯真、精细、生动、直观、简洁、饱满、真实。

② 作者在创作这些形象时运用了哪些表现手法？

a. 师生探讨交流。

b. 教师总结：写意（人物设计符合身份，极为逼真，又绝非写实）、拟人化、符号化、夸张变形（整体夸张、局部夸张、错位移形、服饰道具夸张）。

4. 巩固与拓展。

（1）教师示范创作一位学生的动漫肖像。

（2）PPT 展示教师范画。

仔细欣赏老师展示的范画，思考回顾相关知识。

【设计说明】

设置课前导学单，让学生通过收集动画片主要人物的形象特点、基本性格等资料，了解动画片的基本信息、作者、故事概要及角色特点等内容。教师用问题引导的形式，一方面检查学生的预习成果，另一方面引导学生思考"这些人物形象伴随故事的发展都有了什么样的成长"，让学生品味成长的意义，体会艺术作品中的真善美。在赏析电影的活动中，通过完成鉴赏任务单和小组讨论，引导学生体会动画电影里夸张而真实的配色、美妙的背景音乐、鲜活的人物形象描绘等艺术特点和表现手法，培养学生感受美和发现美的能力，让学生深入感受剧中人物角色的鲜明特点、角色成长历程，以及对故事情节发展起到的重要推动作用。最后通过教师范画帮助学生巩固所学知识，加深印象。

教学环节三：课堂作业（活动设计）

1. **课堂作业：**通过本课的学习，学生初步了解了动漫形象设计的艺术特点和表现手法；接下来，让学生以"身边人"为题材，以线条的形式创作一幅动漫形象,形象要有鲜明的个性和思想内涵。

2. 作业评价:待学生完成作品后请学生介绍自己的作品。

评价形式:学生自评、学生互评、教师点评。

【设计说明】

本环节以课堂作业的形式,检查学生的学习情况,给学生提供艺术创作的空间,培养学生大胆创意、乐于探索、勇于表现表达的精神,提高学生的艺术表现力和鉴赏力。作业完成后,以多种评价方式促进德育激励,培养学生尊师重教、互相学习、尊重他人劳动成果的优秀品质。

教学环节四:总结与思考

这节课从形象设计这个角度鉴赏了宫崎骏先生的《千与千寻》这部作品,了解到他在形象设计方面的部分艺术特点和表现手法。一部优秀的动画电影不仅包含了完美的形象设计,还包含了绚丽多彩的颜色、精彩丰富的镜头语言以及美轮美奂的配音配乐等诸多艺术语言。请大家以后在欣赏动画电影的过程中细心观察,多做思考,深刻地感受艺术大师的"匠心"。最后,让我们欣赏宫崎骏先生的另一部作品——《幽灵公主》的精彩片段来结束今天的课堂学习。

【设计说明】

本环节通过教师小结,进一步启发学生在欣赏电影时注意人物形象设计的艺术特点和表现手法,观察配色、镜头、配乐配音等艺术语言,激发学生对电影艺术的兴趣,鼓励学生将所学艺术知识运用到电影艺术鉴赏活动中,培养学生的艺术感知能力。

▶▶▶● 专家点评 ●◀◀◀

帮助学生健康成长是教育的核心问题,美育是教育中不可或缺的一环。刘老师的课以日本著名动画导演宫崎骏的《千与千寻》为载体,引导学生欣赏美丽画面,聆听美妙配乐,品味角色成长。影片中的人物丰富,个性鲜明,人物之间的情感关系又相互作用。影片的主线即每个人物通过故事情节的发展最终获得了勇气、真诚、奉献、善良等高尚的品格。刘老师除了引导学生感悟影片中的真善美外,还运用丰富多变的教学方法鼓励学生积极表达,勇于展示自我,学习中相互协作。例如：课堂导入环节,以学生的角色扮演的形式展开,这样的设计能鼓励学生积极表现自我,能迅速拉近学生与课堂教学的距离。课堂是学生为主体的课堂,同学们相互协作,积极思考,勇于发言,善于表达,这些都是优秀的课堂教学必备的元素。艺术欣赏课堂用画面培养学生的审美眼光,用音乐浸润学生真善美的心灵,用贴切而丰富的教学组织形式鼓励学生积极探索、相互协作。无论是教学内容还是教学形式都彰显了艺术学科的育人价值。

（上海市教育委员会教学研究室　钱熹瑗）

用爱直面生活

——以《鱼儿历险起波澜　紧急〈海底总动员〉》一课为例

▌▌▌●基本信息●▌▌▌

本课例选自上海音乐出版社《艺术》高中三年级第一学期第四单元《鱼儿历险起波澜　紧急〈海底总动员〉》。

本课例提供者为上海市扬子中学仇娅。

▌▌▌●德育价值描述●▌▌▌

本课例侧重落实"感知、体会、表现艺术，陶冶情操，形成健康人格"这一高中阶段学科德育核心要求。《海底总动员》是一部寓意深刻、充满童趣的动画电影，老少皆宜、雅俗共赏。本单元通过对《海底总动员》片段赏析、对比讨论等一系列手段提高学生独立思考和分析艺术作品的能力。挖掘隐藏在《海底总动员》深处的育人价值，提升审美情趣，让学生更深层次地了解作品内涵，读懂作品表达的人文精神，提升自身艺术修养和人文素养。

▌▌▌●正文●▌▌▌

教学环节一：性格篇——情景导入

1. 回忆故事情节，评价剧中角色。

影片《海底总动员》是以父亲马林寻找儿子尼莫的路线展开，观看完整影片，并思考问题：

（1）你感觉马林是一位怎么样的父亲？

（2）比较马林、龟龟两个家庭的教育模式，结合你的家庭教育现状，简单谈谈你对当今家庭教育的看法。

2. 用一句话来描述剧中你所喜欢角色的性格特点,并填写下面的表格。

人物	性格
尼 莫	
多 莉	
雷老师	
布鲁斯	
吉 哥	
祖 哥	

3. 学生交流随笔,分享心灵空间。

【设计说明】

高三是敏感时期,父母对孩子的教育问题也是学生关注的话题,本环节以此话题导入,易引起学生情感共鸣。

通过比较马林、龟龟两个家庭的教育模式,鼓励学生结合自身的家庭教育现状,畅谈自己对家庭教育的看法。在学生表述过程中,教师可以从学生所表现出的正负面情绪中寻找德育切入点,在化解学生与家长之间矛盾的同时也能够潜移默化地引导学生树立"用爱直面生活"的积极生活态度。

学生通过分享倾听、相互讨论等方式,对剧中不同角色表达个人见解,从他人经验中获取有益的观点;通过对比分析加深学生对剧中角色的感性认识;通过分享随笔升华学生对影片的感悟。设计这些教学活动,能够让学生对影视艺术的欣赏不仅仅局限于表面,更重要的是心灵上的收获,从而达到育人目标,体现育人价值。

教学环节二:色彩篇——海底世界的色彩运用

1. 复习色彩知识。

欣赏影片片段并思考:在影片片段中的海洋里,你看到了哪些颜色?请你用小学和中学阶段所学习的色彩知识来概括。

2. 挖掘色彩的情感因素。

师:影片中的画面,大量使用了高纯度的颜色。运用明度对比、纯度对比、色相对比、对比色对比、冷暖对比等表现画面。

3. 小练习(巩固色彩知识)。

【设计说明】

本片段描述的是尼莫第一天上课的情景,通过影片中雷老师让人耳目一新的开放式教育模式,再次提出"教育模式"的话题,既呼应了第一个环节的教育模式话题,又通过片中色彩斑斓的海底世界引导学生复习原有的色彩知识,起到了承上启下的作用。

在本环节中,通过大量强烈色彩对比的画面,复习了色彩知识。大面积的海水,奠定了蓝调基础,多莉的蓝色是蓝调子中最纯的一块;橘红色的小丑鱼、绿色的海龟和海水组成了补色关系以及冷暖对比关系,大面积冷色、小面积暖色有效地拉开了视觉空间。色彩斑斓的海底世界,引导学生感悟色彩带来的视觉冲击和影片中色彩使用的情感意图。

教学环节三:设计篇——夸张变形的漫画风格

1. 通过对比掌握动漫的风格和设计手法。

思考:海洋里真的有和尼莫一模一样的小丑鱼吗? 多莉的纯蓝色是艺术的加工还是真实的再现?

2. 挖掘动漫的造型设计因素。

对比真实的"小丑鱼、帝王鱼、鳐鲼"图像和剧中的角色形象,谈谈真实与虚拟之间的不同点? 影片中的角色做了那些艺术处理?

3. 教师小结。

【设计说明】

两个设问句提出本课的艺术教学重点:动漫设计中的造型设计和色彩运用。通过引导学生从视觉观察中总结动漫设计的特点,提高设计艺术教学的有效性。通过教师几个针对性的教学设问,引导学生提问——讨论——回答、教师分析——解答——拓展,一步步解决整个教学目标中的重点与难点,复习并掌握影片中的色彩运用、造型设计等专业美术知识,并从影片浅显的故事中体会蕴含的深刻哲理,感悟伟大父爱、浓厚亲情、纯洁友谊和乐观向上的精神,充分体现情感态度与价值观的育人目标。

教学环节四：音乐篇——身临其境的音响效果

欣赏：印第安人祭祀音乐背景下，鱼缸兄弟的结拜场面。

【设计说明】

异常诡异的欢迎晚会，采用红色主色调，音乐模仿了土著神秘的祭祀音乐，让学生感受到音画的完美结合，加深对作品的理解力和感悟力，以及音乐带来的情感震撼。

教学环节五：人性篇——感人至深的情感升华

1. 小组讨论。

在这部动画片中，人类扮演的是什么角色？

2. 分享感受。

人与自然、人与动物应该是怎么样的关系？

3. 影视点评。

作业布置：写一篇500字左右的影视点评或课堂随想。

【设计说明】

在讨论过程中可以感受到学生们在重温小丑鱼父子离散又重聚的冒险经历中，再一次进行了勇气与信心、溺爱与成长的主题思想教育，体味生活在大自然中的动物与人类共通的微妙情感交流，获得人性的感动和思想的启迪。同时在理性的思考、讨论与实践操作中提高学生动画电影艺术的鉴赏力和想象力。

教学环节六：课堂拓展

"动画美景溢诗情，《木兰传奇》谱巾帼"一课是高二《艺术》上半学期第六单元的学习内容，是美国迪士尼公司把中国历史传奇人物搬上动画舞台的代表作。高三上半学期的这部《海底总动员》是皮克斯动画工作室制作、迪士尼发行的，获得了奥斯卡最佳动画电影。两部都是电脑动画电影，无论从技术还是从艺术风格上，都显示了不同的风格和表现形态，让我们感受到了美国动漫的发展历程。请对比两部作品，以表格的形式进行探究分析。

【设计说明】

本环节引导学生对比相同类型、不同风格的电脑动画电影，了解美国动漫的发展历程，感受优秀动画电影的艺术风格和表现手法，启发学生将课内所学知识运用到课外艺术鉴赏活动中,进一步培养学生的艺术感知能力,学习电影中人物追求真善美的优良品质,陶冶学生的情操,形成健康人格。

▮▮▮◆专家点评◆▮▮▮

本课例从重点关注动画电影《海底总动员》几个精选片段中父爱、师爱、友爱、人性大爱等多种情感因素入手,在审美体验的过程中引导学生正确领悟作品中的情感表达,教会学生拥有健康的审美情感和评价情感,为学生创造自由抒发自我情感的机会。例如片段一的导入就以马林和龟龟两个父亲家庭教育模式之间的对比展开,引导学生结合自身的家庭教育现状简单谈谈对当今教育的看法。学生通过两个风格迥异的家庭教育模式,结合亲身经历,畅谈对家庭教育的看法,直接抒发心中的正负面情绪,老师从中及时寻找切入点,在化解矛盾的同时潜移默化地引导学生"用爱直面生活",达到艺术育人的良好效果,正如德国教育家第斯多惠所说"教学艺术本质不在于传授,而在于激励、唤醒、鼓舞"。

教材编写者安排动画电影《海底总动员》这样一部充满童趣又寓意深刻的影视作品在高三紧张的高考重压前夕出现,意在有意识地提醒高中艺术教师在对高三学子进行艺术审美能力、审美情感培养的同时,不要忽视减压和励志的显性功能;在影视作品大量"父爱""师爱""友爱"画面的视觉艺术冲击之时,不忘提升"用爱直面生活"的育人目标,彰显艺术学科的育人价值。

(上海市教育委员会教学研究室　钱熹瑗)

后　记

2014 年，崇明列为教育部哲学社会科学研究重大课题攻关项目"大中小德育课程一体化研究"上海市试点区。2016 年，崇明结合德育综合改革的推进，承担了上海市教育委员会德育处关于"上海市艺术学科德育协同研究中心"项目建设任务，2017 年确立项目正式启动实施。在实践探索的 3 年多时间里，项目组成员经过理论学习、专题培训、项目申报、课堂实践、课例研究等，形成并正式出版了《德润课堂——上海市艺术学科德育优秀课例丛书》。

学科中本来就蕴含着德育元素，学科教学中本来就包含着德育，学科德育是关于学校课程与德育关系的整个研究命题中的一个基本命题，其提出或强调是育人本原的根本要求，是遵循德育内涵的具体体现，学科教学与德育的协同，有助提升课程育人的品质。本丛书《育美明德》《尚美致行》《和乐明心》《载乐载道》《艺德探真》中的课例，是对《上海市中小学美术学科德育教学指导意见》《上海市中小学音乐学科指导意见》《上海市中学艺术学科德育教学指导意见》的贯彻与落实，课例不仅具有实践性，更是具有启发性与借鉴性，为广大中小学校和艺术教师优化课程德育提供方向引导、思想指导与操作支持。

《德润课堂——上海市艺术学科德育优秀课例丛书》的顺利出版，离不开各级领导与专家的关心，在此一并表示衷心的感谢！感谢上海市教育委员会德育处给予项目的支持，感谢钱熹瑗、李嘉栋、徐敏、张家素、徐韧刚、瞿剑宛等专家的悉心指导和精彩点评，感谢崇明区教育局、区教育学院领导的关心，感谢上海市艺术学科德育协同研究中心项目基地学校，感谢为本书提供优秀课例的教师。

由于我们的学识、经验和水平有限，恳请有关专家和广大读者批评指正。

"上海市艺术学科德育协同研究中心"项目组

2020 年 7 月